Cover Images

1 **Dominican Republic** Girl in festival costume with gold braid and bells
2 **Miami Beach, Florida** The Art Deco district at night
3 **Florida** Seminole women in the Everglades
4 **Mexico** Serpent head from the Pyramid of Quetzalcóatl in Teotihuacán
5 **Spain** Plaza Mayor, Madrid
6 **Texas** A string of red chile peppers, El Paso
7 **Florida** American flamingo
8 **Peru** Market in the town of Pisaq
9 **Florida** Ponce Inlet lighthouse

Back cover: **Peru** Teens in traditional costume

HOLT **SPANISH 1** FLORIDA

¡Exprésate!

Nancy Humbach

Sylvia Madrigal Velasco

Ana Beatriz Chiquito

Stuart Smith

John McMinn

HOLT, RINEHART AND WINSTON

A Harcourt Education Company

Orlando • **Austin** • New York • San Diego • London

Requests for permission to make copies of any part of the work should be mailed to the following address: Permissions Department, Holt, Rinehart and Winston, 10801 N. MoPac Expressway, Building 3, Austin, Texas 78759.

Acknowledgments appear on pages FL16 and R54, which are extensions of the copyright page.

Printed in the United States of America

ISBN 0-03-042667-7

6 7 8 9 048 09 08

La Florida antes

From 1513, when Spanish explorers first set foot on the shores of what is now Florida, Hispanics have played an important role in shaping the state's history. In this section, you will learn about some of the influences of Hispanics on Florida's history and culture.

▲ **1 The Lake Jackson Mound** Temple mounds, such as this one at Lake Jackson, were built by the native peoples of Florida and may still be found throughout the state. Long before Spaniards arrived in the 1500s, Florida was home to the Timucua, Apalachee, Ais, Tekesta, and Calusa peoples, among others. Relations between the native population and early Spanish explorers were hostile. Partly for this reason, the first permanent Spanish settlement was not established until 1565, more than 50 years after Florida was claimed by Spain.

◀ **Juan Ponce de León**
The Spanish explorer Juan Ponce de León arrived in Florida in April of 1513 and claimed it for the Spanish crown. He named this land after "Pascua florida," the Easter celebration that coincided with his arrival. De León is thought to have landed near what is now St. Augustine. He then explored the Atlantic coast, the Keys, and the Gulf coast. He returned to Florida in 1521 intending to settle there, but was injured in battle and died before any permanent colonies were established.

◀ **Hernando de Soto** In 1539, Hernando de Soto landed near modern-day Bradenton with 550 men, 200 horses, and several priests, intending to establish a Spanish colony in Florida. He and his men were sidetracked when native inhabitants told them of riches to be found in a land called Ocale. Their search took them through central Florida and into what is now the southeastern United States. Journals and maps from de Soto's expedition provide a wealth of information about the customs and languages of the native peoples.

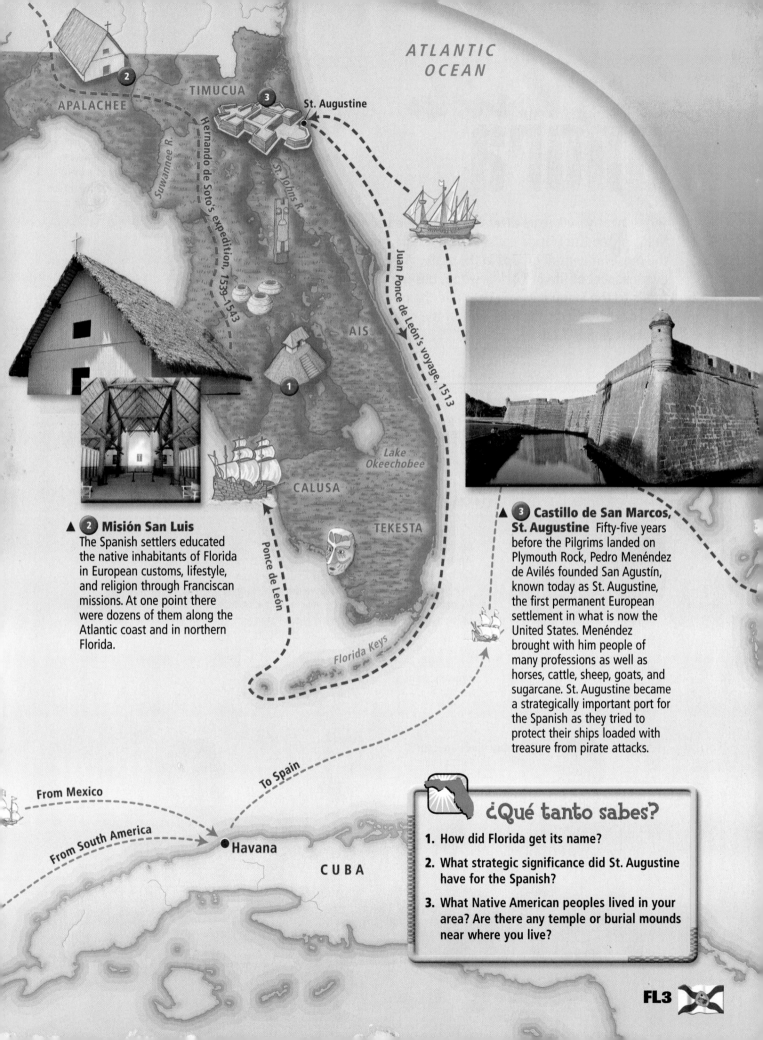

ATLANTIC OCEAN

APALACHEE

TIMUCUA

Suwannee R.

Hernando de Soto's expedition, 1539–1543

St. Johns R.

St. Augustine

Juan Ponce de León's voyage, 1513

AIS

Lake Okeechobee

CALUSA

Ponce de León

TEKESTA

Florida Keys

To Spain

From Mexico

From South America

Havana

CUBA

▲ **2 Misión San Luis**
The Spanish settlers educated the native inhabitants of Florida in European customs, lifestyle, and religion through Franciscan missions. At one point there were dozens of them along the Atlantic coast and in northern Florida.

▲ **3 Castillo de San Marcos, St. Augustine** Fifty-five years before the Pilgrims landed on Plymouth Rock, Pedro Menéndez de Avilés founded San Agustín, known today as St. Augustine, the first permanent European settlement in what is now the United States. Menéndez brought with him people of many professions as well as horses, cattle, sheep, goats, and sugarcane. St. Augustine became a strategically important port for the Spanish as they tried to protect their ships loaded with treasure from pirate attacks.

¿Qué tanto sabes?

1. How did Florida get its name?

2. What strategic significance did St. Augustine have for the Spanish?

3. What Native American peoples lived in your area? Are there any temple or burial mounds near where you live?

La Florida
ahora

Today, nearly 500 years after Juan Ponce de León first sighted the Florida coast, Hispanics are one of the most influential groups in the state. Virtually every aspect of life in Florida—from businesses to foods to the languages you hear and the people you meet—reflects the influence of the diverse Hispanic population.

Hispanic population by county

- Over 1 million
- 100,000–1 million
- 50,000–100,000
- 10,000–50,000
- Fewer than 10,000

DUVAL
ORANGE
OSCEOLA
PINELLAS
POLK
HILLSBOROUGH
LEE
PALM BEACH
COLLIER
BROWARD
MIAMI-DADE

▶ **The Florida counties** with the largest Hispanic populations are Miami-Dade County, Broward County, Hillsborough County, Orange County, and Palm Beach County. Most Hispanics in Florida live in the southern part of the state. Nearly half of Florida's Hispanic residents live in Miami-Dade County.

Mexico 13.6%
Colombia 5.2%
Nicaragua 3.0%
Puerto Rico 18.0%
Dominican Republic 2.6%
Other countries 26.5%
Cuba 31.1%

Source: U.S. Bureau of the Census, 2003

◀ **Countries of Origin of Hispanics in Florida** The largest Hispanic groups in Florida are of Cuban, Puerto Rican, and Mexican origin. In addition, Hispanics from many other Latin American countries also come to Florida looking for better job opportunities and greater political freedom. Historically, Cubans have been the largest Hispanic group in Florida. However, in recent years, there have been almost as many Nicaraguan immigrants as Cuban. According to the 2000 census, in the year 2000 over 16% of immigrants to Florida came from Cuba and nearly 15% came from Nicaragua.

▼ **Today** there are over 3 million Hispanics living in Florida—that's nearly 19% of the total population!

▲ **Miami** Of all the metropolitan areas in the United States, Miami-Dade County has the highest percentage of Hispanic-owned businesses. The success of the Hispanic community here has greatly strengthened Miami's business ties with Latin America. The city is a hub for Latin American banking.

▼ **Doing business in Spanish**
The large Hispanic population and many tourists from Latin America lead many businesses in Florida to hire people who speak both Spanish and English fluently. Many companies offer their employees basic Spanish classes. Seventy-seven percent of language students in Florida study Spanish.

▲ **Café cubano, Miami** In some neighborhoods in Miami you're more likely to find signs in Spanish than in English! Nearly 18% of Floridians speak Spanish at home. In some families, the older generations do not speak English very well, and it is not uncommon to see children who have grown up speaking English interpreting for their Spanish-speaking elders.

¿Qué tanto sabes?

1. What is the second largest Hispanic population group in Florida? The third largest?

2. Why might a Florida employer prefer to hire someone who speaks both Spanish and English?

3. Do you know many people who speak Spanish? Why are you studying Spanish?

Hispanos que triunfan

◀ **Rep. Ileana Ros-Lehtinen** is the first Hispanic woman to be elected to the United States Congress. She has represented South Florida since 1989. Congresswoman Ros-Lehtinen came to Florida from Cuba when she was a child, and she grew up and went to college in Miami. In 1982, Ros-Lehtinen was elected to the Florida House of Representatives. She later became a state senator, and in 1989 was elected to the United States Congress. She is very involved in international and human rights issues, improving education, and protecting the environment.

▲ **Frank Caldeiro, astronaut**
Born in Buenos Aires, Argentina, as a young child Fernando "Frank" Caldeiro did not suspect that someday he would become an astronaut. His family moved to the United States, and he went to high school in New York. He then went on to study aerospace technology and mechanical engineering in college. In 1985, he began testing planes for the U.S. Air Force, and was transferred to the Kennedy Space Center. In 1996, Caldeiro was chosen by NASA to become an astronaut. Since then, he has worked with the International Space Station and tested computer programs used on the space shuttle.

▲ **Ferdie Pacheco, painter and "fight doctor"** Born in Tampa to Spanish parents, Ferdie Pacheco is a painter who has had many different careers. Although he loved drawing and painting as a child, Pacheco was also interested in medicine, and decided to become a doctor. Pacheco opened a clinic in Miami and provided free medical services to newly arrived immigrants. He also volunteered as a doctor for boxers at a local gym, where he began working with Muhammad Ali. He stayed with Ali for 17 years, and worked to improve safety for boxers. After retiring as a fight doctor, Pacheco worked as a boxing commentator on television. He also began to devote more time to his painting. His works are lively and colorful, often depicting the Ybor City section of Tampa where he grew up.

▲ **Florida State Spanish Conference** Every year, students of Spanish from all over the state meet at the Florida State Spanish Conference. At this conference students use what they have learned about the Spanish language and the cultures of Spanish-speaking countries to compete for various awards.

Participants compete in categories based on their experience with Spanish. The primary categories for the competition are Impromptu Speeches, Declamations, and Dramatic Presentations. Prizes are awarded to school groups, but students also participate individually in costume, entertainment, and scholarship competitions.

▲ **A promotional poster for the Florida State Spanish Conference**

▶ **Fernando Bujones, dancer and choreographer** Miami native Fernando Bujones started dancing when he was eight years old. It was not long before he caught the eye of influential dance instructors and was awarded a scholarship to the School of American Ballet in New York. In 1974, at the age of nineteen, he gained international recognition when he became the first male American dancer to win the Gold medal at the Seventh International Ballet Competition in Bulgaria. Bujones continued his career as a dancer, choreographer, and artistic director with many of the finest ballet companies in the world. In 2000, Bujones returned to Florida as the Artistic Director of the Orlando Ballet, where he worked until his death in 2005.

La cultura hispana *de la Florida*

With such a large number of Hispanics in Florida, the influence of Hispanic culture is not surprising—in everything from the food people eat, the music they listen to, the things they do for fun, and the way they do business.

Los festivales

Festivals are one way for people to get together to celebrate their cultural heritage. Every year there are many festivals to celebrate the heritage and contributions of Florida's Hispanics.

▲ **Fiesta of Five Flags, Pensacola** The Fiesta of Five Flags celebrates the founding of Pensacola by the Spanish explorer Don Tristán de Luna. Its name refers to the five flags that have flown over Pensacola since it was founded: Spanish, French, British, Confederate, and American. Held every year in June, the Fiesta includes treasure hunts, reenactments, parades, and parties.

▲ **The ¡Viva Broward! celebration, Fort Lauderdale** Every fall, Fort Lauderdale comes alive to celebrate Hispanic Heritage Month with parades, concerts, art shows, craft fairs, and other cultural events.

▲ **Carnaval Miami** People come from all over to experience Carnaval Miami every March. On Calle Ocho, in Little Havana, thousands of people fill the street to celebrate the diversity of Miami's Hispanic cultures. At the "Festival de la Ocho," you can see and take part in parades, cooking contests, a jazz festival, and even a domino competition.

▶ **The Puerto Rico Cultural Parade, Tampa** The Puerto Rico Cultural Parade and Folklore Festival is held every April in the historic Ybor City district of Tampa. There are parades, music, dances, foods, and arts and crafts, with artists and musicians from all over the country.

El arte

Many Hispanic artists have made Florida their home. Their artwork reflects the styles, traditions, and concerns of their cultural heritage.

▲ *Fiestas de mi pueblo* by Puerto Rican artist, Obed Gómez

◄ *The Mask Maker Workshop* by Peruvian craftsman, Nicario Jiménez

La música

Many of the biggest names in Spanish-language pop music have come to Miami to record their music.

◄ **Emilio and Gloria Estefan** Two of the most influential people on the Miami music scene are Emilio and Gloria Estefan. Gloria is one of the most successful crossover singers (meaning that she sings in both Spanish and English) of all time. Her husband Emilio is an important recording producer who has helped many musicians get started.

▲ **Shakira, Latin Grammy Awards** Colombian singer-songwriter Shakira has won several major awards at this ceremony, which has been held in Miami.

◄ **Juanes at Premio Lo Nuestro, 2004** Since 1989, Miami has hosted the Premio Lo Nuestro Latin Music Awards. In this ceremony the biggest names in the Latin music industry come together for recognition. The broadcast has become the television program most watched by Hispanics in the United States.

◄ **Alejandro Sanz,** the all-time highest-selling Spanish pop artist, recorded "El alma al aire" at the Criteria studio in Miami.

¿Qué tanto sabes?

1. Name three Latin musicians who regularly record their music in Miami.

2. When and where is the Festival de la Ocho held?

3. What cultural festivals are held in your community?

What's in your textbook?

¡Exprésate! for Florida

Here are some special features in *¡Exprésate!* that will help you as you study Spanish and learn more about Florida. Any time you see 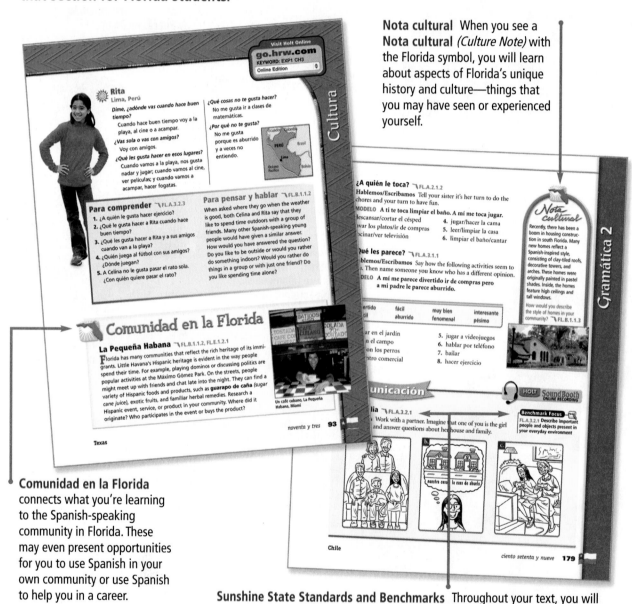 you'll know there is special information in that section for Florida students.

Nota cultural When you see a **Nota cultural** *(Culture Note)* with the Florida symbol, you will learn about aspects of Florida's unique history and culture—things that you may have seen or experienced yourself.

Comunidad en la Florida connects what you're learning to the Spanish-speaking community in Florida. These may even present opportunities for you to use Spanish in your own community or use Spanish to help you in a career.

Sunshine State Standards and Benchmarks Throughout your text, you will see this symbol followed by a series of numbers. These references show you exactly which Florida Sunshine State Standards Benchmark you are working towards with each activity. The Sunshine State Standards are a series of expectations for what you should be trying to achieve in your studies. In addition, you will find descriptions of the different Benchmarks throughout your textbook. Knowing what these standards and benchmarks are, and what is expected of you, will help you get the most out of your Spanish class.

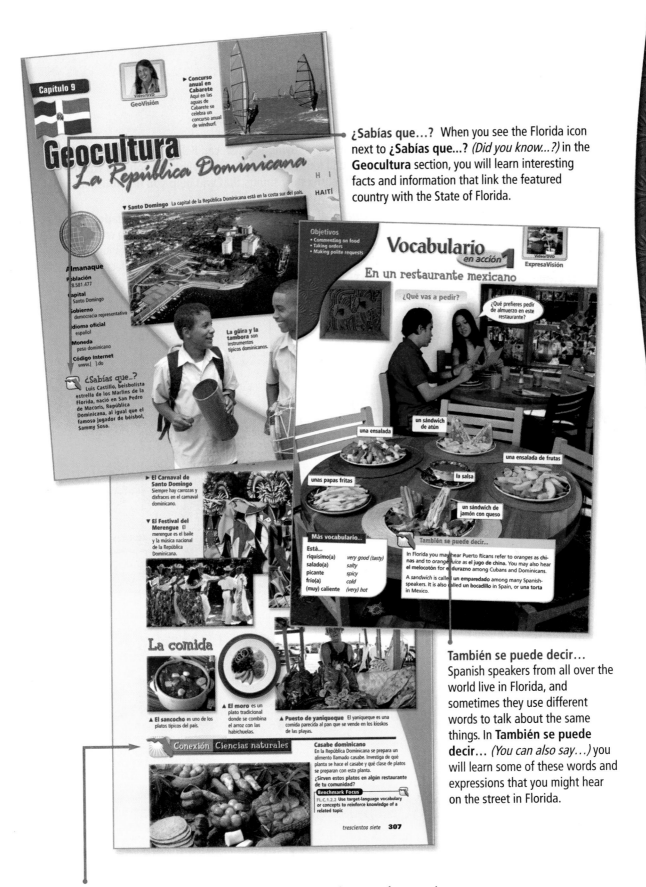

¿Sabías que…? When you see the Florida icon next to **¿Sabías que…?** *(Did you know…?)* in the **Geocultura** section, you will learn interesting facts and information that link the featured country with the State of Florida.

También se puede decir… Spanish speakers from all over the world live in Florida, and sometimes they use different words to talk about the same things. In **También se puede decir…** *(You can also say…)* you will learn some of these words and expressions that you might hear on the street in Florida.

Conexión The **Conexión** *(Connection)* features in the **Geocultura** section relate what you are learning to other academic subjects, and also connect these ideas to life in Florida.

FCAT
Preparation

Even though there is no FCAT for Spanish, studying Spanish can help you prepare for the Language Arts FCAT. In your Spanish class, you will learn and practice different reading and writing skills. As you learn to read and write in Spanish, you will learn many things that will help you in English as well.

In the **Leamos y escribamos** *(Let's Read and Write)* sections, you will read a short piece and then do some original writing—all in Spanish! In these sections, look for the FCAT Reading Focus and FCAT Writing Focus icons. All of the skills and strategies you use for reading and writing in Spanish can help you perfect your reading comprehension and writing skills in English, too!

In the **Literatura y variedades** *(Literature and other works)* section at the end of your textbook, you will find additional readings and strategies to help you perfect your language skills. In this section, you will also find FCAT Reading Focus icons.

FCAT Reading Focus
LA.E.2.4.1
Analyze the effectiveness of complex elements of plot, such as problems, conflicts and resolutions

Leamos y escribamos

ESTRATEGIA

para leer Visualizing what you read in a story will help you better understand it. As you read, create pictures in your mind of each scene or event. This will help you connect what you know to what you are reading as well as help you summarize the main events of the story.

A Antes de leer FL.A.2.1.4, FL.C.2.1.1
Lee el primer párrafo del texto. Dibuja la imagen que tienes en la mente de esta escena. ¿Qué información te da esta imagen sobre el señor y su sirviente? Sigue leyendo el cuento y después de cada escena, dibuja la imagen que te imaginas.

Una moneda¹ de ¡Ay!

En un pueblo, como muchos otros pueblos, vive un gran señor con muchos sirvientes. El sirviente más nuevo, es un muchacho que al señor le parece un poco tonto. Para burlarse de él², lo llama, le da dos monedas y le dice:
—Pedro, vete al mercado y cómprame una moneda de uvas y otra de ¡Ay!

El pobre Pedro va al mercado y compra las uvas, pero cada vez que pregunta por la moneda de ¡Ay!, todos los vendedores se ríen de él³.

Finalmente Pedro se da cuenta⁴ que el señor quiere burlarse de él. Entonces decide poner las uvas en una bolsa⁵ y sobre las uvas pone un manojo de espinos⁶.

Cuando regresa a casa el señor le pregunta:
—¿Fuiste al mercado?
—Sí, señor.
—¿Y lo traes todo?
—Sí, señor. Todo está en la bolsa.

El señor parece sorprendido. Rápidamente mete la mano⁷ en la bolsa y al tocar los espinos, exclama:
—¡Ay!
—Y debajo están las uvas— le dice Pedro.

1 coin   2 to make fun of him   3 the vendors laugh at him   4 he realizes
5 a bag   6 handful of thorns   7 puts his hand in

296 doscientos noventa y seis

Capítulo 8 • Vamos de compras

Florida

Visit Holt Online
go.hrw.com
KEYWORD: EXP1 CH8
Online Edition

FCAT Writing Focus
LA.B.1.4.2
Draft and revise writing that has support that is substantial, specific, and relevant

Lo que (no) me gusta	Lo que (no) le gusta a mi amigo(a)

...ador
...about your shopping
...our friend's opinions
...they fit, if they look
...yle. Include details

...o times, comparing
...ontrasting opin-
...nd punctuation.

...he class. Ask your
...ng their opin-
...the clothing.

doscientos noventa y siete **297**

Leamos y escribamos

FCAT Reading Focus
LA.A.1.4.2
Use strategies to understand words and text

...o 1, Tc. 11

...centuries of history through art. Read
...nation in the visitor brochure and the
...paintings by three famous Spanish
...about the Prado and its collection.

...(words with similar meanings
...nglish and Spanish) to help you
...of the words you do not know.
FL.D.1.2.1

	Precio de Entrada:²
...mingo:	**Público general:** 3,01 Euros
...ciembre:	**Menores³ de 18 años:** gratuito⁴

Internet:
http://museoprado.mcu.es
...nacional@prado.mcu.es | Viernes Santo, 1 de mayo y 25 de diciembre

1 closed   2 admission   3 younger   4 free

382

Búsqueda de tesoros

This **Búsqueda de tesoros** will help you become familiar with the different sections of your textbook, as well as give you a taste of what you'll be learning this year!

1. Where in each chapter will you find all the objectives for that chapter?

2. What Spanish-speaking country is featured in Chapter 6?

3. What sections do you have at the end of your textbook?

4. What is the Sunshine State Standards Benchmark Focus for page 241? Can you find another page with the same focus?

5. What section can you find towards the end of the book, on page R16? What do you think that section is for?

6. Use the Table of Contents to find the pages where Weather Expressions are presented.

7. What kind of information will you find in the **También se puede decir** feature? What new words do you learn in the **También se puede decir** feature on page 361?

8. See whether you can find a feature called **¿Te acuerdas?** in Chapter 1. What do you think **¿Te acuerdas?** might mean? Can you find the same feature in other chapters? Where exactly within a chapter do you find them?

9. In what section at the end of the book will you find additional vocabulary in Spanish?

10. Where can you find and learn everyday conversational expressions to use in Spanish? Name the sections in your book where you could find this information.

11. Where do you find the **Repaso de vocabulario** section in each chapter?

12. What section in each chapter helps you prepare for the Chapter Test?

Sunshine State Standards
Spanish 1 Benchmarks

The activities in *¡Exprésate!* will help you develop the skills outlined in each Foreign Language benchmark of the Florida Sunshine State Standards for Spanish 1. Each activity in your book correlates to one or more of the benchmarks.

1. Engage in conversation in Spanish to express feelings and ideas and exchange opinions.

FL.A.1.1.1 express likes and dislikes when asked simple questions (e.g., about toys or other objects).

FL.A.1.1.2 greet others and exchange essential personal information (e.g., home address, telephone number, place of origin, and general health).

FL.A.1.1.3 use appropriate gestures and expressions (i.e., body language) to complete or enhance verbal messages.

FL.A.1.2.1 express likes or dislikes regarding various objects, categories, people, and events present in the everyday environment.

FL.A.1.2.2 exchange information necessary to plan events or activities (e.g., picnics, birthday parties, science projects, and crafts).

FL.A.1.3.4 use repetition, rephrasing, and gestures effectively to assist in communicating spoken messages.

2. Demonstrate understanding of spoken and written Spanish on a variety of topics.

FL.A.2.1.1 follow and give simple instructions (e.g., instructions to participate in games or instructions provided by the teacher for classroom tasks).

FL.A.2.1.2 restate and rephrase simple information from materials presented orally, visually, and graphically in class.

FL.A.2.1.3 understand oral messages that are based on familiar themes and vocabulary (e.g., short conversations between familiar persons on familiar topics such as everyday school and home activities).

FL.A.2.1.4 listen and read in the target language and respond through role playing, drawing, or singing.

FL.A.2.2.1 give and understand written and verbal instructions, using known, verbal patterns in the target language.

FL.A.2.2.3 organize information in spoken or written form about a variety of topics of academic and cultural interest (e.g., by making lists, categorizing objects, or organizing concepts).

FL.A.2.2.5 comprehend and respond to oral messages (e.g., personal anecdotes or narratives) based on familiar themes and vocabulary.

3. **Present information and ideas to an audience through speaking and writing in Spanish.**

FL.A.3.1.1 provide simple information in spoken form (e.g., descriptions of family members, friends, objects present in his or her everyday environment, or common school and home activities).

FL.A.3.2.1 describe important people (e.g., family members and friends) and objects present in his or her everyday environment and in school.

FL.A.3.2.3 give responses in spoken or written form (e.g., answering simple questions, formulating questions, and making simple statements) to age-appropriate stories, poems or other literature, songs, films, or visual works.

4. **Demonstrate understanding of social interaction patterns within Spanish culture(s) through participation in cultural activities.**

FL.B.1.1.1 participate in age-appropriate cultural activities (e.g., games, songs, birthday celebrations, storytelling, dramatizations, and role playing).

FL.B.1.1.2 recognize patterns of social behavior or social interaction in various settings (e.g., school, family, or immediate community).

FL.B.1.1.3 recognize various familiar objects and norms of the target culture (e.g., toys, dresses, and typical foods).

FL.B.1.2.1 recognize various activities and celebrations in which children participate in the target culture (e.g., games, songs, birthday celebrations, storytelling, dramatizations, and role playing).

5. **Apply knowledge of Spanish language and culture(s) to further knowledge of other disciplines.**

FL.C.1.1.1 use simple vocabulary and phrases to identify familiar objects and concepts from other disciplines.

FL.C.1.1.2 participate in an activity in the target-language class that is based on a concept taught in a content class (e.g., shapes or relationships).

FL.C.1.2.1 participate in activities in the language class designed to integrate content-area concepts (e.g., mathematical calculations or cause-and-effect relationships) into target language instruction (e.g., about countries or cultures).

FL.C.1.2.2 use target-language vocabulary or concepts to reinforce knowledge of a related topic studied in another class (e.g., geographical place names, parts of the body, or basic mathematical operations).

FL.C.2.1.1 use the target language to gain access to information that is only available through the target language or within the target culture (listen to a story told in the target language).

6. Analyze and use different patterns of communication and social interaction appropriate to the setting.

FL.D.1.1.1 know examples of word borrowing from one language to another.

FL.D.1.1.2 use simple vocabulary and short phrases in the target language.

FL.D.1.2.1 identify examples and understand the significance of true and false cognates (i.e., words derived from a common original form).

FL.D.1.2.2 recognize the similarities and differences between his or her native language and the target language in terms of the pronunciation, alphabet, and forms of written expression.

FL.D.2.1.1 know the similarities and differences between the patterns of behavior of the target culture related to recreation, celebration, holidays, customs, and the patterns of behavior of the local culture.

FL.D.2.1.2 recognize that there are similarities and differences between objects from the target culture and objects from the local culture (e.g., inside dwellings).

FL.D.2.2.1 distinguish the similarities and differences between the patterns of behavior of the target culture related to recreation, holidays, celebrations and the patterns of behavior of the local culture.

FL.D.2.2.2 recognize forms of the target language evident in the local culture (e.g., signs, symbols, advertisements, packages, displays, murals, songs, and rhymes).

7. Demonstrate knowledge of use of the Spanish language within and beyond the school setting.

FL.E.1.2.1 know that many people in the United States use languages other than English on a daily basis.

FL.E.1.2.2 demonstrate an awareness of employment possibilities (and other applications) for those who are able to master the target language.

Expresate, The Florida Edition, Level 1, © 2007
Front Matter Inserts Photo Credits

Title page Nancy Wolff/Omni-Photo Communications; FL2 (t, l), The Florida Center for Instructional Technology, University of South Florida/http://fcit.usf.edu/florida; FL2 (c), © Bettmann/CORBIS; FL3 (r), © Nik Wheeler/CORBIS; FL3 (tl, bl), The Florida Center for Instructional Technology, University of South Florida/ http://fcit.usf.edu/florida; FL4 (b), Don Couch Photography; FL5 (t, b), © Royalty-Free/CORBIS; FL5 (cr), © Jeff Greenberg/Alamy Photos; FL5 (cl), © Jeff Greenberg/PhotoEdit; FL6 (tl), Courtesy Ileana Ros-Lehtinen's Office; FL6 (tr), NASA Kennedy Space Center (NASA-KSC); FL6 (bl), Courtesy Mr. Ferdie Pacheco; FL6 (br), © Bob Gelberg/Courtesy Mr. Ferdie Pacheco; FL7 (t - all), Courtesy of The Florida State Spanish Conference; FL7 (b), Courtesy of the Orlando Ballet; FL8 (t), Courtesy of the Fiesta of Five Flags; FL8 (b), Courtesy of Puerto Rico Cultural Parade of Florida, Inc.; FL8 (cl), Photo by George Olsen/Viva Broward Hispanic Festival; FL8 (cr), David Adame/AP/Wide World Photos; FL9 (tl), Courtesy of Nicario Jiménez, Artist of the Andes; FL9 (tr), Courtesy of Mr. Obed Gómez; FL9 (cl), John Barrett/GLOBE PHOTOS; FL9 (c), © Photo by Alberto Tamargo/Getty Images; FL9 (cr), © Reuters/CORBIS; FL9 (b), © Ivan Garcia/AFP/Getty Images; FL13 (tr), © Image Source Limited/Index Stock Imagery, Inc.; FL13 (bl), Private Collection/Bridgeman Art Library; FL13 (br), Sam Dudgeon/HRW Photo; FL13 (bkgd), © Royalty Free/CORBIS; FL14-15 (b), Photo © Steve Vaughn/Panoramic Images, Chicago 1998; FL16 (b), © James Randklev Photography.

HOLT SPANISH 1 FLORIDA

¡Exprésate!®

Nancy Humbach

Sylvia Madrigal Velasco

Ana Beatriz Chiquito

Stuart Smith

John McMinn

HOLT, RINEHART AND WINSTON

A Harcourt Education Company

Orlando • **Austin** • New York • San Diego • London

Florida Teacher Contributors

We thank the following Florida educators who generously contributed their talent and time to help develop and review materials for the Florida Student Edition of *¡Exprésate!* **¡Muchísimas gracias a todos!**

Enrique Acosta
Stoneman Douglas High School
Parkland, FL

Alejandro Avendaño
Eastside High School IB Program
Gainesville, FL

Clementina Bassi
Eastside High School
Gainesville, FL

Maria Isabel Bentine
Palm Beach Lakes Community
High School
West Palm Beach, FL

Vivian Bosque, Ed. D.
Nova Southeastern University
Miami, FL

Ana I. Carmona-Torres
Winter Park High School
Winter Park, FL

Debbie Chraibi
William R. Boone High School
Orlando, FL

Nitza Cochran
Nathan B. Forrest High School
Jacksonville, FL

Carmen Gómez
George Washington Carver
Middle School
Miami, FL

Meruchy Haedo
Eastside High School IB Program
Gainesville, FL

Connie M. Heiselman
William R. Boone High School
Orlando, FL

Janice Karkis
Estero High School
Estero, FL

Rosa B. Leal
Palm Beach Lakes Community
High School
West Palm Beach, FL

Rebekah Lindsey
Campbell Middle School
Daytona Beach, FL

Gudrun Martyny
Timber Creek High School
Orlando, FL

Antonio Román-Pérez
River Ridge High School
New Port Richey, FL

Vladimir Sanmiguel
Palm Beach Lakes Community
High School
West Palm Beach, FL

Jessica Shrader
Riverview High School
Sarasota, FL

Holt Teacher Advisory Panel

As members of the **Holt World Languages Advisory Panel,** the following teachers made a unique and invaluable contribution to the *¡Exprésate!* Spanish program. They generously shared their experience and expertise in a collaborative group setting and helped refine early materials into the program design represented in this book. We wish to thank them for the many hours of work they put into the development of this program and for the many ideas they shared. **¡Muchísimas gracias a todos!**

Erick Ekker
Bob Miller Middle School
Henderson, NV

Dulce Goldenberg
Miami Senior High School
Miami, FL

Beckie Gurnish
Ellet High School
Akron, OH

Bill Heller
Perry High School
Perry, NY

MilyBett Llanos
Westwood High School
Austin, TX

Rosanna Perez
Communications Arts
High School
San Antonio, TX

Jo Schuler
Central Bucks High School East
Doylestown, PA

Leticia Schweigert
Science Academy
Mercedes, TX

Claudia Sloan
Lake Park High School
Roselle, IL

Judy Smock
Gilbert High School
Gilbert, AZ

Catriona Stavropoulos
West Springfield High School
Springfield, VA

Nina Wilson
Burnet Middle School
Austin, TX

Janet Wohlers
Weston Middle School
Weston, MA

Authors

Nancy Humbach

Nancy Humbach is Associate Professor and Coordinator of Languages Education at Miami University, Oxford, Ohio. She has authored or co-authored over a dozen textbooks in Spanish. A former Fulbright-Hayes Scholar, she has lived and studied in Colombia and Mexico and has traveled and conducted research throughout the Spanish-speaking world. She is a recipient of many honors, including the Florence Steiner Award for Leadership in the Foreign Language Profession and the Nelson Brooks Award for the Teaching of Culture.

Sylvia Madrigal Velasco

Sylvia Madrigal Velasco was born in San Benito, Texas. The youngest of four siblings, she grew up in the Rio Grande Valley, between two cultures and languages. Her lifelong fascination with Spanish has led her to travel in many Spanish-speaking countries. She graduated from Yale University in 1979 and has worked for over 20 years as a textbook editor and author at various publishing companies. She has written bilingual materials, video scripts, workbooks, CD-ROMs, and readers.

Ana Beatriz Chiquito

Professor Ana Beatriz Chiquito is a native of Colombia. She teaches Spanish linguistics and Latin American culture at the University of Bergen, Norway, and conducts research and develops applications for language learning at the Center for Educational Computing Initiatives at the Massachusetts Institute of Technology. She has taught Spanish for more than thirty years and has authored numerous textbooks, CD-ROMs, videos, and on-line materials for college and high school students of Spanish.

Stuart Smith

Stuart Smith began her teaching career at the University of Texas at Austin from where she received her degrees. She has been a professor of foreign languages at Austin Community College, Austin, Texas, for over 20 years and has been writing textbook and teaching materials for almost as long. She has given presentations on language teaching methodology at ACTFL, SWCOLT, and TCCTA.

John McMinn

John McMinn is Professor of Spanish and French at Austin Community College, where he has taught since 1986. After completing his M.A. in Romance Linguistics at the University of Texas at Austin, he also taught Spanish and French at the secondary level and was a Senior Editor of World Languages at Holt, Rinehart and Winston. He is co-author of both Spanish and French textbooks at the college level.

Contributing Writers

Jeff Cole
Tucson, AZ
Mr. Cole developed activities for **Taller del escritor.**

Jabier Elorrieta
The University of Texas at Austin
Mr. Elorrieta wrote **Letra y sonido.**

Karin Fajardo
Englewood, CO
Ms. Fajardo wrote vocabulary activities and material for **También se puede decir.**

Catherine Gavin
New York City, NY
Ms. Gavin wrote material for **Geocultura** and **Cultura.**

Kathy Hoyt
Olympia, WA
Ms. Hoyt wrote additional material for the **Comunidad** feature.

Pablo Muirhead
Shorewood High School
Shorewood, WI
Mr. Muirhead wrote suggestions for the story sequence art.

Gloria Munguía
Austin, TX
Ms. Munguía wrote activities for **Integración.**

Marci Reed
Ms. Reed contributed to the selection of and wrote material for **Literatura y variedades.**

Mayanne Wright
Austin, TX
Ms. Wright contributed to the selection of and wrote material for **Leamos** and wrote the **Comunidad** features.

Reviewers

These educators reviewed one or more chapters of the Student Edition.

Elizabeth Baird
Independence High School
Independence, OH

Paula Camardella Twomey
Ithaca High School
Ithaca, NY

Johnnie Eng
Alamo Heights High School
San Antonio, TX

Patricia Gander
Berkeley High School
Moncks Corner, SC

Laura Grable
Riverhead Central School District
Riverhead, NY

Mani Hernández
Presentation High School
San Jose, CA

Yoscelina Hernandez
Montwood High School
El Paso, TX

Jessica Shrader
Riverview High School
Sarasota, FL

Sharlene Soto
D.C. Everest Jr. and Sr. High Schools
Wausau, WI

Nancy Walker de Llanas
George C. Marshall High School
Falls Church, VA

Thomasina I. White
Lead Academic Coach
World Language Education
Philadelphia, PA

Field Test Participants

We thank the teachers and students who participated in the field test of *¡Exprésate!*

Heather Beaty
Mt. Vernon High School
Mt. Vernon, OH

Tom Burel
West Middle School
Rockford, IL

Anita Gibbs
Robert E. Lee High School
San Antonio, TX

Alicia Granto
Bennett High School
Buffalo, NY

Francois Jackson
Bryan Station Senior High School
Lexington, KY

Rebekah Lindsey
Campbell Middle School
Daytona Beach, FL

Yamilette Osuna
St. Vincent Ferrer High School
New York, NY

Mary Ann Seward
Central VP High School
St. Louis, MO

Sarah Taylor
Richland Middle School
Richmond, VA

Carmen Truax
Lincoln College Prep
Kansas City, MO

Contenido en breve

v

España

Capítulo 1 ¡Empecemos!

OBJETIVOS

In this chapter, you will learn to
- ask someone's name and how someone is
- introduce someone
- say where you and others are from
- give phone numbers, the time, the date, and the day
- spell words and give e-mail addresses

Geocultura

Molinos de viento, España

En video

Geocultura **GeoVisión**
Vocabulario 1 y 2 **ExpresaVisión**
Gramática 1 y 2 **GramaVisión**
Cultura **VideoCultura**
VideoNovela **¿Quién será?**
Variedades

Puerto Rico

OBJETIVOS

In this chapter, you will learn to
- describe people
- ask someone's age and birthday
- talk about what you and others like
- describe things

Geocultura

El Morro, San Juan, Puerto Rico

En video

Geocultura **GeoVisión**
Vocabulario 1 y 2 **ExpresaVisión**
Gramática 1 y 2 **GramaVisión**
Cultura **VideoCultura**
VideoNovela **¿Quién será?**

Variedades

Texas

Capítulo 3 ¿Qué te gusta hacer? 80

OBJETIVOS

In this chapter, you will learn to
- talk about what you and others like to do
- talk about what you want to do
- talk about everyday activities
- say how often you do things

Geocultura

Paisaje típico tejano

En video

Geocultura **GeoVisión**
Vocabulario 1 y 2 **ExpresaVisión**
Gramática 1 y 2 **GramaVisión**
Cultura **VideoCultura**
VideoNovela **¿Quién será?**
Variedades

Costa Rica

Capítulo 4 La vida escolar 118

OBJETIVOS

In this chapter, you will learn to
- say what you have and need
- talk about classes
- talk about plans
- invite someone to do something

Geocultura

El volcán Arenal, Costa Rica

En video

Geocultura	**GeoVisión**
Vocabulario 1 y 2	**ExpresaVisión**
Gramática 1 y 2	**GramaVisión**
Cultura	**VideoCultura**
VideoNovela	**¿Quién será?**

Variedades

Chile

Capítulo 5 En casa con la familia **156**

México

OBJETIVOS
In this chapter, you will learn to
- comment on food
- take an order and make polite requests
- talk about meals
- offer help and give instructions

Geocultura

Teotihuacán, México

Video/DVD

En video

Geocultura **GeoVisión**
Vocabulario 1 y 2 **ExpresaVisión**
Gramática 1 y 2 **GramaVisión**
Cultura **VideoCultura**
VideoNovela **¿Quién será?**
Variedades

Argentina

Capítulo 7 Cuerpo sano, mente sana 232

La Florida

OBJETIVOS

In this chapter, you will learn to
- ask for and give opinions
- ask for and offer help in a store
- say where you went and what you did
- talk on the phone

Geocultura

Vista de la ciudad de Miami, Florida

Video/DVD

En video

Geocultura	GeoVisión
Vocabulario 1 y 2	ExpresaVisión
Gramática 1 y 2	GramaVisión
Cultura	VideoCultura
VideoNovela	¿Quién será?

Variedades

La República Dominicana

Capítulo 9 ¡Festejemos! 308

Geocultura

Palacio Nacional de Santo Domingo, República Dominicana

En video

Perú

OBJETIVOS

In this chapter, you will learn to
- ask for and give information
- remind and reassure others
- talk about a trip
- express hopes and wishes

Geocultura

Vista aérea de Machu Picchu, Perú

En video

Geocultura	**GeoVisión**
Vocabulario 1 y 2	**ExpresaVisión**
Gramática 1 y 2	**GramaVisión**
Cultura	**VideoCultura**
VideoNovela	**¿Quién será?**

Variedades

El español, ¿por qué?
Why Study Spanish?

Por lo mundial *Because it's worldwide*

Spanish is the fourth most commonly spoken language in the world. You can visit any one of 21 countries in the world that speak Spanish and feel at home. Even in the United States, knowing Spanish can open doors to you.

So whether you're in Europe, North, Central, or South America, or even Africa, as a Spanish speaker you won't have to rely on someone else to watch television or read a newspaper. You'll learn things on your own. You'll truly be a citizen of the world.

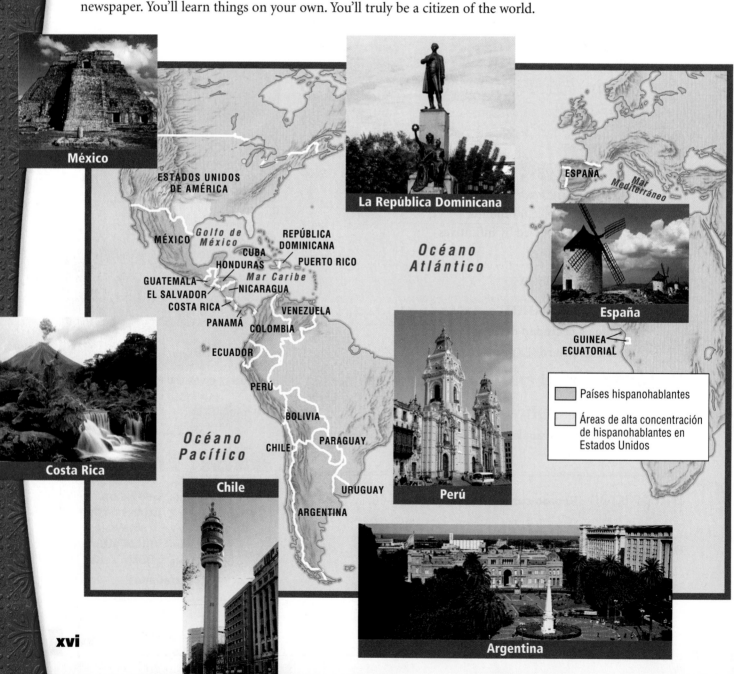

México

ESTADOS UNIDOS DE AMÉRICA

La República Dominicana

ESPAÑA

Mar Mediterráneo

España

MÉXICO   *Golfo de México*   REPÚBLICA DOMINICANA

CUBA

HONDURAS   PUERTO RICO

GUATEMALA   *Mar Caribe*

EL SALVADOR   NICARAGUA

COSTA RICA

PANAMÁ   VENEZUELA

COLOMBIA

Océano Atlántico

GUINEA ECUATORIAL

ECUADOR

PERÚ

BOLIVIA

Océano Pacífico   PARAGUAY

CHILE

Costa Rica

Chile

URUGUAY

ARGENTINA

Perú

Países hispanohablantes

Áreas de alta concentración de hispanohablantes en Estados Unidos

Argentina

Por lo bello *Because it's beautiful*

You'll be amazed to discover how rich the Spanish-speaking world is in works of music, literature, science, religion, and art. The novels of Miguel de Cervantes or Isabel Allende, the paintings of Fernando Botero or Frida Kahlo, the poetry of Gabriela Mistral or Pablo Neruda: all these treasures and many more await you as you explore the Spanish-speaking world.

Ceramic tiles form this mural by Dominican artist Said Musa.

Traditional painted carts in Costa Rica are a part of **El Festival de las Carretas.**

This popular folk dance is often called the Mexican hat dance.

The fountain of Cibeles, named after the goddess Cybele, is one of Madrid's best-known landmarks.

Por lo práctico *Because it's practical*

You're living in the country with the fifth-largest Hispanic population in the world, more than 33 million people. And whether they're originally from Mexico, Puerto Rico, or Cuba—or from any other part of Latin America or Spain—almost nine out of ten are Spanish speakers.

Businesses, government agencies, educational institutions, and other employers will be looking for more bilingual employees every year. Give yourself an edge in the job market with Spanish!

Bilingual doctors, nurses, and others in the field of medicine provide care for Spanish-speaking patients.

Patricia Janiot is a popular anchor at the Spanish language news department of CNN en Español.

Miami is an international center and a multicultural hub for Latin American trade.

¡Porque puedes! *Because you can do it!*

Applying your learning skills to a new language will be challenging at first. But you have the tools you need to do the job. And you're lucky to be living at a time when there are almost no limits to your opportunities to practice Spanish. You can interact with Spanish speakers not just in your community but all over the world, via pen pal organizations, the library, or a multitude of resources and online networks.

Bicyclists stop at a spot overlooking the historic city of Toledo, Spain.

En fin, porque sí *Finally, just because...*

The best reason of all to study Spanish is because you want to! You know better than anyone what motivated you to enroll for Spanish class. It might be one of the reasons given here, such as getting a job, learning about world issues, or enjoying works of art. Or it might be something more personal, like wanting to communicate with Spanish-speaking friends and family, or travel. So pat yourself on the back and **¡Exprésate!**

Young people in Segovia, Spain, enjoy a walk after classes.

En la clase de español
In Spanish class

Here are some phrases you'll probably hear in your classroom, along with some responses.

Phrases:

Tengo una pregunta.
I have a question . . .

¿Cómo se dice...?
How do you say . . .?

¿Cómo se escribe...?
How do you spell . . .?

No entiendo. ¿Puede repetir?
I don't understand. Could you repeat that?

Más despacio, por favor.
More slowly, please.

¿Sabes qué significa (quiere decir)...?
Do you know what . . . means?

Gracias.
Thank you.

Perdón.
I'm sorry.

Responses:

¿Sí? Dime.
Yes? What is it?

Se dice...
You say . . .

Se escribe...
It's spelled . . .

Claro que sí.
Yes, of course.

No, no sé.
No, I don't know.

Sí, significa (quiere decir)...
Yes, it means . . .

De nada.
You're welcome.

Está bien.
It's okay.

Here are some things your teacher might ask you to do.

Levanten la mano.
Raise your hand.

Escuchen.
Listen.

¡Su atención, por favor!
Attention, please.

Silencio, por favor.
Silence, please.

Abran sus libros en la página...
Open your books to page . . .

Cierren los libros.
Close your books.

Estamos en la página...
We're on page . . .

Miren la pizarra (la transparencia).
Look at the board (transparency).

Saquen una hoja de papel.
Take out a sheet of paper.

Pasen la tarea (los papeles) al frente.
Pass the homework (the papers) to the front.

Levántense, por favor.
Stand up, please.

Siéntense, por favor.
Sit down, please.

Repitan después de mí.
Repeat after me.

Nombres comunes
Common Names

Here are some common names from Spanish-speaking countries.

Nombres de muchachas

Ana	Inés	Patricia
Bárbara	Irene	Pilar
Beatriz	Isabel	Rosalía
Cecilia	Josefina	Rosario
Cristina	Lourdes	Sonia
Dolores	María	Susana
Elena	Maribel	Tamara
Elisa	Marisol	Teresa
Emilia	Nuria	Vanesa
Fátima	Olga	Yolanda

Nombres de muchachos

Alfredo	Francisco	Óscar
Antonio	Gilberto	Pablo
Arturo	Héctor	Pedro
Bruno	Javier	Rafael
Carlos	Julio	Ramón
Daniel	Lorenzo	Roberto
Eduardo	Luis	Sergio
Enrique	Manuel	Tomás
Esteban	Marcos	Vicente
Fernando	Miguel	Víctor

Instrucciones
Directions

Throughout the book, many activities will have directions in Spanish. Here are some of the directions you'll see, along with their English translations.

Completa... con una palabra del cuadro.
Complete . . . with a word from the box.

Completa el párrafo con...
Complete the paragraph with . . .

Completa las oraciones con la forma correcta del verbo.
Complete the sentences with the correct form of the verb.

Con base en..., contesta cierto o falso. Corrige las oraciones falsas.
Based on . . ., respond with true or false. Correct the false statements.

Con un(a) compañero(a), dramatiza...
With a classmate, act out . . .

Contesta las preguntas usando...
Answer the questions using . . .

Contesta (Completa) las siguientes preguntas (oraciones)...
Answer (Complete) the following questions (sentences) . . .

En parejas (grupos de tres), dramaticen...
In pairs (groups of three), act out . . .

Escoge el dibujo (la respuesta) que corresponde (mejor completa)...
Choose the drawing (the answer) that goes with (best completes) . . .

Escribe..., usando el vocabulario de la página...
Write . . ., using the vocabulary on page . . .

Escucha las conversaciones. Decide qué conversación (diálogo) corresponde a cada dibujo (foto).
Listen to the conversations. Decide which conversation (dialog) corresponds to each drawing (photo).

Mira las fotos (los dibujos) y decide (di, indica)...
Look at the photos (drawings) and decide (say, indicate) . . .

Pon en orden...
Put . . . in order.

Pregúntale a tu compañero(a)...
Ask your partner...

Sigue el modelo.
Follow the model.

Túrnense para...
Take turns . . .

Usa el vocabulario de... para completar...
Use the vocabulary from . . . to complete . . .

Usa una palabra o expresión de cada columna para escribir...
Use one word or expression from each column to write . . .

Usa los dibujos para decir lo que pasa.
Use the drawings to say what is happening.

Sugerencias para aprender el español
Tips for learning Spanish

Listen

Listen carefully in class and ask questions if you don't understand. You won't be able to understand everything you hear at first, but don't feel frustrated. You are actually absorbing a lot even when you don't realize it.

Visualize

It may help you to visualize the words you are learning. Associate each new word, sentence, or phrase with a mental picture. For example, if you're learning words for foods, picture each food in your mind and think about the colors, smells, and tastes associated with it. If you are learning about the weather, picture yourself standing in the rain, or fighting a strong wind—something that will help you associate an image with the word or phrase you are learning.

Practice

Short, daily practice sessions are more effective than long, once-a-week sessions. Also, try to practice with a friend or a classmate. After all, language is about communication, and it takes two to communicate.

Speak

Practice speaking Spanish aloud every day. Don't be afraid to experiment. Your mistakes will help identify problems, and they will show you important differences in the way English and Spanish work as languages.

Explore

Increase your contact with Spanish outside class in every way you can. Maybe someone living near you speaks Spanish. It's easy to find Spanish-language programs on TV, on the radio, or at the video store, and many magazines and newspapers in Spanish are published or sold in the United States and are on the Internet. Don't be afraid to read, watch, or listen, even if you don't understand every word.

Connect

Making connections between what you learn in other subject areas and what you are learning in your Spanish class will increase your understanding of the new material, help you retain it longer, and enrich your learning experience.

Have fun!

Above all, remember to have fun! Learn as much as you can, because the more you know, the easier it will be for you to relax—and that will make your learning easier and more effective.

¡Buena suerte! (Good luck!)

Video/DVD
GeoVisión

Geocultura
España

▲ **Torre Cerredo** at 2,648 meters is the highest peak in the **Picos de Europa.**

Almanac

Population
40,037,995

Capital
Madrid

Government
parliamentary monarchy

Languages
Castilian, Galician, Basque, Catalan

Currency
euro

Internet Code
www.[ ].es

▲ **Andalucía** is a region of Spain that exports olive oil worldwide.

▼ **Trajes flamencos** These girls are wearing flamenco costumes for Seville's **Feria de abril.**

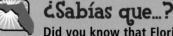

¿Sabías que...?

Did you know that Florida was a Spanish colony off and on for four centuries? Juan Ponce de León first claimed Florida for Spain in 1513. Spain gave up control of Florida to England in 1763 and regained it in 1783. Spain retained its hold on the territory until 1821, when Florida became part of the United States.

Pícos de Europa

Galicia

Salamanca •

Extremadura

Río Guadiana

PORTUGAL

Sevilla •

OCÉANO ATLÁNTICO

ISLAS CANARIAS

FRANCIA

◄ **Los Pirineos** form a natural border between Spain and France.

ANDORRA

Santillana •

• Bilbao

País Vasco

Los Pirineos

Cataluña

Tossa de Mar •

Barcelona •

COSTA BRAVA

▲ **Tossa de Mar** is a beach that attracts sunbathers from around the world.

Castilla y León

Río Ebro

Río Duero

• Segovia

Aragón

Sierra de Guadarrama

Ávila •

★ **MADRID**

Sierra de Gredos

Río Tajo • Toledo

Valencia •

MAR MEDITERRÁNEO

E S P A Ñ A

ISLAS BALEARES

Castilla-La Mancha

Alicante •

COSTA BLANCA

Córdoba •

Río Guadalquivir

Murcia

• Granada

Sierra Nevada

Andalucía

Málaga •

▲ **Madrid** This monument in the **Plaza de España** honors Miguel de Cervantes and two characters from *Don Quijote de La Mancha*, Don Quijote and Sancho Panza.

Gibraltar (RU)

Ceuta (ESP)

► **La Mancha** and its windmills were made famous in Miguel de Cervantes' novel, *Don Quijote de La Mancha.*

¿Qué tanto sabes?

Which countries share a border with Spain? What bodies of water surround Spain?

FL.C.1.1.1

M A R R U E C O S

uno **1**

A conocer España

Las celebraciones

▲ **Barcelona** is known for the **sardana,** a type of dance. Here people are dancing the **sardana** in front of the cathedral.

▲ **Galicia** was settled by Celtic peoples, whose roots are reflected in the musical instruments of this province.

► **Las castañuelas** Castanets are rhythm instruments used in traditional Spanish music.

▲ **La Feria de Abril en Sevilla** Seville celebrates its annual **Feria de abril** with parades, flowers, and brightly-colored traditional costumes.

La comida

▼ **Paella** is a well-known dish made of rice, vegetables, seafood, chicken, and sausage.

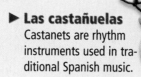

▲ **La Plaza Mayor** in Madrid is a place where many people gather for a snack or a meal.

▲ **La tortilla española** In Spain, a **tortilla** is an omelet made with eggs, onions, and potatoes.

La arquitectura

▶ **El Museo de Guggenheim** in Bilbao is famous for its ultramodern architecture.

¿Sabías que...?
Did you know that the Mezquita in Córdoba is so large that a cathedral was built inside of it?

◀ **La Mezquita** This former mosque reflects the influence of Arab culture in the city of Córdoba.

▲ **Ávila** is surrounded by medieval walls that have stood for almost 1,000 years.

El arte

▶ **Las cuevas de Altamira** These caves are famous for the prehistoric art on their walls.

◀ **La Infanta Margarita,** a portrait by Diego Velázquez (1599-1660), hangs in the Prado Museum in Madrid.

Conexión Arte

The Spanish painter Joan Miró (1893-1983) often painted dreamlike images. He frequently used the colors blue, red, yellow, green and black. Using the color chart below, identify the colors used in this painting.

You can see works by Miró at the Norton Museum of Art in West Palm Beach. How does Miró's art compare to that of an artist in your area? What other Florida museums have works by Spanish artists? ➤ FL.D.2.1.2

▲ *Personnages Oiseaux*
(Personajes pájaros)

rojo	azul	verde	amarillo	morado
blanco	negro	gris	café	anaranjado

¡Empecemos!

OBJETIVOS

In this chapter you will learn to
- ask someone's name and say yours
- ask how someone is and say how you are
- introduce people and say where they are from
- give phone numbers, the time, the date, and the day
- spell words and give e-mail addresses

And you will use
- subjects, verbs, and subject pronouns
- numbers 0–31
- the alphabet
- the verb **ser**
- punctuation marks and written accents

¿Qué ves en la foto?

- How are these teenagers greeting each other?

- Where in this plaza would you try to meet a friend?

- Based on the photo, what do you think Madrid is like?

Look for the next to each activity and the **Benchmark Focus** to help you achieve the goals of the **Florida Sunshine State Standards**, found on pages F14–F16.

La Puerta del Sol, Madrid

Objetivos
- Asking someone's name
- Asking how someone is
- Introducing others
- Saying where you and others are from

Vocabulario *en acción* 1

ExpresaVisión

En Madrid

¿Cómo se llama ella?

Ella se llama Paula.

¿Cómo se llama usted?

Soy Alba García.

¿Cómo te llamas?

Me llamo José. ¿Y tú?

¡Exprésate!

To ask a classmate or other young person's name *(familiar)*	To ask an adult's name *(formal)*	To give your name
¿Cómo te llamas? *What's your name?*	**¿Cómo se llama usted?** *What's your name?*	**Me llamo...** *My name is . . .* **Soy...** *I'm . . .*

Interactive TUTOR

To ask who someone is	To say who someone is
¿Quién es...? *Who is . . .?*	**(Él/Ella) es...** *He/She is . . .*
¿Cómo se llama (él/ella)? *What is his/her name?*	**(Él/Ella) se llama...** *His/Her name is . . .*

▶ **Vocabulario adicional** — **Palabras descriptivas**, p. R10

Vocabulario y gramática, pp. 1–3

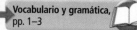

Online workbooks

1 ¿Qué hacen? ◥ FL.A.2.1.3

 **Escuchemos** As you listen, decide whether the people speaking are **a)** asking someone's name or **b)** giving a name.

2 ¿Cómo te llamas? ◥ FL.A.2.1.2

Leamos Decide if you would hear these phrases in scene **a, b, c,** or **d.**

1. ¿Cómo te llamas?
2. Me llamo Margarita.
3. ¿Cómo se llama usted?
4. ¿Cómo se llama él?

Benchmark Focus

FL.A.2.1.3 Understand oral messages that are based on familiar themes and vocabulary

Nota cultural

Family members, friends, and teachers may add an ending such as **-ito** or **-ita** to a person's name to show affection. Rosa becomes **Rosita**, Teresa, **Teresita**, Juan becomes **Juanito**, and Miguel becomes **Miguelito**. There are nicknames, **apodos**, associated with names that may be an abbreviation or part of a name. For example, Pilar, a very common girl's name in Spain, becomes **Pili**, and Santiago, a boy's name, becomes **Santi**.

Do we have similar nicknames in English?

◥ **FL.B.1.1.2, FL.D.1.2.2**

3 Pareo ◥ FL.A.2.1.2

Leamos Match each question to the correct response. There may be more than one correct answer.

1. ¿Cómo se llama él?
2. ¿Cómo se llama ella?
3. ¿Cómo se llama usted?
4. ¿Cómo te llamas?

   a. Me llamo Gustavo.
   b. Se llama Pablo.
   c. Soy Elena Rodríguez.
   d. Se llama Josefina.

Comunicación

4 Nombres y más nombres ◥ FL.A.1.1.3, FL.A.3.1.1

Hablemos Get together with three classmates and ask them their names in Spanish. Then report their names to the class.

Hola, ¿cómo estás?

Más o menos. ¿Y tú?

Buenos días, Paco. ¿Cómo estás?

Estoy bien, gracias. ¿Y usted?

Más vocabulario...

Greetings and Goodbyes

Buenos días, señor.	*Good morning, sir.*
Buenas tardes, señorita.	*Good afternoon, miss.*
Buenas noches, señora.	*Good evening, ma'am.*
Adiós.	*Goodbye.*
Buenas noches.	*Good night.*
Hasta luego.	*See you later.*
Hasta mañana.	*See you tomorrow.*
Hasta pronto.	*See you soon.*
Nos vemos.	*See you.*
Tengo que irme.	*I have to go.*

También se puede decir...

In Florida, Cubans, Hondurans, Ecuadoreans, Colombians, and Argentineans may use **chao** instead of **adiós**.

¡Exprésate!

To ask how a friend is	To ask how an adult is	To respond	
Hola, ¿cómo estás? *Hi, how are you?*	**¿Cómo está usted?** *How are you?*	**Estoy bien/regular/mal.** *I'm fine/all right/not so good.*	Interactive **TUTOR**
¿Qué tal? *How's it going?*		**Más o menos.** *So-so.*	

Vocabulario y gramática, pp. 1–3

Online workbooks

5 **¿Qué dicen?** FL.A.2.1.3

Escuchemos Are the people you hear
a) greeting each other or
b) asking each other how they are?

6 **Adiós** FL.A.3.1.1

Hablemos How would you say goodbye to someone . . .

MODELO **you will see tomorrow?**
Hasta mañana.

1. you will see again soon?
2. you will see tomorrow in class?
3. when you don't know when you will see them next?
4. you will see in a few days?
5. wishing them a good night?
6. when you have to go?

Unos amigos en la Plaza de Zocodover, Toledo

Comunicación

HOLT **SoundBooth** ONLINE RECORDING

7 **Estoy bien, gracias.** FL.A.1.1.2

Hablemos Work with a partner. Decide how you would greet these people and ask how they are. How would they respond? Base your answers on the cues given by the pictures and times. Take turns asking and answering the questions.

MODELO —**Buenos días, Señor Garza. ¿Cómo está usted?**
—**Estoy bien, gracias.**

8:00 A.M.
el señor Garza

11:00 A.M.
Teresa

2:00 P.M.
Santi

9:00 P.M.
Maribel

8 **Conversación** FL.A.1.1.2

Hablemos Create a short conversation with a classmate. Greet each other, find out each other's name, ask and say how you are, and then say goodbye.

Benchmark Focus

FL.A.1.1.2 Greet others and exchange essential personal information

To introduce someone	To respond	To say that you are also pleased to meet someone
Éste es Juan. (Él) es un compañero de clase. *This is Juan. He is a classmate.*	**Encantado(a). / Mucho gusto.** *Pleased/Nice to meet you.*	**Igualmente.** *Likewise.*
Éste es el señor Vega. (Él) es mi profesor de español. *This is Mr. Vega. He is my Spanish teacher.*		
Ésta es Rosa. (Ella) es una compañera de clase. *This is Rosa. She is a classmate.*		
Ésta es la señora (la señorita) Talavera. (Ella) es mi profesora de ciencias. *This is Mrs. (Miss) Talavera. She is my science teacher.*		

Vocabulario y gramática, pp. 1–3

 Online workbooks

Speech bubbles:
Teresa, éste es el señor Pidal. Él es mi profesor de español.

Encantada.

Igualmente.

Más vocabulario...

¿Quién es el muchacho?
Who is the boy?

(Él) es mi mejor amigo.
He is my best friend.

(Él) es estudiante.
He is a student.

¿Quién es la muchacha?
Who is the girl?

(Ella) es mi mejor amiga.
She is my best friend.

(Ella) es estudiante.
She is a student.

9 Tus amigos FL.A.3.1.1

Hablemos/Escribamos How would you introduce these people?

MODELO **your classmate Antonio**
Éste es Antonio. Él es mi compañero de clase.

1. your best friend Ana
2. your best friend Juan
3. your classmate Enrique
4. your classmate Luisa
5. your Spanish teacher
6. yourself

¡Exprésate!

To ask where someone is from	To say where you and others are from
¿De dónde eres? *Where are you from? (familiar)*	**Soy de Estados Unidos.** *I'm from the United States.*
¿De dónde es usted? *Where are you from? (formal)*	**Soy de España.** *I'm from Spain.*
¿De dónde es...? *Where is . . . from?*	**Es de Cuba.** *He (She) is from Cuba.*

Vocabulario y gramática, pp. 1–3 — **Online** workbooks

10 ¿De dónde son? 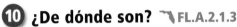 FL.A.2.1.3

Escuchemos As you listen, match the name of the person with the place he or she is from.

1. Javier
2. Angélica
3. la profesora Gutiérrez
4. Rafael
5. Fernando

a. Es de Cuba.
b. Es de México.
c. Es de España.
d. Es de Estados Unidos.
e. Es de Puerto Rico.

11 Es de... FL.A.3.1.1

Hablemos Using the pictures, introduce these people and tell where they are from.

MODELO Ésta es mi amiga Carolina. Ella es de España.

Carolina, España

1. Juan José la República Dominicana
2. María Cuba
3. Blas Puerto Rico
4. Irma México
5. Alberto Estados Unidos

Comunicación

 HOLT **SoundBooth** ONLINE RECORDING

12 El club de español FL.A.1.1.2, FL.A.3.1.1

Hablemos Imagine that you and your partner have both just joined the Spanish Club at your school. Greet each other, find out each other's name and where each other is from. Then introduce one another to a classmate.

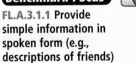

Benchmark Focus

FL.A.3.1.1 Provide simple information in spoken form (e.g., descriptions of friends)

Objetivos
- Using subjects and verbs in sentences
- Using subject pronouns

Gramática en acción 1

GramaVisión

Interactive **TUTOR**

Subjects and verbs in sentences

1 In English, sentences have a **subject** and a **verb**. The **subject** is the person or thing that is being described or is doing something. The **verb** is the action word like **run** or **sing**, or a word like **am**, **is**, or **are** that links the subject to a description.

subject → **Mrs. Pérez is** my teacher. *verb*
She is from Madrid.

2 In Spanish, sentences also have a **subject** and a **verb**.

subject → **La señora Pérez es** mi profesora. *verb*
Ella es de Madrid.

3 Both English and Spanish use nouns as subjects. Nouns can be replaced with **pronouns**. Some examples of Spanish **pronouns** you have seen are **él**, **ella**, **tú** and **usted**.

él stands for Juan

Juan es un compañero de clase.
Juan is a classmate.

Él es mi mejor amigo.
He is my best friend.

4 English sentences always have a subject or a subject pronoun. But in Spanish the **subject** or the **subject pronoun** can be left out if everyone knows who you're talking about.

María is my friend.
She is from Spain.

María es mi amiga.
Es de España. *Ella can be left out.*

Vocabulario y gramática, pp. 4–6
Actividades, pp. 1–3

Online workbooks

13 **Mis amigos de Madrid** ▼ FL.A.2.1.2, FL.D.1.2.2

Leamos Identify the subjects and verbs in the following sentences.

1. Susana is my friend.
2. She is from Spain.
3. Mrs. García is my teacher.
4. She is from Madrid.
5. Susana es mi amiga.
6. Es de España.
7. La señora García es mi profesora.
8. Es de Madrid.

La Plaza de Cibeles, Madrid

Gramática 1

14 ¿Quién es quién? FL.A.2.1.2

Leamos Identify the subjects and the verbs in the following sentences. Then say whether you would use **él** or **ella** in place of each subject.

1. Laura es de Toledo. Es una compañera de clase.
2. Juan es mi mejor amigo. Es estudiante.
3. La señora Ayala es mi profesora de ciencias. Es de Perú.
4. El señor Garza es mi profesor de español. Es de España.
5. El muchacho es un compañero de clase. Es de Estados Unidos.
6. La señorita Jiménez es de la República Dominicana. Es mi profesora de matemáticas.
7. Ramiro es un compañero de clase. Es de Cuba.
8. Don Pablo es profesor. Es de México.
9. Doña Lourdes es de Panamá. Es profesora.

Benchmark Focus

FL.A.2.1.2 Restate and rephrase simple information from materials presented orally, visually, and graphically in class

Comunicación

HOLT **SoundBooth** ONLINE RECORDING

15 ¿De quién hablas? FL.A.1.1.2, FL.A.3.2.1

Leamos/Hablemos Use at least three phrases from the word box to write a description of one of the people pictured below. Read your description aloud to your partner. He or she will guess which person you have just described. Then switch roles.

Éste es el señor Madero.	Ella es mi profesora de español.
Él es mi mejor amigo.	Es de Estados Unidos.
Es de España.	Ella es mi mejor amiga.
Ésta es Rosaura.	Él es un compañero de clase.
Éste es Mario.	Ella es una compañera de clase.
Él es mi profesor de ciencias.	Ésta es la señora Matute.

A

B

C

D

Subject pronouns

Interactive TUTOR

1 These are the **subject pronouns** in Spanish.

yo	*I*	**nosotros**	*we*
		nosotras	*we (all female)*
tú	*you*	**vosotros**	*you*
		vosotras	*you (all female)*
usted	*you*	**ustedes**	*you*
él	*he*	**ellos**	*they*
ella	*she*	**ellas**	*they (all female)*

En inglés

In English, the subject pronoun *you* is used with anyone, no matter their age or relationship to you.

In Spanish, the pronoun you use (**tú** or **usted**) is based on your relationship to the person.

In English, is *you* used to talk to one person, more than one person, or both? How does this compare with Spanish usage of **usted** and **ustedes**?
  FL.D.1.2.2

2 The subject pronouns **tú** and **usted** both mean *you* when you're talking to one person. However, they are used in different situations.

friend
relative
someone your age } **Familiar tú**

Formal usted { teacher
adult you've just met
someone you show respect to

Although subject pronouns are often left out, the pronoun **usted** is commonly stated when addressing someone to show respect.

¿Cómo está **usted**?   *How are you?*

3 The subject pronouns **ustedes** and **vosotros** mean *you* when talking to more than one person. They are also used in different situations.

friends
relatives
people your age } **Familiar (in Spain) vosotros**   **Formal and Familiar ustedes** { any group

4 The pronouns **nosotros**, **vosotros**, and **ellos** have feminine forms.

group of all males
group of males
and females } **Masculine**
nosotros
vosotros (Spain)
ellos

Feminine
nosotras
vosotras (Spain)
ellas } group of
all females

Nota cultural

Spanish influence in Florida dates to 1513, when Ponce de León claimed the territory for Spain. In 1565, Pedro Menéndez de Avilés founded St. Augustine, the oldest city in the U.S. In the 19th century, there were two major migrations from Cuba (still a Spanish colony at that time) to Florida—the first to Key West in the 1860s and the second to Tampa in the 1890s.

How is Florida's Spanish-speaking heritage reflected in the names of places in your community?
  FL.D.2.2.2

Vocabulario y gramática, pp. 4–6
Actividades, pp. 1–3   **Online workbooks**

16 **¿Cómo le(s) dices?** **FL.B.1.1.2**

Hablemos What pronouns would you use to speak to these people?

1. two or more teachers
2. a group of female students (in Spain)
3. your best friend
4. a school principal
5. two or more males
6. a group of male and female students (in Spain)

17 **¿Con quién habla Javier?** FL.A.2.1.3, FL.B.1.1.2

Escuchemos Listen as Javier, a teenager from Spain, talks to his friends and teachers. Match each statement with the correct picture. Remember that Javier uses **vosotros** and **vosotras.**

18 **Nuevos amigos** FL.A.2.1.2

Leamos/Escribamos Complete this conversation using the correct subject pronouns.

—Hola. __1__ *(I)* soy Rosalinda Chávez. Y __2__ *(he)* es mi amigo Juan. ¿Cómo te llamas __3__ *(you)?*

— __4__ *(I)* me llamo Antonia. Y __5__ *(she)* es mi amiga Talía. __6__ *(We–Talía and I)* somos de Estados Unidos. Juan y tú, ¿de dónde son __7__ *(you, plural)?*

Comunicación

HOLT SoundBooth
ONLINE RECORDING

19 **Eres reportero(a)** FL.A.1.1.2

Hablemos Imagine that you are a reporter interviewing new students and teachers for the school paper. With a partner, role-play one interview with a student and one with a teacher. Use the cues below.

1. Greet the person you are interviewing.
2. Ask what his or her name is.
3. Ask where he or she is from.
4. Say goodbye.

Cultura

Benchmark Focus
FL.A.1.1.3 Use appropriate gestures and expressions (i.e., body language) to complete or enhance verbal messages

  Comparaciones Interactive TUTOR

Buenos amigos, Madrid

¿Cómo saludas a tus amigos, familiares y profesores? FL.B.1.1.2, FL.D.2.1.1

Spanish speakers usually greet each other with a handshake or kiss, depending on the situation. Here, you will see several people greet each other in different situations. See if you can find any similarities to the greetings and goodbyes you use with your friends, family, and teachers.

 ## Saludos informales

In Spain, friends and family members may greet each other with two kisses, one on each cheek. In Latin America, friends and family members kiss each other on only one cheek. Men and boys greet each other with a hug, a pat on the back, or a handshake. In some Latin American countries, men who have not seen each other in a long time greet with a handshake, followed by a hug, followed by a second handshake.

—Hola, madrina, ¿cómo estás?

—¡Hola amigo! ¡Tanto tiempo!

—¿Cómo estás?

 Saludos formales

In professional or school settings, or when meeting someone for the first time, the usual greeting in Spain and Latin America is a handshake.

—Mucho gusto.
—Igualmente.

—Es un compañero de clase.
—Encantado.

Cultura

Para comprender 🔖 FL.B.1.1.2

1. How would a young girl greet her grandparents in Spain?
2. How would a young girl greet her grandparents in Latin America?
3. How would a businessman and a businesswoman greet each other in Spain or Latin America?
4. In Latin America, how might a boy greet his uncle if they haven't seen each other in a long time?

Para pensar y hablar 🔖 FL.A.1.1.3

Among family and close friends, hugs and kisses are common greetings throughout the Spanish-speaking world. Do family and close friends in your community greet each other with hugs, kisses, or handshakes? With a partner, model how two people might greet each other with a handshake in Spain or Latin America.

 # Comunidad en la Florida

Hispanos famosos de la Florida 🔖 FL.C.2.1.1, FL.E.1.2.1

Hispanics in Florida have been influential at state, national, and international levels since Florida's founding years. In 1821, the year Florida became a U.S. territory, Joseph Marion Hernández served in the U.S. Congress. Desi Arnaz and later Gloria Estefan, among others, helped introduce Caribbean music to U.S. audiences. Astronaut Fernando Caldeiro and Latin Jazz musician Néstor Torres have made Florida their home, as has Alberto Ibargüen, former publisher of *The Miami Herald*. Using English and Spanish resources in your library or on the Internet, research one famous Hispanic Floridian and his or her contributions. Present your findings to the class.

Alberto Ibargüen, editor de *The Miami Herald*, 1998–2005.

Objetivos
• Giving phone numbers, the time, the date, and the day
• Spelling words and giving e-mail addresses

Vocabulario *en acción* 2

Video/DVD

ExpresaVisión

Los números

cero

uno

dos

tres

cuatro

cinco

seis

siete

ocho

nueve

diez

Más vocabulario...

11	once
12	doce
13	trece
14	catorce
15	quince
16	dieciséis
17	diecisiete
18	dieciocho
19	diecinueve
20	veinte
21	veintiuno
22	veintidós
23	veintitrés
24	veinticuatro
25	veinticinco
26	veintiséis
27	veintisiete
28	veintiocho
29	veintinueve
30	treinta
31	treinta y uno

20 Contando FL.A.3.1.1

Hablemos What numbers do you think of for the following things? Say the number in Spanish.

1. hours in a day
2. a rectangle
3. the English alphabet
4. a volleyball team
5. a spider

6. a quarter
7. a lucky clover
8. a carton of eggs
9. a trio
10. days in a week

21 ¿Qué números faltan? FL.A.3.1.1

Hablemos Complete these series of numbers logically. Then read them aloud.

1. 1, 3, ═══, 7, 9, ═══, 13, 15
2. 2, 4, ═══, 8, ═══, 12, ═══
3. 16, 17, ═══, 19, ═══, ═══
4. 30, 25, ═══, ═══, ═══, 5
5. 19, 18, ═══, 16, 15, ═══, 13, 12
6. 20, 22, ═══, 26, ═══, 30
7. 3, 6, ═══, 12, ═══
8. 5, 10, ═══, 20, ═══, ═══

¡Exprésate!

To ask for phone numbers	To give phone numbers
¿Cuál es tu teléfono? *What's your telephone number?*	**Es tres-dos-cinco-uno-dos-tres-uno.** *It's 3-2-5-1-2-3-1.*
¿Cuál es el teléfono de Rosita? *What's Rosita's telephone number?*	**Es seis-uno-nueve-uno-cinco-dos-ocho.** *It's 6-1-9-1-5-2-8.*

Interactive TUTOR

Vocabulario y gramática, pp. 7–9

Online workbooks

22 Números de teléfono ⟍FL.A.2.1.3

Escuchemos You and your friend Elena are double-checking phone numbers for some of the students in your class. Listen to what Elena says and fill in the missing numbers.

1. Beatriz 3-▬▬-▬▬-1-9-▬▬-▬▬
2. Jorge 2-▬▬-▬▬-▬▬-▬▬-2-8
3. Rosaura ▬▬-1-3-▬▬-▬▬-3-1
4. Ángel 7-1-8-▬▬-▬▬-▬▬-▬▬
5. Gladys ▬▬-2-8-1-5-▬▬-▬▬

Comunicación

HOLT **SoundBooth**
ONLINE RECORDING

23 Directorio telefónico ⟍FL.A.1.1.2

Leamos/Hablemos Pick a person from the school directory and ask a classmate if you have the right number for him or her. When you give the number, get one digit wrong. Your partner should correct the number.

MODELO —¿El teléfono de Teresa Benavides es uno-uno-cuatro-siete-ocho-dos-dos?
—No, es uno-uno-cuatro-uno-ocho-dos-dos.

28

BENAVIDES, Teresa	Núñez de Cáceres 11	1-14-18-22
GÓMEZ, Emilia	Santo Tomás de Aquino 27	2-13-25-17
GONZÁLEZ, Rocío	Avenida Juárez 18	6-15-29-17
MARTÍNEZ, Elena	Camino Real 25	4-11-16-28
ORTEGA, Jaime	Avenida Mella 31	3-31-13-27
RODRÍGUEZ, Alberto	Calle Constitución 12	6-27-19-12
TORRES, Federico	Carretera Simón Bolívar 13	9-21-15-10

Benchmark Focus
FL.A.1.1.2 Greet others and exchange essential personal information (e.g., telephone number)

24 Número secreto ⟍FL.A.1.3.4, FL.B.1.1.1

Hablemos Try to guess the secret number between 0 and 31 that your partner has written down. If you are wrong, your partner will point up or down to indicate a higher or lower number. Keep trying until you guess right. Then switch roles and play again.

¿Qué hora es?

Es mediodía.
It's noon.

Son las diez menos diez de la noche.
It's 9:50 at night.

Son las dos y trece de la tarde.
It's 2:13 in the afternoon.

Son las siete menos cuarto.
It's 6:45.

Es medianoche.
It's midnight.

Son las seis y cuarto de la mañana.
It's 6:15 in the morning.

Es la una en punto.
It's one o'clock on the dot.

Son las seis y media de la tarde.
It's 6:30 in the evening.

Benchmark Focus

FL.A.2.1.2 Restate and rephrase simple information from materials presented orally, visually, and graphically in class

25 **¿Son las dos?** FL.A.2.1.2

Leamos Choose the correct time.

1. 3:00
   a. Son las tres en punto.
   b. Son las tres y media.

2. 9:15
   a. Son las nueve menos cuarto.
   b. Son las nueve y cuarto.

3. 7:25
   a. Son las siete y media.
   b. Son las siete y veinticinco.

4. 1:30
   a. Es la una y cuarto.
   b. Es la una y media.

5. 11:40
   a. Son las doce menos veinte.
   b. Son las once y veinte.

6. 8:10
   a. Son las ocho en punto.
   b. Son las ocho y diez.

7. 2:50
   a. Son las tres menos diez.
   b. Son las tres y diez.

8. 4:05
   a. Son las cuatro y cinco.
   b. Son las cuatro y cuarto.

26 **¿Qué hora es?** FL.A.3.1.1

Hablemos/Escribamos Say what time it is.

1. 4:00 P.M.   3. 12:00 P.M.   5. 4:45 A.M.
2. 6:10 A.M.   4. 9:05 A.M.   6. 1:15 P.M.

¡Exprésate!

To ask someone the date and day of the week	To respond
¿Qué fecha es hoy? *What's today's date?*	**Es el primero (dos, tres...) de enero.** *It's the first (second, third . . .) of January.*
¿Qué día es hoy? *What day is today?*	**Hoy es lunes.** *Today is Monday.*

Interactive TUTOR

Vocabulario y gramática, pp. 7–9

Online workbooks

Los días de la semana

Los meses del año

lunes 14 · martes 15 · miércoles 16 · jueves 17 · viernes 18 · sábado 19 · domingo 20

enero · febrero · marzo · abril · mayo · junio · julio · agosto · septiembre · octubre · noviembre · diciembre

Las estaciones

la primavera	*spring*	**el otoño**	*fall*
el verano	*summer*	**el invierno**	*winter*

27 **¿Sabes?** ⟍**FL.A.2.1.2**

Escribamos/Hablemos Complete each series logically.

1. lunes, =====, miércoles, =====
2. viernes, =====, =====, lunes
3. enero, =====, marzo, =====
4. mayo, junio, =====, =====
5. primavera, =====, otoño, =====
6. invierno, =====, =====, otoño

Comunicación

HOLT **SoundBooth** ONLINE RECORDING

28 **¿Cuándo es tu cumpleaños?** ⟍**FL.A.1.1.2**

Hablemos Work in groups of three to guess one another's birthday. Guide your classmates by saying **antes** *(before)* or **después** *(after)* until they guess correctly. Guess the month first, then try for the date.

a *(a)*

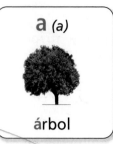

árbol

b *(be)*

bebé

c *(ce)*

ciclismo

d *(de)*

dinosaurio

e *(e)*

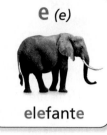

elefante

f *(efe)*

flores

g *(ge)*

geografía

h *(hache)*

hipopótamo

i *(i)*

iguana

j *(jota)*

jirafa

k *(ka)*

kárate

l *(ele)*

león

m *(eme)*

manzana

n *(ene)*

nido

ñ *(eñe)*

piñata

o *(o)*

oso

p *(pe)*

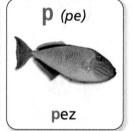

pez

q *(cu)*

queso

r *(ere)*

pera

s *(ese)*

salvavidas

t *(te)*

tortuga

u *(u)*

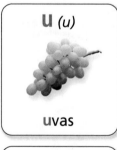

uvas

v *(ve or uve)*

violín

w *(uve doble)**

Wilfredo

x *(equis)*

examen

y *(i griega)*

yoyo

z *(zeta)*

zanahorias

Dos letras, un sonido

ch *(che)* — chimpancé **ll** *(elle)* — llama **rr** *(erre)* — burro

*Another way to say *W* in Spanish is **doble ve**.

¡Exprésate!

To ask how words are spelled and give e-mail addresses	To respond
¿Cómo se escribe...? *How do you spell . . . ?*	**Se escribe...** *It's spelled . . .*
¿Cuál es el correo electrónico de Marisa? *What is Marisa's e-mail address?*	**Es eme punto ge-o-ene-zeta-a-ele-o arroba ere-e-de punto hache-ere-uve-doble punto a-ere.** *It's m.gonzalo@red.hrw.ar*
¿Cuál es tu correo electrónico? *What's your e-mail address?*	**Es...** *It's . . .*

Interactive TUTOR

Vocabulario y gramática, pp. 7–9

Online workbooks

29 Dictado FL.A.2.1.3

Escuchemos/Escribamos Listen as several speakers say and spell out the Spanish words for some animals. On a separate sheet of paper, write the words in Spanish as you hear them.

Benchmark Focus
FL.A.2.1.2 Restate and rephrase simple information from materials presented orally, visually, and graphically in class

Comunicación

HOLT **SoundBooth** ONLINE RECORDING

30 ¿Cómo se escribe...? FL.A.2.1.2

Hablemos/Escribamos Spell each item below aloud in Spanish while your classmate writes it out.

MODELO eme-e-ere-ce-e-de-e-ese (Mercedes)

1. your name
2. your e-mail address
3. the city or town where you were born
4. your best friend's full name
5. your best friend's e-mail address
6. your favorite actor's name

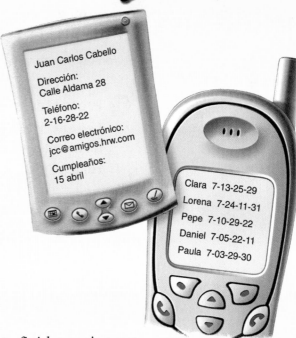

31 El proyecto FL.A.1.2.2

Hablemos You and several classmates have to finish a project outside of class. Work with three partners to create a conversation in which you ask for one another's names (spell them out if you have to), phone numbers, and e-mail addresses.

Objetivos
- Using the verb ser
- Punctuation marks and written accents

Gramática
en acción 2

GramaVisión

Interactive TUTOR

The present tense of the verb ser

1 In Spanish, a verb has different forms to tell you who the subject is. Changing a verb form so that it matches its subject is called **conjugating.** This is the conjugation of the verb **ser** *(to be)*.

yo	**soy**	*I am*	nosotros(as)	**somos**	*we are*
tú	**eres**	*you are*	vosotros(as)	**sois**	*you are*
usted	**es**	*you are*	ustedes	**son**	*you are*
él	**es**	*he is*	ellos	**son**	*they are*
ella	**es**	*she is*	ellas	**son**	*they are*

With nouns and names of people, use the same form of the verb as for **él/ella** or **ellos/ellas.**

Mi profesora es de Cuba.   **Juan y Carlos son de España.**

2 To make a sentence negative, place **no** in front of the verb.

Mi profesora no es de México. Es de España.

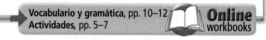
Vocabulario y gramática, pp. 10–12
Actividades, pp. 5–7

Online workbooks

32 **Presentaciones** FL.A.2.1.2

Leamos What is Maribel saying? Complete her statements by matching elements from the two columns.

1. Hola. Yo
2. Y ella
3. Nosotras
4. Y tú, ¿de dónde
5. Juan y tú, ¿de dónde
6. Jorge y Carlos
7. Juan, ¿cuál
8. Carla, ¿qué hora
9. No, Carla, no es la una,

a. son de España.
b. somos de México.
c. eres?
d. son ustedes?
e. es mi amiga Carla.
f. soy Maribel Gómez.
g. es?
h. son las dos.
i. es tu teléfono?

Gramática 2

33 Nuestro club · FL.A.2.1.2

Leamos/Escribamos Miguel has written a description of the International Spanish Club. Complete the paragraph with the correct forms of the verb **ser.**

Nosotros ___1___ estudiantes y profesores del club internacional de español. Yo ___2___ de Puerto Rico. Juan Emilio ___3___ de la República Dominicana. Lisa y Rebeca ___4___ de Estados Unidos. El teléfono del club ___5___ 5-24-11-21. El correo electrónico del club ___6___ club.internacional.deespañol@school.org. Nosotros ___7___ el club internacional. ¡Hasta pronto!

34 Combinaciones · FL.A.2.1.2

Escribamos/Hablemos Form sentences using the words from the boxes and the correct forms of **ser.** You may also use other names and dates to make up sentences of your own.

MODELO **Yo soy Raquel.**

Yo	de Estados Unidos	el ═══ de ═══
Mi mejor amigo(a) y yo	lunes	el señor ═══
Mi profesor(a) de español	el diez de mayo	miércoles
Él/Ella	la señora ═══	Juana
Ellos/Ellas	compañeros de clase	de ═══
Hoy	de México	Pablo
Mañana	estudiantes	viernes

*C*omunicación

HOLT SoundBooth ONLINE RECORDING

35 No es correcto · FL.A.1.1.2, FL.A.3.2.1

Hablemos Take turns with a partner giving information about the people in the pictures, but include at least one detail that is not correct. Your partner should use **no** to disagree and then provide the correct information.

Benchmark Focus

FL.A.1.1.2 Greet others and exchange essential personal information (e.g., telephone number)

MODELO —Ana es de Guatemala. El teléfono de Ana es 3-20-16-04.
—No, el teléfono de Ana no es 3-20-16-04. Es 3-29-16-04.

| **Ana, Guatemala** 3-29-16-04 | **Juan, Puerto Rico** 5-14-07-21 | **Lupe, México** 7-20-11-05 | **Ricardo, España** 2-23-01-16 |

Punctuation marks and written accents

1 In Spanish, upside-down **punctuation marks** such as (**¿**) and (**¡**) are placed at the beginning of a phrase to signal a question or an exclamation. These are used along with those that come at the end of phrases.

> **¡Hasta luego!**
> **¿Cómo se llama ella?**

2 In Spanish, some words have written **accent marks**. An accent mark is a tilted line (**´**) placed over a vowel. Putting accent marks over vowels is part of spelling words correctly. When learning new words, memorize where the accent marks are.

> **Adiós.**
> **¿Cuál?**

3 The wavy line in the letter **ñ** is called a **tilde**. The **ñ** is pronounced similarly to the *ny* in the word *canyon*.

> **señor**
> **compañero**

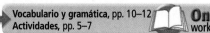
Vocabulario y gramática, pp. 10–12
Actividades, pp. 5–7
Online workbooks

Nota cultural

Florida is home to a growing, diverse Hispanic population. Many Cubans moved to south Florida in the 1960s, particularly to Miami. Cubans are still the largest Spanish-speaking group, but other groups, notably Puerto Ricans, Mexicans, Colombians, Nicaraguans, and Dominicans, have also come to Florida in search of political or economic stability. In addition to settling in south Florida, these and other groups are increasingly found in other parts of the state.

What groups of Hispanics live in your area of Florida?

FL.E.1.2.1

Origins of Florida's Hispanics

- Mexico 13.6%
- Colombia 5.2%
- Nicaragua 3.0%
- Dominican Republic 2.6%
- Puerto Rico 18.0%
- Other countries 26.5%
- Cuba 31.1%

36 ¡Cuidado con los acentos! FL.A.2.1.2

Leamos/Escribamos On a separate sheet of paper, rewrite each sentence, placing accents and punctuation marks where needed.

1. Buenos dias, senorita
2. Como esta usted senor
3. Que tal
4. Mucho gusto
5. Que hora es
6. De donde eres
7. Cual es tu telefono
8. Me llamo Pedro
9. Hola Como te llamas
10. El es un companero de clase
11. Quien es la profesora de ciencias
12. Como estas
13. Que fecha es hoy
14. Estoy bien gracias

Una carnicería *(butcher shop)* en Segovia, España

37 **En contacto** ⟍ FL.A.2.1.2

Leamos/Escribamos Accents can be difficult to put in an e-mail. On another sheet of paper, rewrite these two messages by including the missing accent marks, tildes, and punctuation marks.

Nuevo Mensaje

Archivo Editar Ver Insertar Formato Herramientas Mensaje Ayuda

Enviar Cortar Copiar Pegar Deshacer Deletrear Adjuntar Prioridad

A:
Cc:
Asunto:

B I U A

Hola, Beatriz!

Como estas Me llamo Gabriela
Soy de Cuba De donde eres Quien
es tu profesora Mi telefono es
9-14-32-03 Cual es tu telefono

Hasta luego
Gabi

Nuevo Mensaje

Archivo Editar Ver Insertar Formato Herramientas Mensaje Ayuda

Enviar Cortar Copiar Pegar Deshacer Deletrear Adjuntar Prioridad

A:
Cc:
Asunto:

B I U A

Hola, Gabi!

Estoy bien Soy de Espana Mi
profesora de espanol es la senora
Gómez Quien es tu mejor amiga
Mi telefono es 5-23-18-01
Tengo que irme

Adios
Beatriz

Comunicación

HOLT SoundBooth ONLINE RECORDING

38 **En la clase** ⟍ FL.A.2.1.4, FL.B.1.1.1

Hablemos Today is the first day of school. With a partner, create brief conversations for each scene. Then perform a scene for the class and have your classmates guess which scene it is.

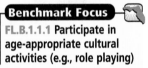

Benchmark Focus

FL.B.1.1.1 Participate in age-appropriate cultural activities (e.g., role playing)

a.

b.

Español 1
Profesor Gómez

c.

4-15-23-09

Gramática 2

¿Quién será?
Episodio 1

ESTRATEGIA

Making Connections Sometimes, as a story unfolds on screen, things happen in different parts of the world at the same time. Although the connection between those events may not be immediately obvious, as an experienced viewer, you know that one probably exists. In this episode, you will see things going on in Spain, Mexico, and Puerto Rico at the same time. Look for clues that help explain the connection among the events in all three locations. **FL.C.2.1.1**

En España

In Madrid, Spain, a woman is studying the files of a Mexican student and a Puerto Rican student. She calls her assistant, Marcos, and makes an appointment to meet with him.

1 **La profesora** Y tú, Sofía Corona Ramírez, eres de México, ¿no es así? Hmmm... Nicolás Ortega García, el artista puertorriqueño.

2 **La profesora** Sí, Marcos. Necesito hablar contigo. Sí, pronto. Es urgente. A ver, mañana es domingo. Bien, el lunes, en mi casa. Sí, a las diez de la mañana.

Oye, ¿cuál es tu e-mail? Te quiero enviar unos documentos. Bien. Nos vemos el lunes.

En México

In Mexico City, Mexico, a girl named Sofía is having breakfast before going to school. Both her father and her little brother interrupt her.

Estados Unidos
MÉXICO
Golfo de México
Ciudad de México ★
Océano Pacífico

③

Sr. Corona Buenos días, Sofía... Hola, Sofía, buenos días...

④

Quique Sofía, Sofía, ¡cara de tortilla!

En Puerto Rico

In San Juan, Puerto Rico, a boy named Nicolás is in a rush on his way home from school. He bumps into some of his neighbors.

Océano Atlántico
San Juan ★
PUERTO RICO
Mar Caribe

⑤

Sra. Ortiz ¡Buenas tardes, Nico!
Nicolás ¡Buenas tardes, Señora Ortiz!

⑥

Nicolás ¡Uy, perdone, don Pablo! ¿Cómo está usted?
Don Pablo Estoy bien, gracias, Nico. ¿Y tú? ¿Cómo estás tú?

¿COMPRENDES?

1. Why does **la profesora** need to talk to Marcos? Could it have something to do with the students in the files? On what day will she meet with him?

2. What is Sofía doing while she eats breakfast? Does this tell you anything about her?

3. What is Nicolás holding under his arm? What can you tell about him from this? Does anything else in this episode support your conclusion?

4. Are the Sofía and Nicolás you see in Mexico and Puerto Rico the same students the professor talks about? Why do you think so? **FL.A.3.2.3, FL.C.2.1.1**

Próximo episodio
Marcos goes to visit la profesora. Can you predict what she might ask him to do?
PÁGINAS 66–67 ▶

Leamos y escribamos

FCAT Reading Focus

LA.A.1.4.2
Use strategies to understand
words and text

ESTRATEGIA

para leer **Recognizing cognates**
Cognates are words that look alike
and have similar meanings in two
languages. Recognizing these words
will help you get a general idea of
what a reading passage is about.

A Antes de leer FL.D.1.2.1

Look at the homepage for one school's Spanish Club.
To get an idea of what the club has to offer, write all
the cognates you can find on a separate sheet of paper.
Compare your list with a classmate's and try to guess
what each word means. If you are not sure, look the
word up in a dictionary.

Archivo   Editar   Ver   Herramientas   Ayuda

Atrás   Adelante   Actualizar   Detener   Página Inicial   Buscar   Favoritos   Correo   Imprimir

Dirección:

Participa en el club de español

**¿INTERESANTE?
¡CLARO QUE SÍ!**
Programas de inmersión en Cádiz,
España. Clases de español,
excursiones turísticas y mucho más.
Del 26 de mayo al 10 de junio y
del 22 de julio al 6 de agosto.
Más información en
http://www.spprogramsabroad.hrw.com

**¡Y DIVERTIDO[2]!
RITMOS DEL MOMENTO**
Escuchen la música
favorita de muchos
estudiantes hispanos y
diviértanse bailando[3].
Clases de salsa y merengue.
Martes y jueves en el
gimnasio.
Hora: 4:30 a 5:30
Más música en
http://morelatinmusic.hrw.com

EVENTOS DEPORTIVOS
Gran partido[4] de fútbol.
Viernes 19 de septiembre.
En el estadio local.
Hora: 7:00 p.m.
Más información en
el teléfono 2-17-22-08 o en
http://schoolevents.hrw.edu

Nuevo Mensaje

Correspondencia con estudiantes
de España y Latinoamérica

To: clubesp@exchange.hrw.com
From: Camim@exchange.hrw.com

Hola, ¿qué tal? Me llamo Camilo
Medina. Soy de Guanajuato,
México. Soy estudiante del Colegio
Benito Juárez y participo en el
Club de español. Escríbanme[1].

LUIS MIGUEL
Mis Boleros Favoritos
EDICIÓN ESPECIAL

1 write to me   **2** fun   **3** have fun dancing   **4** game

B Comprensión ⟍FL.A.3.2.3

Based on the reading, say if the following statements are true (**cierto**) or false (**falso**). Correct the false statements.

1. The Spanish Club offers a variety of fun and interesting activities.

2. The club sponsors summer trips to Spanish-speaking countries.

3. If you join the club, you will be able to correspond with students from Asia.

4. The club offers **salsa** and **merengue** classes on Fridays.

5. The club homepage provides you with links to other sites.

C Después de leer ⟍FL.A.3.2.3

Would you like to become a member of this club? Why or why not? Which activity seems the most interesting to you? What other activities would you suggest if you were a member?

Taller del escritor

Nombre
Número de teléfono
Correo electrónico
Soy de ...

ESTRATEGIA ⟍FL.A.2.2.3, FL.A.3.2.1

para escribir You can often get ideas for writing by making a list of everything that you want to include in your work. List all your ideas even if you don't know how to say something in Spanish. You can get help later from the dictionary if you need to find a specific word or phrase.

La página Web del club de español

You have joined the Spanish Club. The club asks all new members to write a short paragraph about themselves to be posted on the club's Web site. In your paragraph, be sure to include your name, where you are from, and your e-mail address.

FCAT Writing Focus
LA.B.1.4.1 Use appropriate prewriting strategies, such as brainstorming

1 Antes de escribir
Make a list of the information you will need for the Web site. You may use English or Spanish for this step.

2 Escribir un borrador
Write your information in complete sentences in Spanish.

3 Revisar
Read your sentences at least twice. Make sure you have included all the information you want to post on the Web site. Then check your spelling and punctuation.

4 Publicar
Post your completed paragraph on the bulletin board or your class Web site.

Prepárate para el examen

INTERACTIVE
TUTOR

1 Pretend you are introducing the following people to a classmate. Greet your classmate and ask how he or she is, then introduce each person, and say where he or she is from. ⟍**FL.A.1.1.2**

Beatriz, México   **el señor Huang, Estados Unidos**   **Antonio, España**

1 Vocabulario 1
- asking someone's name
- asking how someone is and saying how you are
- introducing others
- saying where you and others are from
  pp. 6–11

2 For each pair of sentences, identify the subject and verb in the first sentence. Then choose the correct subject pronoun in the second sentence. ⟍**FL.A.2.1.2**

1. Rosa es mi mejor amiga. (Ella/Él) es de Segovia, España.

2. La señora Cortez es mi profesora de español. (Ellos/Ella) es de Estados Unidos.

3. El muchacho es de México. (Él/Ustedes) es un compañero de clase.

4. El profesor Muñoz es de la República Dominicana. (Nosotros/Él) es mi profesor de ciencias.

2 Gramática 1
- subjects and verbs in sentences
  pp. 12–13

3 Gramática 1
- subject pronouns
  pp. 14–15

3 Choose the correct subject pronoun to complete the following short conversations. ⟍**FL.A.2.1.2**

1. —Alicia y Laura, ¿de dónde son ===== (you, plural)?
   —===== (We) somos de Costa Rica.

2. —Hola, Señor Martínez. ¿Cómo está ===== (you, formal)?
   —Bien, gracias, Jorge. ¿Y ===== (you, familiar)?

3. —¿De dónde son Juan y Susana?
   —===== (They) son de Bolivia.

4 Vocabulario 2
- numbers 0–31
- asking for and giving phone numbers
- telling time
- giving the date and the day of the week
- the alphabet
- spelling words and giving e-mail addresses
  pp. 18–23

4 Answer the following questions. ⟍**FL.A.2.1.2, FL.A.3.1.1**

1. ¿Cuál es tu correo electrónico?
2. ¿Cuál es tu teléfono?
3. ¿Qué fecha es hoy?
4. ¿Qué hora es?
5. ¿Qué día es hoy?

FL.A.2.1.2

5 On a separate sheet of paper, rewrite the following conversation between two students at a high school in Miami. Use the correct form of **ser** and add the correct punctuation and accent marks.

—Hola Me llamo Pilar (Yo) ▬▬▬ tu companera de clase

—Mucho gusto Me llamo Luis

—Mucho gusto

— De donde ▬▬▬ (tú)

—(Yo) ▬▬▬ de Espana Y tú, ▬▬▬ de Miami

—Si, (yo) ▬▬▬ de Miami. Que hora ▬▬▬

—▬▬▬ las dos en punto

5 Gramática 2
• the present tense of **ser**
• punctuation marks and written accents
pp. 24–27

6 Answer the following questions. **FL.B.1.1.2**

1. How do Spanish speakers change their friends' names to show affection for them? Give at least two examples.

2. Name four ways that a teacher might be addressed in a Spanish-speaking country.

6 Cultura
• **Comparaciones**
pp. 16–17
• **Notas culturales**
pp. 7, 12
• **Geocultura**
pp. xxiv–3

7 Listen to the following conversations. For each one, decide whether the speakers are **a)** telling time, **b)** greeting each other, **c)** introducing someone, or **d)** exchanging phone numbers.

FL.A.2.1.3

Benchmark Focus
FL.B.1.1.2 Recognize patterns of social behavior or social interaction in various settings

8 Use the drawings to create a conversation for what is happening. Give as many details as you can. **FL.A.3.1.1**

Prepárate para el examen

Repaso de Gramática 1

Every sentence has a **subject** and a **verb**. The verb tells what the subject does or links the **subject** to a description.

La señora Pérez **es mi profesora.**

The subject pronouns in Spanish are:

yo	nosotros(as)
tú	vosotros(as)
usted/él/ella	ustedes/ellos/ellas

The subject pronouns **tú** and **usted** both mean *you*. Use **tú** when you're talking to a friend. Use **usted** to show respect towards elders and professors. When talking to a group of people, use **ustedes** to say *you*. In Spain only, use **vosotros(as)** to say *you* to a group of friends, family, or children.

¿De dónde es usted? **¿De dónde eres** tú?

Gramática 2
- the verb **ser**
  pp. 24–25
- punctuation marks and written accents
  pp. 26–27

Repaso de Gramática 2

This is the conjugation of **ser** *(to be)*.

yo **soy**	*I am*	nosotros(as) **somos**	*we are*
tú **eres**	*you are*	vosotros(as) **sois**	*you are*
usted/él/ella **es**	*you are/ he/she is*	ustedes/ellos/ellas **son**	*you/they are*

Question marks	Exclamation points	Accent marks
¿ ... ?	¡ ... !	á, é, í, ó, ú, ñ
¿Cuál es tu teléfono?	¡Hola!	cuál, qué, sí, cómo, tú, mañana

Letra y sonido a e i o u

Las vocales *(The Vowels)*

The five vowels in Spanish are always pronounced clearly and fully no matter where they are in a word.

- **a:** between the **a** of *cat* and *father:* **a**migo, hol**a**
- **e:** as in *they,* but shorter: **e**nero, corr**e**o
- **i:** as in *police,* but shorter: **i**gualmente, abr**i**l
- **o:** as in *low,* but shorter: **o**nce, cóm**o**
- **u:** as in *sue,* but shorter: **u**no, est**u**diante

Trabalenguas

La a, la e, la i—son fáciles para mí.
La a, la e, la i—las puedo hacer así.
A, e, i, o, u—¡aprende a hacerlas tú!

Dictado FL.A.2.1.3

Escribe las oraciones de la grabación.

Repaso de Vocabulario 1

Asking someone's name and saying yours

¿Cómo se llama él (ella)?	*What's his (her) name?*
¿Cómo se llama usted?	*What's your name? (formal)*
¿Cómo te llamas?	*What's your name? (familiar)*
Él (Ella) es...	*He (She) is . . .*
Él (Ella) se llama...	*His (Her) name is . . .*
Me llamo...	*My name is . . .*
¿Quién es...?	*Who is . . .?*
Soy...	*I'm . . .*

Asking and saying how you are

Adiós.	*Goodbye.*
Buenas noches.	*Good evening, good night.*
Buenas tardes.	*Good afternoon.*
Buenos días.	*Good morning.*
¿Cómo está usted?	*How are you?*
Estoy bien, gracias.	*I'm fine, thanks.*
Estoy regular/mal.	*I'm all right/not so good.*
Hasta luego.	*See you later.*
Hasta mañana.	*See you tomorrow.*
Hasta pronto.	*See you soon.*
Hola, ¿cómo estás?	*Hi, how are you?*
Más o menos.	*So-so.*
Nos vemos.	*See you.*
¿Qué tal?	*How's it going?*
señor	*sir, Mr.*
señora	*ma'am, Mrs.*
señorita	*Miss*
Tengo que irme.	*I have to go.*

Introducing others

Encantado(a).	*Pleased/Nice to meet you.*
Ésta es Rosa/la señora...	*This is Rosa/Mrs. . . .*
Éste es Juan/el señor...	*This is Juan/Mr. . . .*
estudiante	*student (male or female)*
Igualmente.	*Likewise.*
mi mejor amiga	*my best friend (female)*
mi mejor amigo	*my best friend (male)*
mi profesora	*my teacher (female)*
mi profesor	*my teacher (male)*
...de ciencias	*science . . .*
...de español	*Spanish . . .*
la muchacha	*the girl*
el muchacho	*the boy*
Mucho gusto.	*Pleased/Nice to meet you.*
una compañera de clase	*a (female) classmate*
un compañero de clase	*a (male) classmate*

Saying where you and others are from

¿De dónde eres?	*Where are you from? (familiar)*
¿De dónde es...?	*Where is . . . from?*
¿De dónde es usted?	*Where are you from? (formal)*
Es de...	*He (She) is from . . .*
ser	*to be*
Soy de...	*I'm from . . .*

Repaso de Vocabulario 2

Exchanging phone numbers

¿Cuál es el teléfono de...?	*What's . . . telephone number?*
¿Cuál es tu teléfono?	*What's your telephone number?*

Los números 0–31 . . . . *See p. 18.*

Telling time

de la mañana	*in the morning, A.M.*
de la noche	*at night, P.M.*
de la tarde	*in the afternoon, P.M.*
en punto	*on the dot*
Es la una.	*It's one o'clock.*
medianoche	*midnight*
mediodía	*midday, noon*
menos cuarto	*a quarter to*
¿Qué hora es?	*What time is it?*

Son las...	*It's . . . o'clock.*
y cuarto	*a quarter past*
y media	*half past*

Giving the date and the day

Es el primero (dos, tres) de...	*It's the first (second, third) of . . .*
Hoy es lunes.	*Today is Monday.*
¿Qué día es hoy?	*What day is today?*
¿Qué fecha es hoy?	*What's today's date?*

Los días de la semana . . . . *See p. 21.*

Los meses y las estaciones del año . . . . . . *See p. 21.*

El alfabeto . . . . *See p. 22.*

Spelling words and giving
e-mail addresses . . . . *See p. 23.*

Prepárate para el examen

Integración

capítulo 1

1 Listen to each conversation and match it with the appropriate picture. ⟍FL.A.2.1.3

 **A**

 **B**

 **C**

 **D**

2 Read the following conversation between Marisa and Sonia and decide if the statements are **cierto** or **falso**. ⟍FL.A.2.1.2

MARISA	Hola, Sonia. ¿Cómo estás?
SONIA	Bien. ¿Y tú?
MARISA	Más o menos. Dime, ¿cuál es el correo electrónico de Pilar, Alicia y Jorge?
SONIA	No sé el correo electrónico de Pilar. El correo electrónico de Alicia es a-ele-i arroba be-ese-te punto hache-ere-uve doble punto ce-o-eme y el correo electrónico de Jorge es jota-uno-tres-seis arroba a-te-ene punto hache-ere-uve doble punto ce-o-eme.
MARISA	Gracias. ¿Cuál es el teléfono de Pilar?
SONIA	Es dos-treinta y uno-veintinueve-doce.
MARISA	Muchas gracias. ¿Sabes *(do you know)* qué hora es?
SONIA	Sí, son las dos menos cuarto de la tarde.
MARISA	Uy, tengo que irme. Hasta luego.
SONIA	Adiós.

1. Marisa y Sonia son amigas.
2. Marisa está mal.
3. El correo electrónico de Alicia es ali@bst.hrw.com.
4. El correo electrónico de Jorge es j136@atn.hrw.com.
5. El teléfono de Pilar es 2-31-19-12.
6. Son las 2:15.

3 With a partner, imagine that the two of you are the student body president and vice-president. Your job is to make the morning intercom announcements the first day of class. Greet your classmates and teachers, introduce yourselves, and say the day, date, and time. ⬙ **FL.A.3.1.1**

4 Look at the painting and compare it to the painting by Joan Miró on page 3. Using the color chart on page 3, write the Spanish names of the colors the two painters like to use. Do you think this painting is more or less abstract than the painting by Miró? What do you think this painting is about? ⬙ **FL.C.1.1.1**

Benchmark Focus

FL.C.1.1.1 Use simple vocabulary and phrases to identify familiar objects and concepts from other disciplines

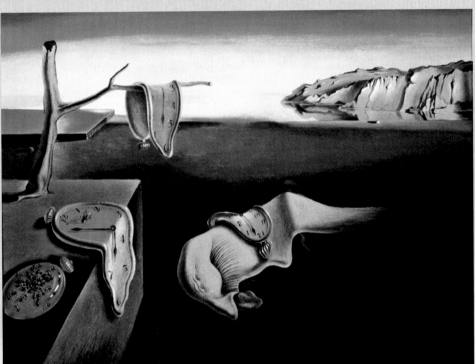

Dalí, Salvador. The Persistence of Memory (Persistence de la mémoire), 1931 Oil on canvas, 9 1/2 x 13" (24.1 x 33 cm). The Museum of Modern Art, New York. Given anonymously Photograph © 1999 The Museum of Modern Art, New York.; ©2003 Salvador Dalí, Gala-Salvador Dalí Foundation/ Artists Rights Society (ARS), New York; Digital Image © The Museum of Modern Art/Licensed by SCALA/Art Resource, NY.

La persistencia de la memoria, de Salvador Dalí (1904–1989)

5 You're sending a letter to a new pen pal in Spain. Introduce yourself and say where you're from, give him or her your phone number and e-mail address, and ask two questions you'd like him or her to answer. Check for correct punctuation and accent marks. ⬙ **FL.A.3.2.1**

6 *Situación* The Spanish Club is meeting for the first time to get to know new members. Introduce yourself to the new exchange student from Spain, tell him or her where you are from, and ask how he or she is doing. Using gestures and expressions you've learned in this chapter, introduce this person to someone else. Try to speak to four people before you finish. ⬙ **FL.A.1.1.2, FL.A.1.1.3, FL.B.1.1.1**

Repaso cumulativo

37

Video/DVD
GeoVisión

Geocultura
Puerto Rico

▲ **El Viejo San Juan** The buildings and streets of Old San Juan reflect the Spanish colonial period.

Isabela ●

● Rincón

Río Grande de Añasco

● Mayagüez

▲ **San Juan** The capital of Puerto Rico, San Juan, is on the northeastern coast of the island.

Almanac

Population
3,937,316

Capital
San Juan

Government
commonwealth associated with the United States

Official Languages
Spanish, English

Currency
U.S. dollar

Internet Code
www.[ ].pr

◀ **El béisbol** Baseball is a very popular sport in Puerto Rico.

¿Sabías que...?

Did you know that the Okeechobee Hurricane of 1928, one of the deadliest weather disasters in U.S. history, also hit Puerto Rico? The storm is called the San Felipe Hurricane in Puerto Rico because it struck on San Felipe Day, September 13.

▲ **Isabela** Large waves make the beaches of Isabela, a town in the rural northwest part of Puerto Rico, an ideal spot for surfers.

▲ **El Yunque,** the Caribbean National Forest, is the largest forest in Puerto Rico. It has a total area of 113 km² and is known for its many species of plants and animals.

OCÉANO ATLÁNTICO

SAN JUAN

Arecibo

Río Grande de Arecibo

Cavernas del Río Camuy

Lago Dos Bocas

Lago Caonillas

Río Grande de Manatí

Río de la Plata

Carolina

Bayamón

Embalse Río Grande de Loíza

Río Grande de Loíza

El Toro (1070m)

Parque Nacional El Yunque

PLAYA SARDINERA

ISLA DE CULEBRA

PUERTO RICO

Caguas

Sierra de Luquillo

ISLA DE VIEQUES

Cordillera Central

Coamo

Río Coamo

Ponce

ISLA CAJA DE MUERTOS

BAHÍA DE RINCÓN

MAR CARIBE

▼ **La Cordillera Central,** Puerto Rico's central mountain range, is one of the places where the red-flowered poinciana tree grows.

▲ **El coquí** The tiny coquí, named for the loud sound it makes, is a symbol of Puerto Rico.

¿Qué tanto sabes?
What two major bodies of water surround Puerto Rico?
FL.C.1.2.1

treinta y nueve **39**

A conocer Puerto Rico

La comida

▲ **Habichuelas** are beans, a Puerto Rican staple often eaten with rice and chicken or beef.

▲ **Turistas y sanjuaneros** enjoy Puerto Rico's delicious cuisine and mild climate at an outdoor café.

▲ **El pollo frito con tostones** Fried chicken with fried plantains is a typical dish of Puerto Rico.

El arte

▼ *Retrato de un oficial del Regimento Fijo* (1790) was painted by José Campeche, one of Puerto Rico's most famous artists. It hangs in the Ponce Museum of Art.

▶ **Las máscaras de vejigante** Vejigante masks can be made out of a dried coconut shell. They sometimes have horns and are often painted black or red.

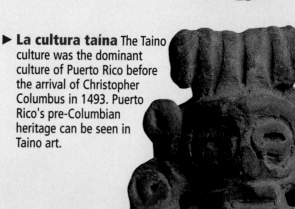

▶ **La cultura taína** The Taino culture was the dominant culture of Puerto Rico before the arrival of Christopher Columbus in 1493. Puerto Rico's pre-Columbian heritage can be seen in Taino art.

Las celebraciones

► **La fiesta de Santiago**
The Festival of St. James is celebrated in the town of **Loíza** with traditional music, such as the **bomba** and the **plena**.

¿Sabías que...?

Did you know that on his second voyage, Christopher Columbus landed on the island of Puerto Rico by accident when trying to reach Hispaniola, today's Dominican Republic and Haiti?

◄ **El Festival Casals**
in San Juan, a celebration of classical music, was founded in 1957 by the cellist Pablo Casals.

La arquitectura

◄ **El Parque de Bombas** in Ponce was a fire station from 1883 until 1989. Today it is a museum dedicated to the Ponce fire department.

▲ **Ponce** The town of Ponce, nicknamed *The Pearl of the South*, is known for its fine architecture.

Conexión Historia

El Morro FL.C.1.1.2

Construction of this Spanish fortress began in 1539. Six-meter-thick outer walls and its strategic position made it the most important Spanish fortress in the Caribbean. Circular sentry boxes, or **garitas**, provided shelter for guards and have become the architectural symbol of Puerto Rico. In Florida, Castillo de San Marcos in St. Augustine and Fort Matanzas are other Spanish forts that were built in the 1600s and 1700s.

How does the historical role of forts in Florida compare to others in the Caribbean during the Spanish Colonial Period?

> **Benchmark Focus**
>
> **FL.D.2.1.2** Recognize that there are similarities and differences between objects from the target culture and objects from the local culture

Capítulo 2

A conocernos

OBJETIVOS

In this chapter you will learn to
- describe people
- ask someone's age and birthday
- talk about what you and others like
- describe things

And you will use
- **ser** with adjectives
- gender and adjective agreement
- questions
- nouns and definite articles
- **gustar, ¿por qué?** and **porque**
- the preposition **de**

¿Qué ves en la foto?

- ¿De dónde son estos estudiantes?

- ¿Cómo es la muchacha?

- ¿Cómo eres tú?

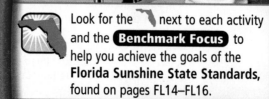

Look for the ⬤ next to each activity and the **Benchmark Focus** to help you achieve the goals of the **Florida Sunshine State Standards,** found on pages FL14–FL16.

Unos estudiantes al lado de las murallas del Viejo San Juan

Vocabulario en acción 1

Objetivos
- Describing people
- Asking someone's age and birthday

En un colegio de San Juan

> Ésta es mi amiga Julia. Es un poco seria, pero muy inteligente. También es muy bonita.

> Éste es mi amigo Mateo. Es moreno y muy activo. No es aburrido.

Mi amigo es...

| pelirrojo | moreno | moreno | moreno | rubio |

guapo   perezoso

| intelectual | bajo | alto | atlético |
| serio | romántico | tímido | gracioso |

Más vocabulario...

aburrido	boring
activo	active
antipático	unfriendly
extrovertido	outgoing
inteligente	intelligent
simpático	friendly
tonto	silly, foolish
trabajador	hard-working

▶ **Vocabulario adicional** — Palabras descriptivas, p. R10

Mi amiga es...

pelirroja   morena   morena   morena   rubia

bonita

perezosa

intelectual   baja   alta   atlética

seria   romántica   tímida   graciosa

Más vocabulario...

aburrida	*boring*
activa	*active*
antipática	*unfriendly*
extrovertida	*outgoing*
inteligente	*intelligent*
simpática	*friendly*
tonta	*silly, foolish*
trabajadora	*hard-working*

También se puede decir...

In Florida, you may hear Ecuadoreans say **tocho(a)** instead of **bajo(a)**, while Hondurans and Mexicans might use **chaparro(a).** A Peruvian might say **chato(a),** and some Colombians prefer **chiquito(a).**

¡Exprésate!

To ask what someone is like	To describe someone
¿Cómo es Paco?	**Paco es moreno. También es inteligente y un poco tímido.**
What's Paco like?	*Paco has dark hair/a dark complexion. He's also intelligent and a little shy.*
¿Cómo eres? ¿Eres cómico(a)?	**Sí, soy bastante cómico(a).**
What are you like? Are you funny?	*Yes, I'm pretty funny.*

Interactive TUTOR

Vocabulario y gramática, pp. 13–15

Online workbooks

Benchmark Focus

FL.D.1.1.2 Use simple vocabulary and short phrases in the target language

1 Luis y Marta son... **FL.A.2.1.2**

Leamos/Hablemos Complete each description with the most logical choice.

1. Luis no es moreno. Es...
   a. bajo   b. rubio   c. perezoso
2. Marta no es antipática. Es...
   a. tímida   b. activa   c. simpática
3. Luis no es perezoso. Es...
   a. trabajador   b. inteligente   c. pelirrojo
4. Marta no es tímida. Es...
   a. extrovertida b. morena   c. atlética
5. Luis no es bajo. Es...
   a. romántico   b. gracioso   c. alto
6. Marta no es pelirroja. Es...
   a. morena   b. perezosa   c. bonita

2 Jimena y Daniel **FL.A.2.1.3**

Leamos Jimena and Daniel are complete opposites. Based on Jimena's description, choose the word in parentheses that best describes Daniel.

MODELO Jimena es perezosa. Daniel es ▬▬▬.
(antipático/trabajador)
Daniel es trabajador.

1. Jimena es tímida. Daniel es ▬▬▬. (extrovertido/guapo)
2. Jimena es morena. Daniel es ▬▬▬. (alto/rubio)
3. Jimena es graciosa. Daniel es ▬▬▬. (atlético/serio)
4. Jimena es baja. Daniel es ▬▬▬. (alto/pelirrojo)
5. Jimena es atlética. Daniel es ▬▬▬. (moreno/intelectual)

3 ¿Cómo es cada uno? **FL.A.3.2.1**

 Escuchemos For each picture, you will hear two descriptions. Write the letter of the description that best matches the picture.

1. Roberto

2. Magda

3. Geraldo

4. Julieta

¡Exprésate!

To ask someone's age and birthday	To respond
¿Cuántos años tienes? *How old are you?*	**Tengo quince años.** *I'm 15 years old.*
¿Cuántos años tiene María? *How old is Maria?*	**Ella tiene veintiún años.** *She's 21 years old.*
¿Cuándo es tu cumpleaños? *When is your birthday?*	**Es el 6 de mayo.** *It's May 6th.*
¿Cuándo es el cumpleaños de Ana? *When is Ana's birthday?*	**Es el 24 de noviembre.** *It's November 24th.*

Más vocabulario...

32	treinta y dos
33	treinta y tres...
40	cuarenta
50	cincuenta
60	sesenta
70	setenta
80	ochenta
90	noventa
100	cien

Vocabulario y gramática, pp. 13–15
Online workbooks

4 Respuesta lógica 🔖 FL.A.2.1.2

Leamos Choose the best response to each question.

1. ¿Cuántos años tienes?
2. ¿Cómo eres?
3. ¿Cuándo es tu cumpleaños?
4. ¿Quién es tu mejor amigo?
5. ¿Cómo es?
6. ¿Cuántos años tiene?

a. Es Juan.
b. Mi cumpleaños es el dos de mayo.
c. Es bajo y un poco perezoso.
d. Soy tímido y serio.
e. Tengo dieciséis años.
f. Tiene quince años.

Benchmark Focus

FL.A.2.1.2 Restate and rephrase simple information from materials presented orally, visually, and graphically in class

Comunicación

5 ¿Y tú? 🔖 FL.A.1.1.2

Hablemos Working in pairs, ask each other the questions from Activity 4.

6 ¿Quién es? 🔖 FL.A.3.2.1, FL.D.1.1.2

Escribamos/Hablemos Ask four classmates where they're from, what they're like, when their birthdays are, and how old they are. Pick two and write a description of each one. Present your descriptions to the class and have everyone guess who you're describing.

Objetivos
- Using **ser** with adjectives
- Gender and adjective agreement
- Forming questions

Gramática en acción 1

Video/DVD
GramaVisión

Ser with adjectives

Interactive TUTOR

1 **Adjectives** are words that describe people or things. You can use the verb **ser** with **adjectives** to describe what someone is like.

Carlos **es simpático**.   Pedro **es pelirrojo**.

Ana **es simpática**.   Rosa y Julio **son inteligentes**.

2 In Spanish, you don't usually need the subject pronoun if it's clear who the subject is.

¿Cómo **es** el profesor?   **Es** bajo y gracioso.

¿Cómo **son** Leticia y Diego?   **Son** simpáticos.

3 To say what someone is not like, put **no** in front of the verb.
No soy tonto. Soy inteligente.

Vocabulario y gramática, pp. 16–18
Actividades, pp. 11–13

Online workbooks

¿Te acuerdas?

Remember that **ser** means *to be*.

yo	soy	nosotros(as)	somos
tú	eres	vosotros(as)	sois
usted	es	ustedes	son
él/ella	es	ellos/ellas	son

---

7 **¿Cómo son...?**  FL.A.2.1.2

Leamos Complete these sentences about your classmates, your friends, your teacher, and yourself.

1. Yo ▬▬▬ muy alto(a).
    a. soy   **b.** no soy

2. Profesor(a), usted ▬▬▬ moreno(a).
    a. es   **b.** no es

3. *(The person next to you)* Tú ▬▬▬ tímido(a).
    a. eres   **b.** no eres

4. Mi mejor amigo ▬▬▬ cómico.
    a. es   **b.** no es

5. Mis amigos(as) y yo ▬▬▬ serios(as).
    a. somos   **b.** no somos

6. Los estudiantes ▬▬▬ tontos.
    a. son   **b.** no son

7. Mis compañeros de clase ▬▬▬ perezosos.
    a. son   **b.** no son

Gramática 1

8 Una persona simpática ⟍FL.A.2.1.2

Escribamos/Hablemos Roberto always says good things about everyone. What does he say about the following people?

MODELO yo/guapo → **Soy guapo.**
tú/tonta → **No eres tonta.**

1. yo/perezoso
2. tú/bonita
3. mi amigo Carlos/ inteligente
4. Profesor Garza, usted/ aburrido

5. nosotros/simpáticos
6. Mari y Gisela/graciosas
7. mis compañeras de clase/ antipáticas
8. ustedes/activos

Benchmark Focus

FL.A.2.1.2 Restate and rephrase simple information from materials presented orally, visually, and graphically in class

9 ¿Quién es...? ⟍FL.A.2.1.2

Escribamos/Hablemos Look at the photos below, and say which person each adjective describes.

MODELO activo
Felipe es activo.

Felipe

Gladys

Juan

Rebeca

1. rubia
2. tímido
3. extrovertido

4. seria
5. moreno
6. atlética

7. intelectual
8. pelirrojo
9. morena

Comunicación

HOLT **SoundBooth** ONLINE RECORDING

10 Yo soy... ¿Y tú? ⟍FL.A.2.1.2, FL.A.3.1.1

Hablemos Write down three adjectives that describe you. If you're male, use the words on page 44. If you're female, use the words on page 45. Then get together in groups of four. Record how many students in your group used the same adjectives that you used.

MODELO atlético
—¿Eres atlético?
—Sí, soy atlético./—No, no soy atlético.

Gender and adjective agreement

Interactive TUTOR

1 Nouns and pronouns in Spanish are divided into genders. Nouns for men and boys are **masculine**. Nouns for women and girls are **feminine**.

Masculine: amigo, él, Juan   **Feminine:** amiga, ella, María

2 Adjectives describe nouns. They have different forms that match, or agree with, the noun or pronoun in gender. The **masculine** form of most adjectives ends in **-o**, while the **feminine** form ends in **-a**.

Raúl es romántic**o**.   **Mari** es romántic**a**.

Adjectives that end in **-e** have the same **masculine** and **feminine** forms.

Rafael es inteligent**e**.   **Carmen** es inteligent**e**.

Adjectives ending in consonants do not add an **-a**, unless they end in **-or** or are adjectives of nationality.

Lorenzo es intelectua**l** y trabajad**or**.   **Gloria** es intelectua**l** y trabajad**ora**.

Sergio es españo**l**.   Sara es españo**la**.

3 Adjectives also agree with nouns in number. An adjective that describes one person or thing is in **singular** form. When it describes more than one person or thing, its form is **plural**. If the singular form ends in a vowel, add **-s** to make it plural. If it ends in a consonant, add **-es**.

Joaquín es alt**o**.   Paco y Luis son alto**s**.

Rosa es intelectua**l**.   Mis amigos son intelectual**es**.

To describe a mixed group of men and women, or boys and girls, use the **masculine plural** form of the adjective:

Carlos y **Ana** son romántic**os**.

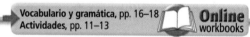
Vocabulario y gramática, pp. 16–18
Actividades, pp. 11–13
Online workbooks

11 **¿Cómo son los gemelos?** **FL.A.2.1.2**

Escribamos Mario and María are twins. Say what María is like based on Mario's description. Then, describe Gabriel and Gabriela as the opposite of Mario and María, using plural adjectives.

MODELO **Mario es moreno.**
María es morena también.
Gabriel y Gabriela son rubios.

1. Mario es bajo.
2. Mario es intelectual.
3. Mario es perezoso.
4. Mario es simpático.
5. Mario es tímido.
6. Mario es serio.

12 Mi clase preferida ↘FL.A.2.1.2

Leamos/Escribamos A student has only good things to say about her favorite class. Complete her description with the correct forms of the most logical adjective in parentheses.

La clase es muy interesante y la profesora es ___1___ (simpático, antipático). Los estudiantes son ___2___ (perezoso, trabajador). Mis amigas Marta y Gabi son muy ___3___ (tonto, intelectual) y mi amigo Ricardo es muy ___4___ (gracioso, aburrido). ¿Y yo? Soy ___5___ (tonto, inteligente) y ___6___ (activo, perezoso).

13 ¿Cómo son? ↘FL.A.2.1.2, FL.A.3.2.1

Escribamos/Hablemos Describe yourself and people you know by combining words from each column. Use the correct forms of the verb **ser** and the adjectives listed.

MODELO Mis amigas y yo somos graciosas.

Benchmark Focus

FL.A.3.2.1 Describe important people (e.g., family members and friends) and objects present in the everyday environment and in school

1	2	3	
yo	eres	simpático	activo
mi mejor amigo(a)	es	inteligente	perezoso
mis amigos y yo	son	atlético	interesante
los estudiantes	somos	gracioso	tímido
tú (una compañera de clase)	soy	trabajador	serio
Profesor(a), usted			
ustedes (tus amigos)			

Comunicación

HOLT **SoundBooth** ONLINE RECORDING

14 Nuestros compañeros ↘FL.A.2.1.3, FL.A.3.2.1

Hablemos With a partner, take turns describing someone from the picture below and guessing who is being described.

Sócrates   Romeo   Azucena   Linda   Paco   Luis   Jimena

Question formation

Interactive TUTOR

1 To ask a question that may be answered **sí** or **no,** just raise the pitch of your voice at the end of the question. The subject, if included, can go before or after the **verb**.

¿Eres extrovertido?	*Are you outgoing?*
¿La profesora es simpática?	*Is the teacher nice?*
¿Es simpática **la profesora?**	*Is the teacher nice?*

2 You can answer a question like this with **sí** or **no.** You say the word **no** twice in your answer: once to mean *no* and another time to mean *not.*

—¿Eres atlético?	—*Are you athletic?*
—**Sí**, soy atlético.	—*Yes, I'm athletic.*
(—**No, no** soy atlético.)	(—*No, I'm not athletic.*)

3 You can ask for more information by using **question words**. Notice that all question words are written with an accent mark.

¿Cómo es Paco?	*What's Paco like?*
¿Cuándo es tu cumpleaños?	*When is your birthday?*
¿Quién es?	*Who is he (she)?*
¿Quiénes son?	*Who are they?*
¿Qué día es hoy?	*What day is today?*
¿De dónde eres?	*Where are you from?*
¿Cuál es tu teléfono?	*What's your phone number?*

Vocabulario y gramática, pp. 16–18
Actividades, pp. 11–13

Online workbooks

¿Te acuerdas?

Remember that **¿Cómo está?** is asking how someone is feeling. To ask what someone is like say **¿Cómo es?**

¿Cómo está usted?
Estoy bien, gracias.
¿Cómo es tu amigo?
Él es guapo.

 15 ¿Pregunta o no? ⟍FL.A.2.1.3

Escuchemos Decide if what you hear is a question or statement.

16 ¡Muchas preguntas! ⟍FL.A.2.1.2

Hablemos María is full of questions for her new neighbor, Jorge. Fill in her questions with the best question word. Use Jorge's answers as cues.

1. ¿ ═══ estás? (Estoy bien, gracias.)
2. ¿ ═══ te llamas? (Me llamo Jorge.)
3. ¿ ═══ eres? (Soy de Puerto Rico.)
4. ¿ ═══ es tu cumpleaños? (Es el 10 de enero.)
5. ¿ ═══ eres? (Soy un poco serio y bastante activo.)
6. ¿ ═══ son ellos? (Son mis amigos Luisa y Óscar.)
7. ¿ ═══ es? (Son las tres. Tengo que irme.)

⑰ ¿Qué tal? FL.A.2.1.2

Leamos/Escribamos Read the e-mail and then answer the questions.

Hola. Me llamo Rocío Sotomayor. Soy de Puerto Rico. Tengo quince años. Soy alta, morena y muy extrovertida. Mi mejor amiga es Carolina. Ella es de Nicaragua. Tiene dieciséis años. Es seria y bastante tímida. Y tú, ¿cómo eres?

Rocío y Carolina en San Juan

1. ¿De dónde es Rocío?
2. ¿Cuántos años tiene?
3. ¿Es rubia o morena?
4. ¿Cómo es Rocío?
5. ¿De dónde es Carolina?
6. ¿Cómo es ella?

⑱ Entrevistan a Gisela FL.A.2.1.2

Hablemos/Escribamos On a separate piece of paper, write the missing questions to complete the interview.

MODELO —¿Cómo estás?
—Muy bien, gracias.

1. —¿ ═══ ?   —Me llamo Gisela Ríos Perales.
2. —¿ ═══ ?   —Soy de Burgos, España.
3. —¿ ═══ ?   —No, no soy tímida. Soy extrovertida.
4. —¿ ═══ ?   —Son inteligentes, simpáticos y atléticos.
5. —¿ ═══ ?   —Tengo catorce años.
6. —¿ ═══ ?   —Mi cumpleaños es el quince de marzo.

Nota cultural

In most Spanish-speaking countries, the legal driving and voting age is 18. Since Puerto Ricans are U.S. citizens, they can vote when they are 18 years old. They can get their driver's license at age 18, although some people can get a learner's permit at 16 with parental consent.

How would your 18th birthday be different if you lived in Puerto Rico?

FL.B.1.1.2, FL.D.2.2.1

Comunicación

HOLT **SoundBooth**
ONLINE RECORDING

⑲ Veinte preguntas FL.A.2.1.3, FL.B.1.1.1

Hablemos Ask your partner to think of a classmate. Guess who he or she is by asking questions that can be answered with **sí** or **no**. Switch roles.

MODELO —¿Es una compañera?
—No, no es una compañera. Es un compañero.

Benchmark Focus

FL.A.2.1.3 Understand oral messages that are based on familiar themes and vocabulary

Gramática 1

Cultura

Benchmark Focus

FL.A.2.2.5 Comprehend and respond to oral messages (e.g., personal anecdotes or narratives) based on familiar themes and vocabulary

VideoCultura

Comparaciones

Interactive **TUTOR**

Un grupo de amigos, San Juan

¿Cómo eres? FL.D.1.1.2

There's a saying in Spanish, **"Dime con quién andas, y te diré quién eres."** *(Tell me who you spend time with and I'll tell you who you are.)* This saying is like the English expressions "Birds of a feather flock together" and "You're known by the company you keep." These sayings stem from the belief that we choose as friends those who are much like ourselves. Why do you think both English and Spanish have these sayings? Do you think they are true? Why or why not?

Luis
San Juan, Puerto Rico

Dime, ¿cómo eres tú?
Bueno, pues, yo me considero una persona simpática, gracioso, alegre, un buen amigo y una buena persona.

¿Y qué cosas te gustan?
Me gusta el deporte, me gusta la música. Me gusta la escuela.

¿Tú tienes un mejor amigo?
Sí.

¿Bueno, cómo es tu mejor amigo?
Pues, es una persona que es simpática también, amigable, alegre, atleta. Él es moreno. Es bien activo. Me gusta ser amigo de él.

¿Qué cosas le gustan a él?
Le gusta también la música, el deporte. Le gusta la escuela. Y como es una persona alegre, pues no le

gusta estar aburrido.

¿Cómo son ustedes?
Pues, tenemos muchos gustos como lo de la música y pues además nos llevamos bien y nos comprendemos en todo.

¿Qué significa la expresión "Dime con quién andas, y te diré quién eres"?
Yo pienso que, que es con quien tú te pasas, según esa persona, pues, va a ser tu personalidad.

Okay, muchas gracias, Luis.

Océano Atlántico   San Juan
★
PUERTO RICO
Mar Caribe

Andrea
Ciudad de México, México

¿Cómo eres tú?

Soy alegre, soy inteligente, soy muy divertida.

¿Qué cosas te gustan a ti?

Me gusta el cine, los libros, el cantar, bailar.

¿Cómo es tu mejor amigo o tu mejor amiga?

Es alegre también, es inteligente y divertida.

¿Qué cosas le gustan a ella?

Le gusta el cine, los libros, bailar.

¿Cómo son ustedes?

Somos muy parecidas.

¿Qué cosas les gustan?

Nos gusta el cine, bailar.

Estados Unidos

MÉXICO — Golfo de México

Ciudad de México ★

Océano Pacífico

Cultura

Para comprender FL.A.2.2.5

1. ¿Cuáles son tres cosas que le gustan a Luis?
2. ¿Cuáles son tres cosas que le gustan a Andrea?
3. ¿A quién le gustan las películas?
4. ¿El amigo de Luis es atlético?
5. ¿Quiénes son alegres?
6. ¿Luis y Andrea son más serios o son más extrovertidos?

Para pensar y hablar FL.A.2.2.3

Based on how Luis and Andrea describe themselves and their friends, do you think the expression **"Dime con quién andas, y te diré quién eres"** applies to them? How alike are you and your friends? What are two advantages of being exactly like your friends? What are two disadvantages?

Comunidad en la Florida

Conexiones culturales FL.C.2.1.1, FL.E.1.2.2

Florida taps into its cultural and heritage attractions to develop professional, cultural, and educational connections abroad. The Florida Office of International Affairs runs programs that award grants and pair up sister cities, schools, colleges, or universities. For example, in 2001 an annual regatta from St. Petersburg, Florida to Isla Mujeres, Mexico was expanded into a multi-day festival featuring art shows, parades, films, and symposia on Latin American culture. Use English and Spanish resources to investigate another form of cultural exchanges between sister cities in Florida and Latin America or Spain, and present your findings to the class.

Regata de St. Petersburg a Isla Mujeres, México

Vocabulario
en acción **2**

Video/DVD
ExpresaVisión

Me gusta...

el ajedrez

el helado

la comida italiana

la pizza

la música

la música de
Puerto Rico

la comida china

la comida mexicana

▶ **Vocabulario adicional** — Comida, p. R7

Me gustan...

KEYWORD: EXP1 CH2
Vocabulario 2 practice

los libros (de aventuras, de amor)

las películas (de ciencia ficción, de terror, de misterio)

los carros

las fiestas

las hamburguesas

las verduras

las frutas

los deportes

los videojuegos

los animales

¡Exprésate!

To ask someone what he or she likes	To respond
¿Te gusta(n)...? *Do you like . . . ?*	**Sí, me gusta(n) mucho...** *Yes, I like . . . a lot.* **No, no me gusta(n)...** *No, I don't like . . .*
¿Te gusta(n) más...o...? *Do you like . . . or . . . more?*	**Me gusta(n) más...** *I like . . . more.* **Me da igual.** *It's all the same to me.*

Interactive TUTOR

► **Vocabulario adicional** — Deportes y pasatiempos, p. R8

Vocabulario y gramática, pp. 19–21 — Online workbooks

cincuenta y siete **57**

Marc Anthony, cantante puertorriqueño

20 **Dime cómo eres...** FL.A.2.1.2

Leamos/Hablemos Based on the descriptions, which item would these people say they like or don't like?

> **MODELO** **Me llamo Carlos. Soy muy atlético. Me gustan ═══ (los libros, los deportes).**
> **Me gustan los deportes.**

1. ¿Qué tal? Soy Marta y soy muy extrovertida. Me gustan ═══ (las fiestas/los libros).
2. Soy Juan y me gusta la pizza. Me gusta ═══ (la comida mexicana/la comida italiana).
3. Buenas tardes. Me llamo Javier y soy muy romántico. Me gustan ═══ (las películas de ciencia ficción/las películas de amor).
4. Hola. Yo soy Samuel y soy intelectual. Me gustan ═══ (los videojuegos/los libros).
5. Soy Carlota y no soy muy activa. Me gustan ═══ (los videojuegos/los deportes).
6. Hola, me llamo Celia. No soy muy atlética. No me gustan ═══ (los deportes/las fiestas).

21 **¿Quiénes hablan?** FL.A.2.1.3

Escuchemos You will hear four conversations. Decide which conversation goes with each photo.

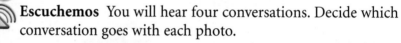

¡Exprésate!

To describe something	
¿Cómo es...? *What's . . . like?*	**Es pésimo(a)/fenomenal/ formidable.** *It's awful/awesome/great.*
	Es (muy) delicioso(a)/horrible. *It's (really) delicious/horrible.*
	Es algo divertido(a)/interesante. *It's kind of fun/interesting.*
	Es bastante bueno(a)/malo(a). *It's pretty good/bad.*

Vocabulario y gramática, pp. 19–21

Online workbooks

22 ¿Qué dice? FL.A.2.1.2

Leamos Match each sentence with the picture it describes. Then choose the word that best completes each sentence.

a. b. c. d.

1. Los videojuegos son pésimos/fenomenales.

2. Los libros de amor son muy románticos/no son interesantes.

3. La música es aburrida/divertida.

4. Las verduras son deliciosas/horribles.

23 En tu opinión FL.A.3.1.1

Hablemos Say whether you think each description is correct. Make sure adjectives agree with the nouns they modify.

MODELO la pizza/bueno

Sí, la pizza es buena./No, la pizza no es buena.

1. las películas de aventuras/ fenomenal
2. los libros de misterio/pésimo
3. el helado/horrible
4. los libros de amor/tonto
5. las películas de terror/ formidable
6. la comida china/malo
7. las verduras/delicioso
8. los deportes/divertido

Benchmark Focus

FL.A.3.1.1 Provide simple information in spoken form (e.g., descriptions of objects present in your every-day environment)

Comunicación

HOLT **SoundBooth** ONLINE RECORDING

24 ¿Te gustan o no? FL.A.1.1.1

Hablemos Work with a partner. Find out whether your classmate likes the things listed below. Take turns.

MODELO —¿Te gustan los videojuegos?

—Sí, me gustan. Son bastante divertidos.

1. los videojuegos
2. los libros de amor
3. los animales
4. los deportes
5. las películas de aventuras
6. las fiestas

Objetivos
- **Using nouns and definite articles**
- **Gustar, ¿por qué?** and **porque**
- The preposition **de**

Gramática *en acción* 2

Video/DVD

GramaVisión

Nouns and definite articles

Interactive TUTOR

1 In Spanish, all nouns belong to one of two gender categories: **masculine** or **feminine**. Masculine nouns usually end in **-o** (carr**o**). Feminine nouns usually end in **-a** (frut**a**).

2 Singular nouns name one of something. Plural nouns name more than one of something. If a singular noun ends in a **vowel**, add **-s** to make it plural. If a singular noun ends in a **consonant**, add **-es** to make it plural.

estudiant**e** *student*	estudiante**s** *students*
anima**l** *animal*	animal**es** *animals*

3 The **definite articles** in Spanish can be used to say *the* with a specific noun. They have different forms that agree with their noun in gender and number.

	Masculine	Feminine
SINGULAR	el	la
PLURAL	los	las

—¿Cómo es **la** profesora?
What is the teacher like?

—**La** profesora es simpática.
The teacher is friendly.

—¿Quiénes son **los** muchachos allí?
Who are the boys over there?

—Son **los** compañeros de clase de Rafael.
They are Rafael's classmates.

4 Use **definite articles** to talk about a noun as a general category or when saying what you like with **gustar**.

—¿Cómo es **la** pizza?
What's pizza (in general) like?

—Es deliciosa. Me gusta **la** pizza.
It's delicious. I like pizza.

En inglés

In English, people and animals are masculine or feminine, but things are always neuter in gender.

> The book? It's interesting.
> Ana? She's pretty.

In Spanish, all nouns, including things, are masculine or feminine. With some exceptions, nouns ending in **-o** are **masculine**, and nouns ending in **-a** are feminine.

> **el libro**
> **la pizza**

Does the English definite article *the* show gender? How do the Spanish definite articles show gender?

FL.D.1.2.2

Vocabulario y gramática, pp. 22–24
Actividades, pp. 15–17

Online workbooks

25 **Son así...** FL.A.2.1.2

Escribamos Write sentences about these things, using words from each column. The articles and adjectives must agree.

MODELO **La música mexicana es fenomenal.**

1	2	3	4	
El	estudiantes de	es	serio	aburrido
La	español	son	interesante	divertido
Los	deportes	somos	bueno	fenomenal
Las	helado		malo	delicioso
	música mexicana		romántico	gracioso
	fiestas			

26 **En mi opinión** FL.A.3.2.1

Escribamos Write a sentence saying what you think each item pictured is like.

MODELO **Las frutas son muy deliciosas.**

1. 2. 3. 4.

5. 6. 7. 8.

Comunicación

HOLT **SoundBooth**
ONLINE RECORDING

27 **Entrevista** FL.A.1.1.1

Hablemos Ask three classmates their opinions about the things in Activity 26. Are their opinions the same as yours?

MODELO —**¿Cómo son los libros?**
—**Los libros son horribles/divertidos.**

Benchmark Focus
FL.A.1.1.1 Express likes and dislikes when asked simple questions

The verb gustar, ¿por qué?, and porque

1 Use the verb **gustar** to say what people like. If the thing they like is singular, use **gusta**. If it's plural, use **gustan**. Use **¿qué?** with **gusta** to ask what someone likes.

—¿Te **gusta** la pizza?
Do you like pizza?

—¿**Qué** te **gusta**?
What do you like?

—Sí, y me **gustan** las verduras.
Yes, and I like vegetables.

—Me **gustan** los carros.
I like cars.

2 Put one of these **pronouns** before **gustar** to say who likes something.

me gusta(n) *I like*

te gusta(n) *you* (tú) *like*

le gusta(n) *you* (usted) *like, he, she, it likes*

nos gusta(n) *we like*

os gusta(n) *you* (vosotros) *like*

les gusta(n) *you* (ustedes) *like, they like*

3 Notice that **le** can stand for *you* **(usted),** *he, she or it;* and **les** can stand for *you* **(ustedes)** or *they.* To ask who is being talked about, use **a quién** or **a quiénes.** To clarify who is being talked about, use **a +** **name(s).**

—¿**A quién le** gusta la pizza?
—*Who likes pizza?*

—**A Juan le** gusta la pizza.

—*Juan likes pizza.*

—¿**A quiénes les** gusta la pizza?
—*Who likes pizza?*

—**A Juan** y a **Sara les** gusta la pizza.

—*Juan and Sara like pizza.*

4 Put the word **no** before the pronoun to say *don't* or *doesn't.*

—¿Te gusta la fruta?

—No, **no me** gusta la fruta.

5 To ask *why,* use **¿por qué?** Answer with **porque** *(because).*

—¿**Por qué** te gusta el helado?

—Me gusta **porque** es delicioso.

Vocabulario y gramática, pp. 22–24
Actividades, pp. 15–17

Online workbooks

El festival de Ponce

28 **El festival de Ponce** FL.A.2.1.3

Escuchemos Listen to Mari and Josué as they talk about the festival. Decide if the following statements are **cierto** or **falso.**

1. A Mari y a Josué les gusta la fiesta.
2. A Juan no le gusta la fiesta porque no le gusta la comida.
3. A Ana y a Silvia no les gusta la música.
4. A los amigos de Mari les gusta la música.

29 ¿Qué les gusta más? FL.A.3.2.1

 Escribamos Based on the following people's personalities, which things do they like more?

> **MODELO** **Somos muy románticos. (películas de amor/películas de terror)**
> **Nos gustan más las películas de amor.**

1. Eres muy intelectual. (libros/videojuegos)
2. Mis amigos Juan y Beti son atléticos. (música/deportes)
3. Teresa es muy extrovertida. (fiestas/libros)
4. Soy un poco perezoso. (videojuegos/deportes)
5. Ustedes son bastante serias. (películas de amor/libros de misterio)
6. No somos muy activos. (deportes/películas de aventuras)

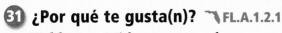
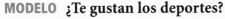
Comunicación

30 La fiesta FL.A.1.2.2, FL.A.3.1.1

Benchmark Focus
FL.A.1.2.2 Exchange information necessary to plan events or activities

Hablemos You're throwing a party and you want to find out what your guests like. Ask four classmates if they like each of these things. Report your findings to the class.

1. ice cream
2. Italian food
3. fruit
4. videogames
5. hamburgers
6. music by . . .

31 ¿Por qué te gusta(n)? FL.A.1.2.1

Hablemos With a partner take turns asking each other if you like the things pictured. Then tell why you like them or not.

> **MODELO** **¿Te gustan los deportes?**
> **No, no me gustan los deportes porque son aburridos.**

The preposition de

1 **De** is used to show possession or relationship.

Es el carro **de** Ernesto.   *It's Ernesto's car.*

Son los amigos **de** la   *They're the teacher's friends.*
profesora.

2 In addition, **de** can be used to indicate what type of thing you're
describing.

los libros **de** aventuras   *adventure books*
las películas **de** misterio   *mystery movies*

3 The word **de** is also used to say where someone is from.

Julio es **de** Costa Rica.   *Julio is from Costa Rica.*

4 The preposition **de** followed by **el** makes the contraction **del**.

el correo electrónico **del**   *the teacher's e-mail address*
profesor

Vocabulario y gramática, pp. 22–24
Actividades, pp. 15–17

Online workbooks

Interactive TUTOR

En inglés

In English, we add **'s** or
just an apostrophe (**'**)
to show ownership.

Chris**'s** class
the teacher**'s** book

How does English use the
word *of* to show possession?

In Spanish, use **de** to
show possession.

la clase **de** Juan
los libros **de** la
profesora

FL.D.1.2.2

Benchmark Focus

FL.A.2.1.2 Restate
and rephrase simple
information from mate-
rials presented orally,
visually, and graphically
in class

---

32 **¿Cómo son?** FL.A.2.1.2

Escribamos/Hablemos Complete the statements
with **de, del, de la, de los,** or **de las.** Then decide
whether or not each statement is **cierto** or **falso.**

MODELO Los animales de Rafael son malos.
Falso. Los animales de Rafael son buenos.

1. El carro ══════ profesora es
fenomenal.

2. La pizza ══════ Roberto es
deliciosa.

3. La fiesta ══════ amiga de Ana
es pésima.

4. El carro ══════ profesor es
bueno.

5. Los videojuegos ══════ amigas
son divertidos.

6. El libro ══════ profesor es
horrible.

33 **¿Hoy es el cumpleaños del profesor?** ⟍FL.A.2.1.2

Leamos/Hablemos Complete each question with **de, del, de la, de los** or **de las.** Then answer the questions.

> **MODELO** ¿Tu mejor amigo(a) es <u>de</u> Miami?
> No, mi mejor amiga es de Denver.

1. ¿El(La) profesor(a) 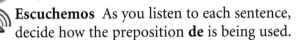 español es 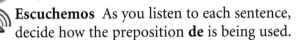 Puerto Rico?
2. ¿Hoy es el cumpleaños ══════ profesor(a)?
3. ¿Cómo se llama el libro ══════ español?
4. ¿Te gustan más los libros ══════ amor o ══════ aventuras?
5. ¿Las películas ══════ ciencia ficción son interesantes?
6. ¿Te gusta la música ══════ Tito Puente?
7. ¿Las fiestas ══════ estudiantes son divertidas o aburridas?

34 **La preposición de** ⟍FL.A.2.1.3

Escuchemos As you listen to each sentence, decide how the preposition **de** is being used.

a) to ask about ownership
b) to tell ownership
c) to ask where someone is from
d) to tell where someone is from
e) to describe something

Gramática 2

C **omunicación**

HOLT **SoundBooth**
ONLINE RECORDING

35 **Gustos** ⟍FL.A.1.2.1, FL.A.3.1.1

Hablemos Working with a partner, use the drawings to describe Alicia and Rodrigo and to tell what they like and dislike.

¿Quién será?
Episodio 2

Benchmark Focus

FL.A.3.2.3 Give responses in spoken or written form to age-appropriate stories, poems or other literature, songs, films, or visual works

ESTRATEGIA

Drawing Conclusions Drawing logical conclusions based on information you've gathered is an important skill. Even if things turn out differently than you thought, that does not mean that your conclusion was illogical. Maybe you did not have all the information. As you read the Novela or watch the video, gather all the information you can so that you can draw conclusions about the story and the characters as events unfold. **FL.C.2.1.1**

En España

Marcos meets with the professor in her office. He reviews Nicolás's file.
She describes Nicolás to him, and gives him an assignment in Puerto Rico.

1

La profesora Nicolás Ortega García. Le gusta el arte. Es un chico muy simpático. Es de San Juan, Puerto Rico.

2

Novela en video

An art professor and a gym coach compare notes about a student they each have in their class.

3

Profesora de arte ¿Tienes buenos estudiantes este año?

Entrenador Sí, tengo unos estudiantes muy atléticos este año, y unos que son un poco perezosos.

4

Profesora de arte Yo tengo un estudiante que es muy trabajador. Siempre hace las tareas a tiempo. Es un poco serio y también un poco tímido. Pero creo que va a ser muy buen artista.

Entrenador ¿Quién es?

Profesora de arte Se llama Nicolás Ortega García.

5

Entrenador ¿Nicolás? Dime, ¿cómo es?

Profesora de arte Es alto y rubio.

Entrenador ¿Cuántos años tiene?

Profesora de arte Tiene quince años.

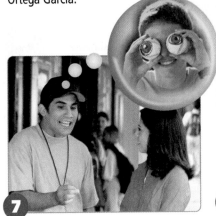

6

Entrenador Yo también tengo un Nicolás Ortega García en mi clase de educación física.

Profesora de arte ¿Ah, sí?

Entrenador Sí, pero este Nicolás no es trabajador. Es perezoso.

7

Entrenador No, este Nicolás no es serio. Es cómico.

8

Profesora de arte No es el mismo Nicolás.

Entrenador No, es verdad. Hay dos Nicolás de apellido Ortega García en este colegio, ¿no crees?

Profesora de arte Sí. Así es.

¿COMPRENDES?

1. What information does la profesora give Marcos about Nicolás?

2. What do you think Marcos's assignment is? Why do you think that?

3. How do the art professor and the coach describe the student in their two classes?

4. What conclusion do they draw about the student? Was the conclusion logical? Was it correct?

5. What is your conclusion about Nicolás? Which class does he like better? Why does he act so differently in the two classes?

FL.A.2.2.5, FL.A.3.2.3

Próximo episodio
Can you predict whether Marcos might be going to Puerto Rico? Why?
PÁGINAS 104–105 ▶

Leamos y escribamos

ESTRATEGIA

para leer Inferring is drawing conclusions based on evidence that is only hinted at, or implied, in what you read. To make inferences, think of the information provided by the author, connect it with your own knowledge and experience, and then draw conclusions based on a combination of the two.

A **Antes de leer** FL.A.2.2.3

Did you know that there is a relationship between someone's personality and the colors he or she likes? On a separate sheet of paper, write two personality traits in Spanish that you would associate with each of the colors blue, red, green, yellow, orange, and black.

¿QUÉ COLOR PREFIERES?

Mi color favorito es el **verde**.

Si te gusta el color verde, eres una persona muy inteligente, inventiva y lógica. No eres muy extrovertido(a) y no te gusta la rutina. Para ti[1], la naturaleza[2] es importante. Personas famosas: Sócrates, Sherlock Holmes y Thomas Edison.

Mi color preferido es el ANARANJADO.

Si te gusta el anaranjado, eres una persona simpática, graciosa y espontánea. Tienes mucha energía y te fascinan las cosas nuevas, interesantes y diferentes. Para ti, la acción y la diversión[3] son muy importantes. Personas famosas: Winston Churchill y Lucille Ball.

¿Te gusta el color AZUL?

Si te gusta el azul, eres una persona creativa y artística. Eres romántico(a) y sincero(a). Para ti, la armonía entre[4] las personas es muy importante. Personas famosas: Mozart, Indira Gandhi y Thomas Jefferson.

Me fascina el color negro.

Si te gusta el negro, eres una persona seria, elegante y algo misteriosa. También[5] eres disciplinado(a), eficiente y muy independiente. No eres muy extrovertido(a) y no te gustan las personas expresivas. Personas famosas: Cervantes y Abraham Lincoln.

A mí me encanta el color *amarillo*.

Si te gusta el amarillo, eres intelectual, metódico(a) y analítico(a). Eres tímido(a) y tienes pocos[6] pero buenos amigos. Eres un líder formidable, organizado, eficiente y puntual. Para ti, la familia y las tradiciones son muy importantes. Personas famosas: George Washington y la Madre Teresa.

Me gusta el **ROJO**.

Si te gusta el color rojo, eres una persona apasionada, enérgica y activa. Eres muy extrovertido(a) y sociable. Te fascina ser[7] el centro de atención. Personas famosas: Ernest Hemingway, Elizabeth Peña y F. Scott Fitzgerald.

1 for you   **2** nature   **3** fun   **4** harmony between   **5** also   **6** few   **7** you love being

Leamos y escribamos

B Comprensión ⚜FL.A.2.2.3

Based on the reading, match the colors from Column A
with the personality types from Column B. Then draw your
own inferences
and say what
someone might
like or dislike
based on his or
her personality.

A	B	Te gusta(n).../No te gusta(n)...
1. el azul	**a.** Eres tímido(a).	las personas
2. el amarillo	**b.** Eres muy inteligente.	los videojuegos
3. el anaranjado	**c.** Eres romántico(a).	los animales
4. el rojo	**d.** Eres extrovertido(a).	los libros
5. el verde	**e.** Eres serio(a).	las fiestas
6. el negro	**f.** Eres simpático(a).	la música

C Después de leer ⚜FL.A.3.2.3

1. Did the personality traits you listed for the various colors in
Antes de leer agree with the reading?

2. Does your favorite color match your own personality? Explain
why or why not.

FCAT Writing Focus
LA.B.1.4.1
Use appropriate prewriting strate-
gies, such as graphic organizers

Taller del escritor

ESTRATEGIA

para escribir Cluster diagrams can
help you organize and see how your ideas
are related.

"Yo soy..."   "Yo no soy..."   "Me gusta(n)..."   "No me gusta(n)..."

Mi personalidad ⚜FL.A.3.2.1

Write a paragraph in which you describe
yourself and say what you like and don't
like. Tell which "personality color" comes
closest to your description of yourself.

1 Antes de escribir

Draw four circles. Label the first one **Yo
soy**..., the second **Yo no soy**..., the third
Me gusta(n)..., and the fourth **No me
gusta(n)**... Connect other circles to these
four and label the new circles with words
that describe you, words that do not
describe you, things you like, and things
you don't like. ⚜FL.A.2.2.3

2 Escribir un borrador

Use your cluster diagram to organize the
information for your paragraph. Include
information from each part of the diagram.

3 Revisar

Read your sentences at least twice. Make
sure the paragraph describes you well. Then
check spelling and punctuation.

4 Publicar

Get together with three or four classmates.
Each member of the group takes someone
else's paragraph from the stack and reads it
aloud without telling who wrote it. See if the
group can guess who wrote each paragraph.

Prepárate para el examen

Interactive TUTOR

1 Write descriptions of each person. Give each person's age and say something about his or her appearance. ◥**FL.A.3.2.1, FL.D.1.1.2**

1. Leo 2. Mario 3. Carlos 4. Eva 5. Ana 6. Luz 7. Mary

1 Vocabulario 1
• describing people
• asking how old someone is
pp. 44–47

2 Gramática 1
• using **ser** with adjectives
• gender and adjective agreement
• question formation
pp. 48–53

2 Complete the following conversations using adjectives, **ser,** and question words. Remember to use the correct adjective and verb forms. ◥**FL.A.2.1.2**

1. —¿ ===== es tu mejor amigo(a)?
   — ===== Paco.
2. —¿ ===== día es hoy?
   — ===== sábado.
3. —¿Cómo ===== tu mejor amigo(a)?
   —Es =====. No es =====.
4. —¿ ===== eres tú?
   — ===== =====.
5. —¿ ===== es tu cumpleaños?
   — ===== el =====.

3 Vocabulario 2
• talking about what you and others like
• describing things
pp. 56–59

3 Ask your partner if he or she likes the following things and why. Then ask which things he or she likes more. Switch roles. ◥**FL.A.1.2.1, FL.A.3.1.1**

1.   2.   3.   4.

FL.A.2.1.2

4 Complete the paragraph, using the correct word in parentheses.

____1____ (El/La) cumpleaños ____2____ (de/del) Fernando y Maribel es ____3____ (el/la) catorce de diciembre. A ellos ____4____ (les gusta/les gustan) mucho las fiestas ____5____ (de/del) cumpleaños. A Maribel ____6____ (le gustan/les gustan) los libros ____7____ (de/de las) aventuras más que ____8____ (los/las) películas. A Fernando ____9____ (le gusta/le gustan) los videojuegos más que ____10____ (el/la) música de Los Hidalgos.

5 Answer the following questions. **FL.B.1.1.2**

1. How do Latin Americans describe someone with dark or light-brown hair and skin?

2. Why are ages sixteen and eighteen important to young people in Puerto Rico?

6 Listen as Patricia reads the e-mail message from Yoli. Then say whether the statements that follow are **cierto** or **falso**. **FL.A.2.2.5**

1. A Yoli no le gustan las clases porque son aburridas.

2. Los compañeros de clase son antipáticos.

3. El cumpleaños de Yoli es el 16 de agosto.

4. A Yoli le gusta la comida china.

7 Describe Alicia and her friends and tell what they like. **FL.A.3.2.1**

4 **Gramática 2**
- nouns and definite articles
- **gustar, ¿por qué?,** and **porque**
- uses of the preposition **de** pp. 60-65

5 **Cultura**
- **Comparaciones** pp. 54-55
- **Notas culturales** pp. 46, 53, 58
- **Geocultura** pp. 38-41

Benchmark Focus

FL.B.1.1.2 Recognize patterns of social behavior or social interaction in various settings

Prepárate para el examen

a. sábado, 3 de septiembre

b.

c.

d.

Gramática 1
- **ser** with adjectives
  pp. 48–49
- gender and adjective
  agreement
  pp. 50–51
- question formation
  pp. 52–53

Repaso de Gramática 1

You can use adjectives with the verb **ser** to describe people. Adjectives should agree with the nouns they describe in number and gender. Adjectives are either singular or plural, masculine or feminine.

Carlos es alto.   **Lupe es alta.**   **Carlos y Lupe son altos.**

Form questions by changing your tone of voice or using question words such as **qué, cómo, cuándo, quién, quiénes, cuál** and **de dónde.**

Gramática 2
- nouns and definite
  articles
  pp. 60–61
- the verb **gustar, ¿por
  qué?** and **porque**
  pp. 62–63
- uses of the
  preposition **de**
  pp. 64–65

Repaso de Gramática 2

Nouns can be singular or plural, masculine or feminine.

	Masculine	**Feminine**
SINGULAR	carro	fiesta
PLURAL	carros	fiestas

Use definite articles to say *the* or use them to talk about a noun used as a general category. Definite articles agree with the nouns they describe in gender and number.

	Masculine	**Feminine**
SINGULAR	el libro	la pizza
PLURAL	los libros	las pizzas

The verb **gustar** is used to talk about likes and dislikes.

Me gusta la comida italiana. No te gustan los deportes.

The preposition **de** is used to indicate possession, relationship, or where someone is from. It can also describe a type of thing.

Es el libro de Juan.   **Es un libro de misterio.**

Letra y sonido

 La sílaba tónica

- Words ending in a vowel, **-n,** or **-s** are normally stressed on the next-to-last syllable: **in-te-li-GEN-te, mo-RE-nos, bas-TAN-te**
- Words ending in a consonant other than **-n** or **-s** are normally stressed on the last syllable: **us-TED, se-ÑOR, es-TOY**
- All words whose pronunciation doesn't follow these rules are written with an accent mark over the vowel that is stressed: **ca-FÉ, pe-LÍ-cu-la, a-ten-CIÓN**

Trabalenguas

Tres tristes tigres tragaban trigo en un trigal en tres tristes trastos.

Dictado

Escribe las oraciones de la grabación.

Benchmark Focus
FL.A.2.1.3 Understand oral messages that are based on familiar themes and vocabulary

Repaso de Vocabulario 1

Describing people

aburrido(a)	boring
activo(a)	active
alto(a)	tall
antipático(a)	unfriendly
atlético(a)	athletic
bajo(a)	short
bastante	quite, pretty (+ adjective)
bonito(a)	pretty
cómico(a)	funny
¿Cómo eres?	What are you like?
¿Cómo es...?	What's . . . like?
¿Eres...?	Are you . . .?
Es...	He (She, It) is . . .
extrovertido(a)	outgoing
gracioso(a)	witty
guapo(a)	good-looking
intelectual	intellectual
inteligente	intelligent
moreno(a)	dark-haired; dark-skinned
muy	very
pelirrojo(a)	red-headed
perezoso(a)	lazy

romántico(a)	romantic
rubio(a)	blond
serio(a)	serious
simpático(a)	friendly
Soy...	I'm . . .
también	also
tímido(a)	shy
tonto(a)	silly, foolish
trabajador(a)	hard-working
un poco	a little

Asking and saying how old someone is

¿Cuándo es el cumpleaños de...?	When is . . . 's birthday?
¿Cuándo es tu cumpleaños?	When is your birthday?
¿Cuántos años tiene...?	How old is . . .?
¿Cuántos años tienes?	How old are you?
Él (Ella) tiene... años.	He (She) is . . . years old.
Es el... de...	It's the . . . of . . .
Tengo... años.	I'm . . . years old.
Numbers 32–100	See p. 47.

Repaso de Vocabulario 2

Describing things

el ajedrez	chess
los animales	animals
los carros	cars
la comida china (italiana, mexicana)	Chinese (Italian, Mexican) food
los deportes	sports
Es algo divertido(a).	It's kind of fun.
Es bastante bueno(a).	It's pretty good.
Es delicioso(a).	It's delicious.
Es pésimo(a).	It's awful.
fenomenal	awesome
las fiestas	parties
formidable	great
las frutas	fruit
las hamburguesas	hamburgers
el helado	ice cream
horrible	horrible
interesante	interesting

los libros (de aventuras, de amor)	(adventure, romance) books
malo(a)	bad
la música (de...)	music (of/by . . .)
las películas (de ciencia ficción, de terror, de misterio)	(science fiction, horror, mystery) movies
la pizza	pizza
las verduras	vegetables
los videojuegos	videogames

Talking about what you and others like

Me da igual.	It's all the same to me.
Me gusta(n)... mucho.	I like . . . a lot.
Me gusta(n) más...	I like . . . more.
No, no me gusta(n)...	No, I don't like . . .
¿Te gusta(n)...?	Do you like . . . ?
¿Te gusta(n) más... o...?	Do you like . . . or . . . more?

Integración

capítulos 1-2

1 Listen to these statements and match them with the appropriate picture. ◤ **FL.A.2.1.3**

A

B

C

D

2 You want to find an Internet pen pal. Read the ads for **Ciber-amigos,** and then answer the questions that follow. ◤ **FL.A.3.2.3**

Andrés Vallejo
14 años
avall123@mailmex.hrw.com
Soy cómico y activo. Me gustan las computadoras y las películas de terror. No me gusta la comida italiana. Me gustan las hamburguesas.

Yasmín Herrera
15 años
yazz@telecom.hrw.com.es
¿Qué tal? Soy inteligente y extrovertida. No me gusta la televisión, pero sí me gustan los libros de aventuras y las fiestas.

Liliana Caraval
13 años
lilcar@correo.hrw.com.pr
¡Hola! Soy simpática y seria. No soy aburrida. Me gustan los videojuegos y la música rock. No me gusta la pizza.

1. ¿Quién es inteligente? ¿simpático(a)? ¿activo(a)?
2. Según *(according to)* el correo electrónico, ¿de dónde es Liliana? ¿Yasmín?
3. ¿Cuántos años tiene Andrés?
4. ¿Qué le gusta a Liliana? ¿Qué no le gusta?
5. ¿A quién le gustan las hamburguesas? ¿los libros de aventuras?

3 Write a **Ciberamigos** message that describes you and tells how old you are, where you're from, what your e-mail address is, and what you like and don't like. ⬦FL.A.3.2.1

4 In groups of three, take turns playing one of the three **Ciber-amigos** in Activity 2. Send your description to each one of the **amigos** along with two questions. Each **amigo** replies answering the questions and asking two more questions in return. Continue until everyone has had a turn writing and answering. ⬦FL.A.1.1.2, FL.A.2.1.4

5 Write a short story in Spanish based on what you see in the painting. Describe the people, their age and nationality, and what they like to do. ⬦FL.A.3.2.3, FL.B.1.1.3

Día lluvioso en El Viejo San Juan (Rainy Day in Old San Juan) by Orlando Santiago Correa
courtesy of Patrick Santiago

Día lluvioso en El Viejo San Juan, de Orlando Santiago Correa

6 ⬦FL.A.1.1.1, FL.A.2.2.3

Situación This year the student council wants to sponsor a film festival and the homecoming dance. In order to sponsor these events, the council needs information from the students about what they like and don't like. In groups of three, create a survey asking about movies, music, and foods people like, and then ask your classmates the questions in order to fill in the survey. Afterward, tally the results to see what the student council needs to do.

Benchmark Focus

FL.A.2.2.3 Organize information in spoken or written form about a variety of topics of academic and cultural interest (e.g., by making lists, categorizing objects, or organizing concepts)

Capítulo 3

Video/DVD
GeoVisión

Geocultura
Texas

▼ **El Valle de Texas** The Rio Grande valley is where red grapefruit is grown. It's the official state fruit of Texas.

▼ **El Parque Nacional Big Bend** The name "Big Bend" comes from the large "U" formed by the Rio Grande.

Almanac

Population
20,851,820

Capital
Austin

Area
266,807 square miles
(691,030 km^2)

Economy
chemicals, foodstuffs, vehicles, petroleum products, computers, livestock, fruit

 ¿Sabías que...?
Did you know that the mockingbird is the state bird of both Florida and Texas? The mockingbird can mimic the songs of up to 30 different birds and is fiercely protective of its nest.

NUEVO MÉXICO

● El Paso
● Ciudad Juárez, México

El Paso
The cowboy tradition is still strong in Texas.

▲ **Dallas** is a center of international business.

OKLAHOMA

Red

Llano Estacado

Lubbock

Escarpe de Caprock

Fort Worth • Dallas

Trinity

TEXAS

Brazos

Neches

Pecos

Montañas Rocosas

Meseta de Edwards

★ **AUSTIN**

Houston

Colorado

Guadalupe

Río Bravo del Norte

Escarpe Balcones

San Antonio

BAHÍA GALVESTON

Parque Nacional Big Bend

Río Grande

Nueces

Corpus Christi

MÉXICO

Laredo

ISLA DEL PADRE

GOLFO DE MÉXICO

El Valle de Texas

LAGUNA MADRE

▲ **San Antonio** is a multicultural city famous for its Riverwalk (**Paseo del Río**).

LOUISIANA

▲ **Houston** The port of Houston handles the largest amount of international sea trade in the United States.

▼ **La Isla Padre** The coast of Texas has many scenic areas such as Padre Island, which stretches for 113 miles (182 kilometers).

¿Qué tanto sabes?
What is the name of the Rio Grande in Mexico? Where is the state fruit of Texas grown?
⟍FL.C.1.1.1

setenta y siete **77**

A conocer Texas
La arquitectura

▲ **La biblioteca central de San Antonio**
This library was designed by Ricardo Legorreta, a famous Mexican architect.

▲ **La Capilla de San Elceario**
San Elceario Mission, near El Paso, is a fine example of Spanish mission architecture in Texas.

▲ **El convento de la Misión de San José**
The mission of San José in San Antonio was constructed in 1770. Today only ruins of its convent remain.

El arte

▲ **Tamalada** was painted by Carmen Lomas Garza, a Mexican American artist whose works show Mexican American daily life.

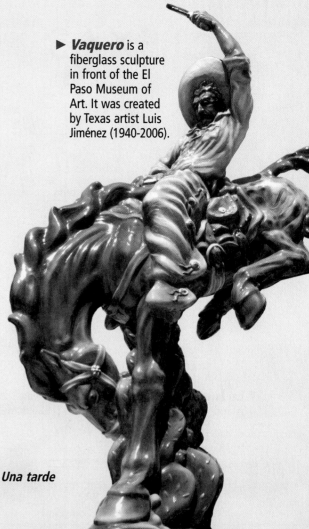

▶ **Vaquero** is a fiberglass sculpture in front of the El Paso Museum of Art. It was created by Texas artist Luis Jiménez (1940-2006).

◀ **Carmen Lomas Garza**
(1948-) with her oil painting, *Una tarde*

La comida

Interactive
TUTOR

Visit Holt Online

go.hrw.com
KEYWORD: EXP1 CH3

Photo Tour

► **Las quesadillas**
Mexican cuisine has had a great influence on Texan food.

▲ **Tostaditas con salsa** Chips and salsa is the official state snack of Texas.

¿Sabías que…?

Did you know that over the course of history, Texas has been ruled by six different govern-ments: France, Spain, Mexico, the Republic of Texas, the Confederate States, and the United States of America?

◄ **Barbacoa al estilo tejano** Barbecue is a typical Texas food.

Las celebraciones

► **Rodeo** grew out of Texas's cowhand culture. Contestants demonstrate their skills in horseback riding and working with livestock.

◄ **El Cinco de Mayo** is celebrated each year in Texas and Mexico. It commemorates the Battle of Puebla in 1862.

Conexión Música

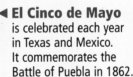
Benchmark Focus
FL.D.2.2.2 Recognize forms of the target lan-guage evident in the local culture (e.g., songs)

FL.C.2.1.1

Conjunto music is popular dance music from northern Mexico and southern Texas. It sprang to life in the late nineteenth century. The German and Eastern European settlers along the Texas and Mexico border brought their accordions, waltzes, and polkas to the region. The music-loving Mexican and Tejano populations adapted this music to their own style.

In Florida, conjunto is especially popular in southern Dade County, which has a growing Mexican-American population. Look for conjunto music on the Internet or at the library. How is the conjunto accordion music different from the European styles that it is adapted from?

¿Qué te gusta hacer?

OBJETIVOS

In this chapter you will learn to
- talk about what you and others like to do
- talk about what you want to do
- talk about everyday activities
- say how often you do things

And you will use
- **gustar** with infinitives
- pronouns after prepositions
- **querer** with infinitives
- regular **-ar** verbs
- **ir** and **jugar**
- weather expressions

¿Qué ves en la foto?

- ¿Son activos o perezosos los amigos?

- ¿Cómo son las muchachas?

- ¿Qué te gusta hacer los fines de semana?

Look for the 🌴 next to each activity and the **Benchmark Focus** to help you achieve the goals of the **Florida Sunshine State Standards**, found on pages FL14–FL16.

Unos amigos cerca de Hueco Tanks, Texas

Objetivos
- Talking about what you and others like to do
- Talking about what you want to do

Vocabulario
en acción 1

ExpresaVisión

A mis amigos y a mí nos gusta...

montar en bicicleta

correr

hacer ejercicio

leer revistas y novelas

escuchar música

dibujar

pasear

patinar

Más vocabulario...

alquilar videos	*to rent videos*	ir al cine	*to go to the movies*
cantar	*to sing*	nadar	*to swim*
comer	*to eat*	navegar por Internet	*to surf the Internet*
escribir cartas	*to write letters*	pasar el rato solo(a)	*to spend time alone*
hacer la tarea	*to do homework*	ver televisión	*to watch television*

Me gusta jugar...

al básquetbol

al béisbol

al fútbol americano

a juegos de mesa

al volibol

al fútbol

al tenis

Vocabulario 1

Más vocabulario...

¿Con quién?	*With whom?*
conmigo	*with me*
contigo	*with you*
con mis amigos(as)	*with my friends*
con mi familia	*with my family*

También se puede decir...

In Florida, many Cubans and Puerto Ricans may refer to **el béisbol** as **la pelota** and say **el balompié** instead of **el fútbol**. FL.D.1.1.1

¡Exprésate!

To ask what others like to do	To respond
¿Qué te gusta hacer?	**A mí me gusta salir con amigos.**
What do you like to do?	*I like to go out with friends.*
¿A Juan y a Pablo les gusta ir al centro comercial?	**Sí, porque les gusta ir de compras.**
Do Juan and Pablo like to go to the mall?	*Yes, because they like to go shopping.*

Interactive
TUTOR

▶ **Vocabulario adicional** — Deportes y pasatiempos, p. R8

Vocabulario y gramática, pp. 25–27

Online workbooks

Nota cultural

Latin American high schools typically do not sponsor organized sports teams. Students who may want to take a more active part in sports can do so by joining clubs and associations outside of school.

How is this similar to or different from your school sports program?

FL.D.2.1.1

1 **Les gusta...** **FL.A.2.1.3**

Escuchemos/Leamos Choose the most logical description based on the sentences you hear.

1. Es (extrovertida/tímida).
2. Es (muy activo/perezoso).
3. Es (trabajador/perezoso).
4. Son (atléticos/intelectuales).
5. Es (activa/seria).
6. Son (divertidas/serias).

2 **A mí me gusta...** **FL.A.3.1.1**

Hablemos Say whether or not you like to do the things pictured.

MODELO **Me gusta jugar al béisbol.**
(No me gusta jugar al béisbol.)

3 **¿Qué les gusta hacer?** **FL.A.2.1.2, FL.A.3.2.1**

Escribamos/Hablemos Completa las oraciones.

♻ *¿Se te olvidó?* Gustar, p. 62

1. Me gusta...
2. No me gusta...
3. Me gusta salir con...
4. Me gusta ir al cine con...
5. A mi mejor amigo(a) le gusta...
6. A mi familia y a mí nos gusta...
7. A mis amigos les gusta...
8. A mis amigos y a mí nos gusta...

¡Exprésate!

To ask what a friend wants to do	To respond
¿Qué quieres hacer hoy? *What do you want to do today?*	**Ni idea.** *I have no idea.*
¿Quieres ir al cine conmigo? *Do you want to go to the movies with me?*	**Está bien.** *All right.* **No, gracias. No quiero ir al cine hoy.** *No, thanks. I don't want to go to the movies today.*

Vocabulario y gramática, pp. 25–27

Online workbooks

4 Una conversación FL.A.2.1.2

Leamos/Escribamos Completa la conversación.

Benchmark Focus

FL.A.2.1.2 Restate and rephrase simple information from materials presented orally, visually, and graphically in class

montar	jugar	gustar	ir	alquilar	hacer

GERARDO ¿Quieres __1__ al centro comercial?

MARÍA No, no quiero. ¿Quieres __2__ videos?

GERARDO No, no quiero. Quiero __3__ ejercicio.

MARÍA ¿Quieres __4__ al básquetbol?

GERARDO No, no me gusta el básquetbol. ¿Quieres __5__ en bicicleta?

MARÍA Está bien. Buena idea.

5 ¿Qué quieres hacer hoy? FL.A.2.1.2

Hablemos/Escribamos Ana loves sports, and she doesn't like to do things indoors. How does she respond to these invitations?

MODELO —¿Quieres patinar? —Sí, quiero patinar contigo.

1. ¿Quieres leer revistas?
2. ¿Quieres jugar al béisbol?
3. ¿Quieres ver televisión?
4. ¿Quieres dibujar?
5. ¿Quieres jugar al ajedrez?
6. ¿Quieres correr?

Comunicación

6 Entrevista FL.A.1.2.2, FL.D.1.1.2

Hablemos Interview three classmates to learn what they want to do this Saturday.

MODELO —Roberto, ¿qué quieres hacer este *(this)* sábado?
—Quiero ir al centro comercial con...

Objetivos
• Using **gustar** with infinitives
• Using pronouns after prepositions
• Using **querer** with infinitives

GramaVisión

Gustar with infinitives

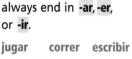

1 An **infinitive** tells the meaning of the verb without naming any subject or tense. There are three kinds of **infinitives** in Spanish: those ending in **-ar**, those ending in **-er**, and those ending in **-ir**.

-ar infinitives	-er infinitives	-ir infinitives
cant**ar** *to sing*	com**er** *to eat*	escrib**ir** *to write*

2 Just like **nouns**, **infinitives** can be used after a verb like **gustar** to say what you and others like *to do*.

follows gustar

Me **gusta la música.**
I like music.

Me **gusta cantar.**
I like to sing.

3 Always use **gusta** (not **gustan**) with **infinitives**.

Me **gustan los deportes.**
I like sports.

Me **gusta jugar al tenis.**
I like to play tennis.

Vocabulario y gramática, pp. 28–30
Actividades, pp. 21–23

 Online workbooks

7 **Gustos** ⟍FL.A.2.1.2

 Hablemos/Escribamos Based on the things Carlos and his friends like, what activities do you think they like to do?

♻ *¿Se te olvidó?* Gustar, p. 62

MODELO **A Roberto le gustan las películas.**
Le gusta ir al cine.

ir al cine	ver televisión	escuchar música
jugar al tenis	comer comida italiana	jugar a los videojuegos

1. A mis amigos les gustan los deportes.
2. Me gusta la televisión.
3. A Paco le gusta la música.
4. A mi familia y a mí nos gusta la pizza.
5. Te gustan las películas.
6. A mis amigos y a mí nos gustan los videojuegos.

8 Más gustos ⟍FL.A.2.1.2

Hablemos/Escribamos Based on their personalities, which activity do you think these people would like more?

MODELO **Raúl es muy activo. (patinar/ver televisión)**
Le gusta más patinar.

1. Diego es perezoso. (hacer ejercicio/ver televisión)
2. Mis amigos son atléticos. (nadar y correr/alquilar videos)
3. Elena es trabajadora. (hacer la tarea/escuchar música)
4. Mario es tímido. (ir a fiestas/pasar el rato solo)
5. Lili es romántica. (leer novelas de amor/novelas de terror)
6. Soy muy seria. (hacer la tarea/ir a fiestas)
7. Eres muy extrovertido. (salir con amigos/pasar el rato solo)

9 Preguntas y respuestas ⟍FL.A.2.1.2

Leamos/Escribamos Read the answers that Andrés gave during his interview. Then write the missing questions.

♻ *¿Se te olvidó?* Question words, p. 52

MODELO ¿ ══ ? **Me gusta leer revistas.**
¿Qué te gusta hacer?

1. ¿════? Soy de Chile.
2. ¿════? Tengo dieciséis años.
3. ¿════? Soy extrovertido y gracioso.
4. ¿════? Me gusta ir al cine y hacer deportes.
5. ¿════? Me gusta ir al cine con mis amigos.

Comunicación

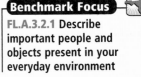

HOLT **SoundBooth**
ONLINE RECORDING

10 Preferencias ⟍FL.A.1.2.1, FL.A.3.2.1

Hablemos Ask whether your partner likes to do each of the following things. Switch roles. Then tell the class what you found out.

Benchmark Focus

FL.A.3.2.1 Describe important people and objects present in your everyday environment

Gramática 1

Pronouns after prepositions

Interactive
TUTOR

1 Pronouns can stand for the same noun yet still have different forms, depending on how they're being used in the sentence.

Both stand for Javier

Yo soy Javier. Tengo quince años y **me** gusta dibujar.

2 You already know subject pronouns and the pronouns used with **gustar**. **Pronouns** have a different form when they come after prepositions, such as **a** *(to)*, **de** *(of, from, about)*, **con** *(with)* and **en** *(in, on, at)*.

Subject	With gustar	After preposition
yo	me	**mí**
tú	te	**ti**
usted		**usted**
él	le	**él**
ella		**ella**
nosotros(as)	nos	**nosotros(as)**
vosotros(as)	os	**vosotros(as)**
ustedes		**ustedes**
ellos	les	**ellos**
ellas		**ellas**

3 The pronouns **mí** and **ti** combine with **con** to make the special forms **conmigo** and **contigo**.

4 With **gustar,** the phrase formed by **a** and a pronoun can be added to a sentence to clarify or emphasize who likes something.

adds emphasis   *adds emphasis*   *clarifies*

¿A ti te gusta dibujar?   **A mí** no me gusta. **A ella** le gusta.

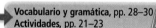
Vocabulario y gramática, pp. 28–30
Actividades, pp. 21–23

Online
workbooks

11 **María y los amigos** ⬗ FL.A.2.1.2

Leamos Complete María's letter choosing the correct prepositions and pronouns.

Soy extrovertida. **1.** (A mí/A ellos) me gusta pasar el rato con amigos. Mis amigos son muy divertidos. Me gusta mucho salir **2.** (a ellos/con ellos). Mi amigo Jorge es muy activo. **3.** (A él/A mí) no le gusta ver televisión. Mi amiga Laura es muy tímida. **4.** (A ti/A ella) no le gusta ir a fiestas. **5.** (A ellas/A nosotras) nos gusta ir al cine. Juan y Carlos son mis amigos también. **6.** (A ellos/A mí) les gusta jugar a los videojuegos. Y **7.** (a nosotras/a ti), ¿qué te gusta hacer?

¿Te acuerdas?

Pronouns take the place of nouns. They can stand for the person talking, the person being talked to, or someone or something that has already been named.

—¿Cuántos años tienes **tú**?

—¿**Yo**? Tengo catorce años.

Juan es mi amigo. **Él** tiene quince años.

12 **¿Te gusta...?** FL.A.2.1.2

Hablemos Look at the pictures and say whether you like to do those activities. Also say what friends you do each activity with.

MODELO **Me gusta ir de compras con mi amiga, Mari.**

    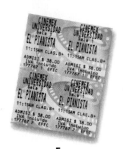

1.   2.   3.   4.   5.

13 **¿Qué les gusta?** FL.A.2.1.2

Benchmark Focus

FL.A.2.1.2 Restate and rephrase simple information from materials presented orally, visually, and graphically in class

Leamos/Escribamos Read each description and tell what these people like and don't like to do. Use pronouns whenever possible.

MODELO **Juan es muy activo. Le gustan los deportes.**
A él le gusta jugar al béisbol.
A él no le gusta jugar a los videojuegos.

1. Sara es muy intelectual. Le gustan los juegos de mesa.
2. Pablo es muy gracioso. Le gustan las fiestas.
3. Lupe es muy extrovertida. No le gustan los videojuegos.
4. Alonso es serio y tímido. Le gustan los libros de aventuras.
5. A Cristina le gustan las películas. No le gusta salir. Es tímida.
6. Carlos es extrovertido. A él y a sus amigos les gustan las películas.
7. Alicia es atlética. A ella y a sus compañeras les gusta el tenis.
8. Miguel es muy inteligente y trabajador. Le gustan los libros.

Comunicación

HOLT **SoundBooth** ONLINE RECORDING

14 **Los sábados y los domingos** FL.A.1.2.1

Escribamos/Hablemos First, write a list of three things you like to do on weekends. Then discuss what you like to do with a small group of classmates and find out what you have in common.

MODELO ROBERTO **Me gusta jugar al fútbol. No me gusta jugar a los videojuegos.**

FELIPE **A mí me gusta jugar a los videojuegos. También me gusta escuchar música.**

CARLA **Me gusta ir a las fiestas. ¿Les gusta ir?**

ROBERTO Y FELIPE **Sí, nos gusta ir a fiestas.**

Present tense of querer with infinitives

Interactive TUTOR

1 To say what you or others *want,* use a form of the verb **querer**. The form you use depends on the subject.

yo qu**ie**ro	nosotros(as) queremos
tú qu**ie**res	vosotros(as) queréis
Ud., él, ella qu**ie**re	Uds., ellos, ellas qu**ie**ren

2 Just as with **gustar,** you can use a **noun** or an **infinitive** after a form of **querer** to say what you and others *want* or *want to do.*

Quiero fruta.
I want some fruit.

Quiero comer.
I want to eat.

—¿Qué **quieres hacer**?
What do you want to do?

—**Quiero escuchar** música.
I want to listen to music.

> Vocabulario y gramática, pp. 28–30
> Actividades, pp. 21–23

Online workbooks

In Latin America many teens must introduce their friends to their parents before they go out with them. When inviting a friend out, teens are often expected to tell the friend's parents where they are going and when they will return. While this custom may be changing, it is still common in many places.

Is this similar to or different from your parents' rules?

FL.B.1.1.2, FL.D.2.1.1

15 **¿Quién quiere?** **FL.A.2.1.2**

Leamos/Escribamos Choose the correct form of **querer** to complete the sentences.

1. Marta y yo (quieren/queremos) comer.
2. Yo (quieres/quiero) salir.
3. Pablo (queremos/quiere) hacer ejercicio.
4. ¿Tú (quieres/quieren) ir al centro comercial?
5. Marco y Felipe (quieren/quiero) navegar por Internet.
6. ¿Ustedes (quieren/queremos) jugar al béisbol?
7. ¿(Quiero/Quiere) usted pasar el rato solo?
8. Juan y Sandra (quiere/quieren) pasear.
9. Eres trabajadora. (Quieres/Queremos) hacer la tarea.

16 **Queremos ir** **FL.A.2.1.2**

Leamos/Escribamos Complete the conversation with the correct forms of **querer**.

—Hola, Carla. ¿Qué __1__ hacer hoy?

—Ni idea. ¿Qué __2__ hacer tú?

—Bueno, mi familia y yo __3__ ir al cine.

—¿Y tu amigo Paco no __4__ ir al cine con ustedes?

—No, Paco y unos amigos __5__ ir de compras y __6__ alquilar videos. ¿Y tú? ¿ __7__ ir al cine con mi familia?

—Sí, gracias. Yo __8__ ver una película con ustedes.

17 ¿Qué quieren hacer? FL.A.2.1.2

Leamos/Escribamos Say what Juanita and her friends want to do this weekend based on what they like. Use the expressions in the box.

MODELO **A mis amigos les gusta la televisión.**
Quieren ver televisión.

nadar	ver televisión	jugar al ajedrez
comer pizza	leer	comer comida china
alquilar videos	jugar al tenis	escuchar música

1. A mis amigos les gusta la comida china.
2. A ti te gustan los deportes.
3. A mi mejor amigo le gusta la comida italiana.
4. A mí me gustan las novelas.
5. A nosotros nos gustan los juegos de mesa.
6. A mi amiga le gustan las películas.

18 Vamos al centro comercial FL.A.2.1.3

Escuchemos Listen to the conversation between Juan and Sofía and decide which photos show what they both want to do.

Comunicación

HOLT SoundBooth
ONLINE RECORDING

19 Actividades FL.A.1.2.2, FL.A.2.2.3

Hablemos/Escribamos Using the activities listed in Activity 17, ask three classmates what they would like to do at a class party. Then, make a list of the activities that you agree on and a list of activities that you don't want to do.

MODELO —¿Qué quieres hacer en la fiesta?
—Quiero escuchar música pero no quiero nadar.

Benchmark Focus
FL.A.1.2.2 Exchange information necessary to plan events or activities (e.g., parties)

Cultura

Benchmark Focus

FL.B.1.1.2 Recognize patterns of social behavior or social interaction in various settings (e.g., school, family, or immediate community)

VideoCultura

Comparaciones
Interactive TUTOR

Amigos en el Paseo del Río, San Antonio, Texas

¿Qué les gusta hacer a ti y a tus amigos los fines de semana? FL.B.1.1.2, FL.D.2.2.1

It is common in Spain and Latin America for young people to get together and do things in large groups. Often they will meet up with their friends in a plaza, park or café to hang out and eat before going shopping or dancing. Many young people also spend a fair amount of time with their families, especially on Sundays, when it is typical to eat a large family meal together. What do you like to do on the weekends, and how is it different from what these people do?

Celina
El Paso, Texas

Dime, ¿adónde vas cuando hace buen tiempo?

Me gusta salir al parque.

¿Vas sola o vas con amigos?

Me gusta ir con amigos.

¿Qué les gusta hacer en el parque?

Nos gusta ir a correr o jugar fútbol; si no, a platicar.

¿Qué no te gusta hacer?

No me gusta pasar el tiempo sola.

¿Por qué no te gusta?

Porque me gusta estar acompañada... con familia y amigos.

Rita
Lima, Perú

Dime, ¿adónde vas cuando hace buen tiempo?

Cuando hace buen tiempo voy a la playa, al cine o a acampar.

¿Vas sola o vas con amigos?

Voy con amigos.

¿Qué les gusta hacer en esos lugares?

Cuando vamos a la playa, nos gusta nadar y jugar; cuando vamos al cine, ver películas; y cuando vamos a acampar, hacer fogatas.

¿Qué cosas no te gusta hacer?

No me gusta ir a clases de matemáticas.

¿Por qué no te gusta?

No me gusta porque es aburrido y a veces no entiendo.

Cultura

Para comprender ⟍FL.A.3.2.3

1. ¿A quién le gusta hacer ejercicio?
2. ¿Qué le gusta hacer a Rita cuando hace buen tiempo?
3. ¿Qué les gusta hacer a Rita y a sus amigos cuando van a la playa?
4. ¿Quién juega al fútbol con sus amigos? ¿Dónde juegan?
5. A Celina no le gusta pasar el rato sola. ¿Con quién quiere pasar el rato?

Para pensar y hablar ⟍FL.B.1.1.2

When asked where they go when the weather is good, both Celina and Rita say that they like to spend time outdoors with a group of friends. Many other Spanish-speaking young people would have given a similar answer. How would you have answered the question? Do you like to be outside or would you rather do something indoors? Would you rather do things in a group or with just one friend? Do you like spending time alone?

Comunidad en la Florida

La Pequeña Habana ⟍FL.B.1.1.2, FL.E.1.2.1

Florida has many communities that reflect the rich heritage of its immigrants. Little Havana's Hispanic heritage is evident in the way people spend their time. For example, playing dominos or discussing politics are popular activities at the Máximo Gómez Park. On the streets, people might meet up with friends and chat late into the night. They can find a variety of Hispanic foods and products, such as **guarapo de caña** *(sugar cane juice),* exotic fruits, and familiar herbal remedies. Research a Hispanic event, service, or product in your community. Where did it originate? Who participates in the event or buys the product?

Un café cubano, La Pequeña Habana, Miami

Objetivos
- Talking about everyday activities
- Saying how often you do things

Vocabulario
en acción 2

Video/DVD

ExpresaVisión

Los fines de semana me gusta...

estudiar

descansar

trabajar

practicar deportes

tocar el piano

hablar por teléfono

bailar

¿Adónde vas los fines de semana?

Voy...

a la piscina

a la iglesia

al gimnasio

a la playa

Más vocabulario...

al baile	to the dance
a la casa de...	to . . . 's house
al colegio	to school
al ensayo	to rehearsal
al entrenamiento	to (sports) practice
a la reunión	to the meeting
al trabajo	to work

 También se puede decir...

In Florida, you may hear Mexicans say **la alberca** instead of **la piscina.** Argentineans may call it **la pileta.**

¡Exprésate!

Interactive TUTOR

To ask about everyday activities	To respond
¿Qué haces los fines de semana?	**Los sábados, cuando hace buen tiempo, voy con mis amigos al parque.**
What do you do on weekends?	*On Saturdays, when the weather is nice, I go with my friends to the park.*
¿Qué hace Luis cuando hace mal tiempo?	**Le gusta escuchar música. No va a ninguna parte.**
What does Luis do when the weather is bad?	*He likes to listen to music.* *He doesn't go anywhere.*

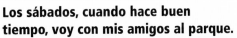
Vocabulario y gramática, pp. 31–33

Online workbooks

▶ **Vocabulario adicional** — Deportes y pasatiempos, p. R8

20 ¿Qué planes tienes? FL.A.2.1.2

Hablemos/Escribamos Using the pictures, complete these sentences.

MODELO Hoy quiero ir a la piscina.

Hoy quiero ir...

1. Me gusta...

2. Quiero...

3. Mañana voy...

4. Cuando hace buen tiempo, quiero ir...

5. ¿Te gusta ir...?

6. Cuando hace mal tiempo, ¿te gusta...?

21 ¿Adónde vas los fines de semana? FL.A.3.1.1

Hablemos Say whether you go to these places on weekends and why or why not.

MODELO al parque
Sí, voy al parque porque quiero correr.
(No, no voy al parque porque quiero descansar.)

1. a la playa
2. al gimnasio
3. al baile
4. al colegio
5. al trabajo
6. al cine
7. a la casa de...
8. al entrenamiento
9. a la piscina

¡Exprésate!

To ask how often	To respond
¿Con qué frecuencia vas a la playa? *How often do you go to the beach?*	**Casi nunca. No me gusta nadar.** *Hardly ever. I don't like to swim.*
¿Te gusta salir con amigos? *Do you like to go out with friends?*	**Sí. Después de clases, casi siempre vamos al parque. A veces vamos también a la piscina.** *Yes. After classes, we almost always go to the park. Sometimes we also go to the swimming pool.*

Interactive TUTOR

Vocabulario y gramática, pp. 31–33

Online workbooks

22 **A mí me gusta...** FL.A.2.1.2

Escribamos Write about what you like to do. Replace the activities in italics with ones that apply to you.

1. Todos los días me gusta *ir al parque*.
2. Nunca quiero *trabajar* los viernes.
3. Los fines de semana me gusta *salir con amigos*.
4. Los domingos quiero *descansar*.
5. No me gusta *salir* los martes.
6. Los sábados me gusta *ir al centro comercial*.

Más vocabulario...

los lunes	on Mondays
los martes	on Tuesdays
los miércoles	on Wednesdays
los jueves	on Thursdays
los viernes	on Fridays
los sábados	on Saturdays
los domingos	on Sundays
todos los días	every day
nunca	never

23 **Después de clases** FL.A.2.1.2

Leamos/Escribamos Imagine that this is your schedule. Write at least five sentences telling what you like to do and when.

MODELO **Me gusta ver videos los jueves.**

lunes	martes	miércoles	jueves	viernes
1 nadar escuchar música	**2** ir al ensayo escuchar música	**3** nadar escuchar música	**4** ver videos escuchar música	**5** salir con amigos escuchar música
8 nadar escuchar música	**9** ir al ensayo escuchar música	**10** nadar escuchar música	**11** pasear escuchar música	**12** salir con amigos escuchar música

24 **Un programa de radio** FL.A.2.1.3

Escuchemos Complete the sentences based on what you hear.

1. La estudiante se llama (Susana Parra/Alicia Hernández).
2. Los jueves le gusta (ir a la casa de amigas/trabajar).
3. Susana va al cine (los sábados y domingos/los lunes).
4. Los sábados, Susana va a (nadar/patinar).
5. Los domingos, a Susana le gusta (leer/tocar el piano).
6. A Susana (le gusta/no le gusta) bailar.

Benchmark Focus

FL.A.2.1.3 Understand oral messages that are based on familiar themes and vocabulary

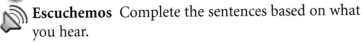

Comunicación

HOLT **SoundBooth** ONLINE RECORDING

25 **¿Qué te gusta hacer los fines de semana?** FL.A.1.2.1, FL.A.2.1.3

Hablemos Ask three classmates what they like to do on weekends. They should say what they like to do when the weather is good and what they like to do when it's bad.

MODELO —¿Qué te gusta hacer los fines de semana?
—Cuando hace buen/mal tiempo me gusta...

Gramática en acción 2

Interactive
TUTOR

Present tense of regular -ar verbs

1 Every verb has a **stem** followed by an ending. The stem tells the verb's meaning. An **infinitive ending** doesn't name a subject.

verb stems
$$\left\{ \begin{array}{ll} \text{habl} & \text{-ar} \\ \text{com} & \text{-er} \\ \text{escrib} & \text{-ir} \end{array} \right\} \text{ infinitive endings}$$

2 To give the verb a subject, you **conjugate** it. To conjugate a regular **-ar** verb in the present tense, drop the **-ar** ending of the infinitive and add these **endings**. Each ending goes with a particular subject.

yo cant**o**	nosotros(as) cant**amos**
tú cant**as**	vosotros(as) cant**áis**
Ud., él, ella cant**a**	Uds., ellos, ellas cant**an**

—¿**Cantan** ustedes mucho?   —No, casi nunca **cantamos**.
Do you sing a lot?   *No, we hardly ever sing.*

3 Since the ending of the verb usually tells the subject, the **subject pronoun** is normally left out. Use **subject pronouns** to add emphasis, or when it wouldn't otherwise be clear who the subject is.

—¿Patinan **ustedes** mucho?   —**Ellos** patinan. **Yo** nunca patino.
Do you skate a lot?   *They skate. I never skate.*

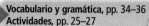
Vocabulario y gramática, pp. 34–36
Actividades, pp. 25–27

Online
workbooks

26 En el parque FL.A.2.1.2

Leamos Complete the sentences that Marcos wrote.
1. Los sábados yo (paso/pasas) el rato con amigos.
2. Nosotros (practicas/practicamos) deportes.
3. Javi (nadan/nada) en la piscina.
4. A veces nosotros (montas/montamos) en bicicleta.
5. Yo (patinan/patino) en el parque con mi amigo José.
6. Maribel y Florencia (patinan/patinas) con nosotros.
7. Y tú, ¿cómo (pasas/pasa) el rato con amigos?

Unos amigos montan en bicicleta en un parque en Texas.

㉗ Los fines de semana ⟍ FL.A.2.1.2

Hablemos/Escribamos Based on the pictures, say what each person does on weekends.

MODELO **Escucho música y descanso.**

yo

1. nosotros

2. Juan

3. ellas

4. mi mejor amiga

㉘ ¿Cuándo? ⟍ FL.A.2.2.3

Leamos/Hablemos Choose words from each column to tell what you and your friends do or don't do at certain times during the week.

MODELO **Mi mejor amigo (no) descansa los sábados.**

Benchmark Focus

FL.A.2.2.3 Organize information in spoken or written form about a variety of topics of academic and cultural interest

mi mejor amigo(a)	practicar deportes	los lunes
mis amigos	pasear	los jueves
ustedes (dos compañeros de clase)	tocar el piano	los viernes
mis amigos y yo	escuchar música	los sábados
yo	estudiar	los fines de semana
tú (un compañero de clase)	trabajar	todos los días
	navegar por Internet	después de clases
	hablar por teléfono	

Comunicación

HOLT **SoundBooth**
ONLINE RECORDING

㉙ ¿Con qué frecuencia vas al cine? ⟍ FL.A.1.2.2, FL.A.2.2.3

Hablemos Take turns with a partner talking about how often each of you does the activities mentioned in Activity 28. Make a chart that summarizes the results.

MODELO —¿Con qué frecuencia practicas deportes?
—Practico deportes todos los fines de semana. ¿Y tú?

Gramática 2

Present tense of ir and jugar

Interactive TUTOR

1 The **-ar** verbs you have learned are called regular verbs because their conjugations all follow a predictable pattern. Some verbs such as **ir** *(to go)* are called irregular, because they do not follow a clear pattern.

yo **voy**	nosotros(as) **vamos**
tú **vas**	vosotros(as) **vais**
Ud., él, ella **va**	Uds., ellos, ellas **van**

—¿Adónde **vas** los sábados?　　—**Voy** a la piscina.

2 The verb **jugar** *(to play a sport or game)* has regular **-ar** endings, but the vowel **u** in the stem changes to **ue** in all but the **nosotros** and **vosotros** forms.

yo **jue**go	nosotros(as) jugamos
tú **jue**gas	vosotros(as) jugáis
Ud., él, ella **jue**ga	Uds., ellos, ellas **jue**gan

—¿**Juegan** ustedes en el colegio?　　—No, no **jugamos** mucho.

3 The preposition **a** is used after **ir** to mean *to*. **A** is also used after **jugar** with a sport. When **a** is followed by **el**, the two words combine to form the contraction **al**. Use **¿adónde?** to ask *where to*.

—¿**Adónde van** los domingos?　　—**Vamos al** gimnasio.
　　　　　　　　　　　　　　　　　　　 　Jugamos al básquetbol.

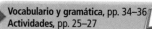
Vocabulario y gramática, pp. 34–36
Actividades, pp. 25–27

Online workbooks

¿Te acuerdas?

When **de** is followed by **el**, the two words combine to form the contraction **del**.

el teléfono del profesor

30 **Sitios** 〰 FL.A.2.1.2

Hablemos Complete the phrases with the correct word or words from the box. Then say whether or not you like the activity and when or how often you do it. ♻ *¿Se te olvidó?* Definite articles, p. 60

MODELO **Me gusta ir a la playa los sábados.**
　　　　　　(No me gusta ir a la playa. Nunca voy a la playa.)

al	a los	a las	a la

1. ir ===== piscina
2. jugar ===== béisbol
3. ir ===== cine
4. ir ===== iglesia

5. ir ===== entrenamiento
6. ir ===== casas de mis amigos
7. jugar ===== ajedrez
8. jugar ===== videojuegos

31 Pasatiempos FL.A.3.1.1

Escribamos/Hablemos Based on the pictures, explain where these people go in their free time and what game they play there. Use the verbs **ir** and **jugar**.

MODELO **Sonia va al parque. Juega al tenis.**

Sonia

1. yo

2. tú

3. mi mejor amigo(a)

4. nosotros

5. ellos

Benchmark Focus

FL.A.3.1.1 Provide simple information in spoken form (e.g., descriptions of common school and home activities)

32 ¿Con qué frecuencia? FL.A.2.1.2

Leamos/Escribamos How often do you, your family, and your friends go to the following places on weekends: **siempre, a veces,** or **(casi) nunca?**

MODELO yo/playa
Casi nunca voy a la playa los fines de semana.

1. mi familia y yo/cine
2. mis amigos/piscina
3. mi mejor amigo(a)/iglesia
4. mi mejor amigo(a)/trabajo
5. mis amigos y yo/fiestas
6. yo/clase de español
7. los profesores/colegio
8. yo/parque

Nota cultural

Florida is a popular destination for Spanish speakers visiting the United States. They go to the state's many well-known theme parks. They also visit beaches and restaurants on both the Atlantic and Gulf coasts.

Compare what you do on vacation to what Spanish-speaking tourists in Florida do. FL.D.2.1.1

Comunicación

HOLT SoundBooth
ONLINE RECORDING

33 ¿Qué haces? FL.A.1.2.2, FL.A.2.1.2

Escribamos/Hablemos Complete the following questions with the correct form of the verb. Then, use them to interview a partner.

1. ¿A qué deportes ===== (jugar) tú?
2. ¿Quién ===== (jugar) contigo?
3. ¿Tu mejor amigo y tú ===== (jugar) al ajedrez?
4. ¿Adónde ===== (ir) tú los sábados?
5. ¿Tu mejor amigo(a) y tú ===== (ir) de compras?
6. ¿Adónde ===== (ir) ustedes de compras?

Weather expressions

1 Many expressions for the weather begin with the word **hace,** a form of the verb **hacer.**

¿Qué tiempo **hace**?
Hace buen/mal tiempo.
Hace fresco.

What's the weather like?
The weather is nice/bad.
It's cool.

Hace calor.   **Hace frío.**   **Hace sol.**   **Hace viento.**

2 The verb **llover** means *to rain* and the verb **nevar** means *to snow*. Use **llueve** to say *it rains* and **nieva** to say *it snows*.

Llueve.   **Nieva.**

¿Adónde vas cuando **llueve**?   Cuando **llueve**, no voy a ninguna parte.

¿Qué haces cuando **nieva**?   Cuando **nieva**, juego con los amigos.

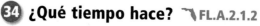

Vocabulario y gramática, pp. 34–36
Actividades, pp. 25–27

Online workbooks

34 **¿Qué tiempo hace?** ⟍FL.A.2.1.2

Leamos/Hablemos Look at the photo. For each set of expressions, choose the one that better describes the photo.

1. **a.** Nieva.   **b.** No nieva.
2. **a.** Hace calor.   **b.** Hace fresco.
3. **a.** Llueve.   **b.** No llueve.
4. **a.** Hace viento.   **b.** Nieva.
5. **a.** Hace sol.   **b.** No hace sol.
6. **a.** Hace buen tiempo.   **b.** Hace mal tiempo.

35 ¿Cuál? ⟍FL.A.2.1.3

Escuchemos Listen to six descriptions of the weather. Decide if each one describes picture A, picture B, or neither picture.

36 ¿Qué haces? ⟍FL.A.2.1.2

Hablemos Say what the weather is usually like in these places during the given months.

> **MODELO** en Texas en abril
> **En Texas en abril hace muy buen tiempo.**

1. en Alaska en enero
2. en Florida en julio
3. en Arizona en agosto
4. en Seattle en febrero
5. en California en mayo
6. en Illinois en diciembre
7. en Texas en agosto
8. en Louisiana en noviembre
9. en Nueva York en abril
10. en Colorado en octubre

Comunicación

HOLT **SoundBooth** ONLINE RECORDING

37 ¿Adónde van? ⟍FL.A.1.2.2, FL.A.3.1.1

Hablemos With a partner, use the drawings to say what Miguel and Alicia do on the weekends. Give as many details as you can.

¿Quién será?
Episodio 3

Benchmark Focus

FL.A.2.2.5 Comprehend
and respond to oral
messages based on
familiar themes and
vocabulary

ESTRATEGIA

Understanding Subtext People do not always say what they mean. When someone asks, "How are you?," the **text** (what you say) of your answer might be, "I'm just fine." But your **subtext** (what you really mean) may be, "I feel awful, but I don't want to talk about it." When watching or reading, figuring out if there is a subtext in people's statements will help you understand things better. If there is, what could be the reason for it? Listen for Sra. Corona's and Sofía's subtexts as they go through their day.

FL.C.2.1.1

En México

En casa de Sofía
Sofia and her mother have a conversation about Sofia's interests.

1

Sra. Corona Sofía, a ti te gusta mucho la música, ¿verdad, hija?

Sofía Claro, mamá.

Sra. Corona Y te gusta bailar, ¿no es así, hija?

Sofía Claro, mamá, me gusta mucho bailar.

2

Sra. Corona Vas a tomar clases de ballet los lunes y los viernes en la Academia de Danza Clásica.

Sofía Pero, mamá, ¡no quiero tomar clases de ballet!

Sra. Corona El ballet es música y es baile, hija, las dos cosas que más te gustan en todo el mundo.

3

Sofía ¿Viernes? Mamá, ¡hoy es viernes!

Sra. Corona Sí, hija. Hoy vas a la clase de ballet a las cinco en punto, después del colegio. ¡Adiós, cariño!

4

Sofía ¿Ballet? ¿Yo? ¿Bailarina? ¡Nunca!

Capítulo 3 • ¿Qué te gusta hacer?

En el colegio... *Roque and Celeste, Sofía's classmates, want to figure out what they're going to do tonight, since it's Friday and they always do something together on Friday nights.*

ACADEMIA DE DANZA
Talleres de Coyoacán
TEL. 5634-970
e-mil: academia@com.com

5

Roque Hace muy buen tiempo hoy. ¿Por qué no vamos a la piscina a nadar?

Celeste No, no quiero nadar. Quiero ir al cine. Hay una película formidable en el Cineplex que quiero ver.

Sofía Pero, no quiero ir a la piscina. Y tampoco quiero ir al cine.

6

Roque ¡Pero, Sofía! ¡Es viernes! ¡Siempre hacemos algo juntos los viernes!

Sofía Ya lo sé. Pero hoy no quiero hacer nada. Voy a casa a estudiar.

Celeste ¿Qué te pasa, Sofía? ¡Tú casi nunca estudias los viernes por la noche!

7

Celeste Hay algo muy raro aquí.

Roque Sí, muy raro. Es viernes y ¡no quiere salir con sus amigos!

| En España | En Puerto Rico |

The professor calls Marcos in Puerto Rico to tell him where he's going next.

8

La profesora Tengo otra candidata. Es una chica de Texas. Después de Puerto Rico, vas a Texas. A El Paso, Texas. Cuatro candidatos... Sólo nos faltan seis.

¿COMPRENDES?

1. What does Sofía's mother want her to do? How does she try to convince Sofía to do it?

2. Sra. Corona's text is, "you like music and dancing." What do you think her subtext is? Why?

3. Sofía's text is, "I don't want to take ballet classes!" Is there a subtext?

4. What does Roque suggest that they do? What are Sofía's text and subtext in scenes 5–7? Why are Roque and Celeste surprised?

5. La profesora uses the word **candidata**. What does that mean? How many **candidatos** will she review?

🔖 **FL.A.2.2.5, FL.A.3.2.3**

Próximo episodio
Can you predict what Marcos will find out about Nicolás?
PÁGINAS 142–143 ▶

Novela en video

Leamos y escribamos

FCAT Reading Focus

LA.A.2.4.1
Determine the main idea and identify relevant details

ESTRATEGIA

para leer Predicting what will happen in a story is a helpful strategy. You will be able to read a story more quickly and easily if you focus your attention on what you expect to happen.

A Antes de leer FL.C.1.2.1, FL.C.2.1.1

The following story is a myth from the southwestern United States. Read the title and the first paragraph of the text and use what you know about myths to predict what will happen in this one.

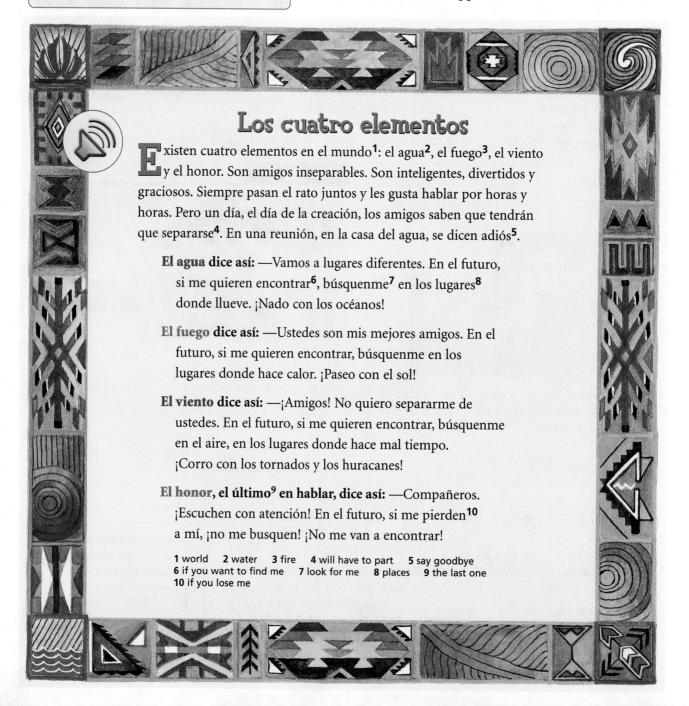

Los cuatro elementos

Existen cuatro elementos en el mundo[1]: el agua[2], el fuego[3], el viento y el honor. Son amigos inseparables. Son inteligentes, divertidos y graciosos. Siempre pasan el rato juntos y les gusta hablar por horas y horas. Pero un día, el día de la creación, los amigos saben que tendrán que separarse[4]. En una reunión, en la casa del agua, se dicen adiós[5].

El agua dice así: —Vamos a lugares diferentes. En el futuro, si me quieren encontrar[6], búsquenme[7] en los lugares[8] donde llueve. ¡Nado con los océanos!

El fuego dice así: —Ustedes son mis mejores amigos. En el futuro, si me quieren encontrar, búsquenme en los lugares donde hace calor. ¡Paseo con el sol!

El viento dice así: —¡Amigos! No quiero separarme de ustedes. En el futuro, si me quieren encontrar, búsquenme en el aire, en los lugares donde hace mal tiempo. ¡Corro con los tornados y los huracanes!

El honor, el último[9] en hablar, dice así: —Compañeros. ¡Escuchen con atención! En el futuro, si me pierden[10] a mí, ¡no me busquen! ¡No me van a encontrar!

1 world   2 water   3 fire   4 will have to part   5 say goodbye
6 if you want to find me   7 look for me   8 places   9 the last one
10 if you lose me

B **Comprensión** ⟍ FL.A.3.2.3

Complete the following sentences.

1. Los cuatro elementos en el mundo son...
2. Los elementos son amigos inseparables y les gusta...
3. El día de la creación, los amigos se dicen adiós en...
4. En el futuro el agua, el fuego y el viento se pueden encontrar en los lugares donde...
5. El último elemento dice: "...no me busquen" porque...

C **Después de leer** ⟍ FL.C.1.2.1, FL.D.2.2.1

What is the moral of the story? What does this myth tell you about the cultural values of people in the Southwest? Do the people in your community share similar values?

> **FCAT Writing Focus**
> LA.B.1.4.3
> Produce final documents that have been edited for correct spelling and punctuation

Interactive TUTOR

Taller del escritor

⟍ FL.A.1.2.2, FL.A.2.2.3

E S T R A T E G I A

para escribir When describing sequential events or scheduling activities, it helps first to arrange your ideas chronologically. You can use lists, timelines, or charts.

		febrero
viernes	sábado	domingo

Horario de actividades

A friend is visiting and you need to plan activities for a week. Write your friend a letter explaining your plans and asking what he or she wants to do.

1 **Antes de escribir**

Divide a sheet of paper into seven columns, one for each day of the week. Decide what you want to do with your friend and arrange the activities on the chart with a description of each.

2 **Escribir un borrador**

Using your chart, write a letter to your friend explaining your plans. Include when and where the activities will take place and some details. Tell your friend why you like these activities. Ask what he or she wants to do.

3 **Revisar**

Read your draft at least two times, comparing it with your chart. Check spelling and punctuation.

4 **Publicar**

Exchange your letter with a classmate. Answer each other in writing by saying whether you want to do each activity, and respond after reading your classmate's letter. You might display your letters on a bulletin board.

Leamos y escribamos

Prepárate para el examen

Interactive
TUTOR

1 Using the pictures below to guide you, say what you like or what you want to do. FL.A.1.2.1

1 Vocabulario 1
- talking about what you and others like to do
- talking about what you want to do
pp. 82–85

A

B

C

D

E

F

2 Gramática 1
- **gustar** with infinitives
- pronouns after prepositions
- **querer** with infinitives
pp. 86–91

2 Choose the correct word in parentheses. FL.A.2.1.2

Yo soy Diana. Mi mejor amiga se llama Maribel. Ella es muy atlética y le ___1___ (gustan/gusta) jugar al volibol y al básquetbol. A mí ___2___ (me/te) gusta más navegar por Internet o ver películas. Me ___3___ (gusta/gustan) las películas románticas. A Maribel ___4___ (le/me) gustan las películas románticas también. Me gusta ir al cine con ___5___ (ella/usted). Pero a nuestras amigas Ana y Rita no ___6___ (les/le) gusta ir al cine. Ellas ___7___ (quiero/quieren) alquilar videos o ver televisión.

3 Vocabulario 2
- talking about everyday activities
- saying how often you do things
pp. 94–97

3 Complete the sentences with logical answers. FL.A.2.1.2
1. Me gustan los deportes. Los sábados me gusta ====.
2. Soy tímida. Después de clases me gusta ====.
3. Me gusta la música. Me gusta ==== el piano.
4. ¿Te gusta ==== por teléfono con amigos todos los días?
5. Cuando hace mal tiempo nos gusta ====.
6. Me gustan las películas. No me gusta ir al cine. Me gusta ==== videos.

4 Complete the paragraph with the correct verb forms. ✎ FL.A.2.1.2

Yo ___1___ (jugar) al fútbol con amigos los domingos. Me gusta jugar cuando ___2___ (hacer) sol. Después, ellos y yo ___3___ (pasear) y ___4___ (ir) a la piscina. A mí me gusta el cine, y los sábados ___5___ (ir) al cine con mi amigo Leo. A él le gusta la música. Él ___6___ (tocar) el piano y ___7___ (cantar). Cuando ___8___ (hacer) mal tiempo, mis amigos y yo ___9___ (jugar) al básquetbol en el gimnasio. Yo ___10___ (descansar) los lunes y los martes ___11___ (ir) al entrenamiento de fútbol.

5 Answer the following questions. ✎ FL.B.1.1.2, FL.D.2.1.1

1. How can Latin American students participate in sports?

2. When do parents expect to meet their teenagers' friends? Is this true for you and your parents too?

3. Who pays the bill when friends go out **a la americana?**

6 Marta is interviewing students for an article for her journalism class. Listen to her interview with Paco. List the days of the week and write what Paco does during the week. ✎ FL.A.2.1.3

7 Use the drawings to describe what is happening or to tell a story about Miguel and Pepe. ✎ FL.A.3.2.1

4 Gramática 2
- regular **-ar** verbs
- **ir** and **jugar**
- weather expressions pp. 98–103

5 Cultura
- **Comparaciones** pp. 92–93
- **Notas culturales** pp. 84, 90, 96
- **Geocultura** pp. 76–79

Benchmark Focus

FL.B.1.1.2 Recognize patterns of social behavior or social interaction in various settings (e.g., school, family, or immediate community)

Prepárate para el examen

Gramática 1
- **gustar** with infinitives
  pp. 86–87
- pronouns after prepositions
  pp. 88–89
- **querer** with infinitives
  pp. 90–91

Repaso de Gramática 1

Use **gustar** with an *infinitive* to say what you and others like to do.

A mí **me gusta hablar** por teléfono contigo.

Use these pronouns after the prepositions **a, de, en,** and **con.**

mí (conmigo)	nosotros(as)
ti (contigo)	vosotros(as)
usted, él, ella	ustedes, ellos, ellas

Use **querer** with an *infinitive* to say what you and others want to do.

quiero	queremos
quieres	queréis
quiere	quieren

Queremos ir a la playa.

Gramática 2
- regular **-ar** verbs
  pp. 98–99
- **ir** and **jugar**
  pp. 100–101
- weather expressions
  pp. 102–103

Repaso de Gramática 2

hablar		ir		jugar	
hablo	hablamos	voy	vamos	juego	jugamos
hablas	habláis	vas	vais	juegas	jugáis
habla	hablan	va	van	juega	juegan

Use the verb **hacer** to talk about the weather.

¿Qué tiempo **hace**?
Hace buen/mal tiempo.
Hace frío.　　　**Hace** calor.
Hace sol.　　　**Hace** fresco.
Hace viento.

Use the words **llueve** and **nieva** to say *it rains* and *it snows*.

Benchmark Focus

FL.A.2.1.3 Understand oral messages that are based on familiar themes and vocabulary

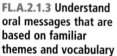 **Letra y sonido** (h) (j) (g)

 Las letras h, j, g

- The letter **h** in Spanish is silent. It is not pronounced: **h**ola, **h**ora, **h**ablar, **h**acer, **h**oy.

- The letter **j** is pronounced much like the English *h*, though sometimes it sounds harsher, a little like the *h* in *hue*. The letter **g** before the vowels **e** and **i** (**ge, gi**) has the same pronunciation: **j**ugar, **j**ueves, **J**osé, **g**eografía, **g**imnasio, e**j**ercicio, pelirro**j**a, intili**g**ente, a**g**itar.

Trabalenguas

El hipopótamo Hipo
　está con hipo.

Me trajo Tajo tres trajes,
　tres trajes me trajo Tajo.

Dictado　FL.A.2.1.3
Escribe las oraciones de la grabación.

Repaso de Vocabulario 1

Talking about what you and others like to do

A ellos/ellas les gusta...	They like to . . .
A mis amigos y a mí nos gusta...	My friends and I like to . . .
alquilar videos	to rent videos
el básquetbol	basketball
el béisbol	baseball
cantar	to sing
el centro comercial	mall
el cine	movie theater
comer	to eat
correr	to run
dibujar	to draw
escribir cartas	to write letters
escuchar música	to listen to music
el fútbol	soccer
el fútbol americano	football
hacer ejercicio	to exercise
hacer la tarea	to do homework
ir a la/al...	to go to the . . .
ir de compras	to go shopping
los juegos de mesa	board games
jugar (ue)	to play
leer	to read
Me gusta...	I like to . . .

montar en bicicleta	to ride a bike
nadar	to swim
navegar por Internet	to surf the Internet
las novelas	novels
pasar el rato solo(a)	to spend time alone
pasear	to go for a walk
patinar	to skate
¿Qué te gusta hacer?	What do you like to do?
las revistas	magazines
salir (con amigos)	to go out (with friends)
el tenis	tennis
ver televisión	to watch television
el volibol	volleyball

Talking about what you want to do

con mis amigos(as)	with my friends
con mi familia	with my family
conmigo	with me
contigo	with you
Está bien.	All right.
Ni idea.	I have no idea.
¿Qué quieres hacer hoy?	What do you want to do today?
querer (ie)	to want to
Quiero ir...	I want to go . . .

Repaso de Vocabulario 2

Talking about everyday activities

¿adónde?	where (to)?
bailar	to dance
el baile	dance
la casa de...	. . . 's house
el colegio	school
...cuando hace buen/mal tiempo...	. . . when the weather is good/bad . . .
descansar	to rest
el ensayo	rehearsal
el entrenamiento	practice
estudiar	to study
el gimnasio	gym
hablar por teléfono	to talk on the phone
la iglesia	church
Le gusta...	He/She likes . . .
No va a ninguna parte.	He/She doesn't go anywhere.
el parque	park

la piscina	pool
la playa	beach
practicar deportes	to play sports
¿Qué hace...?	What does . . . do?
¿Qué haces...?	What do you do . . .?
la reunión	meeting
tocar el piano	to play the piano
trabajar	to work
el trabajo	work

Saying how often

a veces	sometimes
(casi) nunca	(almost) never
(casi) siempre	(almost) always
¿Con qué frecuencia vas...?	How often do you go . . . ?
después de clases	after class
los fines de semana	weekends
todos los días	every day

Saying when you do something . . . . . . .See p. 97.

Prepárate para el examen

Integración

capítulos 1-3

1 Listen to each conversation and match it with the appropriate picture. ◥ FL.A.2.1.3

A

B

C

D

2 Marisol wants to find an e-mail pen pal. Read her e-mail and then answer the questions. ◥ FL.A.3.2.3

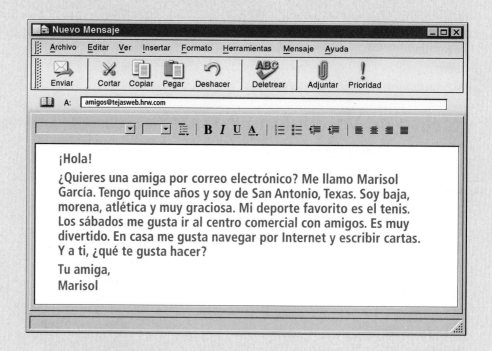

Nuevo Mensaje

Archivo   Editar   Ver   Insertar   Formato   Herramientas   Mensaje   Ayuda

Enviar   Cortar   Copiar   Pegar   Deshacer   Deletrear   Adjuntar   Prioridad

A: amigos@tejasweb.hrw.com

B I U A

¡Hola!

¿Quieres una amiga por correo electrónico? Me llamo Marisol García. Tengo quince años y soy de San Antonio, Texas. Soy baja, morena, atlética y muy graciosa. Mi deporte favorito es el tenis. Los sábados me gusta ir al centro comercial con amigos. Es muy divertido. En casa me gusta navegar por Internet y escribir cartas. Y a ti, ¿qué te gusta hacer?

Tu amiga,
Marisol

1. ¿Cuántos años tiene Marisol y de dónde es?

2. ¿Cómo es Marisol?

3. ¿Qué deporte le gusta más?

4. ¿Cuándo le gusta salir con amigos? ¿Adónde van?

5. ¿Qué le gusta hacer a Marisol cuando pasa el rato sola?

Visit Holt Online

go.hrw.com
KEYWORD: EXP1 CH3
Cumulative Self-test

3 Your Spanish teacher asks you to work with a new student. Greet each other and exchange names. Ask your partner what he or she likes to do when the weather is good and when it's bad. Mention what you like to do. ⟍**FL.A.1.1.2, FL.A.1.2.1**

4 On a separate sheet of paper, choose five characters from the painting and make speech bubbles for them. Have them introduce themselves, say where they're from and how old they are, and then say what they like to do. One of the characters should talk about the weather they're having for the fair. ⟍**FL.A.3.2.3**

La feria en Reynosa, de Carmen Lomas Garza (n. 1948)

5 The Spanish Club wants to start a buddy system with the Latino Students Association at school. Write a six-question survey for students so the clubs can match buddies. Ask students what they're like and what they do in their free time. ⟍**FL.A.2.2.3**

6 ⟍**FL.A.1.2.2, FL.A.2.2.5**

Situación The members of the Spanish Club and the Latino Students Association are getting together to choose their buddies. Using the surveys you wrote in Activity 5, interview three people. Find one person whose answers to your questions are closest to the answers you would give. When you've found your buddy, introduce him or her to a different group of buddies.

Benchmark Focus

FL.A.1.2.2 Exchange information necessary to plan events or activities

Geocultura
Costa Rica

▲ **El volcán Arenal**
Arenal Volcano, dormant until 1968, is the most active volcano in Costa Rica. It sits near Lake Arenal.

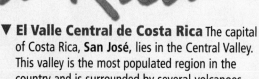

Río Tempisque

▼ **El Valle Central de Costa Rica** The capital of Costa Rica, **San José**, lies in the Central Valley. This valley is the most populated region in the country and is surrounded by several volcanoes.

Almanac

Population
3.8 million

Capital
San José

Government
democratic republic

Official Language
Spanish

Currency
colón

Internet code
www.[ ].cr

¿Sabías que...?
Even though Costa Rica is only one-third the size of Florida in area, it has more bird species than the United States and Canada combined. Many tropical and migratory birds are found in both Florida and Costa Rica.

◀ **Mascaradas**
Payaso costumes, such as these, are worn during some festivals.

NICARAGUA

Río San Juan

Río San Carlos

Volcán Arenal

Laguna Arenal

Reserva Biológica del Bosque Nuboso de Monteverde

Río Chirripó

Parque Nacional Tortuguero

MAR CARIBE

Volcán Poás

Volcán Barva

Volcán Irazú

Río Reventazón

GOLFO DE NICOYA

Puntarenas

Alajuela

Valle Central

Escazú

SAN JOSÉ

Cartago

Limón

Cordillera Central

Río Telire

PENÍNSULA DE NICOYA

OCÉANO PACÍFICO

Cerro Chirripó (3819 m)

Cordillera de Talamanca

Río General

COSTA RICA

GOLFO DULCE

Parque Nacional Corcovado

▶ **El perezoso de tres dedos** The three-toed sloth moves very slowly and spends most of its time in forest treetops.

▲ **El Parque Nacional Tortuguero** is located on the Caribbean coast of Costa Rica. The park is home to endangered green sea turtles, jaguars, and howler monkeys.

▲ **El café** Coffee beans are the main crop in Costa Rica's Central Valley.

◀ **El Parque Nacional Corcovado** is located on the rugged Osa Peninsula. Its tropical rain forest gets almost six meters (20 feet) of rain per year.

¿Qué tanto sabes?
Which volcanoes are found near San José? ◥FL.C.1.1.1

ciento quince **115**

A conocer Costa Rica

Las celebraciones

▲ **Las fiestas patronales**
On patron saints' days you can see young people dressed up in **payaso** costumes, dancing to live music.

▶ **El Día de Juan Santamaría** commemorates the death of national hero **Juan Santamaría**, who died fighting against the invader William Walker in 1856.

▲ **El Día del Boyero** A festival for oxcart drivers, or **boyeros**, is celebrated in **San Antonio de Escazú** on the second Sunday in March.

▶ **Jorge Jiménez Deredia** (1954–) is famous for his modern sculptures in marble and bronze, including this marble sculpture in **San José**.

El arte

▲ **Teodorico Quirós** (1897–1977) was a renowned artist and architect from Costa Rica. *Calle de Santo Domingo* is an example of his paintings of Costa Rican countryside.

La comida

Interactive
TUTOR

Visit Holt Online
go.hrw.com
KEYWORD: EXP1 CH4
Photo Tour

▲ **Gallo pinto,** a dish of rice and beans, is eaten for breakfast in Costa Rica.

▶ **Olla de carne** is a traditional stew made out of meat with vegetables such as sweet potatoes, squash, corn, and potatoes.

¿Sabías que...?
One third of the men on Columbus's fourth voyage, during which he reached today's Limón in Costa Rica, were between the ages of 13 and 18.

Los animales

▶ **"El perro de los naranjos"** is a giant swallowtail butterfly seen in March and April.

▶ **El mono congo,** or howler monkey, is known for its loud yell.

▼ **Las reservas** are habitats for rare insects, birds, and mammals.

▼ **La lapa roja** The scarlet macaw is seen on the Osa Peninsula.

▶ **El quetzal** lives in cloud forests.

Conexión Ciencias naturales FL.C.1.2.1

Reserva Biológica del Bosque Nuboso de Monteverde
Monteverde Cloud Forest is a natural preserve home to 400 species of birds, 490 species of butterflies, 2500 species of plants, and 100 species of mammals. Many of these species are in danger of extinction. What is the Costa Rican government doing to protect endangered species? **Compare this to similar efforts in Florida to save the Florida panther in the Big Cypress National Preserve and in other wildlife refuges.**

Benchmark Focus
FL.D.2.1.1 Know the similarities and differences between the patterns of behavior of the target culture and the patterns of behavior of the local culture

Capítulo 4

La vida escolar

OBJETIVOS

In this chapter you will learn to
- say what you have and need
- talk about classes
- talk about plans
- invite someone to do something

And you will use
- indefinite articles, **¿cuánto?,** **mucho,** and **poco**
- **tener** and some **tener** idioms
- **venir** and **a la/las** with time
- **ir a** with infinitives
- regular and irregular **-er** and **-ir** verbs
- tag questions

¿Qué ves en la foto?

- ¿A qué colegio van estos estudiantes?

- ¿Qué les gusta hacer?

- ¿A qué colegio vas tú?

 Look for the 🟧 next to each activity and the **Benchmark Focus** to help you achieve the goals of the **Florida Sunshine State Standards,** found on pages FL14–FL16.

Colegio de Santa Ana, San José

Objetivos
- Saying what you have and what you need
- Talking about classes

Vocabulario
en acción **1**

Video/DVD
ExpresaVisión

En Costa Rica

Tengo muchas cosas, pero...

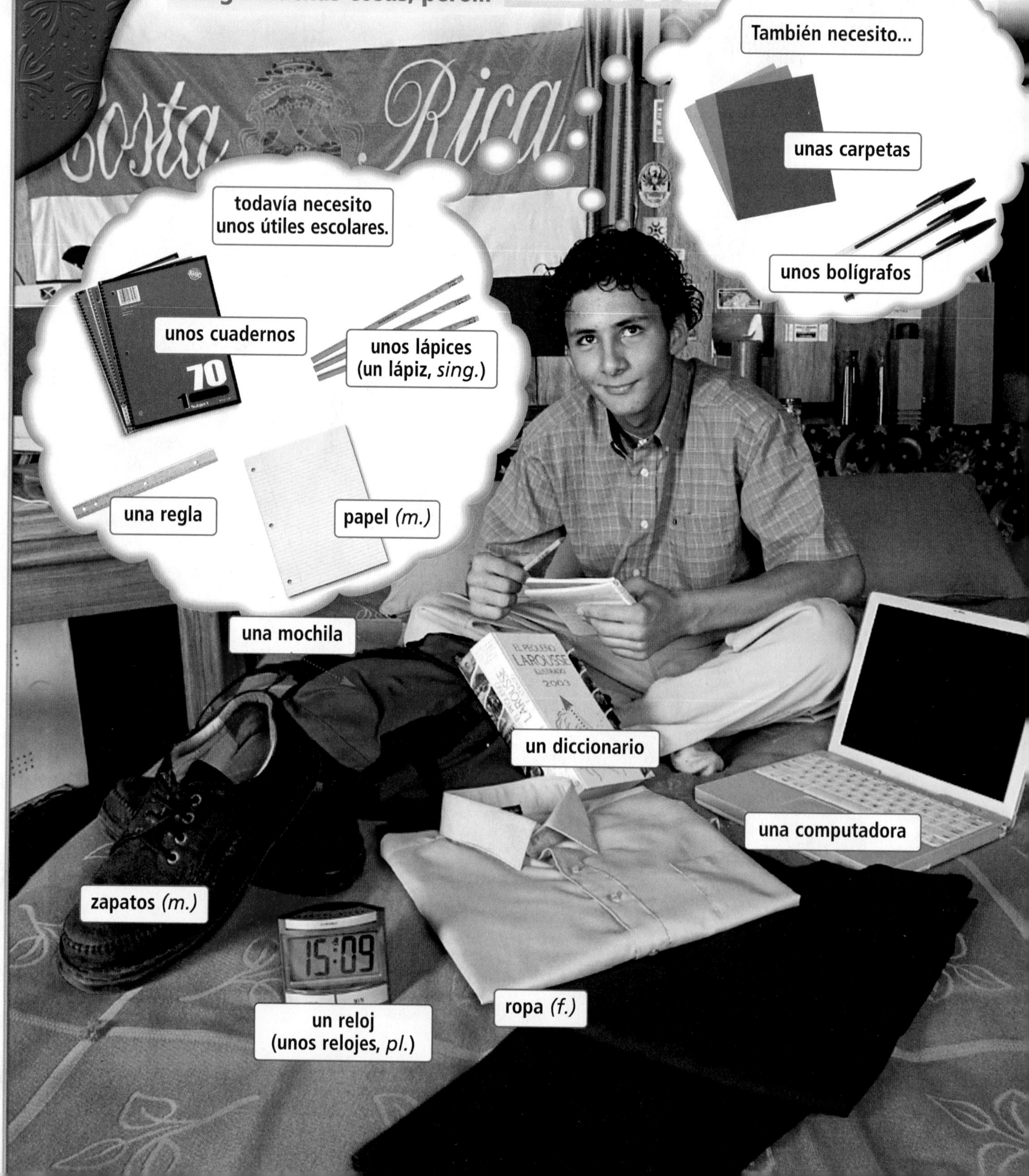

También necesito...

unas carpetas

unos bolígrafos

todavía necesito
unos útiles escolares.

unos cuadernos

unos lápices
(un lápiz, *sing.*)

una regla

papel *(m.)*

una mochila

un diccionario

una computadora

zapatos *(m.)*

un reloj
(unos relojes, *pl.*)

ropa *(f.)*

¿Qué clases tienes esta tarde?

Tengo historia...

CENTRO EDUCATIVO NUEVA ESPERANZA
400 mts Oeste del Beneficio La Meseta,
San Juan de Santa Barbara Heredia,
Telfax (Primaria) 506.265.5393
Tel (Secundaria) 506.265.7934

Horas	Clases
8:00	*matemáticas*
8:50	*arte*
9:40	*biología*
10:30	*español*
11:20	*educación física*
12:10	*almuerzo*
13:00	*historia*
13:50	*inglés*

por la mañana

por la tarde

Vocabulario 1

Más vocabulario...

las materias	*school subjects*
el alemán	*German*
las ciencias	*science*
la computación	*computer science*
el francés	*French*
la química	*chemistry*
el taller	*shop, workshop*

También se puede decir...

In Florida, you may hear Cubans say **un bolígrafo** for **una pluma**. Mexicans and Venezuelans might use **un lapicero**. Ecuadoreans usually say both **bolígrafo** and **pluma**, while for Colombians **un bolígrafo** may be either **un esfero** or **un plumero**.

¡Exprésate!

Interactive TUTOR

To ask what others have or need	To respond
¿Necesitas algo para el colegio? *Do you need anything for school?*	**Sí, necesito muchas cosas.** *Yes, I need a lot of things.*
¿Necesitas algo para la clase de arte? *Do you need anything for art class?*	**No, no necesito nada.** *No, I don't need anything.*
¿Necesitas una calculadora? *Do you need a calculator?*	**Sí, necesito una calculadora.** *Yes, I need a calculator.*
¿Tienes carpetas? *Do you have folders?*	**Sí, tengo un montón./No, no tengo.** *Yes, I have a ton of them./* *No, I don't have any.*

Vocabulario y gramática, pp. 37–39

Online workbooks

▶ **Vocabulario adicional** — Materias, p. R7

Nota cultural

The beginning of the school year varies from country to country. Spain, Mexico, and countries in the Spanish-speaking Caribbean generally have a similar calendar to the United States, whereas in Costa Rica school begins around March 1 and ends in December. Students in Costa Rica have three weeks of vacation in July.

Why do you think the school year begins in the fall in the United States?

⟍ FL.B.1.1.2

Benchmark Focus 🗺

FL.A.2.1.2 Restate and rephrase simple information from materials presented orally, visually, and graphically in class

1 ¿Qué necesitas y qué tienes? ⟍ FL.A.2.1.3

Escuchemos Listen as Óscar and his mom talk about what school supplies he needs and already has. Choose the picture that shows what they're going to buy.

a.

b.

2 Necesito mucho para las clases ⟍ FL.A.2.1.2

Escribamos/Hablemos Use the model and one word from each box to make logical sentences.

MODELO **Para la clase de arte, necesito unos lápices.**
No necesito una calculadora.

matemáticas	inglés
español	computación
arte	historia

un diccionario	una computadora
unos lápices	unas carpetas
papel	una calculadora

3 Necesito muchas cosas ⟍ FL.A.3.1.1

Hablemos Di *(Say)* cuatro cosas que tienes y cuatro cosas que necesitas para el colegio.

MODELO **Tengo una mochila. Necesito ropa.**

¡Exprésate!

To ask about classes	To respond
¿Qué clases tienes esta tarde/después del almuerzo? *What classes do you have this afternoon/after lunch?*	**Primero tengo español y después tengo computación.** *First I have Spanish and afterwards I have computer science.*
¿Cuál es tu materia preferida? *What's your favorite subject?*	**Mi materia preferida es matemáticas. Es fácil. No me gusta la clase de inglés porque es difícil.** *My favorite subject is math. It's easy. I don't like English because it's hard.*

Interactive TUTOR

▶ Vocabulario y gramática, pp. 37–39

Online workbooks

4 Muchas materias 🔖FL.A.2.1.4, FL.C.2.1.1

Leamos/Hablemos Imagine this is your class schedule. Answer the questions that follow.

Día	lunes	martes	miércoles	jue
Horario				
8:45	historia	biología	historia	bio
9:40	matemáticas	computación	matemáticas	con
10:35	ed. física	arte	ed. física	arte
11:30	español	ciencias	español	cier
12:25	almuerzo	almuerzo	almuerzo	alm
12:55	química	inglés	química	ingl
1:50	taller	francés	taller	frar

1. ¿Qué clases tienes los lunes por la mañana?
2. ¿Qué tienes primero los martes?
3. ¿Qué días tienes educación física?
4. ¿Qué clase tienes después de química los miércoles?
5. ¿Qué clases tienes por la tarde los martes?

5 Mis clases 🔖FL.A.2.1.2

Leamos/Escribamos Completa el párrafo, describiendo tu propio horario (*your own schedule*).

Por la mañana tengo ___1___ clases. Primero, tengo la clase de ___2___. Después, tengo ___3___ y ___4___. Me gusta la clase de ___5___ porque es ___6___. Después de ___7___ tengo el almuerzo. Por la tarde tengo la clase de ___8___. El profesor (La profesora) es ___9___. Para la clase de español, necesito ___10___ y para la clase de matemáticas, necesito ___11___. Mi materia preferida es ___12___.

Nota cultural

Students in public schools in some Spanish-speaking countries have fewer elective classes than students in the United States. In Costa Rica, high school students take the same classes for the first three years. In their third year, they take a national exam to see if they continue a college preparatory program, or spend their last two years in a technical or vocational program.

How is this different from your school?

🔖FL.D.2.2.1

 **Comunicación**

6 ¿Qué clases tienes? 🔖FL.A.1.2.1

Escribamos/Hablemos Create your own class schedule, using the one from Activity 4 as a model. With a partner, talk about your classes, using the schedules you've created. Mention at least three classes and say why you like or dislike them.

MODELO —¿Qué clase tienes primero los jueves?

—Primero, tengo la clase de... Me gusta porque...

Gramática *en acción* 1

Objetivos
- Using indefinite articles
- **¿Cuánto?**, **mucho** and **poco**
- **Tener** and some **tener** idioms
- **venir** and **a la/las** with time

Interactive TUTOR

Indefinite articles; ¿cuánto?, mucho, and poco

1 The **indefinite articles un** and **una** are used to say *a* or *an* before a singular noun, while **unos** and **unas** are used to say *some* before a plural noun. The indefinite articles can sometimes be left out, especially when the noun is plural.

| Necesito **un** diccionario. | *I need a dictionary.* |
| ¿Tienes (**unos**) lápices? | *Do you have (some) pencils?* |

2 The indefinite articles agree with the noun in gender and number.

	Masculine	**Feminine**
SINGULAR	**un** libro	**una** mochila
PLURAL	un**os** libr**os**	un**as** mochil**as**

3 To talk about amounts of things, use the following adjectives. These words also agree with the noun they describe in gender and number.

SINGULAR	**¿cuánto(a)?** how much?	**mucho(a)** a lot of, much	**poco(a)** little, not much
PLURAL	**¿cuántos(as)?** how many?	**muchos(as)** a lot of, many	**pocos(as)** few, not many

—¿**Cuánta** tare**a** tienes? *How much homework do you have?*
—Tengo **mucha**. *I have a lot.*

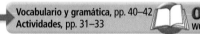
Vocabulario y gramática, pp. 40–42
Actividades, pp. 31–33
Online workbooks

En inglés

In English, adjectives generally go before the nouns they modify.

It's an **awful** book.

Think of an example in English where the adjective follows the noun it modifies.

In Spanish, adjectives like **¿cuánto?**, **mucho** and **poco** go before the noun.

¿**Cuánta** tarea tienes?

Tengo **muchas** carpetas.

Hay **poca** tarea hoy.

However, most other adjectives follow the noun they modify.

Es un libro **pésimo**.
➘ FL.D.1.2.2

7 ¿Tienes o necesitas? ➘ FL.A.2.1.2

Hablemos Give the correct indefinite article for the following nouns. Then say whether you need these items or whether you already have them.

MODELO <u>una</u> **regla**
Necesito una regla. (Tengo una regla.)

1. ═══ cuaderno	4. ═══ bolígrafos	7. ═══ diccionario
2. ═══ calculadora	5. ═══ carpetas	8. ═══ computadora
3. ═══ lápices	6. ═══ mochila	9. ═══ reloj

8 ¿Cuánto? 🏴 FL.A.2.1.2

Hablemos Ask a friend how many of these items he or she has.
Use **cuánto, cuántos, cuánta,** or **cuántas.**

MODELO —¿Cuántas mochilas tienes?

1. ¿═══ ropa tienes?
2. ¿═══ lápices tienes?
3. ¿═══ relojes tienes?
4. ¿═══ reglas tienes?
5. ¿═══ cuadernos tienes?
6. ¿═══ carpetas tienes?
7. ¿═══ papel tienes?
8. ¿═══ libros tienes?

9 ¿Mucho o poco? 🏴 FL.A.3.1.1

Escribamos/Hablemos Now answer the questions from
Activity 8, using the correct forms of **mucho** and **poco.**

MODELO Tengo muchas (pocas) mochilas.

Benchmark Focus

FL.A.2.1.3 Understand
oral messages that are
based on familiar themes
and vocabulary

10 Útiles escolares 🏴 FL.A.2.1.3

Escuchemos Gabi is helping
her younger sister, Verónica,
figure out what school supplies
she still needs. Look at the
picture and decide if
what she says is
cierto or **falso.**

Comunicación

11 ¿Qué necesitamos? 🏴 FL.A.1.2.2

Hablemos You and your partner need to prepare a report that
includes pictures, graphs, and mathematical calculations. Talk about
the supplies you have and make a list of the supplies you need.

MODELO —Necesitamos papel.
—Tengo mucho papel pero *(but)* necesitamos revistas.

Costa Rica

Gramática 1

Present tense of tener and some tener idioms

Interactive TUTOR

1 Use the verb **tener** to tell what someone *has.* To conjugate the **yo** form, drop the **-er** ending and add **-go**. To conjugate all the other forms except for **nosotros(as)** and **vosotros(as),** change the **-e** to **-ie.**

yo ten**go**	nosotros(as) tenemos
tú t**ie**nes	vosotros(as) tenéis
Ud., él, ella t**ie**ne	Uds., ellos, ellas t**ie**nen

—¿T**ie**nes un bolígrafo? *Do you have a pen?*
—No. Ten**go** un lápiz. *No. I have a pencil.*

2 Use **tener que** + **infinitive** to talk about what you have to do.

Tengo que ir a un ensayo.
I have to go to a rehearsal.

Vocabulario y gramática, pp. 40–42
Actividades, pp. 31–33
Online workbooks

Some other common tener idioms

tener ganas de + infinitive	*to feel like doing something*
tener (mucha) hambre	*to be (very) hungry*
tener (mucha) sed	*to be (very) thirsty*
tener prisa	*to be in a hurry*

En inglés

In English, we use the verb *to be* to say how old we are, or to say we're hungry or thirsty.

I am 15 years old.

We are hungry and thirsty.

In Spanish, you use a form of **tener** *(to have)* with a noun in those expressions.

Tengo 15 años.

Tenemos hambre y sed.

Give examples where **ser** means *to be* and **tener** means *to have.*

FL.D.1.2.2

12 **¿De quién habla?** FL.A.2.1.3

Escuchemos Listen as Ana Mari talks about some of her friends. Match each picture to each statement she makes.

a.

b.

c.

d.

13 ¿Qué planes tienes?  FL.A.2.1.2

Benchmark Focus

FL.A.2.1.2 Restate and rephrase simple information from materials presented orally, visually, and graphically in class

Leamos Complete the conversation between Elena and her friend with the correct forms of **tener** and **tener que.**

—Elena, necesito un favor. ¿ ___1___ un diccionario?

—No, pero la señora López ___2___ muchos diccionarios en el salón de clase.

—Buena idea. ___3___ irme. ¿Nos vemos por la tarde?

—¿Hoy? ¿Qué ___4___ hacer (tú)?

—Nosotras ___5___ un examen de alemán mañana y ___6___ estudiar.

—¡Ay! Sí, está bien. Nos vemos a las 4:00.

14 Rompecabezas FL.A.2.1.2, FL.D.1.1.2

Hablemos/Escribamos Use the correct form of **tener** and a phrase from each puzzle piece to form six logical sentences.

1

Quiero salir. ¿(Tú)...?
Son las 8:10 y el profesor...
Hace calor. (Yo)...
Y ustedes, ¿qué clases...?

2

tener
tener que
tener ganas de

3

pasear conmigo
hoy por la tarde
mucha prisa
nadar
sed
los lunes
bailar

Comunicación

HOLT **SoundBooth** ONLINE RECORDING

15 Planes FL.A.1.2.2, FL.A.2.1.3

Hablemos Look at the pictures. With a partner, take turns asking each other if you either want to or have to do these things today.

MODELO —¿Tienes ganas de ir al baile hoy por la noche?
—Sí, tengo ganas de bailar.

The verb *venir* and *a* + time

Interactive TUTOR

1 The verb **venir** means *to come.* In the present tense its endings are like those of **tener,** except for the **nosotros** and **vosotros** forms.

yo ven**go**	nosotros(as) venimos
tú v**ie**nes	vosotros(as) venís
Ud., él, ella v**ie**ne	Uds., ellos, ellas v**ie**nen

2 To say at what time something happens, put the preposition **a** before the **time.**

—¿**A qué hora** vienes al colegio?

—Vengo **a las ocho en punto.**

—¿**A qué hora** es la clase de álgebra?

—Es **a la una de la tarde.**

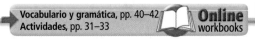
Vocabulario y gramática, pp. 40–42
Actividades, pp. 31–33
Online workbooks

Vocabulario y gramática, pp. 40–42
Actividades, pp. 31–33

Nota cultural

Instead of taking the school bus at a nearby stop, many students in the Miami-Dade area have the option of being picked up at their homes by private bus companies. Before and after school, one can often see students riding these buses or vans with the names of the owners, such as Carlos and Susana or Conchita's.

How does the way you and your friends get to school compare to this system?

FL.B.1.1.2

Servicio particular de transporte para estudiantes de un colegio de Miami-Dade

16 Mi fiesta **FL.A.2.1.3**

Escuchemos Listen as Marta plays the messages on her answering machine. On a sheet of paper, write down at what time Marta's friends are coming to her party tonight.

1. Jorge
2. Juliana
3. Anabel
4. Valentín
5. Marisol y Chema
6. Gabi

17 ¿Vienes conmigo? **FL.A.2.1.2**

Escribamos/Hablemos Write sentences or questions using words from each of the word boxes below. Remember to use the correct form of the verb.

MODELO (tú) ¿Vienes a la clase de español esta tarde?

yo tú nosotros el profesor (la profesora) ustedes usted	(no) venir	a la clase de español al colegio a la clase de... a la reunión de...	los fines de semana los lunes y... los... a veces todos los días

18 ¿A qué hora viene el autobús? FL.C.2.1.1

Escribamos/Hablemos Given the situations below, use the bus schedule to find the earliest bus that goes to Chirripó National Forest. Follow the model.

MODELO Son las once y veinte. Roberto está en San Isidro.
El autobús cincuenta y seis viene a las once y media.

1. Es mediodía. Juan está en San Isidro.
2. Son las nueve en punto. Ángela está en Cartago.
3. Es la una y cuarto. Mónica está en San Isidro.
4. Son las ocho y diez. Antonio está en San José.
5. Son las diez y cinco. Carlos está en Cartago.
6. Son las once menos cuarto. Jorge está en Cartago.
7. Son las nueve y treinta y cinco. Amalia está en San José.
8. Son las nueve y veinticinco. Raúl está en San José.

Autobuses, San José

Benchmark Focus

FL.C.2.1.1 Use the target language to gain access to information that is only available through the target language or within the target culture

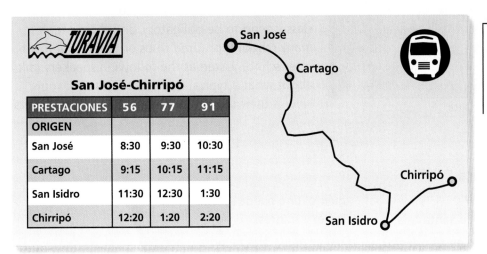

TURAVIA

San José–Chirripó

PRESTACIONES	56	77	91
ORIGEN			
San José	8:30	9:30	10:30
Cartago	9:15	10:15	11:15
San Isidro	11:30	12:30	1:30
Chirripó	12:20	1:20	2:20

San José
Cartago
Chirripó
San Isidro

Comunicación

HOLT **SoundBooth** ONLINE RECORDING

19 En el colegio FL.A.1.1.2

Hablemos Ask your classmate when he or she comes to school, what classes he or she has, and at what time. Then switch roles.

MODELO —¿A qué hora vienes al colegio?
—Vengo a las ocho y media.
—¿Qué clases tienes?
—Tengo español, matemáticas, historia...
—¿A qué hora es la clase de...?
—Es a...

Gramática 1

Cultura

Benchmark Focus
FL.D.2.2.1 Distinguish the similarities and differences between the patterns of behavior of the target culture and the patterns of behavior of the local culture

Video/DVD

VideoCultura

Comparaciones

En el Colegio de Santa Ana, Costa Rica

¿Cómo es un día típico en tu colegio? FL.B.1.1.2, FL.D.2.2.1

Students in the United States usually have certain classes they must take, as well as a few elective classes such as choir, drama, shop, and so on. Most schools have after-school activities as well, such as sports or band. In Spain and Latin America, all classes tend to be obligatory, and there aren't many school-sponsored clubs or teams that meet after school. Listen as the following speakers talk about what a typical day is like at their schools. How is their day similar to or different from yours?

Julio
San José, Costa Rica

¿A qué colegio asistes?
Yo asisto al colegio de Santa Ana.

¿Cómo es un día típico en tu colegio?
Un día típico es entrar a las siete de la mañana, salir a las once y veinte de la mañana, ir a almorzar, regresar de nuevo a las doce y de ahí hasta las cuatro y veinte de la tarde. Luego ya retorna uno a la casa de uno.

¿Qué materias tienes?
A nosotros nos dan matemáticas, inglés, francés, español, estudios sociales.

¿Son materias obligatorias u opcionales?
Hasta el tercer año inglés y francés son obligatorias y de cuarto a

quinto, uno puede escoger entre inglés y francés.

¿Cuál es tu materia favorita y por qué?
Mi materia favorita es matemáticas. Es más fácil para mí desarrollarla.

Nicaragua
Mar Caribe
COSTA RICA
★ San José
Océano Pacífico
Panamá

Jasna
Santiago, Chile

¿A qué colegio asistes?

Asisto al Colegio Carmen Macfi.

¿Cómo es un día típico en tu colegio?

Bueno, entro en la mañana, ocho y media, y bueno, tenemos distintas materias durante los días y tenemos recreo, luego el almuerzo y después salgo a las tres. Y me voy a mi casa y estudio.

¿Qué materias tienes?

Tengo castellano, historia, matemáticas, inglés, los electivos y

ciencias que es química, física y biología.

¿Son materias obligatorias u opcionales?

Los electivos son opcionales. Yo en mi caso tomé ciudad contemporánea y problemas del conocimiento. Y cuando estás en cuarto medio, con ciencias, puedes eliminar una que, en mi caso, yo eliminé física.

Para comprender FL.A.3.2.3

1. ¿A qué hora va Julio al colegio?
2. ¿Estudia Julio ciencias?
3. ¿Qué hace Jasna después de ir a casa?
4. ¿Jasna estudia ciencias?
5. ¿Te gusta más el día escolar de Julio o Jasna? ¿Por qué?

Para pensar y hablar FL.D.2.2.1

Make a list of three classes that Julio and Jasna have in common. Do you also have these classes? Why or why not? Both Julio and Jasna are required to study English as a foreign language. Does your school require you to study a foreign language, or is it an elective? Do you think requiring a foreign language is a good idea? Why or why not?

Comunidad en la Florida

Al servicio de la educación FL.E.1.2.1

The Hispanic community in Florida benefits from the cooperation of schools, organizations, and libraries to provide educational services. Schools receive grants and other assistance from organizations such as local Kiwanis chapters. The Hispanic Branch of the Miami-Dade Public Library offers storytelling in Spanish, tutoring, English classes, and informational sessions. Did you know that high schools in Miami-Dade County require students in the standard track to do a community service project? Research and present to the class one way in which your school, working with an organization or library, could support education within a Hispanic community in your area.

Estudiante de español ayuda a su compañero en un colegio de Miami-Dade.

Costa Rica

ciento treinta y uno **131**

Vocabulario *en acción* 2

Objetivos
- Talking about plans
- Inviting someone to do something

En colegios de Costa Rica

En mi colegio este fin de semana hay...

un partido

un concierto

una clase de baile

Más vocabulario...

esta semana	*this week*
este fin de semana	*this weekend*
mañana	*tomorrow*
pasado mañana	*day after tomorrow*
la próxima semana	*next week*

En el colegio

la biblioteca

el auditorio

el estadio

la cafetería

el salón de clase

También se puede decir...

In Florida, you may hear many Latin Americans say **el aula**, or simply **la clase**, instead of **el salón de clase.**

¡Exprésate!

To talk about plans	To respond
¿Vas a ir a... el lunes por la noche? *Are you going to go to . . . Monday night?*	**No. Tengo una reunión del club de español.** *No. I have a Spanish Club meeting.*
¿Qué vas a hacer el viernes próximo? *What are you going to do next Friday?*	**Voy a presentar el examen de inglés, y después... Luego regreso a casa.** *I'm going to take an English test, and afterwards . . . Then I'm going back home.*
¿A qué hora vas a llegar al partido? *What time are you going to get to the game?*	**Voy a llegar temprano (a tiempo). No me gusta llegar tarde.** *I'm going to arrive early (on time). I don't like to be late.*

Interactive TUTOR

Vocabulario y gramática, pp. 43–45

Online workbooks

Nota cultural

In Costa Rica, if a student fails a course it must be made up during vacation. If a student fails two classes and also fails the exams offered at the end of vacation, he or she must repeat the whole semester.

How does this compare to the grading system and to state exams in the United States? **FL.B.1.1.2, FL.D.2.2.1**

VALORACIÓN DE LOS APRENDIZAJES Y DE LA CONDUCTA					
PERÍODOS ASIGNATURAS	I	II	III	PROMEDIO ANUAL	CONDICIÓN
Estudios Sociales	80	84	86	83	Aprobado
Cívica					
Matemática	83	75	72	77	Aprobado
Español	89	84	93	90	Aprobado
Biología	86	74	88	83	Aprobado
Química	79	89	88	85	Aprobado
Física					
Inglés	82	80	79	80	Aprobado
Educación Física	78	85	93	85	Aprobado
Educación Musical	80	96	100	92	Aprobado
Psicología Ética Profesional	65	85	81	77	Aprobado
Educación Religiosa	100	95	98	97	Aprobado
Conducta	91	99	99	97	Aprobado
ESPECIALIDAD	Secretariado				
Sub área	I	II	III	PROMEDIO ANUAL	CONDICIÓN
Ad. de la Of. Secr.	89	99	95	94	Aprobado
Téc. Exec. en					
el desarrollo Secr.	96	93	100	96	Aprobado
Automatización	79	84	81	83	Aprobado

* Consignar el nombre de cada sub área

Libreta de calificaciones de un colegio de Costa Rica

---

20 ¿Dónde están? FL.A.2.1.3

Escuchemos Escucha las conversaciones. Para cada conversación decide dónde están las personas.

a. en el salón de clase
b. en la biblioteca
c. en la cafetería
d. en el auditorio
e. en el estadio
f. en el club de computación

21 Tengo que hacer muchas cosas ✎ FL.A.2.1.2

Leamos Usa las palabras del cuadro para completar el párrafo.

luego	partido	tarde	club
presentar	auditorio	regresar	pasado

Esta semana voy a hacer muchas cosas. Hoy por la ___1___, a las 2:30, voy a ___2___ el examen de química y ___3___ voy a ir a la reunión del ___4___ de alemán. Mañana a las 5:00 tengo un ___5___ de béisbol. ___6___ mañana voy a ir al ensayo de piano en el ___7___ del colegio. Voy a ___8___ a casa tarde.

22 ¿Qué haces? ✎ FL.A.2.1.2

Hablemos Use **hay** (*there is, there are*) and a word from the box to say where the following things are at your school.

los salones de clase	el auditorio	la cafetería
el estadio	la biblioteca	la clase de...

MODELO partidos de fútbol
Hay partidos de fútbol en el estadio.

1. muchos libros
2. conciertos
3. comida
4. bailes
5. una reunión
6. revistas
7. diccionarios
8. partidos de béisbol
9. un piano

¡Exprésate!

To invite someone to do something	To respond
¿Qué tal si vamos al partido de fútbol? *How about if we go to the soccer game?*	**No sé. ¿Sabes qué? No tengo ganas.** *I don't know. You know what? I don't feel like it.*
Vienes conmigo a la cafetería, ¿no? *You're coming with me to the cafeteria, aren't you?*	**¡Claro que sí! Tengo mucha hambre.** *Yes, of course! I'm very hungry.*
Hay un concierto... Vas a ir, ¿verdad? *There's a concert . . . You're going to go, right?*	**No, no voy a ir. Tengo que estudiar.** *No, I'm not going to go.* *I have to study.*

Interactive TUTOR

Vocabulario y gramática, pp. 43–45 — Online workbooks

23 Invitaciones FL.A.2.1.3

Escuchemos/Escribamos Listen to the conversations. On a separate piece of paper, write down what each person is invited to do, then tell whether the invitation is accepted or not.

1. Raquel   **2.** Andrés   **3.** Silvia   **4.** Marta

24 ¿Qué tal si...? FL.A.2.1.2

Hablemos/Escribamos Usa las expresiones en los cuadros para invitar a un(a) amigo(a) a ir a cada evento (each event).

MODELO **¿Qué tal si vamos al gimnasio el martes por la tarde?**

¿Qué tal si vamos...?	al gimnasio	el martes por la tarde
¿Quieres ir conmigo...?	a la cafetería	el sábado próximo
¿Vas a ir...?	al concierto de piano	pasado mañana a las 4:30
¿Vienes conmigo...?	al baile del colegio	el viernes por la noche
	al partido de volibol	el miércoles a las 12:00
	a la reunión del club de alemán	el lunes próximo por la mañana

25 ¿Sabes qué? FL.A.2.1.4

Hablemos Now turn down your friend's invitations from Activity 24 by saying you have to do what is pictured.

MODELO **No. Tengo que ir a un partido de fútbol.**

A

B

C

D

Viernes: examen de historia

Comunicación

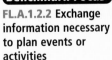
HOLT SoundBooth
ONLINE RECORDING

26 ¿Vienes conmigo? FL.A.1.2.2

Hablemos Choose three school events you'd like to attend, then invite three different classmates to each of them. They will accept or turn down the invitation.

MODELO —Hay un baile el viernes por la noche en el colegio. ¿Quieres ir conmigo?

—¡Claro que sí! Me gustan los bailes.

Benchmark Focus

FL.A.1.2.2 Exchange information necessary to plan events or activities

Vocabulario 2

Gramática en acción 2

Ir a with infinitives

Interactive TUTOR

1 To talk about what someone is or isn't going to do, use the present tense of **ir** with **a** followed by an **infinitive**.

—¿**Vas a estudiar**?   —No, **voy a descansar**.
Are you going to study?   *No, I'm going to rest.*

—¿**Van a salir**?   —Sí, **vamos a comer**.
Are you going to go out?   *Yes, we're going to eat.*

2 To say that you are going to do something on a certain day of a particular week, use **el** before the **weekday**.

El sábado voy a ir de compras.
On Saturday I'm going to go shopping.

Vocabulario y gramática, pp. 46–48
Actividades, pp. 35–37

Online workbooks

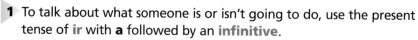

¿Te acuerdas?

Use **los** and a plural form of the day of the week to say you do something on that day every week.

¿Qué haces los sábados?
What do you (usually) do on Saturdays?

27 **Planes diferentes** 📣 FL.A.2.1.3

Escuchemos Say whether Roberto and Nora are talking about **a)** plans for the weekend or **b)** things they do every weekend.

28 **¿Qué van a hacer?** 📣 FL.A.2.1.2

Leamos/Escribamos Complete the sentences with the correct form of (**no**) **ir a** based on the cues.

MODELO Yo ═══ descansar el sábado. Tengo que trabajar.
Yo no voy a descansar el sábado.

1. Mi mejor amigo casi siempre quiere pasar el rato conmigo. Él ═══ comer conmigo este fin de semana.

2. Mis amigos y yo ═══ salir el viernes por la noche. Nos gusta salir.

3. Mi familia y yo ═══ ir al cine el domingo. Tenemos que ir a una reunión el domingo.

4. Yo ═══ comer en la cafetería hoy. No tengo hambre.

5. Los estudiantes de la clase de español ═══ estudiar mucho esta tarde. Van a presentar un examen mañana.

6. Mi mejor amiga ═══ ir de compras el domingo. Siempre va de compras los sábados.

Gramática 2

29 ¿Cuándo vas a...? FL.A.3.1.1

Hablemos Say what these people are going to do and when. Then say whether or not you're going to do the same things and when.

Sara/mañana

MODELO Sara va a estudiar mañana.
Yo no. Voy a estudiar pasado mañana.

1. Lucía
el sábado próximo

2. Enrique
el domingo

3. Andrés
el viernes próximo

4. Mario y Lola
el lunes

30 ¿Sabes qué van a hacer? FL.A.2.1.2

Escribamos/Hablemos Say whether the following people are going to do the activities listed. For items 4 and 5, guess what another student and your teacher are going to do.

MODELO yo (salir con amigos esta noche, ver televisión)
No voy a salir con amigos esta noche.
Voy a ver televisión.

1. yo (hacer ejercicio hoy, tocar el piano después de clases)
2. mis amigos y yo (salir este fin de semana, ir al cine el sábado)
3. mi mejor amigo(a) (pasar el fin de semana conmigo, jugar al básquetbol esta semana)
4. tú (llegar temprano al colegio mañana, ir a una reunión hoy)
5. usted (venir al colegio mañana, alquilar un video esta noche)

Comunicación

HOLT **SoundBooth** ONLINE RECORDING

31 ¡Cuántos planes! FL.A.1.2.2, FL.A.2.1.4

Hablemos Ask your classmate what he or she is going to do on Friday, Saturday, and Sunday. After he or she invites you along, say whether you want to go or do something else. Switch roles.

MODELO —¿Qué vas a hacer el viernes por la noche?
—El viernes por la noche voy a bailar. ¿Quieres venir conmigo?
—Sí. Me gusta bailar. (—No. El viernes voy a nadar.)

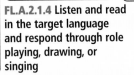
Benchmark Focus

FL.A.2.1.4 Listen and read in the target language and respond through role playing, drawing, or singing

The present tense of -er and -ir verbs and tag questions

Interactive TUTOR

1 To conjugate a regular **-er** or **-ir** verb in the present tense, drop the **-er** or **-ir** of the infinitive and add **these endings**.

	comer *to eat*	**escribir** *to write*
yo	com**o**	escrib**o**
tú	com**es**	escrib**es**
Ud., él, ella	com**e**	escrib**e**
nosotros(as)	com**emos**	escrib**imos**
vosotros(as)	com**éis**	escrib**ís**
Uds., ellos, ellas	com**en**	escrib**en**

2 A **tag question** is attached to the end of a sentence to make it a question. If you expect someone to answer *yes*, use **¿no?** or **¿verdad?** When the expected answer is *no*, use **¿verdad?**

—¿Vienes a la fiesta, **¿no? (¿verdad?)**
You're coming . . . aren't you?

—**Sí**, voy a ir.
Yes, I'm going to go.

—No vas al partido, **¿verdad?**
You're not going . . . right?

—**No**, no voy.
No, I'm not going.

Some -er and -ir verbs	
abrir	*to open*
asistir (a)	*to attend*
beber (algo)	*to drink (something)*
interrumpir	*to interrupt*

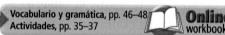

Vocabulario y gramática, pp. 46–48
Actividades, pp. 35–37

Online workbooks

32 **¿Cierto o falso?** 🏴 **FL.A.2.1.2**

Leamos/Escribamos Completa las oraciones con los verbos correctos del cuadro.

comen	asistimos	lee	escriben	corro
escribimos	bebes	beber	abre	corres

1. Mis amigas y yo ===== al colegio en julio.
2. Mis compañeros de clase ===== muchas cartas en español.
3. Yo casi nunca ===== en la clase de educación física.
4. Mis amigos ===== conmigo en la cafetería.
5. El(La) profesor(a) ===== revistas interesantes en clase.
6. Tú a veces ===== algo en la clase.
7. La biblioteca ===== a las 9:00 de la mañana.

Benchmark Focus

FL.A.3.1.1 Provide simple information in spoken form (e.g., descriptions of common school and home activities)

33 **En la clase de español** FL.A.3.1.1

Escribamos/Hablemos Using the words from each word box, say whether or not these things happen in your school. Remember to conjugate the verbs.

MODELO **Muchos estudiantes leen muchas cartas en español.**

muchos (pocos) estudiantes	comer	muchas (pocas) cartas en español
el profesor (la profesora)	beber	algo (nada) en clase
yo	interrumpir	temprano (tarde) los viernes
nosotros	(no) leer	pocas (muchas) revistas
tú	escribir	al colegio en diciembre
ustedes	asistir	a los estudiantes/al profesor/a la profesora
la cafetería (la biblioteca)	abrir	en la cafetería

34 **Un día típico en el colegio** FL.A.3.2.1

Leamos/Escribamos Complete the sentences with an activity pictured below.

MODELO **A veces los profesores comen en la cafetería.**

1. Yo nunca...

2. Con frecuencia el (la) profesor(a)...

3. Mis compañeros de clase y yo...

4. Todos los días mi mejor amigo(a)...

5. La biblioteca siempre...

6. Cuando tienen educación física, los estudiantes...

Comunicación

HOLT **SoundBooth** ONLINE RECORDING

35 **En nuestra escuela** FL.A.1.2.2

Hablemos Create questions using the pictures in Activity 34 and tag questions. Have your partner answer the questions. Switch roles.

MODELO —La biblioteca del colegio abre a las 10:00, ¿verdad?
—No, la biblioteca abre a las 9:00.

Some -er/-ir verbs with irregular yo forms

Interactive
TUTOR

1 The following **-er** and **-ir** verbs have irregular **yo** forms.

	hacer *to do, to make*	poner *to put*	traer *to bring*
yo	ha**go**	pon**go**	trai**go**
tú	haces	pones	traes
Ud., él, ella	hace	pone	trae
nosotros(as)	hacemos	ponemos	traemos
vosotros(as)	hacéis	ponéis	traéis
Uds., ellos, ellas	hacen	ponen	traen

	saber *to know information*	ver *to see*	salir *to go out*
yo	**sé**	**veo**	sal**go**
tú	sabes	ves	sales
Ud., él, ella	sabe	ve	sale
nosotros(as)	sabemos	vemos	salimos
vosotros(as)	sabéis	veis	salís
Uds., ellos, ellas	saben	ven	salen

2 The preposition **de** is used after **salir** to talk about leaving a place. It is used after **saber** to say how much someone knows about something.

Salgo de mi casa a las siete.   *I leave my house at seven.*
No **sé** mucho **de** arte.   *I don't know much about art.*

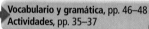
Vocabulario y gramática, pp. 46–48
Actividades, pp. 35–37

Online
workbooks

Students in south Florida, just like students every-where, participate in cultural in-school and after-school programs. Since many of the students in the Miami-Dade area have Caribbean roots, their cultural activities reflect their Caribbean heritage. Many teenagers keep up with the Latin music scene and contribute in special events and performances that are reflective of their background.

How are cultural programs similar or different in your school? **FL.B.1.1.2**

Carnaval juvenil caribeño de *Mardi Gras* en Ft. Lauderdale

36 **Y tú, ¿qué haces?** **FL.A.2.1.2**

Leamos Complete these sentences with the correct verb.

1. ¿Tú ===== del colegio a las 5:30?
 a. hago   **b.** sales   **c.** salgo
2. Yo ===== mis papeles en mi mochila.
 a. pongo   **b.** vemos   **c.** salgo
3. Mi amigo ===== su tarea por la noche.
 a. ponen   **b.** pone   **c.** hace
4. A veces mis amigas ===== su almuerzo de casa.
 a. traigo   **b.** ponen   **c.** traen
5. Nosotros nunca ===== películas en la cafetería.
 a. sé   **b.** sabemos   **c.** vemos
6. Yo no ===== mucho de computadoras.
 a. salgo   **b.** sé   **c.** hace

37 Un amigo de Internet ⟍FL.A.2.1.4

Leamos/Escribamos Rogelio posts this e-mail on a pen pal Web site. Read the e-mail and decide if the statements that follow are **cierto** or **falso.** Then write Rogelio and tell him about your interests.

1. Rogelio sale con amigos los fines de semana.
2. Rogelio lee libros de misterio.
3. Rogelio hace ejercicio a veces.
4. A Rogelio no le gusta el Internet.
5. A veces, Rogelio tiene conciertos.
6. A Rogelio le gusta ir al cine.

Me llamo Rogelio y tengo 14 años. Los fines de semana salgo con mis amigos o hago ejercicio. Leo revistas de deportes y me gusta navegar por Internet. Con frecuencia tengo conciertos de piano. No me gusta ir al cine, pero sí traigo videos para ver en casa. Y a ti, ¿qué te gusta hacer?

38 Las fiestas ⟍FL.A.3.2.1

Hablemos/Escribamos Answer these questions about what you do with your friends on weekends.

1. ¿Sales con amigos los fines de semana?
2. ¿Vas a la casa de amigos?
3. ¿Qué hacen ustedes? ¿Escuchan música o ven videos?
4. ¿Traen comida? ¿Salen a comer? ¿Qué les gusta comer?
5. ¿Les gusta ir al cine? Cuando van al cine, ¿a qué hora salen?
6. ¿Qué más haces con ellos?

Benchmark Focus

FL.A.3.2.1 Describe important people (e.g., family members and friends) and objects present in your everyday environment and in school

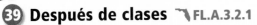

Comunicación

HOLT **SoundBooth** ONLINE RECORDING

39 Después de clases ⟍FL.A.3.2.1

Hablemos/Escribamos With a partner, take turns describing this student's day after school. Include as many details as possible.

Benchmark Focus

FL.A.3.2.3 Give responses
in spoken or written form
to age-appropriate stories,
poems or other literature,
songs, films, or visual works

¿Quién será?
Episodio 4

ESTRATEGIA

Comparing and Contrasting When you compare and contrast two or more things, you look for similarities and differences. For example, you can look for similarities or differences in how the students in Mexico and those in Puerto Rico dress and behave. You can also compare and contrast the Puerto Rican and Mexican students with yourself and students in your school. What are some similarities and differences you notice as you watch the video? **FL.C.2.1.1**

En Puerto Rico

Marcos is trying to gather information on Nicolás. Nicolás is completely unaware.

1

2

Mateo Oye, Nicolás, ¿a qué hora es tu clase de matemáticas?

Nicolás Tengo matemáticas a la una de la tarde. ¿Por qué?

Mateo Porque yo tengo matemáticas ahora y necesito muchas cosas.

3

Nicolás ¿Qué necesitas?

Mateo Necesito un lápiz... una regla... y papel.

4

Mateo ¿Qué tal si vamos al partido de béisbol después de clases?

Julia Claro que sí.

Nicolás No, no tengo ganas.

Mateo ¿No tienes ganas? ¿Qué vas a hacer?

Nicolás Voy a... voy a... voy a...

5

Julia ¿Vas a qué? ¿Vas a hacer ejercicio?

Nicolás No, nunca hago ejercicio los lunes, ¿sabes? Los lunes son para...

Mateo ¿Para qué? ¿Qué vas a hacer?

Nicolás Voy a ver televisión. Mi programa favorito... esta noche...

Julia ¿Cuál es tu programa preferido?

6

Tengo que irme. ¡Nos vemos!

Mateo ¿Y mañana? ¿Vas al concierto en el gimnasio?

Julia ¿Y pasado mañana?

After school, Mateo and Julia decide to follow Nicolás to see where he's going.

7

Mateo ¿Quieres ver adónde va Nicolás?
Julia Sí, pero, ¿el partido de béisbol?
Mateo No importa, vamos.

8

Mateo ¿Qué hace Nicolás?
Julia No sé. Pero...

9

Julia ...¿Qué hace ese señor?

En España

The professor tells Marcos about her next candidate and his next trip.

10

La profesora Ahora tengo un candidato de Costa Rica, Marcos. Sí, sí, después de Puerto Rico vas a El Paso y después de El Paso, a San José.

Nuevo México · Oklahoma · El Paso · TEXAS · México · Golfo de México

Nicaragua · COSTA RICA · Mar Caribe · San José · Océano Pacífico · Panamá

Océano Atlántico · San Juan · PUERTO RICO · Mar Caribe

¿COMPRENDES?

1. Contrast Nicolás's preparation for geometry class with Mateo's.

2. Where does Mateo want to go after school? How does Nicolás feel about that plan?

3. Does Nicolás answer his friends truthfully? How can you tell?

4. Can Mateo and Julia tell what Nicolás is doing? Who else is there? What is he doing?

5. Compare and contrast how Sofía acts in **Episodio 3** with how Nicolás acts in this episode. What about how their friends act?
   FL.A.2.2.5, FL.A.3.2.3

Próximo episodio:
Can you predict what Marcos will do in Costa Rica?
PÁGINAS 180–181▶

Leamos y escribamos

FCAT Reading Focus

LA.A.2.4.1
Identify relevant details

A Antes de leer FL.C.2.1.1

Read the title and the first paragraph of the story. Can you answer at least one of each of the questions in the Estrategia para leer?

Pepito, el niño precoz

Pepito es un niño gracioso, inteligente y precoz[1]. Tiene siete años y hoy es su primer día de colegio. Cuando viene a casa por la tarde, los padres de Pepito tienen muchas preguntas: ¿Te gusta el colegio?, ¿Cómo es tu profesora?, ¿Cuál es tu materia preferida? Pepito dice[2] que le gusta mucho el colegio: sus compañeros de clase son divertidos, la profesora es simpática y no es muy estricta y su materia preferida es matemáticas.

Por la noche, a la hora de comer, su mamá pone un plato con dos huevos[3] en la mesa. Pepito, siempre precoz, esconde[4] uno de los dos huevos y después de un minuto pregunta:

—Papá, ¿cuántos huevos ves en el plato?

—Pues, uno—contesta[5] el padre.

Pepito pone entonces el otro huevo en el plato y pregunta:

—Y ahora, papá, ¿cuántos huevos ves?

—Dos—contesta el padre.

—¡Magnífico!—exclama Pepito—los dos huevos que ves ahora y el otro huevo de antes[6], son tres huevos, ¿verdad?

Su papá está un poco confundido[7]. Sólo ve dos huevos en el plato y no tres. Pero la mamá de Pepito, que escucha todo esto y que también es muy inteligente y graciosa dice:

—¡Claro que sí, Pepito! Hay tres huevos. El primero es para mí, el segundo[8] es para tu papá, y el tercero[9] es para ti.

1 precocious   2 says   3 eggs   4 hides   5 answers   6 from before
7 confused   8 second   9 third

B Comprensión ⟍ FL.A.3.2.3

Contesta las siguientes preguntas.

1. ¿Cuántos años tiene Pepito y cómo es?
2. ¿Cuál es la materia preferida de Pepito?
3. ¿Cómo es la profesora de Pepito? ¿Y los compañeros de clase?
4. ¿Qué pone la mamá en la mesa y qué hace el niño?
5. ¿Qué le pregunta Pepito a su papá? ¿Qué dice él?
6. ¿Qué dice la mamá de Pepito?

C Después de leer ⟍ FL.C.2.1.1

What is Pepito like? Which sentences in the story give you clues about his personality? What about his parents? What are they like? Do they have a sense of humor? Explain.

Leamos y escribamos

> **FCAT Writing Focus**
>
> LA.B.1.4.2
> Draft and revise writing that has an organizational pattern that provides for a logical progression of ideas

Interactive TUTOR

Taller del escritor

biblioteca

salones de clase

gimnasio

cafetería

ESTRATEGIA

para escribir Using drawings can help organize your writing. If you can picture the setting in which the events occur, your writing may be clearer to your readers.

Un recorrido con nuevos estudiantes ⟍ FL.A.3.2.1

Imagine you're helping with orientation at your school and you're taking two new students on a tour. Create a conversation based on your first meeting with them. Explain what classes they will take and when, and include questions new students might ask. Invite them to attend a club meeting, play, or another school activity.

1 Antes de escribir

Sketch the layout of your school, labeling the places you would show new students. You may wish to draw arrows to show the route you plan to take.

2 Escribir un borrador

Begin your dialog based on the route you drew. The places you go should be based on the new students' questions and your explanations. End the dialog with an invitation and the students' responses.

3 Revisar

Make sure the dialog is logical by reading over the questions, explanations, and answers. Check for correct use of grammar, spelling, and punctuation.

4 Publicar

Display your dialog and sketch on the bulletin board. You may wish to act out your dialogs in groups of three.

Prepárate para el examen

Interactive
TUTOR

1 Completa el diálogo de manera lógica. ◤FL.A.2.1.2

   —¿Qué clases tienes esta tarde?
   —Tengo ___1___ , ___2___ y ___3___ .
   —¿Cuál es tu materia preferida?
   —Bueno, me gusta ___4___ porque es ___5___ . Y tú, ¿cuál es tu materia preferida?
   —Es ___6___ . Bueno, ¿qué necesitas para la clase de inglés?
   —Necesito ___7___ y ___8___ .

2 Answer the following questions about you and your friends.

   1. ¿A qué hora vienen ustedes al colegio por las mañanas?
   2. ¿Generalmente tienen prisa ustedes cuando vienen al colegio?
   3. ¿Cuántas clases tienes en un día?
   4. ¿Necesitas muchas cosas para las clases?
   5. ¿Qué cosas necesitas para la clase de español?
   6. ¿Qué tienes que hacer después de clases?
   7. ¿Qué tienes ganas de hacer este fin de semana? ¿y tu mejor amigo(a)? ◤FL.A.3.2.1

3 Invite your partner to each of the events pictured. Your partner will accept or turn down each invitation. ◤FL.A.1.2.2

A

B

C

D

4 Answer these questions about your weekend plans. 🏹 **FL.A.3.2.1**

1. ¿Vas a ir a un concierto este fin de semana?
2. ¿Ves televisión los sábados?
3. ¿Va a venir un amigo a tu casa el domingo?
4. ¿Van a hacer la tarea en casa tu amigo y tú?
5. ¿Vas a ir a un partido de béisbol el sábado?
6. ¿Sales mucho con amigos los viernes?
7. ¿Sales a comer comida china los domingos?

5 Answer the following questions. 🏹 **FL.B.1.1.2, FL.D.2.2.1**

1. How are programs of study in Latin America similar to or different from those in the United States?
2. What advantages or disadvantages do you think there are in having students repeat a semester if they fail two classes and the final exam?
3. What are the three class sessions in Costa Rican public schools called? When do they begin?

6 Escucha las preguntas y escribe las respuestas en tu papel. 🏹 **FL.A.2.1.3**

7 Use the drawings to describe what happens to this student who is always running late. 🏹 **FL.A.3.2.3**

4 Gramática 1
• **ir a** with infinitives
• **-er** and **-ir** verbs and tag questions
• **-er** and **-ir** verbs with irregular **yo** forms
pp. 136–141

5 Cultura
• **Comparaciones**
pp. 130–131
• **Notas culturales**
pp. 122, 123, 134, 138
• **Geocultura**
pp. 114–117

Benchmark Focus

FL.D.2.2.1 Distinguish the similarities and differences between the patterns of behavior of the target culture and the patterns of behavior of the local culture

Prepárate para el examen

a.

b.

c.

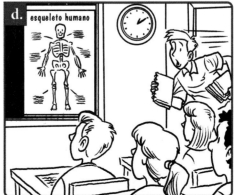

d. esqueleto humano

Gramática 1

- indefinite articles; **¿cuánto?, mucho, poco**
  pp. 124–125

- present tense of **tener** and some **tener idioms**
  pp. 126–127
- **venir** and **a** + time
  pp. 128–129

Repaso de Gramática 1

	Masculine		Feminine	
SINGULAR	un	mucho	una	mucha
	cuánto	poco	cuánta	poca
PLURAL	unos	muchos	unas	muchas
	cuántos	pocos	cuántas	pocas

ten**go**	tenemos
tienes	tenéis
tiene	tienen

ven**go**	venimos
vienes	venís
viene	vienen

The preposition **a** followed by the time tells at what time something happens.

—¿Vienes a mi casa a **las 8:15**? —Sí. Tenemos clase a **las 9 en punto**.

Gramática 2

- **ir a** + infinitive
  pp. 136–137
- present tense of **-er** and **-ir** verbs and tag questions
  pp. 138–139

- **-er** and **-ir** verbs with irregular **yo** forms
  pp. 140–141

Repaso de Gramática 2

The verb **ir** followed by **a** and an **infinitive** tells what is going to happen in the near future. Tag questions such as **¿no?** and **¿verdad?** ask the person listening to agree with the person speaking.

Vas a bailar en la fiesta, **¿no?**

Sí, también **voy a cantar**.

comer	
com**o**	com**emos**
com**es**	com**éis**
com**e**	com**en**

escribir	
escrib**o**	escrib**imos**
escrib**es**	escrib**ís**
escrib**e**	escrib**en**

Some irregular **yo** forms are **traigo, hago, sé, veo, salgo,** and **pongo.**

Letra y sonido (s) (z) (c) (qu)

Las letras s, z, c y qu

- In Spanish, the letter **s** sounds like the English *s* in *sun:* **s**al**s**a, **s**e**s**o, **s**illa, **s**olo, **s**u**s**
- The letters **z** (before **a**, **o**, **u**), and **c** (before **e**, **i**) sound like the English *c* in the word *center:* **z**apatos, **z**ona, a**z**ul, **c**entro, **c**iencias. In most of Spain, **z** and **c** in these combinations sound much like the English *th* in *think*.
- The letters **c** (before **a**, **o**, **u**) and **qu** (before **e** and **i**) sound like the English *k:* **c**arpeta, **c**oro, **c**uaderno, **qu**erer, **qu**ién

Trabalenguas

Cuca Seco cose en casa de Coco Suca.

Cuando cuentes cuentos,

cuenta cuántos cuentos cuentas.

Dictado

Escribe las oraciones de la grabación.

Benchmark Focus

FL.A.2.1.3 Understand oral messages that are based on familiar themes and vocabulary

Repaso de Vocabulario 1

Saying what you have and need

el **bolígrafo**	pen
la **calculadora**	calculator
la **carpeta**	folder
la **computadora**	computer
el **cuaderno**	notebook
el **diccionario**	dictionary
el **lápiz**/los **lápices**	pencil/pencils
la **mochila**	backpack
mucho(a)	a lot of, much
muchos(as)	a lot of, many
¿**Necesitas algo para el colegio/la clase de arte?**	Do you need anything for school/art class?
No, no necesito nada.	No, I don't need anything.
el **papel**	paper
poco(a)	little, not much
pocos(as)	few, not many
la **regla**	ruler
el **reloj**/los **relojes**	clock, watch/clocks, watches
la **ropa**	clothes
Sí, necesito muchas cosas.	Yes, I need a lot of things.
Sí, tengo un montón.	Yes, I have a ton of them.
¿**Tienes...?**	Do you have . . . ?
un/una	a/an
unos/unas	some
los **útiles escolares**	school supplies
los **zapatos**	shoes

Talking about classes

el **alemán**	German
el **almuerzo**	lunch
el **arte**, las **artes**	art, the arts
la **biología**	biology
las **ciencias**	science
la **computación**	computer science
¿**Cuál es tu materia preferida?**	What's your favorite subject?
la **educación física**	physical education
Es fácil/difícil.	It's easy/hard.
el **español**	Spanish
el **francés**	French
la **historia**	history
el **inglés**	English
las **matemáticas**	mathematics
las **materias**	school subjects
Mi materia preferida es...	My favorite subject is . . .
Primero tengo... y después tengo...	First I have . . . and afterwards I have . . .
por la mañana/tarde	in the morning/afternoon
¿**Qué clases tienes esta tarde?**	What classes do you have this afternoon?
la **química**	chemistry
el **taller**	shop, workshop
tener	to have
venir	to come

Repaso de Vocabulario 2

Talking about plans . . . . *See p. 133.*

el **auditorio**	auditorium
la **biblioteca**	library
la **cafetería**	cafeteria
la **clase de baile**	dance class
el **concierto**	concert
el **estadio**	stadium
esta semana	this week
este fin de semana	this weekend
hacer	to do, to make
hay	there is, there are
mañana	tomorrow
el **partido de...**	. . . game
pasado mañana	day after tomorrow
poner	to put

la **próxima semana**	next week
saber (de)	to know information, to know about
salir (de)	to go out, to leave
el **salón de clase**	classroom
traer	to bring
ver	to see, to watch
el **viernes próximo**	next Friday

Inviting others to do something . . . .*See p. 134.*

Prepárate para el examen

Integración

capítulos 1-4

1 Match each picture to the statements that best describe Lorenzo's busy day. ◥ FL.A.2.1.3

a.

b.

c.

d.

2 Manuel has been accepted as an exchange student in the United States. Read his e-mail to his host parents and then tell whether each statement is **cierto** or **falso.** Correct the false statements.

◥ FL.A.3.2.3

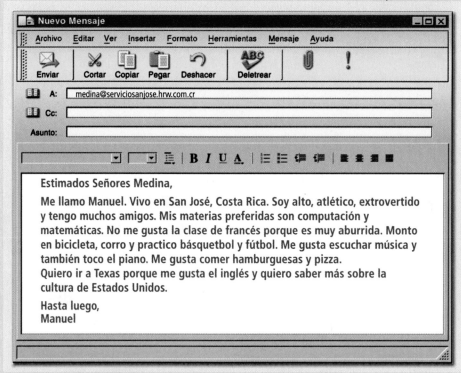

Nuevo Mensaje

Archivo   Editar   Ver   Insertar   Formato   Herramientas   Mensaje   Ayuda

Enviar   Cortar   Copiar   Pegar   Deshacer   Deletrear

A: medina@serviciosanjose.hrw.com.cr

Cc:

Asunto:

B I U A

Estimados Señores Medina,

Me llamo Manuel. Vivo en San José, Costa Rica. Soy alto, atlético, extrovertido y tengo muchos amigos. Mis materias preferidas son computación y matemáticas. No me gusta la clase de francés porque es muy aburrida. Monto en bicicleta, corro y practico básquetbol y fútbol. Me gusta escuchar música y también toco el piano. Me gusta comer hamburguesas y pizza.
Quiero ir a Texas porque me gusta el inglés y quiero saber más sobre la cultura de Estados Unidos.

Hasta luego,
Manuel

1. Manuel es alto, atlético y tiene pocos amigos.

2. A Manuel le gustan más las clases de computación y matemáticas.

3. A Manuel no le gusta la clase de francés porque es difícil.

4. Manuel quiere ir a Costa Rica.

5. Manuel tiene ganas de visitar Estados Unidos.

3 In groups of four, welcome an exchange student from Costa Rica. Greet the student, introduce yourselves, describe a typical day at school, and your after-school and weekend activities with friends. ↘**FL.A.1.1.2, FL.A.3.1.1**

4 Pick two people from the painting and write a conversation in Spanish between them. Include where they are going, what they want or have to do, and their afternoon plans. Read your conversation aloud, and have classmates guess which people you've chosen. ↘**FL.A.3.2.3**

Víctor Hugo Fernández, Gráficos del Globo, S.A., Costa Rica

Domingueando, de Tomás Povedano de Arcos (1847–1943)

5 Write a conversation in which you invite a classmate to eat lunch in the cafeteria. He or she agrees and then invites you to the soccer game this Friday night at the school stadium. Agree to go and ask him or her what time to arrive. He or she tells you, and you both say goodbye. ↘**FL.A.1.2.2**

6

Situación

Create an information center where some students serve as peer counselors for new students. The new students have questions about classes, teachers, supplies, location of different areas of the school, after-school activities and school events. Use vocabulary and grammar you have learned to present your situation. ↘**FL.A.1.2.2**

Benchmark Focus
FL.A.1.2.2 Exchange information necessary to plan events or activities

151

Video/DVD

GeoVisión

Geocultura
Chile

▲ **La costa del Pacífico** Chile's Pacific coastline is 6,000 kilometers long, but the country is less than 185 kilometers wide. The city of **Viña del Mar** is a destination for sunbathers.

▼ **Moais** More than 600 stone statues called **moais** are located on Easter Island in the Pacific Ocean. Easter Island is also known as **Rapa Nui.**

▼ **Santiago** Chile's capital was founded in 1541 by the Spanish explorer Pedro de Valdivia. This city of 5.5 million people lies at the foot of the Andes Mountains.

Almanac

Population
15,498,930

Capital
Santiago

Government
republic

Currency
Chilean peso

Official Language
Spanish

Internet Code
www.[ ].cl

◀ **La cueca** is the national dance of Chile, representing courtship between a rooster and a hen.

¿Sabías que...?
Chile and Florida are both major fruit producers and exporters. Chile's production of grapes, pears, and apples make it the largest fruit exporter in South America. Florida's biggest fruit crops are oranges and grapefruit.

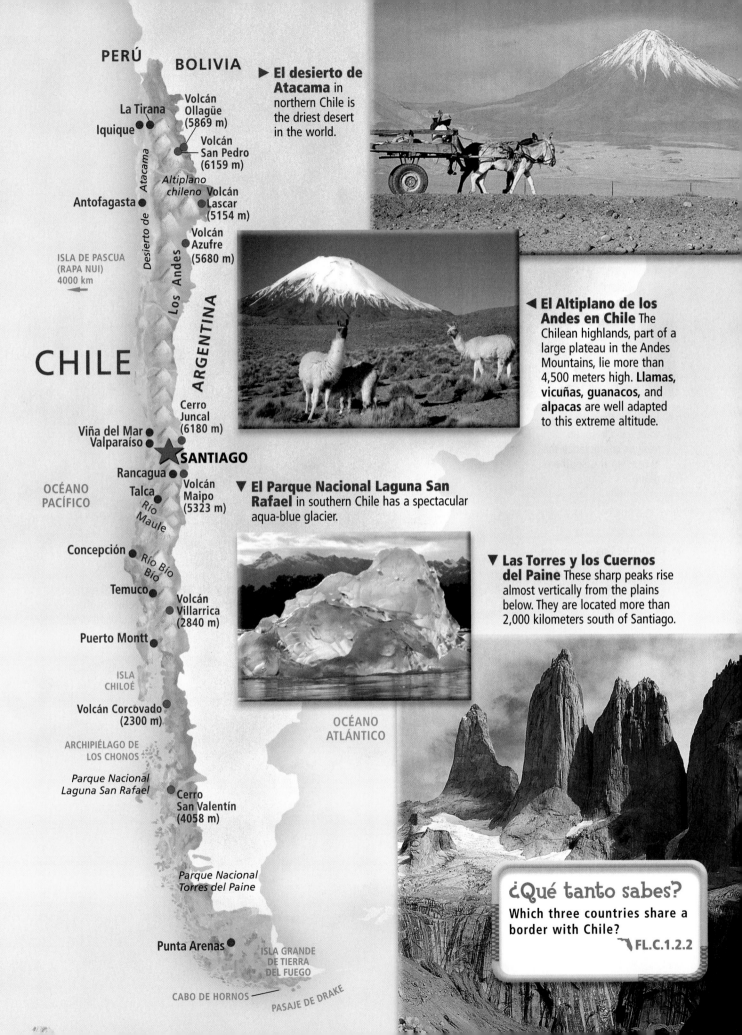

PERÚ

BOLIVIA

La Tirana

Iquique

Volcán Ollagüe (5869 m)

Volcán San Pedro (6159 m)

Desierto de Atacama

Altiplano chileno

Antofagasta

Volcán Lascar (5154 m)

Volcán Azufre (5680 m)

ISLA DE PASCUA (RAPA NUI) 4000 km

Los Andes

ARGENTINA

CHILE

Cerro Juncal (6180 m)

Viña del Mar

Valparaíso

★ SANTIAGO

Rancagua

OCÉANO PACÍFICO

Talca

Volcán Maipo (5323 m)

Río Maule

Concepción

Río Bío Bío

Temuco

Volcán Villarrica (2840 m)

Puerto Montt

ISLA CHILOÉ

Volcán Corcovado (2300 m)

ARCHIPIÉLAGO DE LOS CHONOS

Parque Nacional Laguna San Rafael

Cerro San Valentín (4058 m)

OCÉANO ATLÁNTICO

Parque Nacional Torres del Paine

Punta Arenas

ISLA GRANDE DE TIERRA DEL FUEGO

CABO DE HORNOS

PASAJE DE DRAKE

► **El desierto de Atacama** in northern Chile is the driest desert in the world.

◄ **El Altiplano de los Andes en Chile** The Chilean highlands, part of a large plateau in the Andes Mountains, lie more than 4,500 meters high. **Llamas, vicuñas, guanacos,** and **alpacas** are well adapted to this extreme altitude.

▼ **El Parque Nacional Laguna San Rafael** in southern Chile has a spectacular aqua-blue glacier.

▼ **Las Torres y los Cuernos del Paine** These sharp peaks rise almost vertically from the plains below. They are located more than 2,000 kilometers south of Santiago.

¿Qué tanto sabes?
Which three countries share a border with Chile?
🔖 FL.C.1.2.2

A conocer Chile

La arquitectura

▲ **La Isla Chiloé** Vivid colors and wooden designs characterize the houses on this southern island.

▶ **Iquique** This city in northern Chile has examples of **mudéjar** architecture, an Arabic style introduced by Spaniards.

▲ **Lo moderno y lo antiguo** Colonial architecture contrasts with modern architecture in the capital city of Santiago, giving it a European feel.

La comida

▶ **El pastel de choclo** is a meat pie topped with mashed corn.

▶ **Los mariscos** Chileans eat a great variety of seafood from the Pacific Ocean. This dish is called **curanto**.

Las celebraciones

▲ **La Fiesta de La Tirana** The town of La Tirana near Iquique holds this major festival each July. The festival has its roots in Incan ceremonies, Chinese carnivals, and Spanish fiestas.

¿Sabías que...?

The Mapuches of middle Chile successfully stopped the southern expansion of the Inca Empire at the Río Maule. They are also known for their bravery in the struggle against Spanish and Chilean forces from the early 1500s to the 1880s.

◀ **Los mapuches** The culture of the Mapuche people in southern Chile can be seen in their customs, handicrafts, traditional dress, and festivals.

Las bellas artes

▲ **Pablo Neruda (1904–1973) y Gabriela Mistral (1889–1957)** These two famous Chilean poets each won a Nobel Prize in Literature.

▶ **Pedro Lira (1845–1912)** Chilean artist Pedro Lira gained international fame for this painting, *The Founding of Santiago.*

Conexión Música

On September 11, 1973, the Chilean army under Augusto Pinochet toppled the elected government of Salvador Allende. The politically inspired music known as *la nueva canción chilena* lost one of its best known representatives, Víctor Jara, in the repression following this coup. This mural in Santiago is about Jara's music. Listen to a Víctor Jara song. How does it compare to political songs in the United States?

In your part of Florida, where can you hear music from Chile or other Latin American countries? How do the themes of this music compare to Jara's?

Benchmark Focus

FL.C.1.2.2 Use target-language vocabulary or concepts to reinforce knowledge of a related topic studied in another class

Capítulo 5

En casa con la familia

OBJETIVOS

In this chapter you will learn to
- describe people and family relationships
- talk about where you and others live
- talk about your responsibilities

And you will use
- possessive adjectives
- stem-changing verbs: **almorzar, dormir, volver, merendar, entender,** and **empezar**
- **estar** with prepositions
- negation with **nunca, tampoco, nada,** and **nadie**
- **tocar** and **parecer**

¿Qué ves en la foto?

- ¿Qué hacen los muchachos en el parque?

- ¿Cuántas personas hay en la familia?

- ¿Qué te gusta hacer con tu familia?

 Look for the next to each activity and the **Benchmark Focus** to help you achieve the goals of the **Florida Sunshine State Standards,** found on pages FL14–FL16.

Visit Holt Online

go.hrw.com
KEYWORD: EXP1 CH5

Online Edition

Una familia chilena en Santiago, Chile

157

Vocabulario

en acción 1

Video/DVD

ExpresaVisión

Hola. Soy Julia Pérez. Ésta es mi familia.

el/la perro(a)

mis abuelos

mi abuelo Augusto   **mi abuela Rosa**

el/la gato(a)

mis padres

mis tíos

mi padre (papá) Rigoberto

mi madre (mamá) María, la hija de Augusto y Rosa

mi tío Arturo, el hijo de Augusto y Rosa

mi tía Delia

mis hermanos y yo

mis primos

yo, Julia, la nieta de Augusto y Rosa

mi hermano mayor Juan, el nieto de Augusto y Rosa

mi hermana menor Orieta, la nieta de Augusto y Rosa

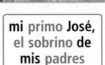

mi primo José, el sobrino de mis padres

mi prima Mari, la sobrina de mis padres

▶ **Vocabulario adicional** — La familia, p. R9

Tiene los ojos...

azules

verdes

negros

de color café

Tiene el pelo...

castaño

canoso

negro

largo

corto

Vocabulario 1

Más vocabulario...

¿Cómo es?

ciego(a)	*blind*
gordo(a)	*fat*
joven	*young*
sordo(a)	*deaf*
travieso(a)	*mischievous*
viejo(a)	*old*

 También se puede decir...

In Florida, people from the Dominican Republic may refer to brown or hazel eyes as **ojos marrones** or **ojos galanos**. Cubans may call hazel eyes **ojos carmelitas**, and Colombians may use **ojos color miel** or **ojos castaños**.

¡Exprésate!

Interactive TUTOR

To ask about people and family relationships	To respond
¿Cuántas personas hay en tu familia? *How many people are in your family?*	**En mi familia somos cuatro personas.** *There are four people in my family.*
¿Cómo es tu familia? *What is your family like?*	**Somos delgados y tenemos el pelo rubio. Todos usamos lentes. Mi hermana María está en una silla de ruedas.** *We are thin and have blond hair. We all wear glasses. My sister María is in a wheelchair.*
¿Cómo es tu tía? *What is your aunt like?*	**Es profesora. Es una persona callada. Ella y mi tío tienen dos hijos pero no tienen nietos.** *She's a teacher. She's a quiet person. She and my uncle have two children, but they don't have any grandchildren.*

Vocabulario y gramática, pp. 49–51 Online workbooks

▶ **Vocabulario adicional** — Profesiones, p. R10

Carnet de identidad chileno

1 **¿Cierto o falso?**

 Escuchemos Mira el árbol genealógico *(family tree)* y escucha las oraciones. Indica si cada oración es **cierta** o **falsa.**

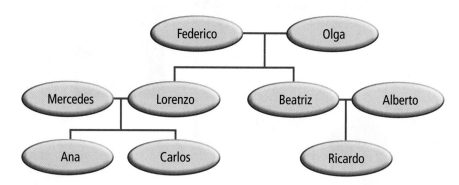

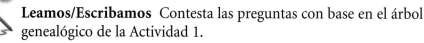

2 **¿Quién es quién?**

Leamos/Escribamos Contesta las preguntas con base en el árbol genealógico de la Actividad 1.

1. ¿Quién es la hermana de Lorenzo?
2. ¿Cómo se llama el tío de Ricardo?
3. ¿Cómo se llama la abuela de Ana?
4. ¿Quién es la madre de Carlos?
5. ¿Cuántos nietos tienen Federico y Olga?
6. ¿Cómo se llama el padre de Ricardo?
7. ¿Cuántos hijos tienen Mercedes y Lorenzo?
8. ¿Quién es el primo de Carlos?

3 **Descripciones**

Leamos/Escribamos Completa la descripción de cada foto con una respuesta lógica.

1. Mi abuelo es ▭▭▭. Tiene el pelo ▭▭▭ y ▭▭▭.
2. Mi tío es ▭▭▭. Tiene un ▭▭▭ inteligente.
3. Mi papá es ▭▭▭. Usa ▭▭▭.
4. Mi ▭▭▭ se llama Barrigón. Es muy ▭▭▭, ¿no?

1. mi abuelo

2. mi tío

3. mi papá

4. Barrigón

4 **¿Cómo son?** FL.A.3.2.1

Escribamos Use words from each list to write at least three sentences about yourself and your family members.

MODELO **Mi hermano tiene doce años. Es bajo y tiene el pelo rubio. Es travieso.**

yo	tener	▬▬▬ años	delgado(a)
mi hermano(a)	(no) usar	los ojos	gordo(a)
mi abuelo(a)	ser	el pelo	travieso(a)
mi padre		lentes	serio(a)
mi madre		alto(a)	joven
mi perro(a)		bajo(a)	viejo(a)
mi gato(a)		ciego(a)	trabajador(a)
		sordo(a)	perezoso(a)

5 **La familia Herrera** FL.A.3.2.1

Escribamos Imagine that you are an exchange student in Chile. This is a photograph of your host family. Write a letter to your best friend describing each family member.

MODELO **En la familia Herrera hay seis personas...**

La familia Herrera de Valparaíso, Chile

Comunicación

HOLT **SoundBooth**
ONLINE RECORDING

6 **Entrevista** FL.A.1.1.2, FL.A.3.2.1

Hablemos Ask three classmates the following questions. Based on their answers, who is most like you? Report your findings to the class.

♻ *¿Se te olvidó?* The preposition **de**, p. 64

1. ¿Cuántas personas hay en tu familia?
2. ¿Con quién de tu familia te gusta más pasar el rato? ¿Cómo es?
3. ¿Cuántos hermanos mayores tienes? ¿Cuántos menores? ¿Cómo son?
4. ¿Tienes un perro o un gato? ¿Cómo se llama(n)?

Objetivos
• Possessive adjectives
• o → ue stem-changing verbs
• e → ie stem-changing verbs

Gramática en acción 1

Video/DVD
GramaVisión

Possessive adjectives

1 **Possessive adjectives** show ownership or relationships between people. They are placed before the noun.

Owner		Owner	
yo	**mi** libro	nosotros(as)	**nuestro** libro/**nuestra** casa
	mis libros		**nuestros** libros/**nuestras** casas
tú	**tu** libro	vosotros(as)	**vuestro** libro/**vuestra** casa
	tus libros		**vuestros** libros/**vuestras** casas
usted él ella	**su** libro **sus** libros	ustedes ellos ellas	**su** libro **sus** libros

En inglés

In English, the possessive adjectives *his, her,* and *their* tell whether something belongs to a male, a female, or more than one person.

Which possessive adjective in English can stand for one person or more than one person?

In Spanish, the possessive adjective **su** has many possible meanings *(his, her, its, your, their).* Context usually makes the meaning clear.
FL.D.1.2.2

2 While possessive adjectives refer to the owner, their form agrees in gender and number with the noun that comes after them.

refers to   *agrees grammatically*

Martín vive con **su**s abuelo**s**.

Carlos y yo vivimos con **nuestra** abuel**a**.

3 **Su** and **sus** can take the place of a phrase with **de + person.**

¿De dónde es la madre **de Juan**? **Su** madre es de Puebla.

Vocabulario y gramática, pp. 52–54
Actividades, pp. 41–43

Online workbooks

7 **Nuestras cosas** 🔖 **FL.A.2.1.2**

Leamos Complete the sentences to say that each person is looking for his or her own belongings.

1. Busco (mi/su) libro de español.
2. Buscamos (sus/nuestros) cuadernos.
3. Ellos buscan (tus/sus) mochilas.
4. Mi hermana menor busca (mis/sus) lentes.
5. Buscas (tus/vuestros) lápices.
6. Mamá busca (su/tu) reloj.

8 **¿De Carolina o de Marta?** ⟍FL.A.2.2.5

Escuchemos Listen to the following sentences. Then, based on the photos, decide whether each sentence refers to Carolina's family or Marta's family.

la familia de Carolina

la familia de Marta

9 **En mi familia** ⟍FL.A.2.1.2, FL.A.3.2.1

Leamos/Escribamos Juan is talking about his family with a friend. Fill in the blanks in the conversation with the correct possessive adjective and then tell the class about Juan's family.

—Juan, ¿cuántas personas hay en ___1___ familia?

—Somos cinco en mi familia: ___2___ padres, ___3___ hermana mayor, ___4___ hermano menor y yo.

—¿Dónde trabajan ___5___ padres?

— ___6___ madre es profesora. ___7___ trabajo es muy interesante. ___8___ padre trabaja con ___9___ padre, mi abuelo. A mis padres les gusta mucho ___10___ trabajo.

—Ustedes tienen una casa verde, ¿verdad?

—No, ___11___ casa no es verde pero ___12___ carro es verde.

Nota cultural

When many Spanish speakers talk about **la familia**, they refer to their immediate family and their grandparents, aunts and uncles, and cousins. The extended family often gets together for meals or to go on outings. It is also common for grandparents or elderly relatives to live with younger family members. Elderly members of the family hold a place of honor and respect.

How does this compare to families you know?

⟍FL.D.2.1.1

Comunicación

HOLT **SoundBooth** ONLINE RECORDING

10 **La familia de mi amigo** ⟍FL.A.1.1.2

Hablemos Interview a classmate about someone from his or her extended family. Find out the family member's name, what he or she is like, and what your classmate and he or she like to do together.

MODELO —¿Cómo se llama tu primo?
          —Se llama Robert Miller.

Benchmark Focus

FL.A.1.1.2 Greet others and exchange essential personal information

Stem-changing verbs: o → ue

Interactive TUTOR

1 Verbs with vowel variations in their stems are called **stem-changing verbs.** You have already learned **jugar** where the **u** changes to **ue.** In the verb **dormir** *(to sleep),* the **o** of the stem changes to **ue** in all forms except **nosotros(as)** and **vosotros(as).**

yo **due**rmo	nosotros(as) dormimos
tú **due**rmes	vosotros(as) dormís
Ud., él, ella **due**rme	Uds., ellos, ellas **due**rmen

El perro **duerme** mucho.   *The dog sleeps a lot.*

2 Other verbs that follow this pattern are **almorzar** *(to have lunch),* **volver** *(to go back or come back),* and **llover** *(to rain).*

Cuando **llueve, vuelvo** a casa en el autobús.
When it rains, I come home on the bus.

3 Use **dormir hasta** to say you *sleep until* a certain time.

Los domingos **dormimos hasta** las once.

Vocabulario y gramática, pp. 52–54
Actividades, pp. 41–43

Online workbooks

¿Te acuerdas?

In Spanish, regular verbs have **regular stems** and regular endings.

hablar

hablo	**habl**amos
hablas	**habl**áis
habla	**habl**an

comer

como	**com**emos
comes	**com**éis
come	**com**en

escribir

escribo	**escrib**imos
escribes	**escrib**ís
escribe	**escrib**en

11 **Su rutina diaria** FL.A.2.1.2

Leamos Lee el mensaje que Bernardo le escribe a su abuela. Completa el párrafo con los verbos lógicos. Usa cada verbo sólo una vez.

duermo	almuerzo	vuelvo	almorzamos
duerme	almuerza	vuelve	volvemos
jugamos	dormimos		

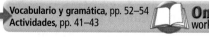

Nuevo Mensaje

Archivo Editar Ver Insertar Formato Herramientas Mensaje Ayuda

Enviar   Cortar Copiar Pegar Deshacer   Deletrear   Adjuntar Prioridad

Nosotros casi siempre ____1____ en la cafetería. Mi hermano ____2____ a las once y media y yo ____3____ a la una. Siempre tengo mucha hambre. Mi hermano ____4____ a casa en su bicicleta a las dos y media y yo ____5____ a las tres. A veces nosotros ____6____ a videojuegos después de volver y a veces yo ____7____ un poco en el sofá. A las cuatro y media vamos al parque por una hora. Nosotros ____8____ del parque a las cinco y media. Después de cenar hacemos nuestra tarea. Los sábados nosotros ____9____ hasta tarde. El perro siempre ____10____ conmigo.

12 Un fin de semana típico ◥FL.A.2.1.2

Leamos/Escribamos Complete each sentence with the correct form of the underlined verb. Sometimes the sentence requires a conjugated form and sometimes an infinitive.

1. Cuando <u>llueve</u> no tengo ganas de salir, pero no va a ▭▭▭ mañana.

2. Voy a <u>almorzar</u> en el centro comercial. Yo siempre ▭▭▭ con mis primos en el centro comercial los sábados.

3. Luego mi prima Juana viene a mi casa y <u>jugamos</u> al tenis. A ella le gusta ▭▭▭ conmigo.

4. Después Juana y yo ▭▭▭ al centro comercial. Nos gusta ir de compras. Pero nuestros amigos no <u>vuelven</u>.

5. Luego yo ▭▭▭ a mi casa y Juana <u>vuelve</u> a su casa.

6. Cuando vuelvo a casa por la tarde siempre quiero <u>dormir</u> un poco. Yo ▭▭▭ mucho por la tarde los sábados.

7. Por la noche mis hermanos ▭▭▭ a videojuegos. No <u>juego</u> con ellos porque no me gustan los videojuegos.

8. Los domingos, mi hermana mayor y yo no ▭▭▭ hasta tarde porque nos gusta correr en el parque por la mañana. Mi hermano sí <u>duerme</u> hasta muy tarde porque es muy perezoso.

> **Nota cultural**
>
> In Florida, when people speak of their **familia** they often also include their **abuelos, tíos,** and **primos.** Extended families typically live together or nearby. The relatives frequently help each other with childcare, taking care of elderly relatives, or transportation. Daily phone calls are common; getting together for dinner is more than a weekly occurrence for many.
>
> What do families in your part of Florida do to stay in touch? ◥FL.D.2.1.1

Comunicación

13 ¿Quién de tu familia...? ◥FL.A.1.1.2

Hablemos Interview your partner using the photos and question words as a guide. Your partner should talk about what he or she and at least two other family members do. Then switch roles.

MODELO —¿Con qué frecuencia juegas al básquetbol?
—Mi hermano y yo a veces jugamos al básquetbol. Mi madre nunca juega al básquetbol.

¿con qué frecuencia?

a. ¿dónde?

b. ¿con qué frecuencia?

c. ¿mucho? ¿poco?

d. ¿a qué hora?

Stem-changing verbs: e → ie

Interactive TUTOR

1 Some verbs show a vowel stem change from **e** to **ie**, such as **empezar** *(to begin, to start)*, **merendar** *(to have a snack)*, **entender** *(to understand)* and **querer** *(to want)*. The **e** changes to **ie** in all but the **nosotros(as)** and **vosotros(as)** forms.

yo emp**ie**zo	nosotros(as) empezamos
tú emp**ie**zas	vosotros(as) empezáis
Ud., él, ella emp**ie**za	Uds., ellos, ellas emp**ie**zan

—¿A qué hora **empieza** la película?　—**Empieza** a las siete.
What time does the movie start?　　*It starts at seven o'clock.*

Tengo que estudiar más. No **entiendo** nada en la clase de francés.

2 You can also use **empezar a** followed by an **infinitive** to say what you or others start to do.

—¿A qué hora **empiezan a trabajar** tus padres?

—**Empiezan a trabajar** a las ocho de la mañana.

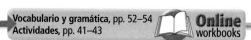

Vocabulario y gramática, pp. 52–54
Actividades, pp. 41–43

Online workbooks

¿Te acuerdas?

The verb t**e**ner is also an **e** → **ie** stem-changing verb. It is irregular in the **yo** form.

tengo	tenemos
t**ie**nes	tenéis
t**ie**ne	t**ie**nen

14 Después de clases 🔖 FL.A.2.1.2

Leamos/Hablemos Complete the conversation using the correct verbs from the box. One verb will be used twice.

jugamos　quieres　merendamos　tengo　tienes　empieza　entiendo

—Hola, Guillermo.

—Hola, Fernando. ¿Cómo estás?

—Más o menos. Esta tarde ___1___ mucha hambre.

—Sí, yo también. ¿Qué tal si ___2___ algo? Hay fruta en la mesa.

—Sí, buena idea. Y después de comer, ¿(tú) ___3___ ir al cine conmigo? La película "El perro invisible" ___4___ a las cinco.

—No, no ___5___ ganas de ver una película.

—Si no ___6___ ganas de ir al cine, ¿quieres jugar al básquetbol? Tengo un partido mañana y necesito practicar.

—Sí, está bien. ¿Qué tal si ___7___ una hora? Luego tengo que estudiar.

—¿Por qué tienes que estudiar esta tarde?

—Porque mañana hay un examen en la clase de historia y yo no ___8___ nada. Es una clase difícil.

15 **¿A qué hora?** FL.A.2.1.2

Leamos/Hablemos Mira las fotos y contesta las siguientes preguntas. ♻ *¿Se te olvidó?* a + time, p. 128

6:30 A.M.

MODELO **¿Hasta qué hora duerme Gabi los lunes? Los lunes Gabi duerme hasta las seis y media de la mañana.**

1. ¿A qué hora merienda?
2. ¿A qué hora empieza a hacer su tarea?
3. ¿A qué hora tiene su ensayo de banda?
4. ¿A qué hora empieza la primera clase de Gabi?
5. ¿A qué hora almuerza?
6. ¿Qué quiere hacer Gabi después de hacer su tarea?

8:10 A.M.

11:45 A.M.

3:00 P.M.

4:20 P.M.

7:00 P.M.

8:30 P.M.

Comunicación

HOLT SoundBooth
ONLINE RECORDING

16 **Entrevista** FL.A.1.1.2, FL.A.3.2.1

Hablemos Use the questions from Activity 15 to ask your partner about his or her daily routine. Then report to the class what you found out.

MODELO —¿Hasta qué hora duermes los lunes?
—Los lunes duermo hasta las seis y media.

Benchmark Focus
FL.A.1.1.2 Greet others and exchange essential personal information

Cultura

Benchmark Focus

FL.C.2.1.1 Use the target language to gain access to information that is only available through the target language or within the target culture

Video/DVD

VideoCultura

Comparaciones

Interactive
TUTOR

Una familia unida de Santiago

¿Quiénes son los miembros de tu familia y cómo son? 🔻 FL.B.1.1.2

In Spain and in Latin America, it is not uncommon to see extended families sharing a house or an apartment. Young adults often continue to live at home with their parents even after graduating from college. One reason for this is the cost of housing relative to income in Spain and Latin America. Many young people simply don't make enough money to live in their own homes or apartments. What advantages and disadvantages do you see to having a large extended family living together? Think about this question as you listen to several Spanish speakers talk about their families.

Amaru
Santiago, Chile

¿Quiénes son los miembros de tu familia?

Bueno, está mi papá, mi mamá y tengo dos hermanos y una hermana.

¿Cómo son ellos?

Bueno, mi mamá es muy trabajadora. Ella es pequeña y es muy linda. Mi hermano pequeño es muy grande, muy simpático, pero un poco travieso.

¿Tienes mascotas?

Tengo dos gatos y dos perros.

¿Con qué frecuencia ves a tus tíos y a tus primos?

Bueno, los veo más o menos un domingo al mes.

¿Se llevan bien ustedes?

Bueno, no nos vemos mucho pero nos llevamos bien.

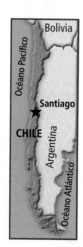

Bolivia

Océano Pacífico

★ Santiago

CHILE

Argentina

Océano Atlántico

Cristian
Buenos Aires, Argentina

¿Quiénes son los miembros de tu familia?

Bueno, los miembros de mi familia son mi papá, mi mamá y mi hermana mayor. Después estoy yo. Me llamo Cristian. Y después está mi hermanito más chiquito.

¿Cómo son ellos?

Te puedo describir, por ejemplo, a mi papá. Es un hombre alto. Tiene el pelo negro, los ojos marrones y es un poco gordo. Y después te puedo también describir a mi hermana. Es una chica linda. Tiene los ojitos claros, tiene pecas, tiene el pelo castaño, y es un poquito más baja que yo.

¿Tienes mascotas?

Sí. Dos perros.

¿Con qué frecuencia ves a tus tíos y a tus primos?

Los veo una vez por mes, dos veces.

Cultura

Para comprender FL.C.2.1.1

1. ¿Quién es travieso de la familia de Amaru?
2. ¿Cuántas mascotas tiene Amaru?
3. ¿Cómo es el papá de Cristian?
4. ¿Cómo es la hermana de Cristian?
5. ¿Quién tiene la familia más grande? ¿Amaru o Cristian?
6. ¿Quién ve más a sus tíos y a sus primos? ¿Amaru o Cristian?

Para pensar y hablar FL.D.2.2.1

Do you think Amaru's and Cristian's families are large or small? Are families in your community typically larger or smaller than theirs? Name two advantages to having a large family (six or more) and two advantages to having a small family (three or four).

Comunidad en la Florida

Los apellidos y la genealogía FL.C.2.1.1, FL.E.1.2.2

Genealogy is a fascinating way to learn more about the history and cultures of Spanish speakers in Florida. Research the background of a Hispanic family—maybe your own, or that of a famous Hispanic Floridian, such as Pedro Menéndez de Avilés, the founder of St. Augustine. Check out the Florida State Genealogical Society (FSGS) in Tallahassee, or another genealogical library in your part of Florida. The Florida Pioneers list, published by the FSGS, lists many people with Hispanic surnames who lived in Florida before it was granted statehood in 1845.

Pedro Menéndez de Avilés, fundador de San Agustín

The Granger Collection, New York

Objetivos
- Talking about where you and others live
- Talking about responsibilities

Vocabulario
en acción 2

Video/DVD
ExpresaVisión

Una casa en Santiago

la cocina

el baño

la sala

la ventana

el sofá

el garaje

las plantas

la puerta

la habitación

el escritorio

la cama

el comedor

la silla

la mesa

¿Dónde vives?

en la ciudad

en el pueblo

en las afueras

en el campo

 También se puede decir...

In Florida, Dominicans may use the word **patio** to mean *yard*; for Cubans, **patio** can be *garden*. Spanish speakers from Colombia, Puerto Rico, and Cuba may use **grama, pasto,** or **hierba** instead of **césped** (*grass*).

The word for *bedroom* has many regional variations: **la alcoba, la recámara, el dormitorio, la pieza.** Many Colombians, Puerto Ricans, and Dominicans in Florida use **el cuarto** for *bedroom*.

¡Exprésate!

Interactive TUTOR

To ask about where someone lives	To respond
¿Dónde viven ustedes?	**Vivimos en un apartamento pequeño. Está en un edificio de diez pisos.**
Where do you live?	*We live in a small apartment. It's in a ten-story building.*
¿Cuál es tu dirección?	**Es calle Valdivia, número 56.**
What's your address?	*It's 56 Valdivia Street.*
¿Cómo es tu casa?	**Es bastante grande. Tiene cuatro habitaciones, y un patio y jardín muy bonitos.**
What's your house like?	*It's quite large. It has four bedrooms, and a very pretty patio and garden.*

Vocabulario y gramática, pp. 55–57

Online workbooks

Vocabulario 2

Más vocabulario...

cocinar
to cook

cortar el césped
to cut the grass

hacer la cama
to make the bed

hacer los quehaceres
to do the chores

limpiar
to clean

sacar la basura
to take out the trash

17 ¿Dónde? ➤ FL.A.2.1.2

Leamos/Hablemos Complete each sentence with a logical place.

1. El carro y las bicicletas están en ═══.
   a. el garaje   b. la sala
2. Almorzamos en ═══.
   a. el baño   b. el comedor
3. Hay muchas plantas en las ventanas ═══.
   a. de la sala   b. del baño
4. Descanso y veo películas en ═══.
   a. la sala   b. el garaje
5. Preparamos la comida en ═══.
   a. la cocina   b. la habitación
6. Hay dos habitaciones en ═══.
   a. la sala   b. la casa
7. Hay un escritorio y una cama en ═══.
   a. el jardín   b. la habitación

18 Donde vivo ➤ FL.A.3.2.1

Escribamos Complete the paragraph so that it's true for you.

MODELO   **Vivo en las afueras. Mi dirección es calle Mercado, número 3232.**

Vivo en ___1___. Mi dirección es ___2___. Mi ___3___ es bastante ___4___. Es de ___5___ piso(s) y tiene ___6___ habitaciones. Tiene ___7___ baños. Casi siempre comemos en ___8___. Me gusta estudiar en ___9___. Mi familia ve televisión en ___10___.

¡Exprésate!

To ask about responsibilities	To respond
¿Qué te parece tener que ayudar en casa? *What do you think about having to help out at home?*	**A veces tengo que cuidar a mis hermanos, pero me parece bien. No es gran cosa.** *Sometimes I have to take care of my brothers and sisters, but it's all right with me. It's no big deal.* **A mí siempre me toca pasar la aspiradora en la sala. ¡Qué lata!** *I always have to vacuum the living room. What a pain!*
¿Qué te toca hacer a ti? *What do you have to do?*	**A menudo tengo que arreglar mi cuarto.** *I often have to pick up my room.*
¿Y a Juan? *And Juan?*	**A Juan nunca le toca lavar los platos. Me parece injusto.** *Juan never has to do the dishes. It seems unfair to me.*

Vocabulario y gramática, pp. 55–57

Online workbooks

19 En la casa ⟍ FL.A.2.1.3

Escuchemos Match each sentence you hear with the picture to which it corresponds. Not every sentence will have a matching picture.

a.

b.

c.

d.

20 Los quehaceres ⟍ FL.A.3.2.1

Hablemos/Escribamos Indica quién en tu familia hace los siguientes quehaceres y con qué frecuencia: **casi siempre, a veces, casi nunca** o **nunca.**

MODELO Mi padre casi siempre corta el césped.

1. cortar el césped
2. pasar la aspiradora
3. limpiar el baño
4. lavar los platos
5. cocinar
6. hacer las camas
7. arreglar la sala
8. sacar la basura
9. cuidar a los hermanos
10. limpiar la cocina

21 Reacciones ⟍ FL.A.3.2.1

Leamos/Hablemos Use the expressions from the word box to react to your list of chores from the previous activity.

MODELO Mi hermana nunca cocina. Me parece injusto.

> Me parece (muy) bien.   ¡Qué lata!   Me parece injusto.   No es gran cosa.

Comunicación

HOLT **SoundBooth** ONLINE RECORDING

22 La casa ideal ⟍ FL.A.1.2.1

Hablemos Have your partner describe his or her ideal home. Ask whether it is in the city or the country, whether he or she wants to live in a house or an apartment, how many stories it has, and how many bedrooms it has. Then switch roles.

MODELO —¿Dónde está tu casa ideal?
      —Mi casa ideal está en el campo.

Objetivos
- Using estar with prepositions
- Negation with **nunca, tampoco, nadie,** and **nada**
- using **tocar** and **parecer**

Gramática en acción 2

Video/DVD
GramaVisión

Estar with prepositions

Interactive
TUTOR

1 You've already used some forms of the verb **estar** to talk about how someone is feeling. **Estar** is irregular in the present tense.

yo	**estoy**	nosotros(as)	**estamos**
tú	**estás**	vosotros(as)	**estáis**
Ud., él, ella	**está**	Uds., ellos, ellas	**están**

2 The verb **estar** is also used with some **prepositions** to say where someone or something is in relation to someone or something else. Some prepositions are made up of more than one word.

—¿Dónde **está** tu apartamento?
—**Está detrás de** un edificio grande.

Vocabulario y gramática, pp. 58–60
Actividades, pp. 45–47

Online workbooks

Nota cultural

Climate and ethnic traditions influence housing styles throughout the world. For instance, a home in southern Chile may show the influence of German or British immigrants, as well as the need for protection against the cold winters. Homes in the Amazon basin, on the other hand, may be built high off the ground and have good ventilation, providing comfort and safety from high water and hot weather.

How do the homes in your area reflect its history and climate? **FL.B.1.1.3**

Una casa del sur de Chile

Benchmark Focus
FL.B.1.1.3 Recognize familiar objects and norms of the target culture

23 Un día escolar FL.A.2.1.2

Leamos/Escribamos Complete the conversation with the correct forms of **estar.** Then rewrite the conversation, answering the questions about yourself.

—¿Con quiénes almuerzas en el colegio?

—Almuerzo con mis amigos Raquel y Joel.

—¿A qué hora ___1___ ustedes en la cafetería?

— ___2___ en la cafetería a las doce y media.

—¿Dónde ___3___ (tú) a las dos de la tarde?

— ___4___ en mi clase de matemáticas.

—¿Y después de clases? ¿ ___5___ (tú) en casa o en el colegio?

— ___6___ en el entrenamiento de volibol. Vuelvo a la casa a las cinco.

—¿Tu casa ___7___ cerca del colegio?

—No, ___8___ bastante lejos.

24 ¿Dónde están? FL.A.2.1.2

Hablemos/Escribamos Mira el dibujo e indica dónde está la primera cosa con relación a *(in relation to)* la segunda.

MODELO **la mochila/el bolígrafo**
La mochila está lejos
del bolígrafo.

1. la computadora/el escritorio
2. la mochila/el perro
3. la silla/el escritorio
4. la planta/la ventana
5. el gato/la planta
6. los lentes/las revistas
7. la computadora/el bolígrafo
8. el perro/la silla
9. el diccionario/las revistas
10. las revistas/los lentes

25 En nuestra familia FL.A.3.2.1

Hablemos/Escribamos Tell where you and your family members are at the following times.

MODELO **Los lunes a las diez de la mañana,**
mi padre está en su trabajo.

1. Los viernes a las ocho de la noche, yo...
2. Los sábados a las seis de la mañana, mi madre...
3. Los miércoles a la una de la tarde, yo...
4. Los lunes a las diez de la mañana, mis hermanos...
5. Los martes a las dos de la mañana, mi familia y yo...
6. Los domingos a las tres de la tarde, mi padre...
7. Los jueves a las seis de la tarde, mis padres...
8. Los sábados a las diez de la noche, yo...

Benchmark Focus

FL.A.3.2.1 Describe important people (e.g., family members and friends) and objects present in your every-day environment and in school

Comunicación

HOLT **SoundBooth** ONLINE RECORDING

26 ¿Qué es? FL.A.1.3.4, FL.B.1.1.1

Hablemos Pick five things in the classroom. Tell your partner where they are, using a preposition. Your partner guesses what you're talking about. Switch roles.

MODELO —**Está cerca de la ventana.**
—**¿Es el escritorio del profesor?**

Chile

ciento setenta y cinco **175**

Negation with nunca, tampoco, nadie, and nada

1 **Nunca** *(never)* and **tampoco** *(neither, not either)* can take the place of **no**, or they can be added toward the end of a sentence that already has **no**.

No voy a la playa.	*I don't go to the beach.*
Nunca voy a la playa.	*I never go to the beach.*
No voy a la playa **nunca**.	*I never go to the beach.*
Tampoco voy a la piscina.	*I don't go to the pool either.*
No voy a la piscina **tampoco**.	*I don't go to the pool either.*

2 The word **nada** means *nothing* when it is the subject of a sentence and *not anything* or *nothing* when it goes after the verb. When **nada** is after the verb, **no** must be placed before the verb.

Nada es fácil.	*Nothing is easy.*
No quiero **nada** hoy.	*I don't want anything today.*

3 Use **nadie** to say *nobody* or *not anybody*. When **nadie** is after the verb, **no** must be placed before the verb.

Nadie quiere lavar los platos. Todos quieren ir al cine.
Nobody wants to wash the dishes. Everybody wants to go to the movies.

No hay **nadie** aquí.	*There isn't anybody here.*

Vocabulario y gramática, pp. 58–60
Actividades, pp. 45–47

 Online workbooks

¿Te acuerdas?

The word **no** can mean *not, do not,* or *don't.* It goes before the verb or before the pronouns that go with **gustar**.

No soy de Madrid.

No quiero ir al cine.

A mí **no** me gusta la pizza.

---

27 **Después de cenar** 🔊 FL.A.2.1.3

🔊 **Escuchemos** Escucha las oraciones y decide si son **ciertas** o **falsas** según *(according to)* las fotos.

la hija

el hijo

la madre

28 No queremos hacer nada 🏷 FL.A.2.1.2

Leamos/Hablemos Completa las oraciones.

1. Mis primos no van a la playa. No voy a la playa (también/tampoco).

2. No quiero hacer (nada/nunca) hoy.

3. Mis padres, mis hermanos y yo tenemos el pelo castaño. (Siempre/Nadie) en mi familia tiene el pelo rubio.

4. Cuando llueve y hace frío, mi perro no quiere salir. A mí (tampoco/nada) me gusta salir cuando hace mal tiempo.

5. Siempre preparamos la cena en la cocina. (Nunca/Tampoco) cocinamos en el patio.

6. Después de cenar, me toca lavar los platos. (Tampoco/Nadie) me ayuda.

29 ¿Vas a ir al cine hoy? 🏷 FL.A.2.1.2

Leamos Complete the conversation with your friend about this weekend using words from the box.

Un cine en Viña del Mar, Chile

tampoco	siempre	también
nada	nunca	algo

—¿Vas a hacer __1__ el sábado?

—No, no voy a hacer __2__. ¿Y tú?

—Casi __3__ voy al cine los sábados. ¿Quieres ir conmigo?

—Sí, yo __4__ quiero ir al cine. ¿Sales mucho los sábados?

—Sí. Casi __5__ paso los fines de semana en casa.

—Yo __6__ paso los fines de semana en casa. Siempre salgo con mis amigos y mis primos.

 **Comunicación**

30 ¿Y tú? 🏷 FL.A.1.2.2

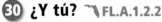

Hablemos Entrevista a un(a) compañero(a) de clase sobre lo que hace.

1. ¿Qué días siempre tienes mucho que hacer?

2. ¿Qué quehaceres casi siempre te toca hacer en casa?

3. ¿Quiénes ayudan con los quehaceres?

4. ¿Qué haces cuando no tienes tarea?

5. ¿Qué haces cuando no tienes nada que hacer?

> **Benchmark Focus**
> FL.A.1.2.2 Exchange information necessary to plan events or activities

Interactive
TUTOR

Tocar and parecer

1 To say what you have to do, what your duties are, or whose turn it is to do something, use the verb **tocar** followed by an **infinitive**. **Tocar** may be used like **gustar.**

me	toca(n)	**nos**	toca(n)
te	toca(n)	**os**	toca(n)
le	toca(n)	**les**	toca(n)

—A ti **te toca** sacar la basura hoy.
It's your turn to take out the trash today.

—¿A mí? No. Hoy **le toca** a Fernando.
My turn? No. It's Fernando's turn today.

2 The verb **parecer** means *to seem* and may also be used like **gustar.** It's very common to use this verb when asking for and giving opinions.

me	parece(n)	**nos**	parece(n)
te	parece(n)	**os**	parece(n)
le	parece(n)	**les**	parece(n)

Siempre me toca a mí lavar los platos. **Me parece** injusto.
I always have to wash the dishes. It seems unfair to me.

A mi hermano **le parece** una lata cortar el césped.
My brother thinks cutting the grass is a pain.

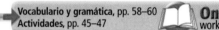

Vocabulario y gramática, pp. 58–60
Actividades, pp. 45–47

Online workbooks

¿Te acuerdas?

The verb **gustar** uses these **pronouns** for the person who likes something. The verb agrees with what is liked.

me	gusta(n)	**nos**	gusta(n)
te	gusta(n)	**os**	gusta(n)
le	gusta(n)	**les**	gusta(n)

31 **¡Qué lata!** FL.A.2.1.3

Escuchemos For each picture, you'll hear two sentences. Tell whether they are **cierto** or **falso.**

mi hermana

mi hermano

mi papá y mi hermano menor

mi mamá y yo

32 **¿A quién le toca?** FL.A.2.1.2

Hablemos/Escribamos Tell your sister it's her turn to do the chores and your turn to have fun.

MODELO **A ti te toca limpiar el baño. A mí me toca jugar.**

1. descansar/cortar el césped
2. lavar los platos/ir de compras
3. cocinar/ver televisión
4. jugar/hacer la cama
5. leer/limpiar la casa
6. limpiar el baño/cantar

33 **¿Qué les parece?** FL.A.3.1.1

Hablemos/Escribamos Say how the following activities seem to you. Then name someone you know who has a different opinion.

MODELO **A mí me parece divertido ir de compras pero a mi padre le parece aburrido.**

divertido	fácil	muy bien	interesante
difícil	aburrido	fenomenal	pésimo

1. trabajar en el jardín
2. vivir en el campo
3. jugar con los perros
4. ir al centro comercial
5. jugar a videojuegos
6. hablar por teléfono
7. bailar
8. hacer ejercicio

Comunicación

HOLT **SoundBooth** ONLINE RECORDING

Benchmark Focus

FL.A.3.2.1 Describe important people and objects present in your everyday environment

34 **Mi familia** FL.A.3.2.1

Hablemos Work with a partner. Imagine that one of you is the girl below. Ask and answer questions about her house and family.

a.

b.

nuestra casa   la casa de abuela

c.

¿Quién será?
Episodio 5

Benchmark Focus

FL.C.2.1.1 Use the target language to gain access to information that is only available through the target language or within the target culture

ESTRATEGIA

FL.C.2.1.1

Understanding Humor Understanding humor is an important part of enjoying a story on video. Sometimes humor can be created by contrasting what a character is actually experiencing with what a character *feels* like he or she is experiencing. As you watch or read, compare Sofía's and Nicolás's real household chores with how they see those chores. Does the comparison make you laugh? Do you feel the same way about household chores?

En México

Es sábado, un día que a veces no le gusta mucho a Sofía.

Hija, creo que te toca a ti lavar los platos.

Sofía, ¡tienes que pasar la aspiradora en tu habitación y en la sala!

1

Sofía Hoy es sábado. Los sábados mi familia y yo hacemos el quehacer.

2

Sofía ¿Ves a esa señora de pelo negro y ojos de color café? Ella es mi madre. Le gusta tener la casa muy, pero muy limpia.

3

Sofía ¿Ves a ese señor canoso con los lentes y la sonrisa graciosa? Es mi padre. No le gusta lavar los platos.

¡Sofía! ¡Sofía! ¡Cara de tortilla! ¡Tienes que sacar la basura!

4

Sofía ¿Ves a ese niño travieso? Es Quique, mi hermano. A Quique no le toca hacer los quehaceres. ¡Me parece injusto!

5

Sofía ¡Qué lata! Nunca puedo descansar.

En Puerto Rico

Es sábado en la casa de Nicolás, en San Juan...

¡Nicolás! Tienes que cortar el césped hoy. Vienen tus tíos y tus primos.

Nicolás. Tú y yo vamos a limpiar el garaje hoy. No es gran cosa.

6

Nicolás Hoy es sábado. Quiero salir de casa antes de que…

7

Nicolás ¡El césped! ¡Ay, no! Mi abuela es muy exigente. ¡Quiere todo perfecto!

8

Nicolás Mi papá es mecánico. ¡Está loco por los carros! Le gusta tener el garaje muy organizado.

9

Nicolás Un sábado bonito ¡arruinado! Y ¿para qué? ¡Para hacer labores! ¡Me parece injusto!

En Chile

As Marcos learns more about the Chilean candidate, he gets a call from la profesora telling him to go to Mexico next.

10

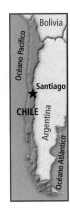

Bolivia
Océano Pacífico
Santiago
CHILE
Argentina
Océano Atlántico

Novela en video

¿COMPRENDES?

1. Which statement by Sofía tells you something about her mother's personality?

2. Why does Sofía think her father doesn't like to wash dishes?

3. Why does Sofía call her little brother **ese niño travieso**?

4. Do you think Sofía is being treated unjustly?

5. How does Nicolás end up spending his Saturday?

6. Why are the attitudes of Sofía and Nicolás amusing?

📎 FL.A.2.2.5, FL.A.3.2.3

Próximo episodio
Can you guess who Marcos will investigate in Mexico?
PÁGINAS 218–219 ▶

Leamos y escribamos

ESTRATEGIA

para leer Scanning for specific information means reading to find a particular fact—a price, a feature, or a location, for example. When that is your purpose, you do not have to read or understand every word. Simply scan the text until you find what you are looking for.

A Antes de leer FL.C.2.1.1

Scan the following ads. What can you find about the prices and the locations of the properties?

CASAS Y APARTAMENTOS

AGENCIA INMOBILIARIA[1]

Zamora + Asociados
Calle Loma Linda 546
Tel: 5-55-69-32
www.vivienda[2]enlínea.hrw.com

A. Se vende[3] casa, estilo chalet, en pueblo tranquilo. 5 dormitorios, 3 baños, gran sala/comedor, sala de juegos, oficina, cocina moderna, garaje doble y piscina. ¡Precio incomparable!

B. Se alquila[4] apartamento remodelado. Av. Providencia 3192. 2 dormitorios, 2 baños, sala, cocina/comedor y garaje. A sólo tres cuadras[5] de la universidad. ¡Un sitio ideal!

C. Se vende casa en las afueras de la ciudad. El Rosal, calle Margarita 89. Aire y calefacción[6] central. 2 dormitorios, 1 baño, sala, comedor, cocina, garaje y magnífico jardín. Precio negociable.

D. Se alquila apartamento amueblado[7]. Nuevo edificio en el centro de la ciudad. Perfecto para hombre o mujer profesional. 1 habitación, 1 baño, sala, cocina y balcón con magnífica vista[8] de la ciudad. ¡Gran oportunidad!

E. Se vende pequeño condominio en zona residencial. Enfrente de un parque y cerca de la Escuela Primaria Salazar. 3 dormitorios, 2 baños, sala con chimenea, comedor, cocina y garaje. ¡Gran precio!

---

1 real estate company   **2** properties   **3** for sale   **4** for rent   **5** blocks   **6** heating   **7** furnished   **8** view

B Comprensión ⟍FL.A.3.2.3

Based on each person's profile, match these prospective home buyers or tenants with the properties in the previous ads.

1. Una abuela que vive con su nieto de cuatro años y un gato.
2. Dos hermanos que empiezan sus estudios en la universidad.
3. Una mujer de negocios joven.
4. Una familia con tres hijos y dos perros grandes.
5. Una familia pequeña con dos hijos de siete y nueve años.

C Después de leer ⟍FL.A.3.2.1

What kinds of things, other than size and cost, do people take into consideration when looking for a home to rent or buy? Describe the ideal home for your real family or an imaginary one. Explain why the features of your prospective home make it ideal.

FCAT Writing Focus

LA.B.1.4.1
Use appropriate prewriting strategies, such as graphic organizers

Taller del escritor

A mi mamá le gusta trabajar en el jardín.

A mi mamá le toca cortar el césped.

Mamá

ESTRATEGIA ⟍FL.A.3.2.3

para escribir Graphic organizers can help you remember details you may otherwise forget. You can draw bubbles containing the characteristics of the things you describe, then connect the bubbles to help you see your writing plan more clearly.

¿Qué les toca hacer?

Write a paragraph describing your dream home. Say where it is, what it is like, who lives with you, and the chores each person does, based on his or her likes and dislikes.

1 Antes de escribir

Draw bubbles with a description of your dream home, (**En mi casa ideal hay...**); the likes and dislikes of the people who live there with you (**A mi papá le gusta cocinar.**), and the chores each person does based on his or her likes and dislikes. (**A mi papá le toca cocinar.**)

2 Escribir un borrador

Start your paragraph with a detailed description of your dream home including where it is located and why that location is ideal. Then write about the people who live there with you, what each person likes and dislikes, and the chores that each person has to do.

3 Revisar

Read your draft at least twice. Check for spelling, punctuation, and correct grammar. Make sure you have included all the information requested.

4 Publicar

You may want to draw your dream home to display on a poster board with your paragraph. How does it compare to your classmates' dream homes?

Leamos y escribamos

Prepárate para el examen

Interactive TUTOR

① **Vocabulario 1**
• describing people and family relationships
pp. 158–161

① Imagine that these photos come from your family album. Describe the family members and tell how old they are. Write at least three sentences for each picture. ⚑ **FL.A.3.2.1**

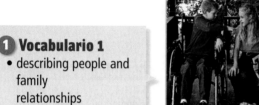

1. mis hermanos 2. mi abuelo 3. mis padres 4. mi gato

② **Gramática 1**
• possessive adjectives
• stem-changing verbs
pp. 162–167

② Pablo describe las actividades de él y de su familia los domingos. Completa su descripción con la forma correcta del verbo o del adjetivo posesivo. ⚑ **FL.A.2.1.2**

Los domingos, ___1___ (mis/tus) hermanos y yo ___2___ (empezar/volver) el día muy temprano. Mi hermano corre por el parque y después ___3___ (empezar/volver) a casa y ayuda a ___4___ (tus/mis) padres en el jardín. Vamos a la iglesia y ___5___ (volver/dormir) a la una. A la una y media mi familia y yo ___6___ (almorzar/merendar). Después de almorzar, los abuelos ___7___ (volver/jugar) a juegos de mesa. Yo nunca ___8___ (volver/jugar) con ellos. Me gusta más salir con ___9___ (nuestro/mis) amigos. A mis amigos y a mí nos gusta ___10___ (arreglar/merendar) a las tres y media.

③ **Vocabulario 2**
• talking about where you and others live
• talking about your responsibilities
pp. 170–173

③ Tell how often you have to do the following chores. If you never do them, say who does. ⚑ **FL.A.3.2.1**

1. hacer las camas
2. lavar los platos
3. sacar la basura
4. limpiar el baño
5. pasar la aspiradora
6. cocinar
7. cortar el césped
8. cuidar a mis hermanos

4 Completa las siguientes oraciones. ⟍FL.A.2.1.2

1. A mí me ===== (tocar/parecer) hacer todo en casa.

2. Los libros de mi papá ===== (hacer/estar) encima del sofá.

3. A mi hermano le ===== (tocar/parecer) fenomenal salir con sus amigos.

4. El perro no quiere jugar ===== (siempre/nunca).

5. Mis amigos nunca hacen nada. Yo no hago nada ===== (también/tampoco).

5 Answer the following questions. ⟍FL.B.1.1.2, FL.B.1.1.3

1. What information do Latin American last names provide?

2. Does the term **familia** refer to an immediate or an extended family?

3. How do culture and climate influence home architecture?

6 Complete the paragraph based on what you hear. ⟍FL.A.2.1.3

La casa de Sara está en ___1___ . En la familia hay ___2___ personas. Hay ___3___ habitaciones en la casa. A Sara le toca ___4___ . Le parece ___5___ . A su hermano nunca le toca ___6___ . A Sara le parece ___7___ .

7 Tell what José says about himself and his sister based on the drawings. ⟍FL.A.3.2.3

4 **Gramática 1**
- using **estar** with prepositions
- negation
- **tocar** and **parecer**
pp. 174–179

5 **Cultura**
- **Comparaciones** pp. 168–169
- **Notas culturales** pp. 160, 163, 174
- **Geocultura** pp. 152–155

Benchmark Focus
FL.B.1.1.2 Recognize patterns of social behavior or social interaction in various settings (e.g., school, family, or immediate community)

Prepárate para el examen

Repaso de Gramática 1

Gramática 1
- possessive adjectives
  pp. 162–163
- stem-changing verbs
  pp. 164–167

possessive adjectives	
mi/s	nuestro/a/os/as
tu/s	vuestro/a/os/as
su/s	su/s

Almorzar, dormir, llover and **volver** have o → ue stem-changes.
Empezar, entender, querer and **merendar** have e → ie stem-changes.

almuerzo	almorzamos	empiezo	empezamos
almuerzas	almorzáis	empiezas	empezáis
almuerza	almuerzan	empieza	empiezan

Repaso de Gramática 2

Gramática 2
- **estar** with prepositions
  pp. 174–175
- negation with **nunca, tampoco, nadie,** and **nada**
  pp. 176–177
- **tocar** and **parecer**
  pp. 178–179

estar		prepositions of location		
estoy	estamos	al lado de	delante de	encima de
estás	estáis	cerca de	detrás de	lejos de
está	están	debajo de		

Negation

nada	nunca	nadie	no	tampoco

tocar		parecer	
me toca(n)	**nos** toca(n)	**me** parece(n)	**nos** parece(n)
te toca(n)	**os** toca(n)	**te** parece(n)	**os** parece(n)
le toca(n)	**les** toca(n)	**le** parece(n)	**les** parece(n)

Benchmark Focus
FL.A.2.1.3 Understand oral messages that are based on familiar themes and vocabulary

Letra y sonido b v

Las letras b y v

The letters b and v follow these rules:
- At the beginning of a sentence, or after **m** or **n**, both are pronounced as *b* in the English word *boy:*
  Voy a casa., ¿**B**ailas mucho?, diciem**b**re, un **b**aile
- Everywhere else, their pronunciation is softer, with the lips barely touching:
  vi**v**ir, a**b**uelo, re**v**ista, a**b**urrido

Trabalenguas

El buen abuelo Vicente vende bonitas boinas baratas, baberos babosos, bolillos verdes, botas bellas y revistas aburridas.

Dictado FL.A.2.1.3

Escribe las oraciones de la grabación.

Repaso de Vocabulario 1

Describing people and family relationships

el/la **abuelo(a)**	grandfather (grandmother)	**largo(a)**	long
los **abuelos**	grandparents	la **madre (mamá)**	mother (mom)
almorzar (ue)	to have lunch	**mayor**	older
callado(a)	quiet	**menor**	younger
canoso(a)	gray-haired	**merendar (ie)**	to have a snack
castaño(a)	dark brown	**negro(a)**	black
corto(a)	short	los **nietos**	grandsons, grandchildren
ciego(a)	blind	el **padre (papá)**	father (dad)
de color café	brown	los **padres**	parents
delgado(a)	thin	el **pelo**	hair
dormir (ue)	to sleep	el/la **perro(a)**	dog
empezar (ie)	to begin, to start	la **persona**	person
En mi familia somos cuatro personas.	There are four people in my family.	el/la **primo(a)**	cousin
		los **primos**	cousins
entender (ie)	to understand	el/la **sobrino(a)**	nephew (niece)
estar en una silla de ruedas	to be in a wheelchair	los **sobrinos**	nephews, nieces and nephews
		sordo(a)	deaf
el/la **gato(a)**	cat	**tener (ie) los ojos azules**	to have blue eyes
gordo(a)	fat	el/la **tío(a)**	uncle (aunt)
hasta	until	los **tíos**	uncles and aunts
el/la **hermano(a)**	brother (sister)	**todos(as)**	everyone, all of us
los **hermanos**	siblings	**travieso(a)**	mischievous
el/la **hijo(a)**	son (daughter)	**usar lentes**	to wear glasses
los **hijos**	children, sons	**verde**	green
joven	young	**viejo(a)**	old
		volver (ue)	to go back or come back

Repaso de Vocabulario 2

Talking about where you and others live

las **afueras**	outskirts	el **patio**	patio, yard
el **apartamento**	apartment	**pequeño(a)**	small
el **baño**	bathroom	las **plantas**	plants
el **campo**	countryside	el **pueblo**	town, village
la **casa**	house	la **puerta**	door
la **ciudad**	city	la **sala**	living room
la **cocina**	kitchen	la **silla**	chair
el **comedor**	dining room	el **sofá**	couch
la **dirección**	address	**tampoco**	neither, not either
el **edificio (de diez pisos)**	(ten-story) building	la **ventana**	window
el **escritorio**	desk	**vivir**	to live
el **garaje**	garage	**Talking about your responsibilities** ...... See p. 172.
grande	big, large	**cocinar**	to cook
la **habitación**	bedroom	**cortar el césped**	to cut the grass
el **jardín**	garden	**hacer la cama**	to make the bed
la **mesa**	table	**hacer los quehaceres**	to do the chores
nadie	nobody, not anybody	**limpiar**	to clean
		sacar la basura	to take out the trash

Prepárate para el examen

Integración
capítulos 1-5

1 Listen to Josefina talk about her family and then match her descriptions with the correct photo. ◥ **FL.A.2.2.5**

A

B

C

D

2 Esteban is writing to "Metida", an advice columnist. Read his letter and then answer the questions that follow. ◥ **FL.A.3.2.3**

Querida Metida, ...

> Quiero salir más con mis amigos los fines de semana, pero no tengo tiempo. Los viernes por la tarde practico fútbol en el estadio. No llego a casa hasta las 8:00. Los sábados tengo un montón que hacer en casa. Arreglo mi cuarto y corto el césped. Ayudo a lavar los platos después de comer. Los domingos cuido a mi hermano menor porque mis padres juegan al tenis. Por la noche tengo que hacer la tarea. Me parece injusto pero, ¿qué puedo hacer?

—Esteban

1. ¿Qué problema tiene Esteban?
2. ¿Por qué no sale los viernes?
3. ¿Qué le toca hacer a Esteban los sábados?
4. ¿Cuándo salen los padres de Esteban? ¿Qué hacen?
5. ¿Qué le toca a Esteban hacer cuando salen sus padres?
6. ¿Qué necesita hacer Esteban? En tu opinión, ¿qué consejos (advice) le va a escribir "Metida" a él para resolver (solve) su problema?

3 In groups of four, create a conversation between a family and a real-estate agent. The family describes the ideal home and the real-estate agent suggests a house or apartment. ⟍FL.A.1.2.1

4 Write a paragraph in Spanish describing the painting. Include the weather, a description of the people, their ages, and their relationships to one another.⟍FL.A.3.2.3, FL.B.1.1.3

Esperando a los pescadores, de Isidoro Molleda (n. 1930)

Isidoro Molleda, Chilean painter. MarPau Art Gallery, Viña del Mar, Chile

5 Complete the word web below about your favorite family member. Use the chart to write a paragraph describing this person. ⟍FL.A.3.2.1

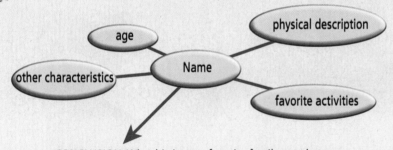

CONCLUSION: Why this is your favorite family member

6

Situación   You're giving an outdoor birthday party for a relative. Three friends volunteer to help you get ready. Decide whom to invite, who will do what chores, what food people like, and what games you will have in good or bad weather. Act out your conversation for the class. ⟍FL.A.1.2.2, FL.A.3.2.1

Benchmark Focus
FL.A.1.2.2 Exchange information necessary to plan events or activities

Repaso cumulativo

189

Video/DVD

GeoVisión

Geocultura
México

▲ **El volcán Popocatépetl** está en el valle central de México y es el segundo pico más alto del país con una altura de 5.465 metros.

GOLFO DE CALIFORNIA

Baja California

▶ **La Ciudad de México,** también conocida como el D.F., es la capital de México y se considera una de las ciudades más grandes del mundo.

◀ **El jarabe tapatío,** el baile folclórico nacional, se caracteriza por ser muy alegre.

Almanaque

Población
103.400.165

Capital
La Ciudad de México

Gobierno
república federal

Idioma oficial
español

Moneda
peso mexicano

Código Internet
www.[ ].mx

¿Sabías que...?
Algunas tortugas marinas como la tortuga Lora, la cual se halla en grave peligro de extinción, anidan en las playas de Veracruz y Tamaulipas, México y en el Refugio de Fauna de la Isla Merritt en la Florida.

◀ **La Barranca del Cobre,** una serie de cañones en la Sierra Madre Occidental, es más grande que el Gran Cañón en Arizona.

▲ **Agua Azul** Las aguas claras de Agua Azul en el estado de Chiapas forman una serie de bellas cascadas.

GOLFO DE MÉXICO

Chihuahua

Río Bravo del Norte

Río Conchos

TEXAS

Barranca del Cobre

Sierra Madre

Sierra Madre Oriental

Monterrey

MÉXICO

▲ **Tulum** Por toda la península de Yucatán se encuentran sitios arqueológicos de las antiguas civilizaciones mayas.

San Luis Potosí

Guanajuato

Occidental

Querétaro

Cancún

Mérida

Tulum

Guadalajara

Río Lerma

CIUDAD DE MÉXICO

Valle Central

Teotihuacán

Península de Yucatán

OCÉANO PACÍFICO

Morelia

Toluca

Morelos

Puebla
Popocatépetl

Ixtaccíhuatl

BELICE

Río Balsas

Oaxaca

Agua Azul

Bonampak

▼ **Teotihuacán** Las ruinas de la antigua ciudad de Teotihuacán reflejan la civilización que existía antes de la de los aztecas.

Sierra Madre del Sur

Chiapas

GUATEMALA

¿**Qué tanto sabes?**
¿A qué estado mexicano vas para nadar en las aguas de Agua Azul? ▶FL.C.1.1.1

ciento noventa y uno **191**

A conocer México

El arte

▲ *Vendedora de Alcatraces* fue pintado por Diego Rivera (1886-1957). Rivera también es famoso por sus murales.

▲ **Los antiguos murales mayas** de Bonampak, Chiapas, se encuentran en un templo antiguo.

▲ **Diego Rivera,** autorretrato

La arquitectura

▲ **La biblioteca de la Universidad Nacional Autónoma de México** en la Ciudad de México es la obra maestra de Juan O'Gorman. El mosaico cuenta la historia de México.

◄ **Casa-Estudio Diego Rivera y Frida Kahlo** La casa de los famosos pintores Diego Rivera y Frida Kahlo es un ejemplo del funcionalismo en México.

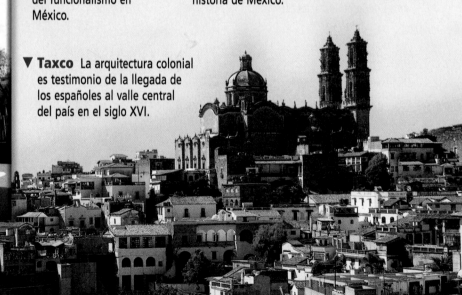

▼ **Taxco** La arquitectura colonial es testimonio de la llegada de los españoles al valle central del país en el siglo XVI.

Las celebraciones

Interactive
TUTOR

Visit Holt Online

go.hrw.com
KEYWORD: EXP1 CH6
Photo Tour

▶ **El Festival Internacional Cervantino** en Guanajuato se dedica a Miguel de Cervantes. Se celebra con obras de teatro y danzas.

¿Sabías que...?
Casi un cuarto de la población mexicana vive en la región cerca de la Ciudad de México.

◀ **El Festival de La Guelaguetza,** o Lunes del Cerro, en Oaxaca reúne a comunidades distintas de todo el estado para bailar y celebrar sus raíces indígenas.

▶ **El Festival del 16 de Septiembre,** el día de la independencia de México de España, se festeja en todo el país.

La comida

▼ **Las empanadas de flor de calabaza** son comida típica de Morelos.

▲ **El mole poblano** preparado con chocolate y chiles es un plato favorito de los mexicanos.

▲ **Chiles en nogada** son parte de la comida típica de la Navidad.

Conexión Economía doméstica

Mucha de la comida que se come hoy en día alrededor del mundo tiene su origen en las Américas. Por ejemplo, las papas, el chile, el cacao, el maíz, los frijoles y el tomate son de esta región.

Mira el menú de un restaurante hispano en tu área y haz una lista de tres platos típicos preparados con base en uno o más de estos ingredientes.

Benchmark Focus

FL.C.1.1.2 Participate in an activity that is based on a concept taught in another class

Capítulo 6

¡A comer!

OBJETIVOS

In this chapter you will learn to
- comment on food
- take an order and make polite requests
- talk about meals
- offer help and give instructions

And you will use
- **ser** and **estar**
- **pedir, servir, preferir, poder,** and **probar**
- direct objects and direct object pronouns
- affirmative informal commands with pronouns

¿Qué ves en la foto?

- ¿Dónde están los muchachos?

- ¿Qué hacen?

- ¿Qué haces tú cuando vas a un parque?

 Look for the 🌴 next to each activity and the **Benchmark Focus** to help you achieve the goals of the **Florida Sunshine State Standards,** found on pages FL14–FL16.

Una vendedora en el Parque Chapultepec, Ciudad de México

Objetivos
- Commenting on food
- Taking orders
- Making polite requests

Video/DVD

ExpresaVisión

Vocabulario
en acción 1

En un restaurante mexicano

¿Qué vas a pedir?

¿Qué prefieres pedir de almuerzo en este restaurante?

un sándwich de atún

una ensalada

una ensalada de frutas

la salsa

unas papas fritas

un sándwich de jamón con queso

Más vocabulario...

Está...

riquísimo(a)	*very good (tasty)*
salado(a)	*salty*
picante	*spicy*
frío(a)	*cold*
(muy) caliente	*(very) hot*

También se puede decir...

In Florida you may hear Puerto Ricans refer to *oranges* as **chinas** and to *orange juice* as **el jugo de china**. You may also hear **el melocotón** for **el durazno** among Cubans and Dominicans.

A *sandwich* is called **un emparedado** among many Spanish-speakers. It is also called **un bocadillo** in Spain, or **una torta** in Mexico.

Vocabulario 1

Para tomar, puedes pedir...

| un jugo de naranja | el agua | un refresco | la leche |

En la mesa hay...

un plato hondo

un cuchillo

una servilleta

un plato

un tenedor   una cuchara

¡Exprésate!

Interactive
TUTOR

To comment on food	To respond
¿Qué tal si pruebas un sándwich de atún? Son muy buenos aquí. *How about trying a tuna sandwich? They're very good here.*	**¡Ay no! Nunca pido atún. No me gusta.** *Oh no! I never order tuna. I don't like it.*
Aquí preparan muy bien (mal) la salsa picante. *They make very good (bad) hot sauce here.*	**(No) estoy de acuerdo.** *I (don't) agree.*
¡Qué ricas están las papas! *The potatoes are really good (tasty)!*	**Sí, me encantan.** *Yes, I love them.*
¿Qué tal está la sopa (de verduras)? *How's the (vegetable) soup?*	**Está un poco salada.** *It's a little salty.*

Vocabulario y gramática, pp. 61–63

Online workbooks

1 Una dieta balanceada FL.A.2.1.2

Leamos Escoge la comida más saludable (*healthful*).

MODELO **la pizza/la ensalada**
la ensalada

1. las papas fritas/las verduras
2. el refresco/el agua
3. la sopa de verduras/el helado
4. la pizza/ensalada de frutas
5. el sándwich de jamón/la ensalada
6. el sándwich de atún/la hamburguesa con queso
7. el refresco/la leche

2 ¿Qué tal está la comida? FL.A.2.1.3

Escuchemos Con base en cada comentario, indica si preparan bien o mal la comida.

1. la sopa
2. las hamburguesas
3. el sándwich de jamón
4. la ensalada
5. el sándwich de atún
6. las papas fritas
7. la sopa de verduras
8. el helado

3 ¿Qué necesitas? FL.A.3.1.1

Hablemos Indica qué necesitas para comer o servir estas cosas.

MODELO **un sándwich**
Necesito un plato y una servilleta.

1. agua
2. sopa
3. papas
4. helado
5. verduras
6. una ensalada
7. jamón
8. leche
9. una pizza

Benchmark Focus

FL.A.2.1.3 Understand oral messages that are based on familiar themes and vocabulary

Nota cultural

The foods we eat often reflect our ethnic traditions and history. In Mexico, many foods trace their origins to pre-Columbian times. **Atole**, a drink first enjoyed by the Aztecs and the Mayas, combines corn meal, milk or water, and a flavoring such as chocolate, fruit, or even chile peppers. **Atole** is so popular that it even comes packaged like instant hot chocolate. What foods do we eat in the United States that were part of the Native American diet?

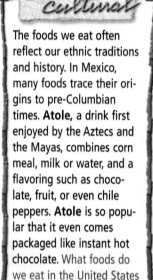

FL.B.1.1.3

¡Exprésate!

To take someone's order	To request something
¿Qué desea usted? *What would you (formal) like?*	**Quisiera un sándwich de queso.** *I would like a cheese sandwich.*
¿Y para tomar? *And to drink?*	**Para tomar, quiero jugo de tomate.** *To drink, I want tomato juice.*
¿Desea algo de postre? *Would you like something for dessert?*	**Sí, ¿me trae un flan?** *Yes, could you bring me a flan?*
¿Algo más? *Anything else?*	**¿Nos trae la cuenta, por favor?** *Could you bring us the bill, please?*

Interactive TUTOR

Vocabulario y gramática, pp. 61–63

Online workbooks

4 En el restaurante ⤳ FL.A.2.1.2

Hablemos Pídele estas cosas al camarero *(waiter)* de una manera cortés*(polite)*.

1.

2.

3.

4.

5.

5 ¿Cómo se dice? ⤳ FL.A.3.2.1

Escribamos Estás en un restaurante con un(a) amigo(a). ¿Cómo dices lo siguiente en español?

> MODELO **ask your friend how the ham sandwich is**
> —¿Qué tal está el sándwich de jamón?

1. suggest that your friend try the fruit salad
2. tell the server you would like a flan
3. say that the soup is a little spicy
4. say that the French fries are delicious
5. say that they make very good desserts here
6. ask the server to bring the bill

Comunicación

HOLT **SoundBooth** ONLINE RECORDING

6 ¿Qué desea usted? ⤳ FL.A.1.2.2, FL.D.1.1.2

Hablemos Imagina que estás en un restaurante. Con un(a) compañero(a), túrnense para dramatizar una conversación entre un(a) camarero(a) y un cliente. Incluyan la siguiente información.

> MODELO —¿Qué desea usted?
> —Quisiera...

1. what you want to eat
2. what you want to drink
3. what you think of the food
4. whether you want dessert
5. whether there's anything else you need

> **Benchmark Focus**
> **FL.D.1.1.2** Use simple vocabulary and short phrases in the target language

Objetivos
• **Ser** and **estar**
• **Pedir** and **servir**
• **Preferir, poder,**
  and **probar**

Gramática en acción 1

Ser and estar

Interactive
TUTOR

1 Both **ser** and **estar** mean *to be*, but they have different uses. You use **estar** to say where someone is or where something is located, and to ask and say how people are doing.

La servilleta **está** en la mesa.
The napkin is on the table.

Estoy bien, gracias.
I'm fine, thanks.

2 You have used **ser** to identify people and things; to say where they are from; to describe what someone or something is like; and to give the day, date, and time.

Ricardo **es** mi amigo. **Es** de México. **Es** alto y simpático.

Es lunes. **Es** el 2 de marzo. **Son** las cuatro en punto.

3 Both **ser** and **estar** can be used to describe foods and drinks. Use **ser** to describe what foods and drinks are normally like.

—¿Cómo **es** el arroz con pollo?
What is chicken and rice like?

—**Es** riquísimo.
It's delicious.

To say how something looks, tastes, or feels at a particular moment, use **estar**.

—¿Cómo **está** tu sopa?
How is your soup?

—**Está** fría.
It's cold.

Vocabulario y gramática, pp. 64–66
Actividades, pp. 51–53

 Online workbooks

7 **¿Cómo son? ¿Cómo están?** **FL.A.2.1.2**

Leamos Decide si las personas hablan **a)** de las características de un plato o **b)** del sabor *(taste)* en un momento específico.

1. La sopa de verduras es buena para ti.
2. ¡Ay! ¡Qué caliente está la sopa!
3. Me gusta el flan de la tía Elena. Está rico.
4. No me gusta el atún. Es muy salado.
5. Preparan muy bien la salsa aquí. Está deliciosa, ¿verdad?
6. No nos gusta la salsa. Es muy picante.
7. ¿Quieres probar mi sándwich? Está rico.

8 ¿Ser o estar?  FL.A.2.1.2

Leamos/Escribamos Carla, tu nueva amiga por correspondencia, acaba de (just) escribirte. Completa el párrafo con el verbo correcto entre paréntesis. Luego di por qué se usa **ser** o **estar**.

> Hola. ¿Cómo ___1___ (eres/estás)? ___2___ (Soy/Estoy) Carla. ___3___ (Soy/Estoy) de Chicago. Y tú, ¿de dónde ___4___ (eres/estás)? Hoy ___5___ (es/está) lunes. ___6___ (Son/Están) las diez de la mañana y mis compañeros y yo ___7___ (somos/estamos) en la clase de español. La profesora ___8___ (es/está) la señora Gómez. La clase de español ___9___ (es/está) un poco difícil, pero me gusta.

9 ¿Cómo estás tú? FL.A.3.2.1

Escribamos Ahora escríbele a Carla y contesta sus preguntas usando **ser** y **estar**. También cuéntale de tu horario y tus clases.

10 ¿Qué tal está...? FL.A.3.1.1

Hablemos Estás en un restaurante y el camarero te pregunta qué tal está todo. Contéstale.

MODELO —¿Qué tal está el flan?
—Está muy rico.

1.

2.

3.

4.

5.

6.

Comunicación

HOLT **SoundBooth** ONLINE RECORDING

11 ¿Te gustan? FL.A.1.2.1

Hablemos Escoge cinco comidas. Con un(a) compañero(a), túrnense para preguntarse si les gusta cada comida y por qué sí o no.

MODELO —¿Te gustan los sándwiches de atún?
—Sí, me gustan mucho. Son deliciosos.

Benchmark Focus

FL.A.1.2.1 Express likes or dislikes regarding various objects, categories, people, and events

Gramática 1

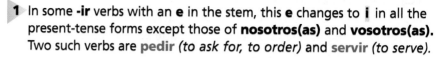

Pedir and servir

Interactive
TUTOR

1 In some **-ir** verbs with an **e** in the stem, this **e** changes to **i** in all the present-tense forms except those of **nosotros(as)** and **vosotros(as)**. Two such verbs are **pedir** *(to ask for, to order)* and **servir** *(to serve)*.

yo	pido	nosotros(as)	pedimos
tú	pides	vosotros(as)	pedís
él, ella, Ud.	pide	ellos, ellas, Uds.	piden

—¿Qué vas a **pedir**?　　　　—Siempre **pido** una ensalada.

yo	sirvo	nosotros(as)	servimos
tú	sirves	vosotros(as)	servís
él, ella, Ud.	sirve	ellos, ellas, Uds.	sirven

Sirven comidas riquísimas en el restaurante de mi tío.

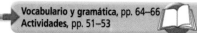
Vocabulario y gramática, pp. 64–66
Actividades, pp. 51–53
Online workbooks

¿Te acuerdas?

Stem-changing verbs like **dormir** and **querer** do not change in the **nosotros(as)** and **vosotros(as)** forms.

d**ue**rmo	dormimos
d**ue**rmes	dormís
d**ue**rme	d**ue**rmen
qu**ie**ro	queremos
qu**ie**res	queréis
qu**ie**re	qu**ie**ren

---

12 ¿De quién habla?  FL.A.2.1.3

Escuchemos En cada oración, decide si la persona habla...
a) de ella misma *(herself)*
b) de otras personas y ella misma
c) de otras personas
d) de otra persona

13 ¿Qué pedimos? FL.A.2.1.2

Escribamos ¿Qué piden estas personas en cada situación?

MODELO **Para beber cuando hace mucho frío**
　　　　(yo) Pido chocolate.

Para beber cuando hace mucho calor
1. yo
2. mis amigos
3. mi hermano(a) menor
4. mi familia y yo
5. mi mejor amigo
6. mis compañeros de clase

Para almorzar cuando todos tenemos mucha hambre
7. yo
8. mi mejor amiga
9. mis abuelos
10. mis padres
11. mis amigos y yo
12. mi profesora

14 ¿Qué servimos? FL.A.3.1.1

Hablemos Carlos habla con un amigo de lo que sirven estas personas en las fiestas. ¿Qué dice? Usa la forma correcta de **servir** en tus respuestas.

MODELO nosotros
Siempre servimos helado.

nosotros

1. yo

2. tú

3. tus amigos y tú

4. mi hermano y yo

5. mis amigos

6. mi madre

15 ¿Servir o pedir? FL.A.2.1.2

Escribamos/Hablemos Completa las preguntas con la forma correcta de **pedir** o **servir**.

1. En un restaurante, ¿ _____ (pedir/tú) una ensalada o un sándwich?

2. ¿Qué refresco generalmente _____ (pedir/tú)?

3. ¿Qué _____ (servir/ellos) en tu restaurante preferido?

4. ¿Qué _____ (servir/tú) en una fiesta?

5. ¿Qué _____ (pedir) tus padres en un restaurante mexicano?

6. ¿Quién _____ (servir) la cena *(dinner)* en tu casa?

7. ¿Qué tipo de sándwich siempre _____ (pedir) tu mejor amigo(a)?

> **Benchmark Focus**
> **FL.A.2.1.2** Restate and rephrase simple information from materials presented orally, visually, and graphically in class

Comunicación

16 Una entrevista FL.A.1.2.2

Hablemos Usa las preguntas de la Actividad 15 para entrevistar a tu compañero(a).

Gramática 1

Preferir, poder, and probar

Interactive
TUTOR

1 The verb **preferir** has an **e** → **ie** stem change. It can be followed by a noun to say what someone *prefers* or by an **infinitive** to say what someone *would rather do* or *prefers to do*.

yo pref**ie**ro	nosotros(as) preferimos
tú pref**ie**res	vosotros(as) preferís
él, ella, Ud. pref**ie**re	ellos, ellas, Uds. pref**ie**ren

¿Prefieres jugo o leche?
Do you prefer juice or milk?

¿Prefieres **salir** o **ver** televisión?
Would you rather go out or watch TV?

2 The verbs **poder** and **probar** have an **o** → **ue** stem change. **Poder** is normally followed by an **infinitive** to say what someone *may, is able to,* or *can do*. **Probar** means *to try* something, as in *to taste*.

yo p**ue**do	nosotros(as) podemos
tú p**ue**des	vosotros(as) podéis
él, ella, Ud. p**ue**de	ellos, ellas, Uds. p**ue**den

¿Nos **puede traer** otra silla?   *Can you bring us another chair?*

yo pr**ue**bo	nosotros(as) probamos
tú pr**ue**bas	vosotros(as) probáis
él, ella, Ud. pr**ue**ba	ellos, ellas, Uds. pr**ue**ban

¿Qué tal si **pruebas** la sopa?   *How about trying the soup?*

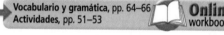

Vocabulario y gramática, pp. 64–66
Actividades, pp. 51–53

Online workbooks

¿Te acuerdas?

Tener and **dormir** are also stem-changing verbs.

Ella t**ie**ne 16 años.
Tú d**ue**rmes mucho.

The **nosotros** and **vosotros** forms do not have stem changes.

T**e**néis un perro bonito.
D**o**rmimos más los sábados.

Benchmark Focus

FL.A.2.1.2 Restate and rephrase simple information from materials presented orally, visually, and graphically in class

17 **Preferir, poder o probar**   FL.A.2.1.2

Escribamos Completa las oraciones con la forma correcta del verbo entre paréntesis. Luego escribe una oración con el mismo verbo.

MODELO **Mi tío no ▭ (poder) comer el flan. (nosotros)**
Mi tío no puede comer el flan.
No podemos comer las hamburguesas.

1. Analisa ▭ (preferir) el flan más que el helado. (mis amigos)
2. Siempre ▭ (probar) la sopa cuando comes en restaurantes. (mis amigos y yo)
3. Mi abuela no ▭ (poder) comer salsa picante. (mis padres)
4. Nosotros ▭ (preferir) almorzar en la cafetería. (usted)
5. Mis hermanas nunca ▭ (probar) los postres. No les gustan. (yo)

18 ¿Qué prueban? FL.A.3.2.1

Escribamos/Hablemos Basándote en los gustos de estas personas, di qué plato prueban cuando almuerzan en restaurantes nuevos.

MODELO **A Lucinda le gustan los postres. Ella...
Ella siempre prueba el flan.**

1. A Andrés le gusta el atún. Él...
2. A ustedes les gusta el postre. Ustedes...
3. A Linda y a Jorge les gusta el jamón. Ellos...
4. A Elsa y a mí nos gustan las frutas. Nosotras...
5. Lucinda, a ti te gustan las verduras. Tú...
6. A mí me gustan el queso y la salsa de tomate. Yo...

Probando nuevos platos en un restaurante, Ciudad de México

19 Rompecabezas FL.A.2.1.2

Escribamos Usa una palabra o expresión de cada columna para escribir seis oraciones.

MODELO **Prefiero tomar jugo.**

1	**2**	**3**
yo	preferir	la cuenta
mi mejor amigo(a)	servir	tomar jugo o leche
tú	pedir	una sopa de...
mis compañeros	querer	comida italiana
el (la) profesor(a)	probar	una ensalada de...
mis amigos y yo		algo de postre

Comunicación

HOLT **SoundBooth**
ONLINE RECORDING

20 ¿Qué prefieres hacer? FL.A.1.2.1

Escribamos/Hablemos En una hoja de papel, escribe lo que te gusta hacer en las horas indicadas. Pregúntales a tres compañeros(as) qué les gusta hacer a ellos(as). Trata de encontrar a alguien a quien le guste hacer las mismas cosas.

MODELO —**¿Qué prefieres hacer los viernes por la noche?**
—**Prefiero... ¿Y tú?**

1. los viernes por la noche
2. los sábados por la tarde
3. los sábados por la mañana
4. los domingos por la mañana

COMPAÑIA NACIONAL DE TEATRO
MINISTERIO DE CULTURA, JUVENTUD Y DEPORTES
Especial
Nº 4605

Cultura

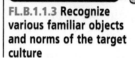

Comparaciones
 Interactive TUTOR

Platos típicos mexicanos

¿Cuál es tu plato preferido y cómo es? FL.B.1.1.3, FL.D.2.2.1

«A buena hambre no hay mal pan» dice el refrán, y ¿qué mejor pan que un plato que nos encanta? Todos tenemos un plato preferido que no sólo es delicioso sino que muchas veces nos hace recordar a nuestra familia, nuestro país de origen y nuestras costumbres. En Estados Unidos, ¿qué platos son regionales o nacionales? ¿Son éstos algunos de tus platos preferidos? ¿Cuáles son algunos platos preferidos de los jóvenes en otros países?

Angélica
Ciudad de México, México

Dime, ¿cuáles son dos o tres platos típicos de México?

Bueno, está el mole, el pozole y los chiles en nogada.

¿Cuál es tu plato favorito?

Los chiles en nogada.

Dime cómo es.

[Los chiles] son muy ricos porque además de ser picantes, también son dulces.

¿Qué contienen?

Bueno, tienen el chile poblano, la carne molida, pasitas, acitrón, crema, nueces y un poquito de granada.

¿Es un plato típico de la región donde vives?

Claro, en el Distrito Federal se consume mucho.

Muchas gracias, Angélica.

No hay de qué, al contrario.

Paula
Santo Domingo, República Dominicana

Dime, ¿cuáles son unos platos típicos en la República Dominicana?

El plato más típico de la República Dominicana es el arroz con habichuela y carne, que puede ser de res o de pollo.

¿Cuál es tu plato favorito?

El moro de guandules con pescado.

¿Me puedes decir cómo es?

El moro de guandules es una mezcla de guandules con arroz y un poco de salsa para el color. Y el pescado se hace con el limón y sal y ajo.

¿Es un plato típico de tu región?

Sí, es muy típico.

Muchas gracias, Paula.

Gracias a ti.

Cultura

Para comprender 🔍 FL.A.3.2.3

1. ¿Qué plato se come mucho en el Distrito Federal?
2. ¿Cómo es el plato preferido de Paula?
3. ¿Cuáles son tres platos típicos de México?
4. ¿Cómo son los chiles en nogada?
5. ¿Qué se come con el arroz con habichuelas?
6. ¿Cuál es el plato más típico de la República Dominicana?

Para pensar y hablar 🔍 FL.D.2.1.1

Angélica and Paula tell us about their favorite dishes, both of which are typical of their countries. How are their favorite dishes different? Do they seem simple to make or do they seem rather complicated? Are there foods unique to where you live? What are they?

Comunidad en la Florida

Comida hispana internacional 🔍 FL.B.1.1.3, FL.E.1.2.1

The Hispanic communities in Florida have made significant contributions to the state's wide variety of international foods. For example, Cuban, Nicaraguan, and Colombian restaurants give people a chance to sample international cuisine, which might be like a meal from home for people from that country. Fruits such as mango, coconut, and tamarind are common in Florida's Hispanic-Caribbean communities and have been incorporated into Florida's unique "Floribbean" cuisine. Find a local store or restaurant that offers Hispanic food. Where are its owners from and who are their customers?

Café y tienda de comestibles hispanos en Orlando

Vocabulario
en acción 2

Video/DVD

ExpresaVisión

El desayuno en casa de una familia mexicana

los cereales

el durazno

la naranja

la manzana

el chocolate

el café con leche

el pan dulce

el pan tostado

los huevos

el tocino

¿Qué hay de cena?

el pollo

la carne

el maíz

las zanahorias

el bróculi

las espinacas

el pastel

También se puede decir...

In Florida, you may hear Ecuadoreans and Bolivians say **el maíz tierno** or **el choclo** for *corn on the cob*. Mexicans, Hondurans, and other Central Americans might use **el maíz tierno** or **el elote**.

¡Exprésate!

To talk about meals	To respond
¿Qué desayunas? *What do you have for breakfast?*	**Siempre desayuno cereales con leche.** *I always have cereal with milk for breakfast.*
¿Qué quieres hoy de almuerzo? *What do you want for lunch today?*	**¿Qué tal si almorzamos ensalada de pollo?** *How about chicken salad for lunch?*
¿Qué hay de cena? Tengo mucha hambre. *What is there for dinner? I'm very hungry.*	**Vamos a cenar pescado, arroz y espinacas.** *We're going to have fish, rice, and spinach for dinner.*

Interactive TUTOR

Vocabulario y gramática, pp. 67–69

Online workbooks

▶ **Vocabulario adicional** — Comida, p. R7

Nota cultural

In the United States, dinner is considered the main meal of the day, while lunch is a lighter meal. In Mexico and Spain, the biggest meal of the day, **la comida,** is served around 2:00 P.M. Family members come home from work and school to eat together. **La cena,** a light meal, ends the day around 9:00 P.M. Chileans and Colombians regard **la cena** as a formal evening meal for special occasions. Most days they eat a light supper early in the evening.

How do your meal times compare? **FL.B.1.1.2, FL.D.2.1.1**

Benchmark Focus

FL.A.2.1.2 Restate and rephrase simple information from materials presented orally, visually, and graphically in class

⁂ Restaurante Don José ⁂

∼ PLATOS DEL DÍA ∼

Ensalada de atún
Arroz con pollo
Tacos de pollo
Sopa de pescado
Tacos de verduras

∼ BEBIDAS ∼

Refrescos
Jugos
(de manzana, de naranja, de zanahoria)

∼ POSTRES ∼

Pastel de chocolate
Helado de mango

㉑ Tengo mucha hambre ⟍ FL.A.2.1.2

Leamos Completa las oraciones con las palabras más lógicas.

1. ¿Qué hay de ≡≡≡ ? Tengo mucha hambre.
   a. tomar　　　**b.** cena　　　**c.** pastel
2. Hoy vamos a almorzar ≡≡≡.
   a. cereales　　**b.** pan dulce　　**c.** pollo
3. No me gustan los postres. Voy a comer ≡≡≡.
   a. flan　　　**b.** pastel　　　**c.** un durazno
4. Ricardo siempre desayuna cereales con ≡≡≡.
   a. leche　　　**b.** zanahorias　　**c.** arroz
5. Me encantan las verduras. Siempre como muchas ≡≡≡.
   a. naranjas　　**b.** espinacas　　**c.** manzanas
6. No me gusta el ≡≡≡. Es muy salado.
   a. tocino　　　**b.** pastel　　　**c.** durazno

㉒ ¿Desayuno o cena? ⟍ FL.A.2.1.2

Hablemos ¿Cuáles de estos alimentos comes para el desayuno y cuáles para la cena?

MODELO **los huevos**
　　　　　Como los huevos para el desayuno.

1. el tocino
2. el pescado
3. las espinacas
4. las zanahorias
5. el arroz con pollo
6. el pan tostado
7. el maíz
8. el bróculi
9. el café con leche
10. la carne con verduras

㉓ En el restaurante ⟍ FL.A.2.1.2

Leamos/Escribamos Sugiéreles algo del menú del Restaurante Don José a las siguientes personas.

MODELO **A Alicia le gustan los postres.**
　　　　　Alicia, ¿qué tal si pruebas el pastel?

1. Alicia quiere probar comida mexicana.
2. De postre, Julio prefiere comer algo muy frío.
3. De tomar, Elena y su amigo quieren un jugo.
4. A Manolo y a mí nos gusta el pollo.
5. Carmen nunca pide carne.
6. A Julio le gusta el pescado.
7. Elena siempre pide algo de chocolate para el postre.

¡Exprésate!

To offer help	To give instructions
¿Necesitas ayuda? *Do you need help?*	**Sí, saca el pollo y ponlo en el horno (el microondas).** *Yes, get out the chicken and put it in the oven (the microwave).*
¿Puedo ayudar? *Can I help?*	**Saca el flan del refrigerador.** *Take the flan out of the refrigerator.* **¿Por qué no preparas los sándwiches?** *Why don't you make the sandwiches?*
¿Pongo la mesa? *Shall I set the table?*	**Sí, ponla, por favor.** *Yes, set it, please.*

Vocabulario y gramática, pp. 67–69

Online workbooks

Interactive TUTOR

24 ¿En qué puedo ayudar? FL.A.2.1.3

Escuchemos Mira las fotos y escucha la conversación entre Patricia y su madre. Decide qué parte del diálogo corresponde a cada foto.

A

B

C

D

E

Comunicación

HOLT SoundBooth ONLINE RECORDING

25 En tu opinión... FL.A.1.2.1

Hablemos Con un(a) compañero(a), túrnense para contestar las siguientes preguntas. ¿Cuántas cosas tienen ustedes en común?

1. En tu opinión, ¿cuál es el desayuno perfecto?
2. ¿Desayunas en casa o en la cafetería?
3. Si no desayunas, ¿por qué no?
4. ¿Prefieres comprar el almuerzo en la cafetería o prepararlo en casa?
5. ¿Qué te gusta comprar en la cafetería? ¿Qué no te gusta?
6. ¿Dónde prefieres cenar cuando sales con amigos?
7. En casa, ¿qué haces para ayudar a preparar la cena?

Objetivos
- Direct objects and direct object pronouns
- Affirmative informal commands with pronouns

Gramática
en acción 2

GramaVisión

Interactive TUTOR

Direct objects and direct object pronouns

1 Verbs can be followed by **direct objects**, the person or thing receiving the action of the verb.

> Rafaela pone **la mesa**.   Siempre pido **la sopa**.

2 A **direct object** can be a noun or a pronoun. Use **direct object pronouns** to avoid repeating nouns that have already been mentioned. These pronouns must agree with the nouns they stand for.

	Masculine	**Feminine**
SINGULAR	**lo** *him, it*	**la** *her, it*
PLURAL	**los** *them*	**las** *them*

> —¿Quién va a pedir **el flan**?   —Yo **lo** voy a pedir.

3 **Direct object pronouns** go before the conjugated verb. If there is an infinitive in the sentence, the pronouns go before the conjugated verb or are attached to the end of the infinitive.

> —¿Quién prepara **los sándwiches**?   —Yo **los** preparo.
> —¿Quién va a preparar **la cena**?   —Mi padre **la** va a preparar.
> —Mi padre va a preparar**la**.

Vocabulario y gramática, pp. 70–72
Actividades, pp. 55–57

Online workbooks

¿Te acuerdas?

Pronouns take the place of nouns. They have different forms depending on how they're being used in the sentence.

Ana es mi amiga. **Ella** es muy simpática. **La** llamo por teléfono todos los días.

26 **¿Qué comes?** FL.A.2.1.2

Leamos/Escribamos Contesta las preguntas con el pronombre correcto de complemento directo (*correct direct object pronoun*).

1. —¿Comes huevos en el desayuno?
   —Sí, ===== como todos los días.

2. —¿Pides tocino con los huevos?
   —No, nunca ===== pido.

3. —¿Tomas leche en el desayuno?
   —No, nunca ===== tomo.

4. —¿Comes naranjas por la mañana?
   —Sí, siempre ===== como.

27 **¿Qué van a traer?** FL.A.2.1.2

Escribamos Di quién va a traer las siguientes cosas a la fiesta de la clase de español.

MODELO ¿Quién va a traer el pastel?
Yo lo voy a traer. (Yo voy a traerlo.)

yo

1. Miguel

2. Tomás y Raquel

3. Elsa y yo

4. Tú

28 **¿A quién le tocan los quehaceres?** FL.A.1.2.2, FL.A.2.1.2

Hablemos ¿Quién hace los quehaceres en tu casa? Usa pronombres de complemento directo *(direct object pronouns)* en tus respuestas.

MODELO ¿Quién prepara la cena?
Yo la preparo. (Mi hermano la prepara.)

1. ¿Quién limpia la casa?
2. ¿Quién pone la mesa?
3. ¿Quién corta el césped?
4. ¿Quién hace las camas?
5. ¿Quién sirve el desayuno?
6. ¿Quién arregla los cuartos?
7. ¿Quién saca la basura?
8. ¿Quién pasa la aspiradora?

Comunicación

29 **¿Cuándo lo hacemos?** FL.A.1.2.2

Hablemos/Escribamos ¿Con qué frecuencia hacen tus compañeros las siguientes cosas? Haz un cuadro como el siguiente, y con tres compañeros, túrnense para hacer y contestar las preguntas. Usen los pronombres de complemento directo en sus respuestas.

Benchmark Focus

FL.A.1.2.2 Exchange information necessary to plan events or activities

MODELO preparar tu almuerzo
—¿Con qué frecuencia preparas tu almuerzo?
—Lo preparo a veces.

1. preparar el desayuno
2. beber refrescos
3. comer pizza
4. traer el almuerzo al colegio
5. poner la mesa
6. almorzar hamburguesas y papas fritas

todos los días	a veces	nunca

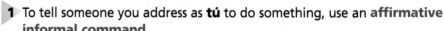

Affirmative informal commands

Interactive
TUTOR

1 To tell someone you address as **tú** to do something, use an **affirmative informal command**.

2 To form the affirmative informal command of regular or stem-changing verbs, just drop the final **s** off the end of the **tú** form of the verb.

(tú) hablas ⟶	**habla**	you speak ⟶	speak
(tú) comes ⟶	**come**	you eat ⟶	eat
(tú) pides ⟶	**pide**	you ask (for) ⟶	ask (for)

Pide un sándwich de pollo.   *Order a chicken sandwich.*
Lava los platos.   *Wash the dishes.*

3 Some verbs have irregular affirmative informal command forms.

tener ⟶ **ten** *(have)*   ir ⟶ **ve** *(go)*   hacer ⟶ **haz** *(do, make)*
venir ⟶ **ven** *(come)*   ser ⟶ **sé** *(be)*   salir ⟶ **sal** *(go out, leave)*
poner ⟶ **pon** *(put)*

Nota cultural

In Mexico, many people buy snacks like cucumbers or roasted corn with chile powder, mango, pineapple, or watermelon from street vendors. For their afternoon snack, Argentines, Chileans, and Uruguayans meet in tearooms to drink tea or coffee and eat sandwiches or pastries. Spaniards and Mexicans have a **merienda** around 6:00 P.M., a small snack such as **chocolate** and **churros** or **pan**. Compare your snacks to those in Spanish-speaking countries.

Do you snack with your friends or family at a particular time? What do you eat?

🢒 **FL.B.1.1.2, FL.D.2.2.1**

Vocabulario y gramática,
pp. 70–72
Actividades, pp. 55–57
Online
workbooks

> **Useful verbs for cooking**
> These verbs have regular affirmative informal command forms.
>
> | | | | |
> |---|---|---|---|
> | **abrir** | *to open* | ⟶ | **abre** |
> | **añadir** | *to add* | ⟶ | **añade** |
> | **calentar** (ie) | *to heat up* | ⟶ | **calienta** |
> | **cortar** | *to cut* | ⟶ | **corta** |
> | **mezclar** | *to mix* | ⟶ | **mezcla** |
> | **sacar** | *to take out* | ⟶ | **saca** |

30 **La ensalada de frutas** 🢒 **FL.A.2.1.2**

Leamos/Escribamos Graciela ayuda a su hermano a preparar una ensalada de frutas. Completa sus oraciones con el mandato informal *(informal command)* correcto. Luego pon las oraciones en orden.

1. ═══ (Servir) la ensalada fría. 8
2. ═══ (Lavar) las frutas. 1
3. ═══ (Probar) la ensalada para ver qué tal está. 7
4. ═══ (Añadir) un poco de azúcar *(sugar)* a las frutas. 6
5. ═══ (Cortar) las frutas en trozos *(pieces)* con el cuchillo. 2
6. ═══ (Poner) los trozos en un plato hondo. 4
7. ═══ (Tener) cuidado con el cuchillo. 3
8. ═══ (Mezclar) las frutas con un poco de jugo de naranja. 5

31 **¡Sé buena estudiante!** ⭢ FL.A.2.2.1

Escribamos/Hablemos Tu amiga quiere mejorar (improve) sus notas. Dile qué necesita hacer.

MODELO estudiar mucho
 Estudia mucho.

1. hacer la tarea
2. ir a clase todos los días
3. salir temprano para el colegio
4. escuchar bien en clase
5. trabajar en clase
6. venir conmigo a la biblioteca
7. ser trabajadora
8. tener los útiles contigo

Comunicación

Benchmark Focus

FL.A.2.2.1 Give and understand written and verbal instructions, using known, verbal patterns in the target language

32 **Necesito ayuda** ⭢ FL.A.2.2.1

Hablemos Tus padres necesitan ayuda con los quehaceres. Con un(a) compañero(a), túrnense para decir qué deben hacer. Usa mandatos informales.

MODELO **Lava los platos.**

1.

2.

3.

4.

5.

6.

33 **Te toca a ti** ⭢ FL.A.2.2.1

Escribamos/Hablemos Escribe una lista de todos los quehaceres que te toca hacer en casa. Escoge tres que no te gustan para nada. Usando mandatos informales, dile a tu compañero(a) que le toca a él (ella) hacer esos tres quehaceres. Sigan el modelo y túrnense.

MODELO —**Lava el carro.**
 —**Saca la basura.**

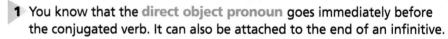

Affirmative informal commands with pronouns

1 You know that the direct object pronoun goes immediately before the conjugated verb. It can also be attached to the end of an infinitive.

—¿Siempre preparas **la cena**?

—No, no **la** preparo siempre, pero hoy sí voy a preparar**la**.

2 When you use a pronoun with an affirmative informal command, attach it to the end of the verb. Add an accent to the stressed vowel of the verb, unless the verb is only one syllable long.

—¿Preparo **la carne**?　　　　　—Sí, prepára**la**.

—¿Pongo **los vasos** en la mesa?　—Sí, pon**los** allí.

> Vocabulario y gramática, pp. 70–72
> Actividades, pp. 55–57
>
> **Online** workbooks

AREPA de CHOCLO
SWEET CORN AND MOZARELLA CHEESE
CARNE ASADA
O PICADA MIXTA

Puesto de comida en la playa, Miami

34 ¿De qué hablas? ▶ FL.A.2.1.2

Leamos Identifica los pronombres de complemento directo en cada oración. Luego decide a qué cosa o cosas se refieren.

1. Ponlo en el refrigerador.
   - **a.** el queso　　**b.** la leche　　**c.** el libro
2. Sácala del horno.
   - **a.** la basura　　**b.** el tocino　　**c.** la pizza
3. Ábrelo otra vez.
   - **a.** el durazno　**b.** el refrigerador　**c.** la aspiradora
4. Córtalas con el cuchillo.
   - **a.** las zanahorias　**b.** las servilletas　**c.** la manzana
5. Sírvelos en el plato hondo.
   - **a.** los cereales　**b.** la sopa　　**c.** los refrescos
6. Mézclalo con el bróculi.
   - **a.** el queso　　**b.** el flan　　**c.** las espinacas
7. Mézclalos en el plato hondo.
   - **a.** los huevos　**b.** las naranjas　**c.** los tenedores

35 Ponlas aquí ▶ FL.A.2.1.2

Hablemos Tu amigo te ayuda a mudar (move). Dile dónde poner las siguientes cosas.

MODELO **el refrigerador**
Ponlo en la cocina.

1. la cama
2. las plantas
3. la comida
4. los vasos
5. el microondas
6. los libros
7. los videojuegos
8. las sillas
9. la mesa

36 ¿Qué hago? FL.A.2.1.3

Escuchemos Escucha las preguntas de Nuria y escoge la respuesta más lógica.

a. Caliéntalo en el horno.

b. Sácalos del refrigerador y ponlos en la mesa.

c. No, todavía no. Ponla con las otras bebidas.

d. Sí, ponlas a calentar en el microondas.

e. Córtalas y mézclalas en un plato hondo.

37 El amigo desesperado FL.A.2.2.1

Escribamos Tu amigo quiere preparar la cena para sus padres, pero no sabe cocinar. Contesta sus preguntas con un mandato informal y un pronombre de complemento directo.

1. ¿Caliento la sopa antes de preparar el pollo o después?

2. ¿Pongo las servilletas al lado de los platos o encima de ellos?

3. ¿Saco el flan del refrigerador antes de comer o después?

4. ¿Mezclo el café con leche o con agua?

5. ¿Preparo el pollo con zanahorias o con espinacas?

6. ¿Sirvo el helado con la comida o con el postre?

7. ¿Pruebo la ensalada antes de añadir el atún o después?

Comunicación

38 ¡Arregla la casa! FL.A.2.2.1

Hablemos Con un(a) compañero(a), túrnense para decir cómo contesta el padre las preguntas de su hija. Usa mandatos informales.

MODELO —Papá, ¿qué hago con las frutas?
—¡Ponlas en el refrigerador!

Benchmark Focus

FL.A.2.2.1 Give and understand written and verbal instructions, using known, verbal patterns in the target language

Gramática 2

¿Quién será?
Episodio 6

Benchmark Focus

FL.C.2.1.1 Use the target language to gain access to information that is only available through the target language or within the target culture

ESTRATEGIA

Recognizing a Make-believe Situation In order to understand this episode, it is helpful to recognize that certain parts are make-believe. With the help of her little brother, the cooperation of her parents, and a little imagination, Sofía turns an ordinary event into a more interesting experience. As you watch the video, figure out which parts are make-believe and then see what problem Sofía's make-believe situation creates for her.

FL.C.2.1.1

En México

Sofía va a casa a preparar la cena. Marcos la mira para ver adónde va.

1

2

Quique Sofía, ¡es tarde! Mamá y papá están por llegar.

Sofía Ya sé, Quique.

Quique ¿Y la cena?

Sofía No te preocupes, Quique. No es tu problema. Yo la voy a preparar.

3

Quique ¿En qué puedo ayudar? ¿Pongo la mesa?

Sofía Sí, ponla.

Quique ¿Y el menú?

Sofía Ponlo en el comedor.

4

Sofía Señor y Señora Corona. Bienvenidos al **Restaurante Sofía.** Veo aquí que tienen una reservación para dos personas a las ocho en punto.

Sr. Corona Eh, sí, señorita.

5

Sra. Corona Señorita, ¿nos puede traer los menús, por favor?

Quique Aquí están los menús, señor, señora.

Sr. Corona ¿Qué tal están los tamales oaxaqueños hoy?

Sofía Riquísimos, señor, pero, malas noticias, no quedan tamales oaxaqueños.

6

Sra. Corona Óscar, a mí me apetece pollo con mole con arroz y tortillas de maíz azul. ¿Qué tal está el pollo con mole hoy, señorita?

Sofía No lo recomiendo. Está un poco salado.

7

Sr. Corona ¿Y el bistec, señorita? Aquí dice que viene con puré de papa y zanahoria.

Sofía Sí, señor, buena elección, el bistec está delicioso, pero… hoy es viernes, y los viernes no sirvo bistecs.

8

Un poco más tarde...

9

Sra. Corona Pues, dígame, señorita, ¿cuál es la especialidad de la casa?

Sofía La especialidad de la casa son ¡LAS FLAUTAS! Y si no le importa, señor, aquí está la cuenta. ¿Me la puede pagar ahora?

Novela en video

En España

La profesora decide adónde va Marcos ahora.

10

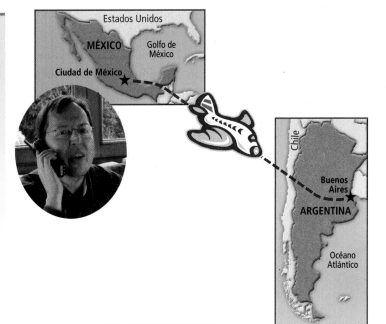

¿COMPRENDES?

1. ¿Qué tiene que hacer Sofía? ¿Para quiénes? ¿Qué tiene que hacer Quique?

2. Cuando llegan los padres de Sofía, ¿cómo los saluda?

3. En realidad, ¿están en un restaurante? ¿Dónde están?

4. ¿Qué dice Sofía de los tamales oaxaqueños? ¿del pollo con mole? ¿de los bistecs?

5. ¿Cuál es la especialidad de la casa?

6. ¿Por qué crees que lo único que puede servir Sofía son las flautas?

FL.A.2.2.5, FL.A.3.2.3

Próximo episodio:
Marcos sale para otro país. ¿Cuántos países más le toca visitar?
PÁGINAS 256–257 ▶

Leamos y escribamos

FCAT Reading Focus

LA.E.2.4.1
Analyze the effectiveness of complex elements of plot, such as problems, conflicts, and resolutions

ESTRATEGIA

para leer Consider the *genre* of a text before you read it. The *genre* tells you what kind of writing to expect. Some examples of different genres are short story, novel, poem, essay, and play. Knowing the genre of a text will help you predict what it's about.

A Antes de leer ⟍ FL.A.2.2.3, FL.C.2.1.1

La siguiente lectura es una versión de una leyenda sobre Quetzalcóatl, dios[1] de las culturas maya, azteca y mexicana. Usando la **Estrategia para leer,** escribe una lista de las características que esperas encontrar en el texto.

La montaña del alimento[2]

Es una época muy difícil en la tierra[3]. Los hombres están desesperados porque no hay alimento y todos tienen mucha hambre. Van a hablar con Quetzalcóatl, la serpiente emplumada[4] y le explican que no tienen nada que comer.

Quetzalcóatl, dios compasivo, noble y generoso, decide ayudar a los hombres. Va a la montaña del alimento. Allí ve a un grupo de hormigas[5] gigantes que cuidan una fabulosa cantidad de maíz, la comida de los dioses. Quetzalcóatl les pide a las hormigas unos granos de maíz.

—¿Por qué quieres tú el maíz? —preguntan ellas.

—Mi gente tiene hambre —explica Quetzalcóatl.

—¿Son dioses tu gente? —dice una de las hormigas.

—No —responde Quetzalcóatl. —Son simplemente gente con hambre que vive sobre la tierra.

—Este maíz es sólo para los dioses —dicen las hormigas. —Busca[6] comida en otra parte.

Quetzalcóatl se va, pero no se da por vencido[7]. Vuelve a la montaña en la forma de una inmensa e imponente hormiga. Las hormigas le permiten entrar y el dios ve con admiración que hay granos de maíz de muchos colores. Les dice que nunca ha visto[8] granos rojos, amarillos, azules o morados y las hormigas, orgullosas[9] de su maíz, le dan un grano de cada color.

El dios vuelve rápidamente a la tierra y les enseña a todos a cultivar el maíz. Después de un tiempo hay mucho alimento y la gente de la tierra no vuelve a tener hambre nunca más.

1 god   **2** food   **3** earth   **4** the feathered serpent   **5** ants   **6** Look for
7 doesn't give up   **8** he has never seen   **9** proud

B Comprensión FL.A.3.2.3, FL.C.2.1.1

Contesta las siguientes preguntas con oraciones completas.

1. ¿Qué problema tienen los hombres de la tierra?
2. ¿Quién va a ayudar a los hombres? ¿Por qué?
3. ¿Qué les dice Quetzalcóatl a las hormigas y qué responden ellas?
4. ¿Qué pasa cuando Quetzalcóatl vuelve a la montaña?
5. ¿Qué hace el dios al regresar a la tierra?

C Después de leer FL.A.3.2.3, FL.D.2.2.1

Legends often reflect the values and beliefs of a culture. What values are reflected in this legend? Explain your choices. What are some similarities between this legend and other legends or stories you have read?

FCAT Writing Focus
LA.B.1.4.2
Use appropriate prewriting strategies

Interactive
TUTOR

Taller del escritor

ESTRATEGIA

para escribir Arranging your ideas in chronological order helps you map out a plan for your writing. When you give written instructions such as recipes, the ordering of elements becomes crucial.

¿Cómo lo preparas? FL.A.2.2.3

You are invited to a potluck party where you are expected to exchange your favorite recipe with other guests. Write a simple recipe for a dish with clear instructions on how to prepare it.

1 Antes de escribir

List the foods you need to prepare your dish, then arrange them in the order you will need them. Write a command telling what needs to be done with each ingredient.

2 Escribir un borrador

After listing your ingredients, use command forms and adjectives to describe in detail the different steps in the preparation.

SALSA (para 4 personas)

4 tomates grandes
1 cebolla mediana
2 cucharadas de cilantro fresco
1 cucharada de vinagre
1 latita de chiles verdes

Corta el tomate, la cebolla y el cilantro. Añade sal al gusto. Mezcla todos los ingredientes. Sirve con tostadas.

3 Revisar

Exchange your recipe with a classmate to see if it sounds appetizing to him or her. Your classmate may suggest an addition to your dish. Check for spelling and punctuation as well as for logical order.

4 Publicar

You may want to illustrate your recipe and display it on a poster board in class or compile all of the recipes in a book. Consider testing a few in class or at home.

Prepárate para el examen

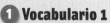
TUTOR
Interactive

1 Vocabulario 1
• commenting on food
• making polite requests
pp. 196–199

1 Pide las siguientes cosas en un restaurante. ◥FL.A.2.1.2

1.

2.

3.

4.

5.

6.

2 Gramática 1
• ser and estar
• pedir and servir
• preferir, poder, and probar
pp. 200–205

2 Completa el párrafo con las formas correctas de los verbos del cuadro. ◥FL.A.2.1.2

poder	estar	pedir
ser	preferir	servir

Mis amigos y yo no ___1___ almorzar en casa porque siempre ___2___ en el colegio, y los fines de semana ___3___ cenar en el Restaurante Don Carlos. La comida ___4___ muy deliciosa allí. Yo siempre ___5___ una ensalada y me gusta también la sopa porque siempre ___6___ caliente. Mis amigos ___7___ el pescado porque les encanta. También ___8___ unos sándwiches riquísimos en el restaurante.

3 Vocabulario 2
• talking about meals
• offering help and giving instructions
pp. 208–211

3 Contesta las preguntas sobre lo que comes. ◥FL.A.3.2.1

1. ¿Qué desayunas?
2. ¿Qué vas a almorzar hoy? ¿Te gusta la comida de la cafetería?
3. ¿Qué quieres cenar esta noche?
4. ¿Qué te gusta pedir cuando vas a un restaurante?
5. ¿Qué prefieres, la carne o el pescado?
6. ¿Qué sirven Uds. de cena en casa los fines de semana?

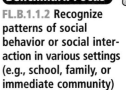

Visit Holt Online
go.hrw.com
KEYWORD: EXP1 CH6
Chapter Self-test

4 Algunos amigos llegan temprano para ayudarte a preparar para una fiesta. Dile a cada uno qué hacer, usando mandatos informales y pronombres de complemento directo. FL.A.2.2.1

1. ¿La sala? (limpiar)
2. ¿Las frutas? (lavar)
3. ¿Los sándwiches? (hacer)
4. ¿El café? (preparar)
5. ¿La carne? (calentar)
6. ¿El cuarto? (arreglar)
7. ¿Las zanahorias? (cortar)
8. ¿Los refrescos? (servir)

4 Gramática 2
- direct objects and direct object pronouns
- affirmative informal commands with pronouns

pp. 212–217

5 Contesta las siguientes preguntas en español. FL.B.1.1.2, FL.B.1.1.3

1. What are some foods that reflect Mexico's indigenous heritage?
2. In most Spanish-speaking countries, when is the big meal of the day?
3. What are some popular snack foods in Mexico? In other Hispanic countries?

5 Cultura
- **Comparaciones**
  pp. 206–207
- **Notas culturales**
  pp. 198, 200, 210, 214
- **Geocultura**
  pp. 190–193

6 Verónica, Antonio y Carlos están en un restaurante. Escucha mientras hablan de lo que van a comer. Luego contesta las preguntas.

1. ¿Quién tiene sed?
2. ¿Quién pide un refresco?
3. ¿Qué prefiere Carlos?
4. ¿Cómo es la sopa? FL.A.2.2.5
5. ¿Van a pedir unos sándwiches?

Benchmark Focus
FL.B.1.1.2 **Recognize patterns of social behavior or social interaction in various settings (e.g., school, family, or immediate community)**

7 Usa los dibujos para decir qué pasa. FL.A.3.2.3

Repaso de Gramática 1

Gramática 1
- uses of **ser** and **estar**
  pp. 200–201
- **pedir** and **servir**
  pp. 202–203
- **preferir, poder** and **probar**
  pp. 204–205

Uses of ser	Uses of estar
• to say where someone is from	• to say where someone or something is
• to identify people and things	• to say how people are doing
• to describe what someone or something is like	• to say how something looks, feels, or tastes at a given moment
• to tell the day, date, and time	

pedir, servir e ⟶ i	
pido	pedimos
pides	pedís
pide	piden

poder, probar o ⟶ ue	
yo p**ue**do	nosotros podemos

preferir e ⟶ ie	
yo pref**ie**ro	nosotros preferimos

Repaso de Gramática 2

Gramática 2
- direct objects and direct object pronouns
  pp. 212–213
- affirmative informal commands
  pp. 214–215
- affirmative informal commands with pronouns
  pp. 216–217

Direct object pronouns		
	Masculine	**Feminine**
SINGULAR	lo	la
PLURAL	los	las

Affirmative informal commands			
Regular	**Irregular**		
habl**a**	ten	sé	haz
com**e**	ven	ve	sal
pid**e**	pon		

Attach direct object pronouns to the end of the affirmative commands.

Letra y sonido — d

La letra d

- At the beginning of a phrase, or after **n** or **l**, the letter **d** is similar to the English *d* in *Daniel*: **d**elicioso, hon**d**o, an**d**ar, un **d**ía, el **d**eporte
- After other consonants and especially after a vowel, it is much like English *th* in *then*: na**d**ar, me**d**ia, cua**d**erno, ma**d**re, uste**d**, aburri**d**o, tar**d**e, ver**d**e, la**d**o, a **d**ormir

Benchmark Focus

FL.A.2.1.3 Understand oral messages that are based on familiar themes and vocabulary

Trabalenguas
Me han dicho
que has dicho un dicho,
un dicho que he dicho yo,
ese dicho que te han dicho
que yo he dicho, no lo he dicho;
y si yo lo hubiera dicho,
estaría muy bien dicho

Dictado
Escribe las oraciones.

Repaso de Vocabulario 1

Commenting on food

el **agua** *(f.)*	water
el **atún**	tuna
(muy) **caliente**	(very) hot
encantar (me encanta..., me encantan...)	to really like, to love
la **ensalada** (de frutas)	(fruit) salad
(No) **estoy de acuerdo.**	I (don't) agree.
el **flan**	flan, custard
frío(a)	cold
el **jamón**	ham
el **jugo de...**	. . . juice
la **leche**	milk
las **papas**	potatoes
las **papas fritas**	French fries
pedir (i)	to ask for, to order
picante	spicy
preferir (ie)	to prefer
preparar	to prepare, to make
probar (ue)	to try, to taste
¿Qué tal está(n)...?	How is (are) . . .?
el **queso**	cheese
el **refresco**	soft drink
el **restaurante**	restaurant

riquísimo(a)	delicious
(un poco) **salado(a)**	(a little) salty
la **salsa**	sauce, gravy
el **sándwich de...**	. . . sandwich
servir (i)	to serve
la **sopa** (de verduras)	(vegetable) soup
el **tomate**	tomato

Making polite requests

la **cuchara**	spoon
el **cuchillo**	knife
la **cuenta**	bill
desear	to want, to wish for, to desire
el **plato**	dish, plate
el **plato hondo**	bowl
poder	to be able to, can
el **postre**	dessert
querer	to want
Quisiera...	I would like . . .
la **servilleta**	napkin
el **tenedor**	fork
tomar	to drink, to take
traer	to bring
el **vaso**	glass

Repaso de Vocabulario 2

Talking about meals

almorzar (ue)	to eat lunch
el **arroz**	rice
el **bróculi**	broccoli
el **café** (con leche)	coffee (with milk)
la **carne**	meat
la **cena**	dinner
cenar	to eat dinner
los **cereales**	cereal
el **chocolate**	chocolate
desayunar	to eat breakfast
el **desayuno**	breakfast
el **durazno**	peach
las **espinacas**	spinach
el **huevo**	egg
el **maíz**	corn
la **manzana**	apple
la **naranja**	orange
el **pan**	bread

el **pan dulce**	pastries
el **pan tostado**	toast
el **pastel**	cake
el **pescado**	fish
el **pollo**	chicken
el **tocino**	bacon
la **zanahoria**	carrot

Offering help

la **ayuda**	help
ayudar	to help
¿Puedo...?	Can I . . .?
el **refrigerador**	refrigerator

Useful verbs for cooking

añadir	to add
calentar (ie)	to heat up
cortar	to cut
mezclar	to mix

Integración
capítulos 1-6

 1 Escucha los comentarios sobre la comida y escoge la foto correspondiente. ⬣ **FL.A.2.1.3**

A

B

C

D

2 La señora Ramírez va a preparar la cena. Lee las recetas y contesta las preguntas que siguen. ⬣ **FL.C.1.2.2**

ENSALADA MIXTA

1 lechuga grande
4 tomates
1 taza de arroz cocido
100 g atún de lata
1/2 zanahoria rallada
1/2 cebolla picada

Se limpian las verduras y se cortan en trozos. Se mezcla todo junto y se sirve con aceite, vinagre, sal y pimienta.
Raciones 6–8
Tiempo–15 minutos

TORTILLA ESPAÑOLA

4 huevos
4 papas medianas
1/2 cebolla
sal y aceite de oliva

Corta las papas y la cebolla en pedacitos. Fríe con aceite en una sartén. Bate los huevos y mézclalos con las papas. Agrega la sal. Tapa con otra sartén y fríe al gusto. Dale la vuelta con la sartén superior y cocina el otro lado.
Raciones 6–8
Tiempo–30 minutos

1. ¿Qué ingredientes tienen en común las dos recetas?
2. ¿Cuáles son tres verduras que necesita la señora Ramírez?
3. ¿Qué tiene que cocinar antes de preparar la ensalada mixta?
4. ¿Para cuántas personas son las recetas?
5. ¿Cuánto tiempo necesita la señora Ramírez para cocinar la cena?

Benchmark Focus

FL.C.1.2.2 Use target-language vocabulary or concepts to reinforce knowledge of a related topic studied in another class

3 En grupos de tres, hagan un menú para una fiesta latina. Incluyan varias comidas y bebidas, presenten su menú a la clase y compárenlo con el de otros grupos. 🔖 **FL.A.1.2.2, FL.A.3.2.1**

4 Mira la pintura. ¿Quiénes son estas personas, dónde están y qué hacen? ¿Qué tipo de comida ves? Escribe un diálogo entre el señor y la mujer que está de rodillas *(kneeling)*. ¿Qué le trae ella a él? 🔖 **FL.A.3.2.3**

The Market of Cuernavaca in the Age of the Spanish Conquest, de Diego Rivera (1886–1957)

5 Antes de ir al trabajo, tu madre te dejó *(left you)* una lista de cinco quehaceres. Escríbele un recado *(message)* y explícale que sólo puedes hacer algunos quehaceres hoy, pero que vas a hacer un quehacer extra este fin de semana. 🔖 **FL.A.3.2.1**

6

Situación   Your Spanish class has decided to go out to dinner at a local Mexican restaurant. There are two servers waiting on your group. One is doing a great job, but the other is having problems. Order food and drinks, make polite requests, comment on the food served and ask for the bill. 🔖 **FL.A.1.2.2**

Repaso cumulativo

227

Video/DVD

GeoVisión

Geocultura
Argentina

▲ **Buenos Aires,** la capital de Argentina, se encuentra en la boca del Río de la Plata en la costa del Océano Atlántico.

▶ **San Carlos de Bariloche,** al pie de los Andes y al borde del Lago Nahuel Huapí en la Patagonia, se conoce como la Suiza de los Andes debido a su geografía montañosa.

▶ **La Pampa,** la tierra de los gauchos y el corazón de la ganadería argentina, se caracteriza por ser casi plana.

Almanaque

Población
37.812.817

Capital
Buenos Aires

Gobierno
república

Idioma oficial
español

Moneda
peso argentino

Código Internet
www.[ ].ar

¿Sabías que...?

El Rodeo de Davie en Davie, Florida es un evento popular entre los inmigrantes argentinos. La imagen romántica del vaquero cabalgando por extensas llanuras es similar a la del gaucho argentino.

OCÉANO
PACÍFICO

◀ **Los porteños** A la gente de Buenos Aires se le conoce como *porteños*. Aquí se ven dos jóvenes porteños en vestidos tradicionales.

► **La Garganta del Diablo,** una de 275 cascadas en la frontera con Brasil, es la caída de agua más impresionante de las Cataratas del Iguazú.

BOLIVIA

Nevado de Chañi
(6200 m)

San Salvador
de Jujuy

Salta

Río Pilcomayo

Gran
Chaco

Cerro Galán
(6600 m)

Los Andes

San Miguel
de Tucumán

Santiago
del Estero

Cerro Ojos
del Salado
(6880 m)

La Garganta
del Diablo

Cataratas
del Iguazú

Río Paraná

Río Paraná

Posadas

BRASIL

▼ **El Parque Provincial Ischigualasto** es un área de extrañas formaciones geológicas, con fósiles del periodo triásico. El Eoraptor lunensis, uno de los dinosaurios más antiguos, fue descubierto en este lugar.

Parque
Provincial
Ischigualasto

Salinas
Grandes

Laguna
Mar
Chiquita

Mesopotamia

Río Paraná

Río Uruguay

Cerro de Olivares
(6252 m)

Córdoba

Santa
Fé

Paraná

URUGUAY

San Juan

Cerro Aconcagua
(6960 m)

Mendoza

San Antonio
de Areco

**BUENOS
AIRES**

Pampa

ARGENTINA

Río de
la Plata

Mar del Plata

CHILE

Los Andes

Río Colorado

Río Negro

OCÉANO
ATLÁNTICO

Lago
Nahuel
Huapí

San Carlos
de Bariloche

▼ **Los pingüinos de Magallanes** viven en grandes colonias en el extremo sur de Argentina.

Lago
Colhué
Huapí

Río Deseado

▼ **Ushuaia,** en Tierra del Fuego, es la ciudad más sureña del mundo. Durante el verano en diciembre y enero hay días que cuentan con veinte horas de luz.

Cueva de
las Manos

Patagonia

El Calafate

Tierra
del Fuego

Ushuaia

¿Qué tanto sabes...?
¿Adónde vas si quieres encontrar fósiles? ¿Dónde hay días muy largos? ➤FL.C.1.2.2

A conocer Argentina
La arquitectura

▼ **La arquitectura europea** de los Alpes en la ciudad de San Carlos de Bariloche refleja la herencia alemana de esta región andina.

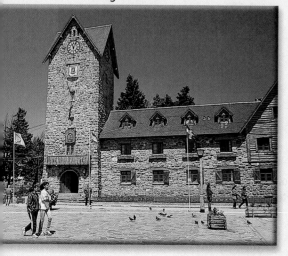

▲ **Iglesia y Convento de San Francisco de Salta** se halla al extremo norte del país. La torre, diseñada por arquitectos españoles e italianos, es una de las más altas de Sudamérica. Mide 53 metros.

▲ **La Boca, Buenos Aires** Originalmente el hogar de los inmigrantes italianos, las calles pintorescas del barrio de La Boca son famosas por el colorido de sus casas y la música de tango que permea el ambiente.

El arte

▼ **En la Cueva de las Manos** en la Patagonia, la representación de manos negativas es obra de los cazadores prehistóricos que habitaron la región hace más de diez mil años.

▲ **Vuel Villa** (1936) es obra del maestro del arte argentino, Xul Solar (1887–1963). El artista, de herencia alemana, tuvo gran influencia en el desarrollo del arte moderno de su país.

Las celebraciones

▼ **La Fiesta de la Semana de la Tradición** se celebra en San Antonio de Areco. Es la mayor fiesta en Argentina dedicada al gaucho y sus costumbres.

▲ **El Festival del Tango** en Buenos Aires se dedica a la música y al baile de tango, una expresión puramente argentina, que se originó en los barrios de los inmigrantes durante el siglo XIX.

¿Sabías que...?

Entre 1857 y 1939 3,5 millones de personas inmigraron a Argentina de Italia, España, Alemania, Inglaterra, Suiza, Austria, Noruega, Siria y muchos países más. Para 1914, 30% de la población argentina había nacido fuera del país.

Benchmark Focus

FL.C.1.2.1 Participate in activities in the language class designed to integrate content-area concepts into target-language instruction

La comida

▶ **Las picadas** son restaurantes que sirven una gran variedad de tapas y bocaditos preparados con queso, carne, mariscos y nueces.

▲ **La parrillada** es una comida muy típica de Argentina. Se combinan varios tipos de carne y se sirven en grandes bandejas.

Conexión Ciencias sociales

▼ **Calabacitas de mate con bombilla**

El mate Todos los días, entre las cuatro y las seis de la tarde, los argentinos toman un té fuerte que se llama mate. Se sirve en una calabacita con bombilla. En España se hace la siesta cada día y en Colombia se toman las onces.

¿Qué otras costumbres de las comunidades hispanas se han vuelto populares en la Florida? ¿Son similares a o diferentes de las aquí mencionadas? **FL.D.2.2.1**

Capítulo 7

Cuerpo sano, mente sana

OBJETIVOS

In this chapter you will learn to
- talk about your daily routine
- talk about staying fit and healthy
- talk about how you feel
- give advice

And you will use
- verbs with reflexive pronouns
- infinitives
- stem-changing verbs
- **estar, sentirse,** and **tener**
- negative informal commands
- object and reflexive pronouns with commands

¿Qué ves en la foto?

- **¿Dónde están y qué hacen las personas de la foto?**

- **¿Qué tiempo hace?**

- **¿Qué deportes acuáticos te gustan más?**

 Look for the 🌴 next to each activity and the **Benchmark Focus** to help you achieve the goals of the **Florida Sunshine State Standards**, found on pages FL14–FL16.

El windsurf en el Río de la Plata, Buenos Aires

Objetivos
- Talking about your daily routine
- Talking about staying fit and healthy

Vocabulario en acción 1

Video/DVD

ExpresaVisión

Por la mañana, tengo que...

despertarme a las seis,

levantarme

y vestirme.

peinarme.

maquillarme.

afeitarme.

lavarme los dientes.

la nariz

la cara

los dientes

la boca

la toalla

el peine

el maquillaje

la navaja

la pasta de dientes

el jabón

el cepillo de dientes

Por la tarde, después de clases, voy a...

estirarme antes de hacer ejercicio.

el brazo

la pierna

la pantorrilla

entrenarme. Me gusta levantar pesas.

el hombro

el pecho

la espalda

Vocabulario 1

Por la noche, necesito...

quitarme la ropa,

bañarme y ponerme el piyama

y acostarme temprano.

¡Exprésate!

To talk about your daily routine	
¿Estás listo? ¿Qué te falta hacer?	**¡Ay, no! Acabo de levantarme. Tengo que lavarme la cara antes de desayunar.**
Are you ready? What do you still have to do?	*Oh, no! I just got up. I have to wash my face before I eat breakfast.*
¿Qué tienes que hacer para prepararte?	**Tengo que secarme el pelo, pero no encuentro la secadora de pelo.**
What do you have to do to get ready?	*I have to dry my hair, but I can't find the hair dryer.*

Interactive TUTOR

Vocabulario y gramática, pp. 73–75

Online workbooks

▶ **Vocabulario adicional** — Partes del cuerpo, p. R10

Argentina

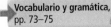

Estación de esquí cerca de San Carlos de Bariloche, Argentina

1 **¿Qué te falta hacer?** **FL.A.2.1.2**

Leamos Completa las oraciones con la palabra más apropiada entre paréntesis.

1. Quiero lavarme (la cara/la nariz) antes de cenar.
2. Me gusta (acostarme/entrenarme) temprano por la mañana.
3. Tengo que estirar (la boca/los brazos) antes de levantar pesas.
4. Voy a afeitarme (las piernas/el pelo) antes de ir a la piscina.
5. Necesito lavarme (los dientes/la nariz) después de comer.
6. ¿Dónde está (la navaja/la secadora)? Tengo que secarme el pelo.

2 **¿Qué vas a hacer primero?** **FL.A.2.1.2**

Hablemos ¿En qué orden vas a hacer las siguientes cosas?

MODELO   vestirme/bañarme
        Primero voy a bañarme y luego voy a vestirme.

1. bañarme/levantarme
2. secarme el pelo/bañarme
3. lavarme la cara/maquillarme
4. lavarme el pelo/peinarme
5. ponerme la ropa/bañarme
6. acostarme/ponerme el piyama
7. quitarme la ropa/ponerme el piyama
8. vestirme/salir para el colegio

3 **¿Estás listo?** **FL.A.2.1.2**

Escribamos/Hablemos Contesta la pregunta del modelo para cada foto.

MODELO   ¿Qué tienes que hacer?
        **Tengo que afeitarme,
        pero no encuentro la navaja.**

1.   2.   3.   4.

5.   6.   7.   8.

¡Exprésate!

To talk about staying fit and healthy	
¿Cómo te mantienes en forma? *How do you stay in shape?*	**Corro y levanto pesas. Entreno las piernas y los brazos.** *I run and lift weights. I work out my legs and my arms.*
¿Qué haces para relajarte? *What do you do to relax?*	**Me entreno. También duermo la siesta o escucho música.** *I work out. I also take a nap or listen to music.*

Interactive TUTOR

→ Vocabulario y gramática, pp. 73–75

Online workbooks

4 El sábado 🌴 FL.A.2.2.5

Escuchemos Escucha la conversación entre Juan y Laura sobre los planes de ella para el sábado. Luego completa las oraciones con las palabras correctas.

1. Voy a levantarme (temprano/tarde) este sábado.
2. (Corro/Levanto pesas/No me entreno) los sábados.
3. (Casi siempre/A veces/Nunca) almuerzo en casa los sábados.
4. Voy a bañarme (por la mañana/por la tarde) este sábado.
5. Quiero (relajarme/salir con mis amigos) este sábado por la tarde.
6. Para relajarme, prefiero (leer/escuchar música/ir de compras).
7. (Siempre/A veces/Nunca) duermo la siesta por la tarde los sábados.

Dos muchachas se estiran antes de ir a correr, Buenos Aires

5 Y tú, ¿te entrenas? 🌴 FL.A.3.2.1

Hablemos/Escribamos Completa las oraciones sobre tu propia rutina o la rutina de un atleta *(athlete)*.

1. Para mantenerme en forma, yo...
2. Cuando hago ejercicio, me gusta...
3. Cuando no tengo ganas de hacer ejercicio, me gusta...
4. A veces tengo que acostarme temprano porque...
5. Para relajarme, prefiero...

Comunicación

HOLT **SoundBooth**
ONLINE RECORDING

6 Tengo prisa 🌴 FL.A.1.3.4

Escribamos/Hablemos En parejas, dramaticen *(role-play)* la siguiente situación. Acabas de levantarte y son las 7:30. Las clases empiezan en menos de una hora y no encuentras dos cosas que necesitas para prepararte. Tu madre trata de ayudarte. ¿Qué le preguntas? ¿Qué te dice ella?

Benchmark Focus

FL.A.1.3.4 Use repetition, rephrasing, and gestures effectively to assist in communicating spoken messages

Objetivos
- Verbs with reflexive pronouns
- Using infinitives
- Review of stem-changing verbs

Gramática en acción 1

Video/DVD
GramaVisión

Verbs with reflexive pronouns

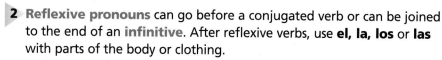

1 If the subject and object of a verb are the same, a **reflexive pronoun** can be used. The reflexive pronoun shows that the subject acts upon itself. When you conjugate a verb like **lavarse,** include the reflexive pronoun that agrees with the subject.

yo **me** lavo	nosotros(as) **nos** lavamos
tú **te** lavas	vosotros(as) **os** laváis
Ud., él, ella **se** lava	Uds., ellos(as) **se** lavan

2 **Reflexive pronouns** can go before a conjugated verb or can be joined to the end of an **infinitive.** After reflexive verbs, use **el, la, los** or **las** with parts of the body or clothing.

(Yo) **Me** voy a **lavar** la cara.
I'm going to wash my face.

(Yo) Voy a **lavarme** la cara.
I'm going to wash my face.

3 Verbs can be used with **reflexive pronouns** that refer to the subject or with direct objects that are different from the subject.

refers to the subject
Juan **se acuesta.**
Juan goes to bed.

different from the subject
Juan **acuesta** a los niños.
Juan puts the children to bed.

4 Here are the infinitives for some common reflexive verbs which you have already seen.

afeitar**se**	levantar**se**	preparar**se**
bañar**se**	mantener**se** (ie)	quitar**se**
despertar**se** (ie)	maquillar**se**	relajar**se**
entrenar**se**	peinar**se**	secar**se**
estirar**se**	poner**se**	vestir**se** (i)

Vocabulario y gramática, pp. 76–78
Actividades, pp. 61–63

Online workbooks

Nota cultural

Florida boasts of miles and miles of beaches, but the surfing beaches are mostly located on the Atlantic coast, where the surf is generally higher. Surfers fill beaches in Jacksonville, Daytona, or Fort Lauderdale when a cold front arrives or when a hurricane looms on the horizon.

How does weather affect surfing and other aquatic sports in your part of Florida? **FL.C.1.1.2**

Haciendo surf en Palm Beach

---

7 **¿Qué hace Manuel?**  FL.A.2.2.5

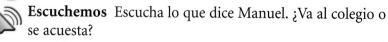

Escuchemos Escucha lo que dice Manuel. ¿Va al colegio o se acuesta?

---

8 Por la mañana FL.A.2.1.2

Leamos Una muchacha habla de su día típico. Lee el párrafo y decide si se necesita el pronombre reflexivo con cada verbo.

Mis padres **1.** (levantan/se levantan) a las seis todos los días. Mientras *(While)* mi padre **2.** (prepara/se prepara) para ir al trabajo, mi madre va a la cocina, **3.** (lava/se lava) las manos y **4.** (prepara/se prepara) el desayuno para la familia. Mi hermano menor y yo **5.** (levantamos/nos levantamos) a las siete. Mientras mamá y yo **6.** (vestimos/nos vestimos), papá **7.** (viste/se viste) a mi hermano. Después del desayuno, mamá **8.** (lava/se lava) los platos rápidamente mientras mi hermano y yo **9.** (lavamos/nos lavamos) los dientes antes de salir de la casa.

Benchmark Focus

FL.A.2.1.2 Restate and rephrase simple information from materials presented orally, visually, and graphically in class

9 ¿Qué y cuándo? FL.A.2.1.2

Escribamos Mira las fotos. Escribe una oración para cada foto.

MODELO **El señor Vargas se afeita por la mañana.**

el señor Vargas
por la mañana

1. Laura
   7:00 A.M.

2. ellas
   por la tarde

3. nosotros
   los fines de semana

4. tú
   por la noche

Comunicación

HOLT **SoundBooth**
ONLINE RECORDING

10 Cuéntame de ti FL.A.1.2.2

Hablemos En grupos pequeños, utilicen estas frases para preguntarles a sus compañeros qué hacen los sábados.

relajarse	entrenarse en el gimnasio
levantarse temprano	ponerse ropa vieja
maquillarse/afeitarse	salir con los amigos

Gramática 1

Using infinitives

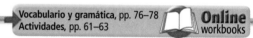

1 A **reflexive pronoun** can go at the end of an **infinitive** or before a conjugated verb. The meaning does not change.

Yo no quiero **afeitarme** hoy.   =   Yo no **me** quiero **afeitar** hoy.
I don't want to shave today.

2 To say what someone just did, use the present tense of **acabar de** followed by an **infinitive**.

Acabo de lavar el carro.   Los niños **acaban de acostarse**.
I just washed my car.   *The children just went to bed.*

3 Use the preposition **para** before an infinitive to explain your purpose for doing something. Verbs after prepositions and prepositional phrases such as **para**, **antes de** and **después de** are in the **infinitive**.

Tengo que levantarme temprano **para levantar** pesas con Ana en el gimnasio.
I have to get up early (in order) to . . .

Vocabulario y gramática, pp. 76–78
Actividades, pp. 61–63

Online workbooks

En inglés

In English, you can say **in order to** or just **to** to explain your purpose for doing something.

I need to call John (**in order**) **to** see how he's doing.

In English, what form of the verb usually comes right after a preposition?

In Spanish, use **para** followed by an infinitive to explain your purpose. If you're talking about going somewhere to do something, use **a** followed by an infinitive.

Necesito llamar a Juan **para** saber cómo está.

Necesito ir al gimnasio **a** levantar pesas.

➤ FL.D.1.2.2

11 **¿Qué sigue?** ➤ FL.A.2.1.2

Escribamos/Hablemos Completa las oraciones con los verbos correctos entre paréntesis. Luego di si cada oración es **cierta** o **falsa** para ti.

1. (**se levanta, se levantan, me levanto, levantarse, levantarme**)
   a. Mis padres ===== a las seis de la mañana.
   b. Mi padre ===== primero.
   c. (Yo) ===== temprano todos los días también, pero prefiero ===== a las siete u ocho.

2. (**se viste, me visto, vestirse, vestirme**)
   a. Mi madre desayuna antes de =====.
   b. (Yo) prefiero desayunar después de =====.
   c. (Yo) siempre ===== en el baño.

3. (**me lavo, nos lavamos, lavarme, lavarnos**)
   a. Después de desayunar voy al baño a ===== los dientes.
   b. (Yo) siempre ===== los dientes por la mañana.
   c. En el colegio no nos gusta ===== los dientes.

4. (**se acuesta, me acuesto, nos acostamos, acostarse**)
   a. Nosotros ===== tarde en mi familia.
   b. (Yo) ===== primero, a las once.
   c. Mi padre prefiere leer un poco antes de =====.

Manteniéndose en forma en un gimnasio

12 Antes de acostarte ⟍ FL.A.3.1.1

Hablemos Di cuándo vas a hacer las siguientes actividades.

MODELO bañarme

Me voy a bañar esta noche antes de acostarme.

1. levantarme
2. acostarme
3. ponerme el piyama
4. relajarme
5. entrenarme
6. vestirme

13 ¿Cuál es la situación? ⟍ FL.A.2.1.2

Escribamos/Hablemos Mira las fotos de las personas e indica qué acaban de hacer y qué van a hacer.

MODELO Acabo de ponerme el piyama. Voy a acostarme.

yo

1. ella

2. él

3. tú

4. Juan

Comunicación

HOLT SoundBooth ONLINE RECORDING
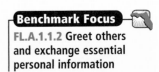

14 ¿Cómo es tu rutina? ⟍ FL.A.1.1.2, FL.A.3.1.1

Escribamos/Hablemos Prepara cinco preguntas para un(a) compañero(a) de clase usando palabras de cada grupo. Luego, contesta las preguntas de tu compañero(a).

MODELO ¿Vas a levantarte temprano mañana?

ir a	levantarte	todos los días/los sábados
necesitar	acostarte	temprano/tarde
tener que	lavarte el pelo	por la mañana/por la noche/por la tarde
querer	afeitarte	esta noche/mañana/el sábado
poder	entrenarte	antes de desayunar/después de estudiar

15 Encuesta ⟍ FL.A.1.1.2

Hablemos En grupos, comparen sus respuestas a la Actividad 14. Basándose en lo que dice cada persona, ¿quién se cuida mejor la salud?

> **Benchmark Focus**
> FL.A.1.1.2 Greet others and exchange essential personal information

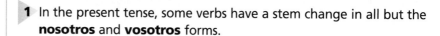

Stem-changing verbs

Interactive TUTOR

1 In the present tense, some verbs have a stem change in all but the **nosotros** and **vosotros** forms.

2 The verbs **despertarse** *(to wake up)* and **mantenerse en forma** *(to stay in shape)* have an **e → ie** stem change. **Acostarse** *(to go to bed)* and **encontrar** *(to find)* have an **o → ue** change, while **vestirse** *(to get dressed)* has an e → **i** stem change.

acostarse (o → ue)

yo me ac**ue**sto	nosotros(as) nos acostamos
tú te ac**ue**stas	vosotros(as) os acostáis
Ud., él, ella se ac**ue**sta	Uds., ellos, ellas se ac**ue**stan

Mi hermana y yo nos **acostamos** a las diez.

vestirse (e → i)

yo me v**i**sto	nosotros(as) nos vestimos
tú te v**i**stes	vosotros(as) os vestís
Ud., él, ella se v**i**ste	Uds., ellos, ellas se v**i**sten

Mi abuela se **viste** de ropa elegante.

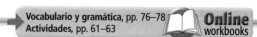
Vocabulario y gramática, pp. 76–78
Actividades, pp. 61–63
Online workbooks

¿Te acuerdas?

Here are some of the **stem-changing verbs** you have seen so far.

querer (e → **ie**)

poder (o → **ue**)

jugar (u → **ue**)

pedir (e → **i**)

16 Nuestra rutina ⟋ FL.A.2.1.3

Escuchemos Decide si estas oraciones son **ciertas** o **falsas.**

1. El papá de Camila se acuesta antes que su mamá.
2. Su hermano se acuesta después de jugar al ajedrez por Internet.
3. Su mamá sirve huevos, tocino, y pan tostado para el desayuno.
4. Por la mañana, Camila y su hermano se levantan tarde.
5. Después de desayunar, Camila se viste y se maquilla.

17 Lo que hacen todos ⟋ FL.A.3.2.1

Escribamos Di quién hace las siguientes cosas, cómo y cuándo.

MODELO (no) jugar (mis abuelos/mi hermano)
> **Mis abuelos no juegan a los videojuegos nunca.**
> **Mi hermano juega al ajedrez conmigo a veces.**

1. (no) acostarse (yo/mi mejor amigo)
2. (no) vestirse (mis padres/mi hermano(a) mayor)
3. (no) pedir verduras en restaurantes (yo/mis amigos)
4. (no) tener prisa (mi profesor(a)/mis padres)

Benchmark Focus

FL.A.3.2.1 Describe important people (e.g., family members and friends) and objects present in your every-day environment and in school

18 La rutina familiar FL.A.2.1.2

Leamos/Escribamos Completa las oraciones con la forma del verbo en paréntesis que corresponde según el contexto.

Después del colegio mi hermana ___1___ (servir/jugar) videojuegos pero yo ___2___ (probar/empezar) mi tarea a las tres. Mi hermana y yo ___3___ (servir/almorzar) la cena todos los días. Mis padres ___4___ (acostar/preferir) cenar muy temprano. Mi padre siempre ___5___ (querer/servir) leer un libro después de cenar pero mi madre ___6___ (dormir/preferir) escuchar música. Mi padre siempre ___7___ (levantarse/acostarse) antes de las nueve de la noche.

19 ¿Qué pasa en casa? FL.A.3.2.1

Escribamos Utiliza las palabras de los cuadros para describir qué hacen las personas en cada dibujo.

1.

2.

jugar	llover
poder	querer

probar	servir
preferir	vestirse

Nota cultural

American baseball teams started drafting players from the Caribbean in the early 1900s. The number increased in the 1950s, but in the 1980s the percentage of Latino players grew dramatically. Currently, Spanish-speaking players make up approximately 25% of the major league rosters, and many of those players are superstars. The growing presence of Latino players has significantly increased the popularity of American baseball in Spanish-speaking countries. Do you know the names of some of these baseball superstars? FL.E.1.2.1

Miguel Cabrera, venezolano, en un juego de entrenamiento en Jupiter, Florida

Comunicación

HOLT **SoundBooth** ONLINE RECORDING

20 Tu rutina diaria FL.A.3.1.1

Hablemos Utiliza estas frases para entrevistar a tu compañero(a) sobre los días que va al colegio. Comparen sus respuestas.

despertarse temprano/tarde	vestirse en menos de veinte minutos
dormir mucho/poco	dormir la siesta
jugar a...	encontrar tu mochila/libro de español
volver a casa	empezar la tarea

Gramática 1

Cultura

Benchmark Focus
FL.B.1.2.1 Recognize various activities and celebrations in which children participate in the target culture

Video/DVD
VideoCultura

Comparaciones
Interactive TUTOR

Parque Palermo, Buenos Aires

¿Cómo te mantienes en forma? FL.B.1.2.1, FL.D.2.2.1

La necesidad de mantenerse en forma es universal. En Argentina los jóvenes prefieren mantenerse en forma practicando el esquí, el patinaje en hielo y el hockey, también el ciclismo, la natación, el windsurf, el taekwondo, el alpinismo y, desde luego, el fútbol. Muchos jóvenes se mantienen en forma con la práctica del fútbol todos los fines de semana. ¿Qué diferencia hay entre lo que hacen estos jóvenes y lo que haces tú para mantenerte en forma?

Miguel
Buenos Aires, Argentina

¿Crees que estás en forma ahora?

Eh, sí, creo que estoy en forma, me mantengo, trato siempre de salir a correr, cosas por el estilo, cosa de mantenerme siempre en forma.

¿Cómo te mantienes en forma?

Practico gimnasia acrobática desde hace nueve años. Este, salgo a correr, distintos tipos de deportes... me gusta un poquito de todo, muy variado.

Para ti, ¿qué es lo difícil de mantenerte en forma?

Lo difícil de mantenerse en forma, yo creo que es mantener una constancia en un entrenamiento, fijarse objetivos y a partir de ahí, bueno, a ver qué pasa.

¿Qué haces para relajarte?

Me gusta leer. Me gusta escuchar música, especialmente leer porque como quien dice, este, en un cuerpo sano, mente sana.

Chile
Buenos Aires
ARGENTINA
Océano Atlántico

Ivania
San José, Costa Rica

¿Crees que estás en forma en este momento?

Sí, sí, creo que estoy en forma.

¿Cómo te mantienes en forma?

Yo, para mantenerme en forma, camino, corro o voy al gimnasio.

Para ti, ¿qué es lo difícil de mantenerte en forma?

Para mí, lo difícil de mantenerme en forma es poder evitar comer chocolate, picaditas o helados.

¿Qué haces para relajarte?

Yo para relajarme hago muchas cosas, leo poemas, hablo con mis amigos, salgo a pasear.

Para comprender ⟍ FL.B.1.2.1

1. ¿Qué hace Miguel para mantenerse en forma? ¿Qué deportes le gustan a Miguel?

2. ¿Por qué es difícil para Miguel mantenerse en forma?

3. ¿Cómo se mantiene en forma Ivania? ¿Qué le gusta comer a Ivania?

4. ¿Qué hacen Miguel e Ivania para relajarse? ¿Qué cosa hacen los dos? En tu opinión, ¿es cierto lo que dice Miguel, "en un cuerpo sano, mente sana"? ¿Por qué?

Para pensar y hablar ⟍ FL.B.1.2.1

Very often exercise involves going to the gym. But, simple things like walking or riding a bike to places can be enough exercise. Both Miguel and Ivania live in cities in their home countries where places are often within walking distance. Are places easy to walk to in your community, or are they spread out so you have to ride there in a car or bus? How can the way a city is built make it easy or hard for a person to get exercise?

Comunidad en la Florida

Salud y servicios sociales ⟍ FL.E.1.2.1

South Florida communities have a variety of resources to meet the health care needs of their diverse populations. In addition to traditional hospitals and private medical practices, community clinics offer social as well as medical services. One such clinic is Camillus House in Miami, which has served the homeless since 1984. A product of Pedro José Greer's grassroots networking, Camillus House has drawn on volunteers from a cross section of the community. Its services are available in English, Spanish, and Haitian Creole. Find out about a center offering health or social services in your area. How does it serve the community? Does it provide services in Spanish? Present your findings to the class.

Dr. José Greer, fundador de la Clínica Camillus House en Miami

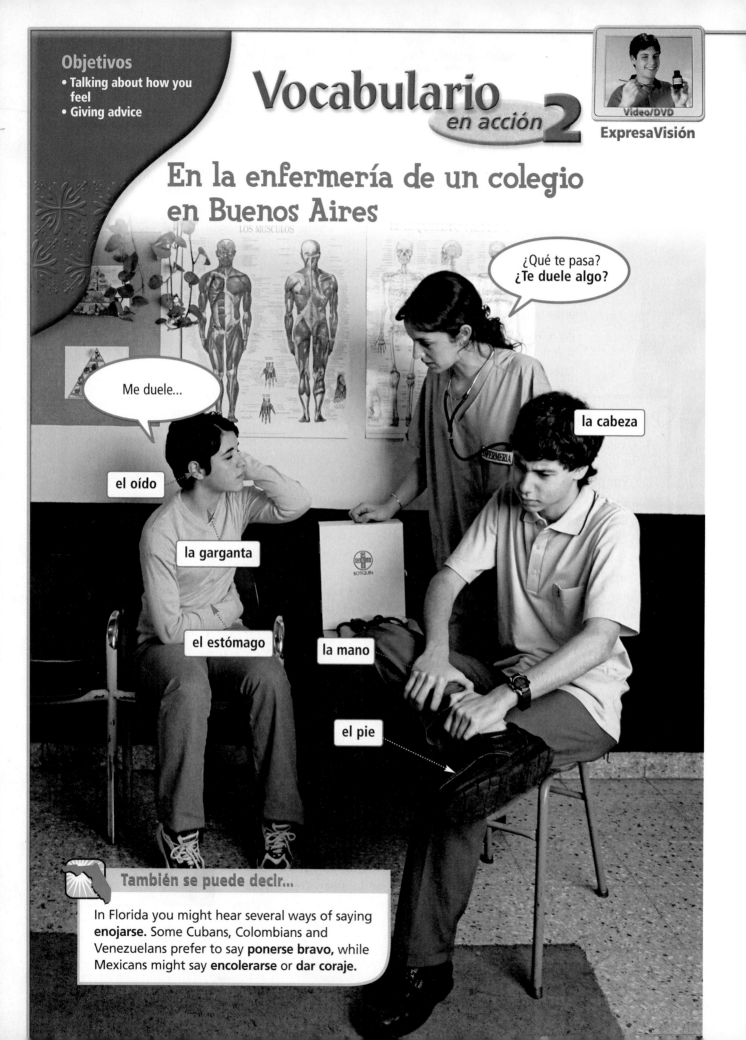

¿Cómo se sienten?

Está cansada.

Está aburrido.

Para cuidar la salud debes...

hacer yoga

Está nerviosa.

Está triste.

caminar

Más vocabulario...

bajar de peso	*to lose weight*
buscar un pasatiempo	*to find a hobby*
dejar de fumar	*to stop smoking*
enojarse	*to get angry*
estar contento(a)	*to be happy*
subir de peso	*to gain weight*

seguir una dieta sana

¡Exprésate!

To ask how someone feels	To respond
Te veo mal. *You don't look well.*	**Es que estoy enferma. Tengo catarro.** *I'm sick. I have a cold.*
¿Qué te pasa? ¿Te duele algo? *What's wrong with you? Does something hurt?*	**Me siento (un poco) cansado y me duelen los pies (las manos).** *I feel (a little) tired and my feet (hands) hurt.*
¿Qué tiene Rosita? ¿Está enojada? *What's the matter with Rosita? Is she angry?*	**No. Le duele el cuello.** *No. Her neck hurts.*

Interactive TUTOR

Vocabulario y gramática, pp. 79–81

Online workbooks

▶ **Vocabulario adicional** — En el consultorio, p. R8

Argentina is famous for its **parrilladas**—steaks and other grilled meats. Another important element in Argentine cooking is the influence of Spain and Italy. You might be surprised to find a **milanesa napolitana** served in Buenos Aires. How does Argentine food compare to your diet? FL.B.1.1.3

Parrillada en la Feria de Mataderos, Buenos Aires

Benchmark Focus

FL.A.3.1.1 Provide simple information in spoken form (e.g., descriptions of family members or friends)

21 Debes cuidarte mejor FL.A.2.1.2

Leamos Lee lo que varios amigos te dicen sobre sus problemas. Escoge la mejor respuesta para cada situación.

1. Me duelen mucho los ojos.
2. Siempre estoy aburrido.
3. Me siento muy cansada.
4. Nunca como frutas ni verduras.
5. Siempre me duele la garganta.
6. Quiero bajar de peso.
7. Tengo catarro.
8. ¡Estoy enojada!
9. Me duelen los pies.

a. Debes dejar de fumar.
b. Necesitas seguir una dieta sana.
c. ¡Usa tus lentes!
d. ¿Qué tal si buscas un pasatiempo?
e. Debes comer menos y hacer ejercicio.
f. No debes correr sin zapatos.
g. Debes dormir lo suficiente.
h. Toma jugo de naranja y descansa.
i. Debes relajarte. ¿Por qué no haces yoga?

22 ¿Qué te duele? FL.A.3.1.1

Hablemos Explica qué parte(s) del cuerpo te duele(n) si no puedes hacer las siguientes cosas.

MODELO correr
> No puedo correr. Me duelen las piernas y los pies.

1. hablar
2. levantar pesas
3. comer
4. escribir
5. oír *(to hear)*

6. estudiar
7. bailar
8. leer
9. jugar al tenis
10. hacer yoga

¡Exprésate!

To give advice

Interactive TUTOR

¿Sabes qué? Comes muy mal. No debes comer tanto dulce ni grasa.

You know what? You eat very badly. You shouldn't eat so many sweets nor so much fat.

Para cuidarte mejor, debes dormir lo suficiente. ¿Por qué no te acuestas más temprano?

To take better care of yourself, you should get enough sleep. Why don't you go to bed earlier?

No debes ver demasiada televisión.

You shouldn't watch too much television.

Vocabulario y gramática, pp. 79–81

 Online workbooks

23 **¿Qué te pasa?** ⮡ FL.A.2.1.3

🔊 **Escuchemos** Escucha las conversaciones. Escoge el consejo (*advice*) apropiado.

a. Debes usar lentes.

b. Necesitas dormir lo suficiente.

c. ¿Qué tal si caminas o montas en bicicleta?

d. Tienes que relajarte. Debes hacer yoga.

e. ¡Hombre, debes seguir una dieta sana!

f. ¡Deja de fumar!

g. Debes estirarte antes de hacer ejercicios.

24 **¡Ponte en forma!** ⮡ FL.A.2.1.2

Escribamos/Hablemos Dile a tu amigo(a) qué debe hacer para ponerse en forma y sentirse mejor. Usa mandatos informales.

1. acostarte temprano

2. hacer ejercicio

3. salir con los amigos

4. ser más activo(a)

5. aprender un deporte nuevo

6. comer bien

7. hacer yoga

Nota cultural

Mate is a popular South American drink made from an herb called **yerba mate.** The dried herb is placed in a gourd or metal cup, also called **mate,** and hot water is poured from a kettle called a **pava. Mate** is then sipped through a straw called a **bombilla.**

What kinds of herbal teas do you know about? How are they prepared?
⮡ FL.B.1.1.3

Joven argentina bebiendo mate

Comunicación

🎧 HOLT **SoundBooth**
ONLINE RECORDING

25 **¿Cómo te sientes?** ⮡ FL.A.1.1.2, FL.A.3.1.1

👥 **Hablemos** Crea una conversación con tu compañero(a) con base en las personas de los dibujos. ¿Cómo se sienten? ¿Qué deben hacer?

1.   2.   3.

Objetivos
- **Estar, sentirse,** and **tener**
- Negative informal commands
- Object and reflexive pronouns with commands

Video/DVD
GramaVisión

Estar, sentirse, and tener

Interactive TUTOR

1 You have used **ser** to tell what people and things are normally like. Use **estar** with adjectives describing mental or physical states or conditions.

Mi amigo **es** joven.
My friend is young.

Está muy cansado.
He's very tired.

2 Like **estar**, **sentirse** *(to feel)* can be used with adverbs **bien/mal** or with adjectives to describe mental or physical states.

sentirse (e → ie)	
yo me s**ie**nto	nosotros(as) nos sentimos
tú te s**ie**ntes	vosotros(as) os sentís
Ud., él, ella se s**ie**nte	Uds., ellos(as) se s**ie**nten

Nos sentimos cansados.
We feel tired.

No **se sienten** bien.
They don't feel well.

Vocabulario y gramática, pp. 82–84
Actividades, pp. 65–67
Online workbooks

Expressions with tener for mental or physical states

tener frío	*to be cold*
tener calor	*to be hot*
tener miedo	*to be afraid*
tener sueño	*to be sleepy*

26 **¿Cómo están?** FL.A.2.1.3

Escuchemos Escucha las oraciones y decide qué dibujo corresponde a cada oración. Algunos dibujos se usan más de una vez.

a.

b.

c.

d.

e.

27 ¿Quién es? FL.A.2.1.2

Escribamos ¿A quién describen las siguientes palabras? Mira las fotos y haz oraciones con **estar, sentirse** o **tener**.

1. Leti

2. Marta

3. Ricardo

4. Vicente

1. aburrido(a)	3. sed	5. miedo	7. bien
2. enfermo(a)	4. nervioso(a)	6. calor	8. sueño

28 En el colegio FL.A.2.1.2

Leamos/Escribamos Josefina habla de su colegio. Completa las oraciones con las formas correctas de **estar, sentirse** o **tener**. Luego cambia las oraciones para describir tu situación.

MODELO **A veces Luis está aburrido en la clase de matemáticas.**
Yo casi nunca estoy aburrido(a) en mis clases.

1. Muchos estudiantes ===== miedo de los exámenes de inglés.
2. Joaquín y Mateo ===== nerviosos cuando presentan un examen.
3. Yo ===== calor cuando practico deportes en el gimnasio.
4. Mi amiga Matilde siempre ===== hambre antes del almuerzo.
5. A veces nosotros ===== sueño después de almorzar.
6. Mis profesores no ===== enojados casi nunca.

Comunicación

29 Un catarro FL.A.1.1.2

Hablemos Dramatiza la siguiente situación con un(a) compañero(a). Tienes catarro y le dices a tu amigo(a) cómo te sientes. Él o ella te dice qué debes hacer para cuidarte. Usen las palabras del cuadro.

enfermo(a)	frío	calor	sed
cansado(a)	mal	sueño	me duele(n)

Negative informal commands

Interactive
TUTOR

1 An **affirmative command** tells someone what to do. The **affirmative informal command** form of most verbs is the **tú** form without the final **s**.

> **Come** bien y **duerme** lo suficiente.
> *Eat right and get enough sleep.*

2 A **negative command** tells someone not to do something. To form the **negative informal command** of most **-ar** verbs, drop the final **o** of the **yo** form and add **-es**.

> (yo) fum**o** → no fum**es**
> (yo) trabaj**o** → no trabaj**es**
>
> **No trabajes** tanto. *Don't work so much.*

3 To form the **negative informal command** of most **-er** and **-ir** verbs, drop the final **o** of the **yo** form and add **-as**.

> (yo) veng**o** → no veng**as**
> (yo) com**o** → no com**as**
> (yo) duerm**o** → no duerm**as**
>
> **No duermas** hasta tarde. *Don't sleep late.*

4 These verbs have irregular negative informal commands.

> dar → **no des**   ser → **no seas**   ir → **no vayas**

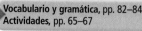
Vocabulario y gramática, pp. 82–84
Actividades, pp. 65–67

Online
workbooks

¿Te acuerdas?

These verbs have irregular affirmative informal command forms.

hacer	**haz**
ir	**ve**
poner	**pon**
salir	**sal**
ser	**sé**
tener	**ten**
venir	**ven**

30 Consejos  FL.A.2.1.2

Leamos/Hablemos Por lo general, ¿qué le dicen los padres a su hijo?

1. (Come/No comas) verduras.
2. (Compra/No compres) muchos dulces.
3. (Sal/No salgas) tarde para el colegio.
4. (Haz/No hagas) tu tarea.
5. (Pon/No pongas) los pies en la mesa.
6. (Vuelve/No vuelvas) tarde a casa.
7. (Ve/No vayas) al colegio.
8. (Sé/No seas) bueno.
9. (Arregla/No arregles) tu cuarto.
10. (Ven/No vengas) a comer antes de ver televisión.
11. (Prueba/No pruebes) el postre. Está delicioso.
12. (Habla/No hables) con nosotros antes de salir.

¡No corras, Lalo!

31 ¿Qué deben hacer? FL.A.2.2.1

Escribamos Usando mandatos *(commands)*, dile a un amigo si *(if)* debe hacer las cosas indicadas entre paréntesis o no.

Benchmark Focus
FL.A.2.2.1 Give and understand written and verbal instructions, using known, verbal patterns in the target language

> **MODELO** **Si siempre estás enfermo... (fumar/dormir lo suficiente)**
> **No fumes. Duerme lo suficiente.**

1. Si quieres cuidarte la salud... (comer verduras/hacer ejercicio/pasar el día delante de la televisión)

2. Si te duelen los pies... (correr/descansar/ir a bailar)

3. Si siempre estás aburrido... (dormir tanto/salir con los amigos/buscar un pasatiempo)

4. Si no entiendes algo en la clase de matemáticas... (estudiar más/hacer la tarea/ver tanta televisión)

5. Si siempre estás cansado... (volver tarde a casa/dormir más/salir con los amigos todas las noches)

32 En el colegio FL.A.2.2.1

Escribamos Tu hermano menor va a ser estudiante en tu colegio el año que viene. Dale consejos sobre qué debe hacer y no hacer.

> **MODELO** **comer en clase**
> **No comas en clase nunca.**

1. correr en clase
2. participar en un deporte o club
3. interrumpir a los profesores
4. comprar el almuerzo en la cafetería
5. ser tímido
6. estudiar todos los días

Colegio J. A. Roca en Buenos Aires

Comunicación

HOLT **SoundBooth** ONLINE RECORDING

33 Nuestros problemas FL.A.2.2.1

Escribamos/Hablemos Escribe en una hoja de papel un problema real o imaginario. Luego, dale la hoja a tu profesor(a) para que escriba *(so that he/she writes)* algunos de los problemas en la pizarra. Con un(a) compañero(a), prepara consejos para los problemas.

> **MODELO** **Siempre tengo sueño en mi primera clase.**
> **¡Duerme más en casa!**

Object and reflexive pronouns with commands

Interactive TUTOR

1 **Direct object pronouns** and **reflexive pronouns** are attached to the end of **affirmative commands**. A written accent mark goes over the stressed vowel of the verb, unless the verb is only one syllable long.

> **Levánta te** y **ponte** los zapatos.
> *Get up and put your shoes on.*

> ¿El jabón? **Búscalo** en el baño.
> *The soap? Look for it in the bathroom.*

2 **Direct object pronouns** and **reflexive pronouns** go in between **no** and the verb in **negative commands**.

> Este libro es pésimo. **No lo leas**.
> *This book is awful. Don't read it.*

> **No te levantes** muy tarde.
> *Don't get up too late.*

Vocabulario y gramática, pp. 82–84
Actividades, pp. 65–67

Online workbooks

¿Te acuerdas?

Words ending in a **vowel**, **-n**, or **-s** are normally stressed on the next-to-last syllable. If another syllable is stressed, there must be a written accent on its vowel.

está	esta
teléfonos	lentes
jóvenes	joven

34 **Más consejos** FL.A.2.1.1

Leamos/Hablemos Escoge el consejo apropiado.

1. ¿Tienes sueño?
   a. ¡Acuéstate!
   b. ¡No te acuestes!

2. ¿Te duelen los pies?
   a. ¡No te quites los zapatos!
   b. ¡Quítate los zapatos!

3. Vamos a comer.
   a. ¡Lávate las manos!
   b. ¡No te laves las manos!

4. Necesitas dormir más.
   a. ¡Levántate!
   b. ¡No te levantes!

5. ¿Tienes frío?
   a. ¡Vístete!
   b. ¡No te entrenes!

6. ¿Estás nervioso?
   a. ¡Relájate!
   b. ¡No te estires!

7. ¿Tienes catarro?
   a. ¡No te cuides!
   b. ¡Cuídate!

8. Los libros son muy aburridos.
   a. ¡No los leas!
   b. ¡Léelos!

9. A mi hermano no le tocan los quehaceres.
   a. ¡No te enojes!
   b. ¡Limpia el baño!

10. ¿Te gusta este escritorio?
    a. ¡Cómpralo!
    b. ¡No lo compres!

35 **El hombre prehistórico** FL.A.2.1.1

Leamos/Escribamos Por un salto en el tiempo *(time warp)* un hombre prehistórico llega a tu casa y hace las siguientes cosas. Explícale cómo se hacen las cosas en el mundo moderno.

> **MODELO** **Se baña en la cocina.**
> **¡No te bañes en la cocina! ¡Báñate en el baño!**

1. Se pone el piyama para salir.
2. Se lava los dientes con una toalla.
3. Se levanta a las once de la noche.
4. Se lava con la pasta de dientes.
5. Se viste en el patio.
6. Se acuesta en la mesa.
7. Se peina con el jabón.
8. Se afeita con un cuchillo.

36 **¿Qué hago con esto?** FL.A.2.1.1

Escribamos/Hablemos Sigue el modelo para decirle al hombre prehistórico qué debe hacer y qué no debe hacer con las cosas.

> **MODELO** **los platos (poner en el piso/poner en la mesa)**
> **¡No los pongas en el piso! ¡Ponlos en la mesa!**

1. la ropa (lavar en la casa/lavar en el carro)
2. los lentes (usar para cortar/usar para leer)
3. las ventanas (limpiar con jugo/limpiar con agua y jabón)
4. la aspiradora (pasar en la sala/pasar en el césped)
5. la computadora (poner en el escritorio/poner en el microondas)
6. los sándwiches (hacer con papel/hacer con pan)
7. el arroz con pollo (comer con los pies/comer con un tenedor)

> **Benchmark Focus**
>
> **FL.A.2.1.1** Follow and give simple instructions

Comunicación

37 **La madre cansada** FL.A.2.1.1

Hablemos Con un(a) compañero(a), dramatiza la conversación entre la madre y el hijo en los dibujos.

¿Quién será?
Episodio 7

Benchmark Focus

FL.C.2.1.1 Use the target language to gain access to information that is only available through the target language or within the target culture

ESTRATEGIA

Understanding a Character's Motives To understand a character, you must first understand motives—why he or she is doing something or acting a certain way. To understand someone's motives, you must watch behavior. Nicolás has to get ready to go to his grandmother's birthday lunch. Can you tell from his actions whether he really wants to go? When he tells his grandmother he is sick, what is his motive? Watch what he does throughout the episode and decide what his motive is. 🖐 **FL.C.2.1.1**

En Puerto Rico

La mamá de Nicolás quiere hablar con él. Él tiene que alistarse para el almuerzo de cumpleaños de su abuela.

1

Sra. Ortega ¿Nicolás? ¿Hijo?

2

Sra. Ortega ¿Nicolás, estás listo? Hijo, ya sabes que hoy es el cumpleaños de tu abuela y tenemos que ir a almorzar con ella.

3

Báñate con SuperSuave, el jabón que te hace sentir ¡súper suave!

Sra. Ortega ¡Nicolás, por favor! ¡Levántate, hijo! Tienes que bañarte. Aquí está el jabón.

4

Lávate el pelo con el champú Estrella y ¡brilla como una estrella!

Sra. Ortega ¡Nicolás, por favor! ¡También tienes que lavarte el pelo! Aquí está el champú.

5

Lávate los dientes con la pasta de dientes Sonrisa.

Sra. Ortega Nicolás, ¿no me oyes? Abre esta puerta, ¡ahora mismo! Sé que necesitas pasta de dientes… aquí está.

6

Nicolás, ¡levántate, báñate, lávate el pelo y los dientes y ¡alístate!

7

Abuela Nicolás, te veo cansado.

Nicolás Sí, abuela, estoy un poco cansado. Tengo frío y me duele la cabeza.

8

Abuela Anda, vete, acuéstate un rato. Te despertamos cuando esté listo el almuerzo.

Nicolás Gracias, abuela.

9

Nicolás se acuesta pero no descansa.

Georgia

FLORIDA

Golfo de México

Miami

Buenos Aires

ARGENTINA

Océano Atlántico

¿COMPRENDES?

1. Según su mamá, ¿qué necesita hacer Nicolás?

2. ¿Nicolás escucha a su mamá? ¿Qué motivo tiene para no escucharla?

3. ¿Qué necesita para bañarse? ¿Qué producto sale en la televisión?

4. ¿Qué necesita para lavarse el pelo? ¿Qué producto sale en la tele?

5. ¿Qué necesita para lavarse los dientes? ¿Qué producto sale en la tele?

6. ¿Está enfermo Nicolás? ¿Cómo lo sabes?

7. ¿Qué motivo tiene Nicolás para decir que está enfermo?

🖋 FL.A.2.2.5, FL.A.3.2.3

Próximo episodio:
Ahora le toca a Marcos ir a Miami. ¿Qué piensas que va a hacer allí?
PÁGINAS 294–295 ▶

Leamos y escribamos

ESTRATEGIA

para leer Background knowledge is the information you already know about a subject. Before you read something, take a moment to recall what you already know about the topic. Doing this will make it easier to guess the meaning of unfamiliar words or phrases.

A Antes de leer ✎ FL.C.1.2.2

Piensa en lo que ya *(already)* sabes sobre la salud y la dieta. Ahora lee el artículo a continuación y deduce los significados de las palabras marcadas en el texto con un asterisco* rojo.

¡En buena salud!

Cecilia Mendoza, famosa entrenadora* y nutricionista argentina, contesta algunas preguntas sobre la salud y la dieta.

¿Qué es mejor para mantenerse en forma: levantar pesas o hacer aeróbicos?
Las dos actividades son buenas. Puedes hacer aeróbicos cuatro veces* por semana y levantar pesas dos veces por semana. Y recuerda[1], siempre debes estirarte después de hacer ejercicio.

¿Por cuánto tiempo se debe hacer una actividad aeróbica?
La intensidad de una actividad determina su duración. Si la actividad requiere más energía, no hay que hacerla por mucho tiempo.

¿Qué dieta recomiendas para bajar de peso?
Lo más importante es comer comida sana y prestar atención[2] a la cantidad* de comida que comes. Si reduces el tamaño* de las porciones y sigues las recomendaciones de la pirámide alimenticia, vas a bajar de peso.

Sufro[3] mucho de estrés durante el año escolar. ¿Qué puedo hacer?
Para reducir[4] el estrés, haz lo siguiente: duerme lo suficiente, haz ejercicio todos los días, come una dieta sana, no tomes bebidas con cafeína[5], maneja* bien tu tiempo, toma las cosas con calma y siempre respira[6] profundamente*.

GRANOS	VERDURAS	FRUTAS	LÁCTEOS	CARNES Y FRIJOLES
6 onzas diarias	2¹/₂ tazas diarias	2 tazas diarias	3 tazas diarias	5¹/₂ onzas

Porciones necesarias para una dieta de 2000 calorías.

1 remember **2** pay attention **3** I suffer **4** reduce **5** caffeinated beverages **6** breathe

B Comprensión ⟍ FL.A.3.2.3

¿Son **ciertas** o **falsas** las siguientes oraciones? Corrige las oraciones falsas.

1. Cecilia Mendoza sólo *(only)* habla del ejercicio.

2. Para mantenerse en forma es necesario levantar pesas todos los días.

3. La intensidad de un ejercicio determina la cantidad de tiempo que debes hacerlo.

4. Para bajar de peso sólo es necesario seguir una dieta sana.

5. Para reducir el estrés es importante tener una vida sana.

C Después de leer ⟍ FL.A.3.2.3

Which of Cecilia's recommendations do you already follow? How difficult would it be for you to follow all of her recommendations? Which ones would be the most difficult to follow? Why?

FCAT Writing Focus

LA.B.1.4.1
Use appropriate prewriting strategies, such as graphic organizers

Interactive TUTOR

Taller del escritor

Clínica Fierro

¿Te duele...?

- _____
- _____

¿Estás...?

- _____
- _____

ESTRATEGIA

para escribir Graphic organizers can help you organize your thoughts visually and are especially helpful in designing posters and charts. Consider bulleted charts or cluster bubbles as you sketch out your display.

El doctor te aconseja... ⟍ FL.A.2.2.3

You are a doctor who believes that patients should take a more active role in avoiding or curing their ailments. Design a chart for the patients' waiting room listing common symptoms followed by your suggestions on how to avoid or cure the problem.

1 Antes de escribir

List the symptoms in question form: **¿Te duele la garganta? ¿Estás cansado(a)?** Then think of one or more suggestions to solve each problem or illness. Write down your ideas.

2 Escribir un borrador

Use a graphic organizer to arrange the symptoms and suggestions for possible solutions on a poster board. Use expressions for giving advice as well as affirmative and negative commands.

3 Revisar

Read your advice to a classmate, consider his/her input, and check for proper use of vocabulary, spelling, and punctuation.

4 Publicar

Illustrate your chart if you want and show it to the class. Do other students suggest different solutions to the same health problems?

Leamos y escribamos

Prepárate para el examen

Interactive
TUTOR

1 Todos se preparan para salir. ¿Qué tiene que hacer cada persona para prepararse? ⬡**FL.A.2.1.2**

1. Miguelito

2. el señor Blanco

3. Elena

2 Completa el párrafo con la forma correcta de los verbos según corresponda. ⬡**FL.A.2.1.2**

Por la mañana, mi madre ___**1**___ (dormir/cuidarse) hasta las seis. Luego, ella ___**2**___ (almorzar/levantarse) y ___**3**___ (cenar/vestirse) antes de desayunar. Yo me levanto muy temprano para ___**4**___ (entrenarse/dormir) antes de ir al colegio. Después de clases, mis hermanos y yo ___**5**___ (poder/deber) ver un poco de televisión antes de ___**6**___ (ver/empezar) la tarea. A veces mi hermana Maribel ___**7**___ (jugar/ponerse) videojuegos. Por la noche, (yo) ___**8**___ (desayunar/bañarse) y luego escucho música para ___**9**___ (cuidarse/relajarse) un poco antes de acostarme.

3 Prepara una lista de consejos para un(a) amigo(a) usando las palabras de los cuadros. ⬡**FL.A.2.2.1**

1	**2**	**3**
Debes	comer tanto dulce	si estás aburrido(a)
No debes	acostarte tarde	si siempre tienes catarro
	comer verduras	si no quieres subir de peso
	hacer yoga	si siempre tienes sueño
	buscar un pasatiempo	para mantenerte en forma
	entrenarte	para seguir una dieta sana
	cuidarte	para relajarte

4 Tu amigo tiene problemas. Escribe mandatos, usando los dos verbos entre paréntesis para darle tus consejos. ⬎FL.A.2.2.1

1. No tengo nada que hacer después de clases. Estoy aburrido.
(ser perezoso/buscar un pasatiempo)

2. Siempre me siento muy cansado en clase.
(acostarse más temprano/dormir en clase)

3. Muchas veces tengo miedo de hablar en clase.
(ser tímido/hablar)

4. Me duele el estómago después de comer en un restaurante.
(comer comida sana/pedir muchos postres)

5. Me duelen los ojos y la cabeza.
(ver tanta televisión/comprar lentes)

5 Answer the questions. ⬎FL.B.1.1.2, FL.B.1.1.3

1. What sport is practiced in July in Bariloche?

2. Name some foods that are popular in Argentina.

3. What is **mate**? How is it prepared?

6 Escucha la conversación entre Roberto y Laura. Luego di si las oraciones que siguen (*that follow*) son **ciertas** o **falsas**. ⬎FL.A.2.1.3

7 Con un(a) compañero(a) crea un diálogo y preséntalo en clase.
⬎FL.A.1.3.4

4 Gramática 1
- **estar, sentirse,** and **tener**
- negative informal commands
- object and reflexive pronouns with commands
  pp. 250–255

5 Cultura
- **Comparaciones**
  pp. 244–245
- **Notas culturales**
  pp. 236, 248, 249
- **Geocultura**
  pp. 228–231

Benchmark Focus

FL.A.2.1.3 Understand oral messages based on familiar themes and vocabulary

Prepárate para el examen

Argentina

Gramática 1

- verbs with reflexive pronouns
  pp. 238–239

- using infinitives
  pp. 240–241

- review of stem-changing verbs
  pp. 242–243

Repaso de Gramática 1

Some verbs are used with reflexive pronouns if the subject and object of the verb are the same. For a list of such verbs, see p. 238.

lavarse			
me	lavo	**nos**	lavamos
te	lavas	**os**	laváis
se	lava	**se**	lavan

Use the infinitive of a verb after **acabar de, para, antes de, después de.**

Acabo de bañarme. Necesito una toalla **para** secarme.

For the forms of acostarse (o ⟶ **ue**) and **vestirse** (e ⟶ **i**), see page 242.

Gramática 2

- **estar, sentirse,** and **tener**
  pp. 250–251

- negative informal commands
  pp. 252–253

- object and reflexive pronouns with commands
  pp. 254–255

Repaso de Gramática 2

Use these expressions to describe mental or physical states.

estar bien/mal/*adjective*
sentirse bien/mal/*adjective*
tener frío/calor/miedo/sueño

To review negative commands, see p. 252. An **object** or **reflexive pronoun** goes just before the verb in **negative commands** and is attached to the end of an **affirmative command.**

fumar ⟶ **no fumes**   dar ⟶ **no des**
dormir ⟶ **no duermas**   ir ⟶ **no vayas**
levantarse ⟶ **no te levantes (levántate)**   ser ⟶ **no seas**

Benchmark Focus

FL.A.2.1.3 Understand oral messages that are based on familiar themes and vocabulary

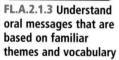 ## Letra y sonido ⟨ g ⟩ ⟨ gu ⟩

 ### La letra g

- The letters **g** and **gu** sound like the "hard" *g* in *game* at the beginning of a phrase starting with **ga, gue, gui, go, gu, gr, gl** or when these follow **n**:
  gato, **g**uerra, **g**uitarra, ten**g**o, un **g**usto, ¡**G**rita!

- The letters **g** and **gu** sound much softer than the *g* in *game* when **ga, gue, gui, go, gu, gr, gl** follow a vowel or a consonant other than **n**:
  mi **g**ato, á**g**uila, al**g**o, mucho **g**usto, ne**g**ro

Trabalenguas

Tres tigres tragaban trigo en un trigal, y el más grande se puso a entigretar.

Contigo entró un tren con trigo un tren con trigo contigo entró.

Dictado ⟍ FL.A.2.1.3

Escribe las oraciones.

Repaso de Vocabulario 1

Talking about your daily routine

acabar de	to just (have done something)
acostarse (ue)	to go to bed
afeitarse	to shave
antes de	before
bañarse	to bathe
la boca	mouth
el brazo	arm
la cara	face
el cepillo de dientes	toothbrush
despertarse (ie)	to wake up
los dientes	teeth
encontrar (ue)	to find
entrenarse	to work out
la espalda	back
estar listo(a)	to be ready
estirarse	to stretch
los hombros	shoulders
el jabón	soap
lavarse	to wash
levantar pesas	to lift weights
levantarse	to get up
el maquillaje	makeup
maquillarse	to put on makeup
la nariz	nose
la navaja	razor
la pantorrilla	calf
la pasta de dientes	toothpaste
el pecho	chest
peinarse	to comb your hair
el peine	comb
la pierna	leg
el piyama	pajamas
ponerse	to put on
prepararse	to get ready
¿Qué te falta hacer?	What do you still have to do?
quitarse	to take off
la secadora de pelo	hair dryer
secarse	to dry
la toalla	towel
vestirse (i)	to get dressed

Talking about staying fit and healthy

mantenerse (ie) en forma	to stay in shape
¿Qué haces para relajarte?	What do you do to relax?

Repaso de Vocabulario 2

To talk about how you feel

bajar de peso	to lose weight
buscar un pasatiempo	to find a hobby
la cabeza	head
caminar	to walk
el cuello	neck
los dedos	fingers
dejar de fumar	to stop smoking
doler (ue)	to hurt
enojarse	to get angry
Es que...	It's because/just that . . .
estar aburrido(a)	to be bored
estar cansado(a)	to be tired
estar contento(a)	to be happy
estar enfermo(a)	to be sick
estar enojado(a)	to be angry
estar nervioso(a)	to be nervous
estar triste	to be sad
el estómago	stomach
la garganta	throat
hacer yoga	to do yoga
las manos	hands
Me duele(n)...	My . . . hurt(s)
el oído	ear
los pies	feet
¿Qué te pasa?	What's wrong with you?
¿Qué tiene...?	What's the matter with . . . ?
seguir (i) una dieta sana	to eat a balanced diet
sentirse (ie)	to feel
subir de peso	to gain weight
¿Te duele algo?	Does something hurt?
Te veo mal.	You don't look well.
tener catarro	to have a cold

To give advice

demasiado(a)	too much
dormir lo suficiente	to get enough sleep
ni	neither
No debes...	You shouldn't . . .
Para cuidarte la salud,	To take care of your health,
Para cuidarte mejor,	To take better care of yourself,
tanta grasa	so much fat
tanto dulce	so many sweets
tanto(a)	so much

Integración

capítulos 1-7

1 Escucha la descripción de una mañana típica en casa de los Muñoz. Escoge la foto correspondiente. ◥**FL.A.2.1.3**

A

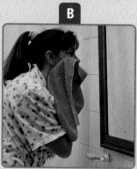
B

C

D

2 Lee los problemas y los consejos que se encuentran en esta revista para jóvenes. Luego contesta las preguntas. ◥**FL.A.3.2.3**

Querida Esperanza...

Querida Esperanza:
Necesito hacer más ejercicio, pero no me gusta levantar pesas. Quiero cambiar mi rutina, pero no sé qué hacer. ¿Me ayudas?
  – Siempre Cansado

Querido Cansado:
Para cuidarte mejor, tienes que hacer ejercicio por lo menos tres veces a la semana. ¿Qué te gusta hacer? Necesitas buscar una actividad divertida, como bailar, montar en bicicleta, nadar o caminar en el parque. Si no haces algo divertido, no vas a seguir con el ejercicio.

Querida Esperanza:
Tengo muchas clases difíciles y soy muy trabajadora. Mis amigos prefieren salir y no estudian. Quiero salir con ellos, pero no puedo porque tengo mucha tarea. ¿Qué debo hacer?
  – Frustrada

Querida Frustrada:
Sí, debes estudiar, pero necesitas relajarte también. Puedes estudiar dos o tres horas cada noche. Entonces, los viernes y sábados puedes ir con tus amigos a un partido o al cine. ¡No necesitas pasar todas las noches en la biblioteca!

1. ¿Por qué le escribe Siempre Cansado a Esperanza?
2. Según ella, ¿cuántas veces a la semana se debe hacer ejercicio?
3. ¿Qué tipo de ejercicio recomienda Esperanza?
4. ¿Qué problema tiene Frustrada?
5. ¿Qué consejos le da Esperanza a Frustrada? ¿Son buenos consejos, en tu opinión?

3 Tu amigo(a) quiere ponerse en forma, pero no sabe qué hacer. Crea un diálogo en que tú le das consejos *(give advice)*, pero el/ella no quiere seguirlos. ⟍FL.A.1.2.1, FL.A.2.2.1

4 Mira la pintura y en otro papel, escribe una descripción breve de tres de las personas. ¿Cómo son físicamente? ¿Cómo crees que es su personalidad? Con un(a) compañero(a), túrnense para leer las descripciones y adivinar *(guess)* a quién pertenecen. ⟍FL.A.3.2.3

by Prilidiano Pueyrredón, 1823–70, Argentinian; The Art Archive / Museo Nacional de Bellas Artes Buenos Aires / Dagli Orti

Un alto en el campo (detalle), de Prilidiano Pueyrredón (1823–70)

5 Estás en un campamento de verano *(summer camp)*. Escríbele una carta a tu familia. Describe tu rutina diaria, tus actividades preferidas y la comida del campamento. ⟍FL.A.3.2.1

6 **Situación** It's time for your school's annual health fair. The Spanish department is conducting a survey to find out what its students do to relax and stay in shape. Create a survey with five questions in Spanish about diet, exercise habits, and stress-reducing activities. Poll classmates to get their answers. Compile the results and write a final presentation to take to the fair. ⟍FL.A.1.1.2, FL.A.2.2.3

Repaso cumulativo

265

Capítulo 8

Video/DVD

GeoVisión

Geocultura
La Florida

▲ **La Florida** es uno de los mayores exportadores de cítricos del mundo. Los primeros naranjos llegaron a la Florida con los exploradores españoles en el siglo XVI.

Panama City

Río Apalach:

▼ **Miami,** un paraíso multicultural con muchos hispanohablantes, se encuentra en la costa atlántica de la Florida, a sólo 366 kilómetros de La Habana, Cuba.

Almanaque

Población
15.982.378

Capital
Tallahassee

Área
58.664 millas cuadradas
(151.939km²)

Moneda
dólar estadounidense

Economía
manufactura, turismo, productos de frutas cítricas, pesca comercial, electrónica, comercio con Latinoamérica

¿Sabías que...?
San Agustín, Florida, fundada en 1565, representa el asentamiento europeo más antiguo de Estados Unidos. La población fue establecida 42 años antes de Jamestown, Virginia.

◄ **Muchos floridianos** pasan el tiempo libre en las playas de su estado.

▶ **El Parque de los Everglades** es el único lugar del mundo donde cohabitan los cocodrilos y los caimanes.

GEORGIA

★ **TALLAHASSEE**   Jacksonville

Río Saint Johns

San Agustín

Río

FLORIDA

OCÉANO ATLÁNTICO

Cabo Cañaveral

Orlando

GOLFO DE MÉXICO

Tampa

BAHÍA DE TAMPA

Lago Okeechobee

Fort Lauderdale

Miami

Parque de los Everglades

BAHÍA DE BISCAYNE

La Habana, Cuba (145km)

▶

CAYOS DE FLORIDA

ESTRECHO DE FLORIDA

▲ **Cabo Cañaveral** El Centro Espacial Kennedy coexiste en armonía con el Refugio de Fauna de la Isla Merritt, donde hay más especies en peligro de extinción que en cualquier otra reserva de Estados Unidos.

▲ **La Pequeña Habana** es un distrito cubano en Miami.

▼ **Los Cayos de la Florida** se conectan a través de 42 puentes incluso el famoso Puente de Bahía Honda.

¿Qué tanto sabes?

¿Cómo se conectan los Cayos de la Florida? ¿Dónde cohabitan los cocodrilos y los caimanes?

FL.C.1.2.2

doscientos sesenta y siete **267**

A conocer la Florida

La comida

▲ **Floribbean, o floribeño,** es una tradición culinaria que combina los sabores del Caribe y de la Florida. Plátanos, yuca, hierbas finas, especias, mariscos y frutas tropicales como el mango son ingredientes típicos de la cocina floribeña.

▲ **Las croquetas y las empanadas** son bocadillos cubanos que se venden por todos lados de Miami. El sándwich cubano también es muy popular. El flan cubano es un postre dulce y muy típico en restaurantes de la Pequeña Habana, Miami.

El arte

▶ **Los seminoles** de la Florida producen cestas de paja de los Everglades.

▲ **Calle Ocho** fue pintado por Mildrey Guillot. Nacida en La Habana, Cuba, esta artista se mudó a Miami en 1962.

◀ **Mildrey Guillot**

▲ **Guantanameros,** 1996, fue pintado por Xavier Cortada, un artista cubanoamericano que aporta mucho a la comunidad de Miami.

La arquitectura

Interactive
TUTOR

Visit Holt Online
go.hrw.com
KEYWORD: EXP1 CH8
Photo Tour

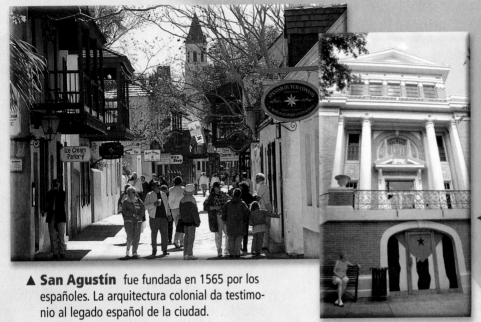

¿Sabías que...?

Juan Ponce de León, un explorador español, llegó a la costa de la península en 1513 y la llamó «la Florida».

◄ **Tampa** En 1899 inmigrantes cubanos fundaron el Círculo Cubano. El edificio fue construido en 1917 al estilo neoclásico.

▲ **San Agustín** fue fundada en 1565 por los españoles. La arquitectura colonial da testimonio al legado español de la ciudad.

Las celebraciones

◄ **Baila USA** Durante cuatro días se celebran las tradiciones artísticas de la comunidad latina con temas afrolatinos en Miami.

► **El Carnaval de Miami** en la Pequeña Habana acaba con el gran *Festival de la Calle Ocho* donde se celebra la cultura hispana de la ciudad.

 Conexión Música

En marzo se da el *Festival de Jazz Latino*, como parte de las celebraciones del *Carnaval de Miami*. El jazz latino es una fusión del jazz y el ritmo afrocubano.

Investiga los géneros de música populares en tu comunidad y compáralos con el jazz latino.

Benchmark Focus
FL.C.1.2.2 Use target-language vocabulary or concepts to reinforce knowledge of a related topic

Capítulo 8

Vamos de compras

OBJETIVOS

In this chapter you will learn to
- ask for and give opinions
- ask for and offer help in a store
- say where you went and what you did
- talk on the phone

And you will use
- **costar** and numbers to one million
- demonstrative adjectives and comparisons
- **quedar**
- preterite of **-ar** verbs
- preterite of **ir**
- preterite of verbs with reflexive pronouns

¿Qué ves en la foto?

- ¿Cuántas personas ves?

- ¿Dónde están y qué hacen?

- ¿Adónde te gusta ir de compras?

 Look for the 🌴 next to each activity and the **Benchmark Focus** to help you achieve the goals of the **Florida Sunshine State Standards,** found on pages FL14–FL16.

De compras en Miami

Objetivos
- Asking for and giving opinions
- Asking for and offering help in a store

Vocabulario
en acción 1

Video/DVD

ExpresaVisión

En la tienda de ropa

¿Qué le parece esta camisa?

Muy bien. También me gustaría comprar un suéter.

el cliente (la cliente)

el dependiente (la dependiente)

un suéter

una chaqueta

un abrigo

un par de pantalones vaqueros

Más vocabulario...

Es...

de algodón	*made of cotton*
de lana	*made of wool*
de seda	*made of silk*
para hombres	*for men*
para mujeres	*for women*
para niños	*for children*

▶ **Vocabulario adicional** — Ropa, p. R10

También se puede decir...

In Florida, you may hear Mexicans say **pantalones de mezclilla** for *bluejeans* while Puerto Ricans might refer to them as **mahones.** Many Spanish speakers have simply borrowed the term *bluejeans* or *jeans* directly from English, although some will write it phonetically, such as **yins.** ◥**FL.D.1.1.1**

¿Qué ropa llevas hoy?

Voy al gimnasio. Llevo...

un sombrero

una camiseta

unos pantalones cortos

unos zapatos de tenis

Voy a salir con amigos. Llevo...

un vestido

unas sandalias

Voy a clase. Llevo...

una blusa

una falda

unas botas

Voy a salir al teatro. Llevo...

una camisa

unos pantalones

unos calcetines

unos zapatos

Visit Holt Online

go.hrw.com

KEYWORD: EXP1 CH8

Vocabulario 1 practice

Vocabulario 1

¿Qué color te gusta más?

rojo	azul	verde	amarillo	morado	blanco	negro	anaranjado	gris	café

¡Exprésate!

To ask for an opinion	To give your opinion
¿Qué te parece el traje de baño anaranjado?	**Me parece feo y cuesta mucho. ¡Es un robo!**
What do you think of the orange swimsuit?	*It's ugly and costs a lot. It's a rip-off!*
¿Cómo me queda el saco?	**Te queda muy bien. Y está a la (última) moda.**
How does the sport coat fit me?	*It looks good on you. And it's in (the latest) style.*
¿Y el/la...? ¡Cuesta ochenta dólares!	**¡Qué caro(a)! Además, está pasado(a) de moda.**
What about this . . .? It costs $80.00!	*How expensive! Besides, it's out of style.*
La bolsa es una ganga, ¿verdad?	**Tienes razón. Es muy barata.**
The purse is a bargain, isn't it?	*You're right. It's very inexpensive.*

Interactive TUTOR

Vocabulario y gramática, pp. 85–87

Online workbooks

Nota cultural

Most Spanish-speaking countries use the metric system, so clothing and shoe sizes are different from sizes in the United States. The word for "size" also varies, depending on what you're buying. If you're looking for clothing, use **talla**. For shoes, use **número**. Look at the chart and compare the different sizes.

What size shirt would you wear in Spain? What size shoes? ⌐ FL.D.2.1.1

Tallas y números para hombres			Tallas y números para mujeres		
	USA	EUR		USA	EUR
Camisas	14	36	Blusas	8	36
	15	38		10	38
	16	40		12	40
Zapatos	7	40	Zapatos	5	36
	8	41		6	37
	9	43		7	38

1 **¿Les gustan?** ⌐ FL.A.2.1.3

Escuchemos Basándote en los comentarios, decide si a las personas les gusta o no les gusta la ropa de que hablan.

1. la camisa
2. la blusa
3. el saco
4. el vestido
5. las botas

6. la chaqueta
7. el sombrero
8. el traje de baño
9. los pantalones vaqueros
10. el abrigo

2 **¿Qué te parecen?** ⌐ FL.A.2.1.2

Hablemos Describe la ropa en cada dibujo. No te olvides de usar las formas correctas de los verbos y los adjetivos.

MODELO **Son unos calcetines rojos. Son bastante caros.**

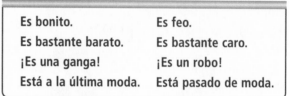

Es bonito.	Es feo.
Es bastante barato.	Es bastante caro.
¡Es una ganga!	¡Es un robo!
Está a la última moda.	Está pasado de moda.

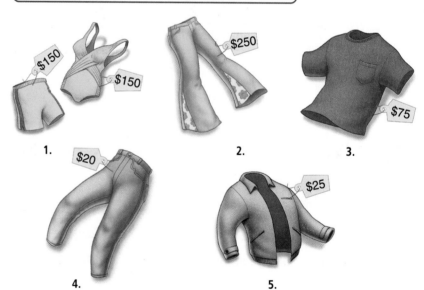

1. 2. 3.

4. 5.

3 **¿Qué ropa llevas para...?** ⌐ FL.A.2.1.2, FL.A.3.1.1

Escribamos/Hablemos Di qué llevas en estas situaciones.

MODELO **Para ir a clase...**
Para ir a clase, llevo pantalones, una camisa...

1. Para pasear por el parque en junio...
2. Para ir al teatro...
3. Para salir con amigos...
4. Cuando hace frío...

5. Para nadar...
6. Para ir a clase...
7. Para ir a la playa...
8. Para jugar al fútbol...

¡Exprésate!

To offer and ask for help in a store	To respond
¿En qué le puedo servir? *How can I help you?*	**Busco una camisa de seda.** *I'm looking for a silk shirt.* **Nada más estoy mirando.** *I'm just looking.* **Quiero devolver esta falda. La necesito en otro color.** *I want to return this skirt. I need it in another color.*
¿Qué número/talla usa? *What shoe/clothing size do you wear?*	**Uso el/la 8.** *I wear a size 8 in shoes/clothes.*
¿Cómo le queda la camisa? *How does the shirt fit you?*	**Me queda bien/mal. Necesito una talla más grande/pequeña.** *It fits well/poorly. I need a bigger/smaller size.*
¿A qué hora cierra la tienda? *What time does the store close?*	**Cierra a las siete.** *It closes at 7:00.*

Interactive TUTOR

Vocabulario y gramática, pp. 85–87 Online workbooks

Comunicación

HOLT SoundBooth ONLINE RECORDING

4 Hablando de ropa 🏴 FL.A.1.2.1

Hablemos Con un(a) compañero(a), túrnense para contestar las siguientes preguntas.

1. ¿Qué te parece la ropa de... *(famous designer)*? ¿Cómo te queda?
2. ¿Qué colores prefieres llevar?
3. ¿Qué ropa está a la última moda? ¿Qué está pasado(a) de moda?
4. ¿Qué ropa te gusta llevar a los bailes en el colegio?
5. ¿Qué ropa no te gusta?
6. ¿A qué hora cierran las tiendas donde te gusta ir de compras?
7. Si necesitas una talla más grande/pequeña, ¿quién te puede ayudar?

5 Busco... 🏴 FL.A.1.2.1, FL.D.1.1.2

Hablemos Quieres comprar un vestido o un traje nuevo para una fiesta, y tienes $100.00. Tu compañero(a) es dependiente en una tienda de ropa y te puede ayudar a encontrar algo. Túrnate con él o ella para crear una conversación.

> **MODELO** —Buenas tardes. ¿En qué le puedo servir?
> —Buenas tardes. Busco un...

Benchmark Focus

FL.A.1.2.1 Express likes or dislikes regarding various objects, categories, people, and events present in the everyday environment

Objetivos
• **Costar** and numbers to one million
• Demonstrative adjectives and comparisons
• **Quedar**

Video/DVD
GramaVisión

Gramática *en acción* 1

Interactive TUTOR

Costar, numbers to one million

1 Use the verb **costar (o → ue)** to talk about what something costs. **Costar** is usually only used in the third person.

> La blusa **cuesta** treinta dólares. Las botas **cuestan** setenta dólares.

2 To tell what something costs, you may need to use larger numbers.

100	cien	600	seiscientos(as)
101	ciento uno(a)	700	setecientos(as)
102	ciento dos	800	ochocientos(as)
200	doscientos(as)	900	novecientos(as)
300	trescientos(as)	1.000	mil
400	cuatrocientos(as)	2.000	dos mil
500	quinientos(as)	1.000.000	un millón (de)

3 Use **uno** when counting. **Uno** changes to **un** before a masculine noun and **una** before a feminine noun: **veintiún dólares, veintiuna faldas.**

> Tengo **ciento un** dólares.   Tengo **veintiuna** bolsas.

4 **Cien(to)** is used with both masculine and feminine nouns, but 200, 300, and so on agree with the noun they modify. **Mil** does not change.

cien dólares   **ciento** dos dólares   **doscientos** dos dólares   **mil** dólares

cien personas   **ciento** dos personas   **doscientas** dos personas   **mil** personas

5 **Un millón** changes to **millones** in the plural. Use **de** after **millon(es)** when it is followed by a noun.

> 3.520.312 = tres **millones,** quinientos veinte mil, trescientos doce
>
> **un millón de** dólares   **dos millones de** personas

Un supermercado en Miami

Vocabulario y gramática, pp. 88–90
Actividades, pp. 71–73

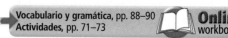 **Online workbooks**

6 **¡Qué caro!** FL.A.2.1.3

 Escuchemos Escribe los números que corresponden a los precios.

7 Tenemos que pagar  FL.A.2.1.2

Escribamos Escribe el valor de cada cifra *(number)*.

MODELO $354

trescientos cincuenta y cuatro dólares

1. $2.168
2. $1.319.672
3. $1.550
4. $213.434
5. $11.721
6. $1.946

8 El inventario FL.A.2.1.2

Escribamos/Hablemos Tienes que hacer un inventario de los artículos de ropa en la tienda donde trabajas. Usa el cuadro para decir cuántas cosas tienen.

MODELO botas 22.336

Tenemos veintidós mil, trescientos treinta y seis pares de botas.

zapatos	367.555	blusas	3.689
faldas	19.324	sombreros	475
pantalones	150.743	bolsas	2.079
camisas	4.597	camisetas	78.521

Comunicación

9 ¡Vamos de compras! FL.A.1.2.1

Hablemos Con un(a) compañero(a), crea una conversación entre un(a) cliente y un(a) dependiente sobre las cosas que el(la) cliente quiere comprar de un catálogo.

MODELO —Quiero comprar el suéter rojo. ¿Cuánto cuesta?
—Cuesta doscientos nueve dólares.
—¡Es un robo! No voy a comprarlo.
(—Bueno. Voy a comprarlo.)

$209
$5
$18
$472
$63
$39
$289

Gramática 1

Demonstrative adjectives and comparisons

TUTOR

1 **Demonstrative adjectives** point out things. Use forms of **este** for things close to you. Use forms of **ese** for things farther away.

		Masculine	Feminine
this	SINGULAR	este	esta
these	PLURAL	estos	estas
that	SINGULAR	ese	esa
those	PLURAL	esos	esas

—¿Te gusta **este** vestido?   —Me gusta más **esa** falda.

2 Use these expressions with adjectives to compare things. The adjective agrees in gender and number with the object described.

más + *adjective* + que	*more . . . than*
tan + *adjective* + como	*as . . . as*
menos + *adjective* + que	*less . . . than*

Esta camiset**a** es **más bonit**a **que** esa camiseta.

Esta camiset**a** es **tan bonit**a **como** esa camiseta.

3 Use **más que, menos que,** and **tanto como** to say if someone does something *more than, less than* or *as much as* someone else.

Efraín compra **tanto como** Isabel.

Mis padres salen **menos que** mis abuelos.

> **Some adjectives with irregular comparative forms**
> bueno(a) → **mejor(es)** *better*
> malo(a) → **peor(es)** *worse*
> joven → **menor(es)** *younger*
> viejo(a) → **mayor(es)** *older*

Vocabulario y gramática, pp. 88–90
Actividades, pp. 71–73
Online workbooks

Nota cultural

In Florida it is common to see men wearing **guayaberas**, embroidered short-sleeved cotton or linen shirts. These shirts originated in Cuba over 200 years ago. Ramón Puig, a Cuban immigrant in Miami, is famous for his guayabera shirts and has custom-made them for celebrities.

What types of clothing originated in the United States and later became popular in other countries?
FL.B.1.1.3

Benchmark Focus

FL.A.2.1.3 Understand oral messages that are based on familiar themes and vocabulary

10 **¿De qué habla?** **FL.A.2.1.3**

Escuchemos Escucha mientras estas personas dicen qué cosa prefieren. Escribe lo que prefieren en otro papel. Si les gustan las dos cosas igualmente, escribe **las dos.**

11 Julio y Nidia 🔖 FL.A.2.1.2

Leamos Lee las descripciones de Julio y Nidia y completa las comparaciones con **más...que, menos...que** o **tan... como** y la forma correcta del adjetivo entre paréntesis.

Julio tiene 15 años. No es muy alto, pero es guapo y muy simpático. Es bastante serio y estudia mucho. Le gusta ver películas de amor, pasar el rato solo y leer. No le gustan los deportes. Nidia tiene 17 años. Es alta, guapa y muy simpática. No le gusta estudiar. Es muy graciosa. Le gusta practicar deportes y salir con amigos.

Julio y Nidia

MODELO Julio es ═══ (romántico) ═══ Nidia.
Julio es más romántico que Nidia.

1. Julio es ═══ (alto) ═══ Nidia.
2. Nidia es ═══ (guapo) ═══ Julio.
3. Nidia es ═══ (simpático) ═══ Julio.
4. Nidia es ═══ (serio) ═══ Julio.
5. Julio es ═══ (gracioso) ═══ Nidia.
6. Nidia es ═══ (atlético) ═══ Julio.
7. Nidia es ═══ (extrovertido) ═══ Julio.

12 Comparaciones 🔖 FL.A.3.2.1

Escribamos/Hablemos Ahora compárate con los dos muchachos de la Actividad 11. ♻ *¿Se te olvidó?* Adjective agreement, p. 50

MODELO **Soy menor que Julio. Él es más serio que yo...**

Comunicación

HOLT **SoundBooth** ONLINE RECORDING

13 Prefiero... 🔖 FL.A.1.2.1, FL.A.2.1.3

Hablemos Con un(a) compañero(a), habla de cada par de cosas. Compáralas y di cuál cosa prefieres y por qué.

MODELO —¿Prefieres estos zapatos blancos o esos...?
—Prefiero los zapatos blancos. Son menos caros...

$60
$110

$35
$15

$3
$23
1.

$25
$25
2.

$30
$45
3.

4.

Quedar

1 Use the verb **quedar** to say how something *fits* or *looks* on someone. **Quedar** works like **parecer** and **gustar**. Use **queda** when talking about one thing. Use **quedan** when talking about more than one thing.

(a mí) me queda(n)	(a nosotros/as) nos queda(n)
(a ti) te queda(n)	(a vosotros/as) os queda(n)
(a Ud., a él, a ella) le queda(n)	(a Uds., a ellos, a ellas) les queda(n)

one thing
Esa blusa te **queda** bien. *That blouse looks good on you.*

more than one thing
Estas botas me **quedan** grandes. *These boots are too big for me.*

2 Adjectives like **grande** and **pequeño(a)**, as well as adverbs like **bien** and **mal**, can follow **quedar**. All adjectives must agree, but the adverbs don't change form.

agrees
Esta falda me queda **pequeña**. Me queda **mal**.
This skirt is too small for me. It fits me badly.

agrees
Estas botas me quedan **grandes**. No me quedan **bien**.
These boots are too big for me. They don't fit me well.

> Vocabulario y gramática, pp. 88–90
> Actividades, pp. 71–73

Online workbooks

Benchmark Focus

FL.A.2.1.2 Restate and rephrase simple information from materials presented orally, visually, and graphically in class

⑭ Comentarios 🔖 FL.A.2.1.2

Leamos Graciela y Leonora están de compras. Lee los comentarios de Graciela e indica las respuestas de Leonora.

1. Me gustan esos zapatos. ¿Vas a comprarlos?
   a. No, me quedan grandes.   **b.** Sí, te quedan muy bien.
2. Esa blusa es una ganga, ¿no te parece?
   a. Me parece muy cara.   **b.** Le queda pequeña.
3. Prefiero los pantalones vaqueros a los pantalones cortos.
   a. Les gustan los pantalones vaqueros.
   b. Te quedan mejor que los pantalones cortos.
4. ¿Están estos pantalones a la última moda?
   a. Te quedan pequeños.   **b.** Me parecen pasados de moda.
5. Me encantan estas sandalias rojas. Son número 6.
   a. Te quedan pequeñas. Usas el número 7, ¿no?
   b. Les parecen bonitas.
6. Necesito un regalo para Joaquín. Voy a comprarle un libro.
   a. Le queda bien.   **b.** Me parece aburrido.

15 ¿Cómo le queda? FL.A.2.1.3

Escuchemos Escucha mientras varias personas hablan de ropa en una tienda. Para cada comentario, indica si el artículo de ropa **a)** le queda bien o **b)** le queda mal a la persona.

16 ¿Es bonita la ropa? FL.A.2.1.2

Leamos/Escribamos Completa la conversación entre Daniela y su madre con la forma correcta de **quedar** o **parecer** y el pronombre correspondiente. ♻ *¿Se te olvidó?* Parecer, p. 178

MODELO A mí *me queda* grande esta falda. Además, *me parece* fea.

—Mamá, me gusta ese vestido. A ti ___1___ muy bien.

—Gracias, pero necesito otra talla. ___2___ pequeño. ¿Qué ___3___ esta blusa? Es bonita, ¿no?

—¡Uy!, ___4___ fea. Además, cuesta una fortuna.

—Daniela, ¿qué ___5___ estas botas? ¿Debo comprarlas para Raquel?

—Pero mamá, mira esas botas negras. No cuestan mucho y son muy bonitas. De verdad, ___6___ feas las botas amarillas. No me gusta ese color.

—Bueno, a nosotras no ___7___ bien nuestros zapatos viejos. ¿Quieres comprar unos nuevos?

—¡Ay, sí! Por ejemplo, estos zapatos negros ___8___ super bonitos.

Las Ramblas, el centro de restaurantes y entretenimiento del Dolphin Mall en Miami

Comunicación

HOLT SoundBooth ONLINE RECORDING

17 ¿Qué te parece? FL.A.1.2.1

Hablemos En parejas, den sus opiniones sobre la ropa de Luisa y Tomás. ¿Cómo les parece? ¿Cómo es la ropa? ¿Cómo les queda a ellos? Túrnense para hacer comentarios.

MODELO El sombrero de Luisa no me gusta. Es feo y caro. Le queda grande.

Gramática 1

Cultura

Benchmark Focus

FL.E.1.2.2 Demonstrate an awareness of employment possibilities (and other applications) for those who master the target language

VideoCultura

Comparaciones

Interactive TUTOR

De compras en la Pequeña Habana

¿Qué te gusta comprar cuando vas de compras? ⟍ FL.D.2.1.2

Sin duda, vas de compras y tienes un lugar donde te encanta ir. ¿Qué diferencias hay entre un centro comercial, un almacén y un mercado al aire libre? En los países de habla hispana, la gente puede ir a grandes almacenes para comprar de todo. También es posible ir a tiendas pequeñas donde venden sólo un tipo de producto. De todos modos, parece que los jóvenes hispanohablantes van de compras con frecuencia. Estas personas nos dicen qué les gusta comprar y adónde van cuando tienen ganas de comprar algo nuevo. ¿Compras las mismas cosas?

Dayana
Miami, Florida

¿Qué te gusta comprar cuando vas de compras?

Cuando voy de compras, me gusta comprar CDs, zapatos, blusas, pantalones. Cosas así.

¿Adónde fuiste de compras la última vez?

La última vez que fui de compras fui a un centro comercial aquí en Miami.

¿Qué clase de tienda es?

El centro comercial es... hay varias tiendas. Hay tiendas de discos, tiendas de películas, tiendas de zapatos, de todo tipo de ropa, vestidos. Cosas así.

¿Qué compraste?

Cuando fui de compras, compré unos discos, una película, unos aretes. Compré unos zapatos, unos pantalones y un vestido.

¿Qué más hiciste allí?

Después de terminar las compras, fui a almorzar y después me compré un helado. Después me encontré con una de mis amigas y charlamos.

Georgia
FLORIDA
Golfo de México
Miami •

Miriam
Madrid, España

¿Qué te gusta comprar cuando vas de compras?

Pues, me gusta comprar pantalones ajustados, pantalones anchos, camisetas de colores y deportivas.

¿Adónde fuiste la última vez que fuiste de compras?

A «Tres Aguas», un centro comercial.

¿Qué clase de tienda es?

Pues, es de aire libre... muchas tiendas y mucho ocio.

¿Qué compraste?

Compré unos pantalones, una camiseta y unas deportivas.

¿Qué más hiciste allí?

Pues, después me fui con mis amigas al cine y a tomar una hamburguesa.

Cultura

Para comprender ⟍ FL.A.3.2.3

1. ¿Qué compró Dayana la última vez que fue de compras?
2. ¿Qué compró Miriam la última vez que fue de compras?
3. ¿A quién le gusta comprar zapatos?
4. ¿Cómo es el centro comercial «Tres Aguas»?
5. ¿Quién fue a comer algo después de ir de compras?

Para pensar y hablar ⟍ FL.D.2.1.1

Dayana and Miriam both enjoy shopping for clothes, among other things. When you go shopping, what do you like to buy? For both girls, a shopping trip means spending time with friends. With whom do you normally go shopping? Where do you go? What do you like or not like about shopping?

Comunidad en la Florida ⟍ FL.D.2.2.2, FL.E.1.2.2

Música en español en la Florida

Latin music has become very popular in the U.S., especially in states with large Spanish-speaking populations like Florida. The music includes a variety of rhythms: **música bailable, baladas, pop en español** and **son.** Florida residents Gloria and Emilio Estefan have been great promoters of Latin American singers in the U.S. They have boosted the careers of Ricky Martin, Jennifer López and Shakira, among others. Music by any of these singers is available at many music stores in the area. Browse the Latin music section in your local music store. What names do you see? Investigate singers you are not familiar with, and share your findings with your class.

Surtido de música en español de una tienda de música en la Florida

Objetivos
- Saying where you went and what you did
- Talking on the phone

Vocabulario en acción 2

Video/DVD

ExpresaVisión

De compras en la Florida

Me gusta ir de compras...

un anillo

unos aretes

una pulsera

a la joyería

unas tarjetas

unas revistas de tiras cómicas

a la librería

al almacén

a la tienda de música

unos DVDs

unos audífonos

un disco compacto (en blanco)

Cuando voy de compras, me gusta...

Vocabulario 2

ir a la zapatería

unos juguetes

ir a la juguetería

mirar las vitrinas

ir a la plaza de comida

Más vocabulario...

ahorrar	*to save money*
el dinero	*money*
gastar	*to spend*
vender	*to sell*
(de todo)	*(everything)*

¡Exprésate!

To ask where someone went and what someone did	To respond
¿Adónde fuiste anoche/ayer/anteayer? *Where did you go last night/yesterday/the day before yesterday?*	**Fui a la heladería a tomar un batido.** *I went to the ice cream shop to have a milkshake.*
¿Qué hiciste el fin de semana pasado? *What did you do last weekend?*	**Fui al centro comercial y compré unos zapatos. Pagué una fortuna.** *I went to the mall and bought some shoes. I paid a fortune.*

Interactive TUTOR

Vocabulario y gramática, pp. 91–93

Online workbooks

▶ **Vocabulario adicional** — De compras, p. R7

18 **¿Adónde fuiste?** FL.A.2.1.2

Leamos Ricardo fue *(went)* al centro comercial anoche. Completa lo que dice con las palabras apropiadas del cuadro.

una tarjeta	la joyería	la zapatería
una heladería	unas revistas de tiras cómicas	unos audífonos
la plaza de comida	unos DVDs	unos juguetes

Anoche fui al centro comercial a buscar varias cosas. El cumpleaños de mi hermano es el sábado, así que *(so)* fui a la librería a comprarle ___1___. También compré ___2___ para leer. Después fui a ___3___ a comprarle unos aretes a mi madre. Vi *(I saw)* a mi amiga Tere y fuimos *(we went)* a comer algo en ___4___. Hay ___5___ que me gusta, así que tomamos un batido de chocolate allí. A Tere le encantan las sandalias y ella fue a ___6___ a ver los nuevos estilos *(styles)*. Al final, pagué una fortuna por ___7___ en la tienda de música.

19 **¿Dónde están?** FL.A.2.1.3

Escuchemos Escucha las conversaciones y determina dónde tiene lugar *(takes place)* cada una.

20 **Fui de compras** FL.A.2.1.2

Hablemos/Escribamos Di adónde fuiste y qué compraste *(you bought)*.

MODELO **Fui a la tienda de música esta semana. Compré unos discos compactos.**

¡Exprésate!

To talk on the phone	
Aló/Bueno/Diga. *Hello.*	**Hola. ¿Está Andrés?** *Hi. Is Andrés there?*
¿De parte de quién? *Who's calling?*	**Habla Felipe.** *Felipe speaking.*
Espera un momento, ya te lo (la) paso. *Hold on a moment. I'll get him (her).*	**Gracias, señor(a) León.** *Thanks, Mr.(Mrs.) León.*
Lo siento, no está. ¿Quieres dejarle un recado? *I'm sorry. He's not here. Would you like to leave a message?*	**No, gracias. Llamo más tarde.** *No, thanks. I'll call back later.* **Sí, por favor, que me llame después.** *Yes, please ask him to call me later.*

Interactive TUTOR

➤ Vocabulario y gramática, pp. 91–93 — Online workbooks

21 La llamada ⟍ FL.A.2.1.2

Leamos Vanesa habla por teléfono con la madre de Emilio. Pon las siguientes oraciones en orden lógico para crear su conversación.

▬▬▬ Lo siento, no está. ¿Quieres dejarle un recado?

▬▬▬ Habla Vanesa.

▬▬▬ No gracias. Llamo más tarde.

▬▬▬ Diga.

▬▬▬ ¿De parte de quién?

▬▬▬ Hola. ¿Está Emilio?

> **Benchmark Focus**
> **FL.A.2.1.2** Restate and rephrase simple information from materials presented orally, visually, and graphically in class

 Comunicación

 HOLT SoundBooth ONLINE RECORDING

22 Por teléfono ⟍ FL.A.1.1.2

Hablemos Con dos compañeros(as), túrnense para crear una conversación. Llamas a un(a) amigo. Su padre(madre) contesta y le pasa el teléfono. Dile a tu amigo(a) que fuiste al centro comercial ayer. Dile qué compraste allí *(Tell him or her what you bought there)*. Luego, cambien de papel *(switch roles)*.

MODELO —¿Aló?

—Buenos días. Habla... ¿Está...?

—Un momento...

Objetivos
• Preterite of **-ar** verbs
• Preterite of **ir**
• Preterite of verbs with reflexive pronouns

Gramática en acción 2

Preterite of -ar verbs

Interactive
TUTOR

1 ▶ Use the **preterite** tense to talk about what happened or what someone did at a specific point in the past. To form the **preterite** of **-ar** verbs, like **comprar,** add these endings to the verb's stem.

yo compr**é**	nosotros(as) compr**amos**
tú compr**aste**	vosotros(as) compr**asteis**
Ud., él, ella compr**ó**	Uds., ellos, ellas compr**aron**

Compré un DVD ayer.   *I bought a DVD yesterday.*

2 ▶ Note that, in the preterite, the **nosotros** form of **-ar** verbs looks exactly like the present tense form. You will have to use context to decide whether the speaker is talking about the present or the past.

Isa y yo **gastamos** mucho ayer. Casi nunca gastamos tanto.

3 ▶ The stem-changing **-ar** verbs do not have stem changes in the **preterite**.

Encontré una camisa bonita y la compré.

Vocabulario y gramática, pp. 94–96
Actividades, pp. 75–77

Online workbooks

Nota cultural

In most Spanish-speaking countries people often shop at open-air markets. Unlike department stores or malls, customers are expected to **regatear,** or bargain with vendors. Bargaining is an art form in these markets and successful shoppers may bring the price of an item down considerably. Are there any open-air markets where you live? Do you bargain with the vendors?
FL.D.2.2.1

Mercado en Miami, Florida

Benchmark Focus
FL.A.2.1.3 Understand oral messages that are based on familiar themes and vocabulary

23 **¿Pasado o presente?** **FL.A.2.1.3**

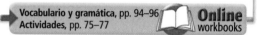

Escuchemos Escucha lo que dice Alicia y decide si habla **a)** del presente o **b)** del pasado.

24 **Hicimos mucho este fin de semana** **FL.A.2.1.2**

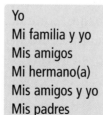

Escribamos Combina una palabra o frase de cada cuadro para hacer seis oraciones. Usa el pretérito de los verbos.

Yo	hablar por teléfono	en el centro comercial
Mi familia y yo	mirar vitrinas	en la tienda de__?__
Mis amigos	escuchar música	en casa
Mi hermano(a)	comprar __?__	en la biblioteca
Mis amigos y yo	bailar	en una fiesta
Mis padres	estudiar	en la plaza de comida
	tomar un refresco	en la juguetería

Gramática 2

25 **Hablando del pasado** ⟍ FL.A.3.2.1

Escribamos/Hablemos Di lo que hizo
(did) cada persona. Luego di si hiciste
lo mismo.

Tomás

> **MODELO** Tomás cortó el césped ayer.
> Yo también corté el césped.

1. tú/anteayer

2. ellos/el sábado pasado

3. tus amigas y tú/ayer

4. Pablo y Mila/anoche

5. Carmela/
el martes pasado

6. Luis/ayer por la tarde

Comunicación

HOLT **SoundBooth**
ONLINE RECORDING

26 **Ayer por la noche** ⟍ FL.A.2.2.3

Hablemos En grupos de cuatro personas,
pregunten quién hizo las siguientes cosas
anoche.

> **MODELO** —Miguel, ¿alquilaste un video
> anoche?
> —Sí, alquilé uno.

alquilar un video *Miguel*	mirar televisión	estudiar
escuchar música	cenar con amigos	comprar ropa *Allison*
caminar	ayudar en casa	descansar

Interactive
TUTOR

Preterite of ir

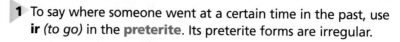

1 To say where someone went at a certain time in the past, use **ir** *(to go)* in the **preterite**. Its preterite forms are irregular.

yo **fui**	nosotros(as) **fuimos**
tú **fuiste**	vosotros(as) **fuisteis**
Ud., él, ella **fue**	Uds., ellos, ellas **fueron**

2 Remember to use **adónde** to ask where someone went.

—¿**Adónde fuiste** ayer?　　*Where did you go yesterday?*
—**Fui** al cine.　　*I went to the movies.*

3 Use **a** + **infinitive** after **ir** to say why someone went somewhere.

Fuimos a la librería **a comprar** libros.
We went to the bookstore to buy books.

Vocabulario y gramática, pp. 94–96
Actividades, pp. 75–77
Online workbooks

27 **De tienda en tienda** 🔖FL.A.2.1.2

Leamos Escoge la palabra correcta entre paréntesis para completar el párrafo.

Ayer (**1.** fui/fuimos) con mi familia al centro comercial. Mi hermana Delia (**2.** fuiste/fue) a un almacén a comprar pantalones. Mis padres (**3.** fuimos/fueron) a la librería y mi hermano (**4.** fue/fuiste) a la juguetería. Por fin todos (**5.** fuimos/fuiste) a la heladería a tomar un batido.

28 **¿Fuiste al Festival este año?** 🔖FL.A.2.1.2

Escribamos Combina una palabra o frase de cada cuadro para hacer seis oraciones. Di adónde fueron estas personas y qué hicieron.

MODELO **Fui al cine a ver una película.**

En el Festival de la Calle
Ocho, Miami

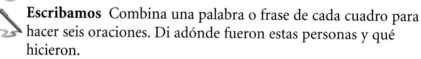

1	**2**	**3**	**4**
yo	ir	al cine	a comprar
tú		al parque	a leer
mi familia y yo		al estadio	a comer
mi mejor amigo(a)		al almacén	a ver
mis padres		al restaurante	a jugar
		a la biblioteca	a estudiar

29 **¿Adónde fueron? ¿Qué compraron?** 🎫 FL.A.2.1.2

✏️ **Escribamos/Hablemos** María le cuenta a su madre adónde fueron todos de compras y qué compraron. Basándote en las fotos, completa sus oraciones.

Carlos y Carmen

> **MODELO** Carlos y Carmen fueron a la juguetería.
> Compraron videojuegos.

1. nosotros

4. yo

3. mis amigas

2. papá

5. Gabi y Rebeca

Comunicación

HOLT SoundBooth ONLINE RECORDING

30 **Tiendas y compras** 🎫 FL.A.1.3.4

Hablemos En secreto, escribe tres tiendas adonde fuiste de compras y tres cosas que compraste. Tu compañero(a) debe adivinar *(guess)* las tiendas y las cosas en tu lista. Túrnense para adivinar y contestar.

> **MODELO** —¿Fuiste a la tienda de música?
> —Sí, fui a la tienda de música.
> —¿Compraste un disco compacto?
> —No.
> —¿Compraste un DVD?
> —No, compré unos audífonos.

Tiendas	Cosas que compré
Muy de Moda	falda
Ropa y Más	sandalias
Joyería Sánchez	pulsera

Benchmark Focus 🎫

FL.A.1.3.4 Use repetition, rephrasing, and gestures effectively to assist in communicating spoken messages

Repaso

Preterite of -ar verbs with reflexive pronouns

Interactive TUTOR

1 Use the **preterite** to talk about what happened at a particular point in the past and to narrate a sequence of events in the past.

Ayer **fui** al cine con mis amigos, **regresé** tarde a casa y **me acosté**.

2 Remember to use the correct form of the **reflexive pronoun** when necessary.

levantarse	
yo **me** levanté	nosotros(as) **nos** levantamos
tú **te** levantaste	vosotros(as) **os** levantasteis
Ud., él, ella **se** levantó	Uds., ellos, ellas **se** levantaron

Me levanté y **me** bañé.   *I got up and took a bath.*

Vocabulario y gramática, pp. 94–96
Actividades, pp. 75–77

Online workbooks

31 **¡Qué día más ocupado!** 🔊 **FL.A.2.1.3**

🔊 **Escuchemos** Escucha lo que hicieron Enrique y Lupita ayer. Según *(according to)* lo que oyes, pon los dibujos en orden cronológico *(chronological order).*

a.

b.

c.

d.

e.

f.

g.

h.

32 **La familia de Cristóbal** ⚓ FL.A.2.1.2

Leamos/Escribamos Cristóbal y su familia hicieron las cosas de manera distinta (*did things differently*) esta semana. Completa las oraciones con el presente o el pretérito de los verbos.

1. Papá ═══ por la mañana, pero ayer no ═══. (afeitarse)
2. Siempre ═══ a las 8:00, pero el miércoles yo ═══ a las seis para estudiar. (despertarse)
3. Patricia y yo ═══ del colegio a las 3:30, pero anteayer ═══ a las 5:00. (regresar)
4. Papá y mamá ═══ la cena juntos, pero mamá trabajó tarde así que solamente la ═══ juntos el jueves y el viernes. (preparar)
5. Patricia, tú ═══ temprano por lo general, pero anoche ═══ después de la medianoche. (acostarse)

33 **En mi familia** ⚓ FL.A.3.2.1

Escribamos Di qué hacen tu familia y tú por lo general, y qué hicieron de manera distinta esta semana. Usa las palabras del cuadro.

MODELO **Generalmente me levanto a las 7:00, pero hoy me levanté a las 8:00.**

levantarse	desayunar	ir a	cenar
hablar	bañarse	alquilar videos	acostarse

Benchmark Focus

FL.A.3.2.1 Describe important people (e.g., family members and friends) and objects present in your everyday environment

*C*omunicación

HOLT **SoundBooth** ONLINE RECORDING

34 **¿Qué pasó?** ⚓ FL.A.3.2.3

Hablemos Con un(a) compañero(a), miren los dibujos y digan adónde fueron Felipe y Cristina y qué hicieron.

Gramática 2

¿Quién será?
Episodio 8

Benchmark Focus
FL.C.2.1.1 Use the target language to gain access to information that is only available through the target language or within the target culture

ESTRATEGIA

Recognizing Different Points of View When the same story is told from different points of view, it is important to keep track of who is telling what. The same events can be interpreted in a completely different way by everyone who experienced them. The truth probably lies somewhere between the different versions. Watch or read the episode and keep track of whose view is being expressed, Sofía's or Celeste's. What do you think really happened? **FL.C.2.1.1**

En México

Celeste habla con Sofía. Celeste quiere ir de compras a buscar ropa y zapatos para la fiesta del sábado.

1

Celeste Hola, Sofía. Necesito comprar una falda, una blusa y unos zapatos para la fiesta del sábado.
Sofía Está bien.
Celeste Perfecto. ¿Por qué no nos encontramos en Kulte a las diez y media?

> No me hizo caso. Compró una falda horrible. Luego, se probó una blusa morada.

3

Celeste ¿Te gusta esta blusa morada? ¿Me queda bien?
Sofía No. ¡Está pasada de moda! Y debes probarte otra talla.
Celeste ¡Me queda perfecta! Y está a la última moda, ¿no crees?

La versión de Sofía

Celeste ¿Qué te parece esta falda azul?
Sofía No te queda nada bien. Te debes probar otra.
Celeste ¡Qué bueno que estás de acuerdo! Es muy bonita.

> Fui con Celeste a Kulte, una tienda de ropa.

2

> Traté de convencerla. Pero nada. Gastó su dinero en una blusa fea. Luego fuimos a la sección de zapatos.

Celeste ¿Qué piensas de estos zapatos? ¿Van bien con la blusa y la falda?
Sofía ¿Sabes qué? ¡Estás más loca que un zapato!
Celeste ¡Perfecto! Me voy a llevar estos zapatos. Ahora estoy lista para la fiesta del sábado. ¡Voy a estar a la última moda!

4

La versión de Celeste

> Fui con Sofía a Kulte. No me gustó mucho la falda azul, pero le gustó tanto a Sofía que la compré.

Celeste ¿Qué te parece esta falda azul?

Sofía ¡Te queda muy bien! ¡Muy bonita! Definitivamente debes comprarla.

Celeste ¿Estás segura? No sé.

Sofía ¡Te lo juro! ¡Te ves increíble!

5

> Luego me probé una blusa morada. Gasté mi dinero en una blusa que no me queda bien.

Celeste ¿Te gusta esta blusa morada? ¿Me queda bien?

Sofía ¡Claro que sí! ¡Está a la última moda! Y es una ganga. ¡Mira el precio!

Celeste Pues, sí, tienes razón. Es muy barata. Pero...

Sofía ¿Pero qué? Hazme caso. Debes comprarla.

6

> Luego fuimos a la sección de zapatos.

Celeste ¿Qué piensas de estos zapatos? ¿Van bien con la blusa y la falda?

Sofía ¡Amiga! ¡Estos zapatos son más bonitos que todos los zapatos en todo el mundo!

Celeste ¿De veras? Bueno, si te gustan a ti, los voy a comprar.

7

8

Celeste Sofía, tengo que regresar a Kulte. Tengo que devolver la falda, la blusa y los zapatos. ¿Vas conmigo?

Sofía Sí, pero, ¿por qué tienes que devolver todo?

Celeste Mamá dice que me veo horrible en esa falda y esa blusa y que los zapatos son más horribles que la ropa. No sé por qué me dejaste comprarlos.

¿COMPRENDES?

1. ¿Adónde van Sofía y Celeste? ¿Para qué?

2. En la versión de Sofía, ¿qué piensan las dos chicas de la falda azul y la blusa morada? ¿Que piensan ellas en la versión de Celeste?

3. ¿Qué piensa Sofía de su amiga? ¿Qué decide comprar Celeste?

4. ¿Qué dice Celeste que tiene que hacer con sus compras? ¿A quién le echa la culpa? *(Whom does she blame?)* ¿Cómo se siente Sofía?

FL.A.2.2.5, FL.A.3.2.3

Próximo episodio:
Marcos sale para otro país. ¿Adónde va? ¿Qué piensas tú?

PÁGINAS 332–333 ▶

Leamos y escribamos

FCAT Reading Focus
LA.E.2.4.1
Analyze the effectiveness of complex elements of plot, such as problems, conflicts and resolutions

ESTRATEGIA

para leer Visualizing what you read in a story will help you better understand it. As you read, create pictures in your mind of each scene or event. This will help you connect what you know to what you are reading as well as help you summarize the main events of the story.

A Antes de leer ⟍FL.A.2.1.4, FL.C.2.1.1

Lee el primer párrafo del texto. Dibuja la imagen que tienes en la mente de esta escena. ¿Qué información te da esta imagen sobre el señor y su sirviente? Sigue leyendo el cuento y después de cada escena, dibuja la imagen que te imaginas.

Una moneda[1] de ¡Ay!

En un pueblo, como muchos otros pueblos, vive un gran señor con muchos sirvientes. Pedro, el sirviente más nuevo, es un muchacho que al señor le parece un poco tonto. Para burlarse de él[2], lo llama, le da dos monedas y le dice:

—Pedro, vete al mercado y cómprame una moneda de uvas y otra de ¡Ay!

El pobre Pedro va al mercado y compra las uvas, pero cada vez que pregunta por la moneda de ¡Ay!, todos los vendedores se ríen de él[3].

Finalmente Pedro se da cuenta[4] que el señor quiere burlarse de él. Entonces decide poner las uvas en una bolsa[5] y sobre las uvas pone un manojo de espinos[6].

Cuando regresa a casa el señor le pregunta:

—¿Fuiste al mercado?

—Sí, señor.

—¿Y lo traes todo?

—Sí, señor. Todo está en la bolsa.

El señor parece sorprendido. Rápidamente mete la mano[7] en la bolsa y al tocar los espinos, exclama:

—¡Ay!

—Y debajo están las uvas— le dice Pedro.

1 coin **2** to make fun of him **3** the vendors laugh at him **4** he realizes
5 a bag **6** handful of thorns **7** puts his hand in

B Comprensión ➤ FL.A.3.2.3

Contesta las siguientes preguntas con oraciones completas.

1. ¿Quién es Pedro?
2. ¿Qué debe comprar Pedro en el mercado?
3. ¿Por qué se ríen los vendedores de Pedro?
4. ¿Qué hay en la bolsa que Pedro le da al señor?
5. ¿Cómo reacciona el señor cuando Pedro le dice que trae todo?
6. ¿Qué hace el señor cuando mete la mano en la bolsa?

C Después de leer ➤ FL.A.3.2.3

Summarize the story using the drawings you made while reading it. Explain how you visualized each scene. What did each scene reveal about the characters? Did you find the ending of the story humorous? Why?

Interactive TUTOR

Taller del escritor

Ropa	Lo que (no) me gusta	Lo que (no) le gusta a mi amigo(a)

FCAT Writing Focus

LA.B.1.4.2
Draft and revise writing that has support that is substantial, specific, and relevant

ESTRATEGIA ➤ FL.A.3.2.1

para escribir When you write about differing opinions it helps to choose terms that show sharp, clear contrasts. Using charts can help you visualize and contrast differing perspectives.

A mí me parece perfecto...

Imagine that you are shopping for clothes with a friend. However, you and your friend can't agree about anything today! If you think something looks good and fits well, your friend says it looks awful. Write five items that you and your friend have different opinions about.

1 Antes de escribir

In a column, list at least five pieces of clothing. In the next column write what you like or don't like about each item. In a third column, write the contrasting opinions your friend has.

2 Escribir un borrador

Using your chart, write about your shopping trip. Include your and your friend's opinions about the clothes: how they fit, if they look good, or if they are in style. Include details to back up each opinion.

3 Revisar

Read your draft at least two times, comparing it with your chart. Are the contrasting opinions clear? Check spelling and punctuation.

4 Publicar

Share your paragraph with the class. Ask your classmates to respond by giving their opinions or preferences regarding the clothing.

Leamos y escribamos

Prepárate para el examen

Interactive TUTOR

1 Vocabulario 1
- asking for and giving opinions
- asking for and offering help in a store
pp. 272–275

1 Buscas algunos regalos. Di qué quieres comprar. Luego di qué talla/número necesitas y qué color quieres. FL.A.3.2.1

1.
2.
3.
4.
5.
6.

2 Gramática 1
- **costar,** numbers to one million
- demonstrative adjectives and comparisons
- **quedar**
pp. 276–281

2 Estás en un centro comercial. Compara lo que ves con las cosas que tienes en casa. Comienza con los precios y la forma correcta de **este.** Di cuánto cuestan. FL.A.2.1.2

1. mesa de plástico, $125/mi mesa
2. sofá de seda, $1.199/mi sofá
3. cama grande, $1.831/mi cama
4. plantas de seda, $45/mis plantas
5. refrigerador negro, ultra moderno, $2.057/mi refrigerador
6. teléfonos azules y verdes, $62 cada uno/mis teléfonos

3 Vocabulario 2
- saying where you went and what you did
- talking on the phone
pp. 284–287

3 Escoge la respuesta apropiada. FL.A.2.1.2

1. ¿Adónde fuiste el lunes por la noche?
2. Hola. ¿Está Andrés?
3. Compré aretes y un anillo.
4. Lo siento, no está. ¿Quieres dejarle un recado?
5. ¿Qué hiciste en la tienda de música?

> a. Espera un momento. Ya te lo paso.
> b. ¿A qué joyería fuiste?
> c. Fui a la biblioteca a estudiar.
> d. Escuché muchos discos compactos.
> e. Sí, por favor, que me llame después.

4 Completa la conversación entre Carolina y su mamá usando el pretérito del verbo entre paréntesis. ⬎FL.A.2.1.2

—Caro, te ___1___ (llamar) Luisa. Quiere ir de compras.

—¡Qué lástima! Ya ___2___ (ir) de compras.

—¿Ah, sí? ¿Con quién? ¿ ___3___ (comprar) algo?

—Sí, Maite y yo ___4___ (comprar) toda la joyería.

—Carolina, sé buena...

—Ay, mami, no ___5___ (gastar) nada de dinero. Maite nos ___6___ (comprar) batidos y ___7___ (mirar) vitrinas por d[o] horas.

5 Contesta las siguientes preguntas. ⬎FL.B.1.1.2, FL.B.1.1.3

1. How do you refer to clothing and shoe sizes in Spanish-speaking countries?

2. What are **guayaberas** and where did they originate?

3. Where would you likely see customers bargaining with vendors? Where wouldn't you?

6 Escucha y escribe qué cosas te comprarías *(would buy)* y en qué tienda. ⬎FL.A.2.1.3

7 Describe lo que ves en los dibujos. En oraciones completas, di qué dicen Felipe y Cristina, y qué compraron. ⬎FL.A.3.2.3

4 Gramática 2
- preterite of **-ar** verbs
- preterite of **ir**
- preterite of verbs with reflexive pronouns
pp. 288–293

5 Cultura
- **Comparaciones** pp. 282–283
- **Notas culturales** pp. 274, 278, 286, 288
- **Geocultura** pp. 266–269

Benchmark Focus
FL.B.1.1.2 Recognize patterns of social behavior or socal interaction in various settings (e.g., school, family, or immediate community)

Prepárate para el examen

Gramática 1

- **costar** and numbers to one million
  pp. 276–277
- demonstrative adjectives and comparisons
  pp. 278–279
- **quedar**
  pp. 280–281

Repaso de Gramática 1

100	cien	600	seiscientos(as)
101	ciento uno(un)	700	setecientos(as)
102	ciento dos	800	ochocientos(as)
200	doscientos(as)	900	novecientos(as)
300	trescientos(as)	1.000	mil
400	cuatrocientos(as)	2.000	dos mil
500	quinientos(as)	1.000.000	un millón (de+*noun*)

sing. subj.   *pl. subj.*

La bolsa cuest**a** cien dólares. Las botas cuest**an** ciento veintiún dólares.

este/ese saco	**más**+*adj.*+**que**	**mejor(es)/peor(es) que**
estos/esos sacos	**tan**+*adj.*+**como**	
esta/esa blusa	**menos**+*adj.*+**que**	**mayor(es)/menor(es) que**
estas/esas blusas		

The verb **quedar** is used to say how something fits and is conjugated like **gustar**: **me/te/le/nos/os/les queda(n)**+*adjective/adverb*.

Gramática 2

- preterite of regular **-ar** verbs
  pp. 288–289
- preterite of **ir**
  pp. 290–291
- preterite verbs with reflexive pronouns
  pp. 292–293

Repaso de Gramática 2

The verb **comprar** has regular preterite forms; the verb **ir** is irregular.

compr**é**	compr**amos**	fui	fuimos
compr**aste**	compr**asteis**	fuiste	fuisteis
compr**ó**	compr**aron**	fue	fueron

The preterite is used to say what happened at a specific point in the past and to narrate a sequence of events.

Ayer **fui** al cine con mis amigos, **regresé** tarde a casa y **me acosté**.

Letra y sonido

El acento ortográfico

- Words ending in a vowel, **-n,** or **-s** are usually stressed on the next-to-last syllable. Exceptions have an accent mark over the stressed vowel:

  ni<u>ño</u>, <u>jo</u>ven, <u>com</u>pras, se<u>má</u>foro, alma<u>cén</u>, <u>jó</u>venes

- Words ending in a consonant other than **-n,** or **-s** are usually stressed on the last syllable. Exceptions have an accent mark over the stressed vowel:

  pa<u>pel</u>, ciu<u>dad</u>, repe<u>tir</u>, <u>án</u>gel, <u>lá</u>piz, <u>Héc</u>tor

Trabalenguas

El célebre cerebelo del cerebro celebrará con celeridad una celebérrima celebración.

Dictado

Escribe las oraciones.

Benchmark Focus

FL.A.2.1.3 Understand oral messages that are based on familar themes and vocabulary

Repaso de Vocabulario 1

Asking for and giving opinions

a la (última) moda	in (the latest) style
además	besides
barato(a)	inexpensive
caro(a)	expensive
costar (ue)	to cost
¡Es un robo!	It's a rip-off!
ese(a)	that
este(a)	this
feo(a)	ugly
la ganga	bargain
pasado(a) de moda	out of style
pequeño(a)	small
quedar bien/mal	to fit well/badly
tener razón	to be right
Colors . . . . See p. 273.

Asking for and offering help in a store

el abrigo	(over)coat
la blusa	blouse
la bolsa	purse
las botas	boots
los calcetines	socks
la camisa	shirt
la camiseta	T-shirt
cerrar (ie)	to close
la chaqueta	jacket

el/la cliente	client, customer
de algodón/lana/seda	(made of) cotton/wool/silk
el/la dependiente	salesclerk
devolver (ue)	to return something
¿En qué le puedo servir?	How can I help you?
la falda	skirt
llevar	to wear
Me gustaría...	I would like . . .
Nada más estoy mirando.	I'm just looking.
el número	(shoe) size
los pantalones (cortos/vaqueros)	pants (shorts/jeans)
un par de...	a pair of . . .
para hombres/mujeres/niños	for men/women/children
el saco	jacket, sport coat
las sandalias	sandals
el sombrero	hat
el suéter	sweater
la talla	(clothing) size
la tienda de ropa	clothing store
el traje de baño	swimsuit
usar	to use, to wear
el vestido	dress
los zapatos (de tenis)	(tennis) shoes

Repaso de Vocabulario 2

Saying where you went and what you did

ahorrar	to save money
el almacén	department store
el anillo	ring
anoche	last night
anteayer	day before yesterday
los aretes	earrings
los audífonos	headphones
ayer	yesterday
comprar	to buy
el dinero	money
el disco compacto (en blanco)	(blank) CD
el DVD	DVD
gastar	to spend
la heladería	ice cream shop
la joyería	jewelry store

la juguetería	toy store
los juguetes	toys
la librería	bookstore
mirar las vitrinas	to window-shop
pagar (una fortuna)	to pay (a fortune)
la plaza de comida	food court in a mall
la pulsera	bracelet
la revista de tiras cómicas	comic book
la tarjeta (de cumpleaños)	greeting card (birthday card)
la tienda de...	. . . store
tomar un batido	to have a milkshake
vender (de todo)	to sell (everything)
la zapatería	shoe store

Talking on the phone . . . . See p. 287.

Integración

capítulos 1-8

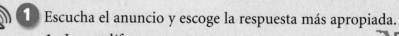

1 Escucha el anuncio y escoge la respuesta más apropiada.

FL.A.2.1.3

1. Los audífonos son ▭.
   a. de la más alta calidad   b. muy caros

2. Esta tienda vende ▭.
   a. pocos videos   b. muchos videos

3. Casa Electrónica tiene ▭.
   a. muchas cosas caras   b. pocas cosas caras

4. Casa Electrónica nunca ▭.
   a. tiene descuentos   b. cierra

5. Según el anuncio, vas a ▭.
   a. ahorrar dinero   b. pagar mucho

2 Con base en el anuncio, haz comparaciones entre las siguientes cosas, usando **más...que, menos...que** y **tan...como**. **FL.C.2.1.1**

1. sandalias para mujeres/sandalias para hombres
2. blusas de seda/blusas de algodón
3. sombreros para hombres/sombreros para mujeres
4. pulseras/anillos y aretes
5. blusas para mujeres/camisas para hombres

3 Entrevista a tres o cuatro amigos para saber cuál es su ropa favorita, de qué color es, dónde la compraron, cuánto costó y para qué ocasión la llevan. 🢂 **FL.A.1.1.3**

4 Describe lo que ves en la pintura. Di dónde están las personas, cómo son y qué ropa llevan. También di qué tipo de frutas se venden y cuánto crees que cuestan. Luego compara este mercado con un mercado de tu comunidad. ¿Son similares o diferentes? Explica. 🢂 **FL.A.3.2.3, FL.D.2.1.2**

Dra. Dominica Alcántara © 2003

Mercado caribeño, de la Dra. Dominica Alcántara

5 Eres un(a) estudiante de intercambio en Costa Rica. Escríbeles a tus padres y cuéntales sobre tus actividades, tus clases, tus amigos y tu rutina diaria. 🢂 **FL.A.3.2.1**

6

Situación   Create a classroom department store. Make signs for different departments, announcing prices, items, and sales. Include clothing, accessories, furniture, school supplies, and personal items. Role-play clerks and shoppers who buy and sell merchandise.
🢂 **FL.A.1.1.3, FL.A.1.2.1**

Repaso cumulativo

303

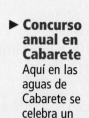

Video/DVD

GeoVisión

► **Concurso anual en Cabarete** Aquí en las aguas de Cabarete se celebra un concurso anual de windsurf.

Geocultura
La República Dominicana

H I

HAITÍ

▼ **Santo Domingo** La capital de la República Dominicana está en la costa sur del país.

Almanaque

Población
8.950.034

Capital
Santo Domingo

Gobierno
democracia representativa

Idioma oficial
español

Moneda
peso dominicano

Código Internet
www.[ ].do

¿Sabías que...?
Luis Castillo, beisbolista estrella de los Marlins de la Florida desde 1992 hasta 2005, nació en San Pedro de Macoris, República Dominicana, al igual que el famoso jugador de béisbol, Sammy Sosa.

La güira y la tambora son instrumentos típicos dominicanos.

◄ El Parque Nacional de los Haitises
Para ver las colinas, o mogotes, en este parque, tienes que ir en bote.

► El Pico Duarte fue nombrado en honor a Juan Pablo Duarte, un revolucionario del siglo XIX.

OCÉANO ATLÁNTICO

Puerto Plata
Sosúa
Cabarete
Cordillera Septentrional
Río Yaque del Norte
Santiago

S P A N I O L A

La Vega
Río Yuna
Samaná
BAHÍA DE SAMANÁ

Pico Duarte (3087 m)
Jarabacoa
Cordillera Central
Río Ozama
Parque Nacional de los Haitises

Sierra de Neiba
Río Yaque del Sur
Río Ocoa

SANTO DOMINGO
San Pedro de Macorís
Río Chavón
Higüey
La Romana

Lago Enriquillo

Altos de Chavón

ISLA SAONA

REPÚBLICA DOMINICANA

MAR CARIBE

ISLA BEATA

▲ Altos de Chavón En los altos del Río Chavón, en La Romana, está la majestuosa villa de artistas, Altos de Chavón.

▼ El Lago Enriquillo es el lago de agua salada más grande de las Antillas y está a 40 metros bajo el nivel del mar.

▲ Las iguanas y los cocodrilos
En la Isla Cabritos en el lago Enriquillo hay cocodrilos americanos y varias especies de iguanas.

¿Qué tanto sabes?
¿Qué deporte se practica en Cabarete? ¿Cuál es el lago de agua salada más grande de las Antillas?
FL.C.1.2.2

A conocer la República Dominicana

La arquitectura

▲ **Casas de madera**
Es común ver en la República Dominicana casas de madera de colores brillantes con techo de zinc.

▲ **La Basílica de Higüey** Esta iglesia al estilo moderno tiene un arco de cemento de 75m de altura.

▲ **El Palacio Nacional** en Santo Domingo fue diseñado al estilo neoclásico.

El arte

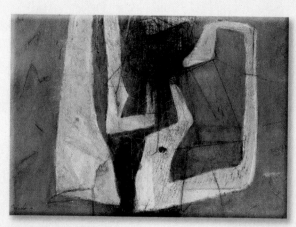

◄ **Cándido Bidó** La pintura dominicana tiene en Bidó (1936–) uno de sus representantes principales.

▲ *El Once* fue creado por Ramón Oviedo. El pintor Ramón Oviedo (1924–) es uno de los pintores más famosos del país.

▼ **Este mural en cerámica** fue creado por Said Musa (1956–). Los colores brillantes caracterizan los murales de este artista.

Las celebraciones

Interactive TUTOR

Visit Holt Online

go.hrw.com
KEYWORD: EXP1 CH9

Photo Tour

▶ **El Carnaval de Santo Domingo** Siempre hay carrozas y disfraces en el carnaval dominicano.

▼ **El Festival del Merengue** El merengue es el baile y la música nacional de la República Dominicana.

¿Sabías que…?
El deporte nacional de la República Dominicana es el béisbol, también llamado pelota.

◀ **El Festival de Jazz** Este festival se celebra cada año en Sosúa con la participación de músicos internacionales y dominicanos.

La comida

▲ **El sancocho** es uno de los platos típicos del país.

▲ **El moro** es un plato tradicional donde se combina el arroz con las habichuelas.

▲ **Puesto de yaniqueque** El yaniqueque es una comida parecida al pan que se vende en los kioskos de las playas.

Conexión Ciencias naturales

Casabe dominicano
En la República Dominicana se prepara un alimento llamado casabe. Investiga de qué planta se hace el casabe y qué clase de platos se preparan con esta planta.

¿Sirven estos platos en algún restaurante de tu comunidad?

Benchmark Focus

FL.C.1.2.2 Use target-language vocabulary or concepts to reinforce knowledge of a related topic

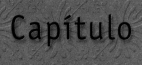

Capítulo 9

¡Festejemos!

OBJETIVOS

In this chapter you will learn to
- talk about plans
- talk about past holidays
- talk about preparing for a party
- greet, introduce others, and say goodbye

And you will use
- preterite of **-ar, -er,** and **-ir** verbs
- **pensar que** and **pensar** with infinitives
- direct object pronouns
- **conocer** and personal **a**
- present progressive

¿Qué ves en la foto?

- ¿Dónde están estas personas?

- ¿Qué día festivo están celebrando?

- ¿Cómo se celebra el Día de la Independencia en tu país de origen?

 Look for the 🟠 next to each activity and the **Benchmark Focus** to help you achieve the goals of the **Florida Sunshine State Standards,** found on pages FL14–FL16.

Festejando el Día de la Independencia en Santo Domingo

Objetivos
• Talking about plans
• Talking about past holidays

Vocabulario *en acción* 1

Video/DVD

ExpresaVisión

Los días festivos

el Día de la Independencia

la Semana Santa

el Día de la Madre

el Día de los Enamorados

el Día del Padre

el Hanukah

la Navidad

la Nochevieja

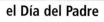

el Día de Acción de Gracias

▶ **Vocabulario adicional** — Celebraciones, p. R7

Vocabulario 1

recibir regalos

ver fuegos artificiales

abrir regalos

¿Cómo lo festejaron?

reunirse con (toda) la familia

mandar unas tarjetas

Más vocabulario...

el Año Nuevo	New Year's Day
celebrar	to celebrate
decorar la casa	to decorate the house
invitar	to invite
ir...	
a misa	to Mass
a la sinagoga	to the synagogue
al templo	to the temple

¡Exprésate!

Interactive TUTOR

To ask about plans	To respond
¿Qué vas a hacer el Día de la Independencia? *What are you going to do on Independence Day?*	**Pienso hacer una fiesta o tener un picnic.** *I plan to throw a party or have a picnic.*
¿Qué planes tienen para la Nochebuena? *What plans do you have for Christmas Eve?*	**Pensamos pasarla con mis abuelos, como siempre.** *We plan to spend it with my grandparents, as always.*

Vocabulario y gramática, pp. 97–99

Online workbooks

Celebración de un día festivo
en Santo Domingo

1 Días festivos ⟍ FL.A.2.1.2

Leamos/Hablemos Lee las siguientes oraciones y decide qué día festivo le corresponde a cada una.

1. Papá Noel trae muchos regalos.
2. Decoramos con los colores azul, blanco y rojo.
3. Muchas personas salen para una cena romántica.
4. Compramos algo especial para nuestra madre.
5. Muchas personas van a la sinagoga.
6. La gente va a misa a la medianoche.
7. Nos reunimos con la familia en noviembre para una comida especial.
8. Hacemos algo para nuestro papá.
9. La gente sale a ver fuegos artificiales.
10. Festejamos el fin de año con una fiesta.

2 Celebraciones ⟍ FL.A.2.1.2, FL.A.3.2.3

Escribamos Con base en las fotos, describe cómo van a pasar los días festivos estas personas. Escribe por los menos dos oraciones para cada foto.

1. mis padres

2. mi familia y yo

3. mis hermanas

4. mis amigos

¡Exprésate!

To ask about past holidays	To respond
¿Dónde pasaron la Navidad el año pasado? *Where did you spend Christmas last year?*	**La pasamos en casa de mis tíos.** *We spent it at my aunt and uncle's house.*
¿Qué tal estuvo? *How was it?*	**Estuvo a todo dar. Nos reunimos a comer.** *It was great. We got together to eat.*

Interactive
TUTOR

Vocabulario y gramática, pp. 97–99

Online workbooks

3 Entre amigos ⟍ FL.A.2.1.2

Leamos Pon en orden las oraciones de la siguiente conversación entre Lourdes y Manuel.

—¿Qué tal estuvo?

—¿Qué planes tienes para el Año Nuevo?

—Hola, Lourdes, ¿cómo estás? ¿Cómo pasaste la Navidad?

—Pues, la pasé con mi familia en casa de los abuelos.

—¡Hola, Manuel!

—No sé, pero creo que lo voy a pasar con mis primos.

—Estuvo bien. Nos reunimos a decorar la casa, comer y abrir regalos.

4 ¿Pasado o futuro? ⟍ FL.A.2.1.3

Escuchemos Escucha la conversación entre Luis y Rosa. Indica si cada cosa ya *(already)* ocurrió el Día de Acción de Gracias o va a ocurrir el día de la Navidad.

	ya ocurrió	va a ocurrir
1. ir a casa de los abuelos		
2. almorzar en un restaurante		
3. ir al cine		
4. pasar la noche en casa		
5. decorar la casa		
6. ir a misa		
7. comer y abrir regalos		
8. dormir en casa de los abuelos		

Nota cultural

On February 27th, Independence Day, Dominicans celebrate **Carnaval**. In Santo Domingo, children and adults gather to watch a parade along **El malecón**, one of the main streets. The parade includes floats, marching bands, dancers, and **diablos cojuelos**. These figures wear brightly-colored, horned masks and costumes covered with toys, mirrors, and shiny objects. What celebrations, similar to the Dominican **Carnaval**, are you familiar with? ⟍ FL.B.1.2.1

5 Mi día festivo preferido ⟍ FL.A.3.2.1

Escribamos Escribe un pequeño párrafo sobre tu día festivo preferido. Explica cómo y con quiénes celebras el día.

Comunicación

HOLT **SoundBooth**
ONLINE RECORDING

6 ¿Cómo lo van a pasar? ⟍ FL.A.1.2.1, FL.A.2.1.3

Hablemos Pregúntale a un(a) compañero(a) cuál es su día festivo preferido, cómo celebra el día y qué planes tiene para este año. Luego le toca a él o a ella hacerte preguntas.

MODELO —¿Cuál es tu día festivo preferido?

—Es la Nochevieja. Festejamos en casa con música y comida.

Benchmark Focus
FL.A.2.1.3 Understand oral messages based on familiar themes and vocabulary

Objetivos
• Using the preterite of -ar, -er, and -ir verbs
• Pensar with que and pensar with infinitives

Gramática en acción 1

Video/DVD
GramaVisión

Preterite of -er and -ir verbs

Interactive TUTOR

1 The **preterite** is used to talk about what happened at a specific point in the past. To form the **preterite** of **-er** and **-ir** verbs, add these endings to the verb's stem.

volver		escribir	
yo	volv**í**	yo	escrib**í**
tú	volv**iste**	tú	escrib**iste**
usted, él, ella	volv**ió**	usted, él, ella	escrib**ió**
nosotros(as)	volv**imos**	nosotros(as)	escrib**imos**
vosotros(as)	volv**isteis**	vosotros(as)	escrib**isteis**
ustedes, ellos, ellas	volv**ieron**	ustedes, ellos, ellas	escrib**ieron**

—¿**Recibieron** la tarjeta? —Sí, la **recibimos** ayer. Gracias.

2 Regular **-er** and **-ir** verbs have the same endings in the **preterite**. Stem-changing **-er** verbs don't have a stem change in the preterite.

3 The verb **ver** has regular **preterite** endings but without written accents.

yo	v**i**	nosotros(as)	v**imos**
tú	v**iste**	vosotros(as)	v**isteis**
usted, él, ella	v**io**	ustedes, ellos, ellas	v**ieron**

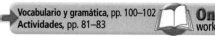
Vocabulario y gramática, pp. 100–102
Actividades, pp. 81–83
Online workbooks

¿Te acuerdas?

To form the **preterite** of a regular **-ar** verb, add these endings to the verb's stem.

merend**é**	merend**amos**
merend**aste**	merend**asteis**
merend**ó**	merend**aron**

No **-ar** verbs have stem changes in the preterite.

7 **La Navidad de Pablo** FL.A.2.1.2

Leamos Escoge el verbo correcto entre paréntesis.

Pablo y sus padres ___1___ (salimos/salieron) muy temprano para la casa de sus abuelos el día de Navidad, donde ___2___ (se reunieron/me reuní) con toda la familia. Pablo ___3___ (vimos/vio) a unos tíos que viven lejos. Primero todos ___4___ (comí/comieron) y Pablo ___5___ (bebiste/bebió) tres vasos de limonada. Después de la comida ellos ___6___ (abrimos/abrieron) los regalos. A las cuatro ___7___ (fuimos/fueron) a misa. Cuando ___8___ (volvieron/volviste), Pablo ___9___ (decidí/decidió) dormir un rato.

Gramática 1

⑧ Ahora, ¿qué dice Pablo? ⟍FL.A.3.2.1

Escribamos Vuelve a escribir el párrafo de la Actividad 7 desde el punto de vista *(point of view)* de Pablo. ¿Qué dice él?

⑨ El Año Nuevo ⟍FL.A.2.1.2

Escribamos/Hablemos Mira las fotos. Di quiénes hicieron estas cosas para celebrar el Año Nuevo según *(according to)* Marcos.

MODELO   **comer en un restaurante**
Mis padres comieron en un restaurante.

mi hermano y yo

mi abuela

mis padres

1. beber muchos refrescos
2. salir a un restaurante
3. beber café
4. comer pastel de chocolate
5. asistir a una fiesta
6. comer pizza
7. ver televisión
8. reunirse con la familia

Comunicación

HOLT **SoundBooth**
ONLINE RECORDING

⑩ La semana pasada ⟍FL.A.1.1.2

Hablemos Pregúntale a un(a) compañero(a) si hizo las cosas de la Actividad 9 la semana pasada.

MODELO   —¿Comiste en un restaurante?
       —Sí, comí en un restaurante la semana pasada.

⑪ ¿Qué hiciste? ⟍FL.A.1.1.2

Hablemos Usa las frases del cuadro para hacer cuatro preguntas sobre lo que hizo tu compañero(a) el año pasado para festejar algunos días festivos. Túrnense para contestar.

Benchmark Focus
FL.A.1.1.2 Greet others and exchange essential personal information

escribir tarjetas	reunirse con la familia	salir a comer
ver fuegos artificiales	recibir regalos	asistir a una fiesta

Repaso The preterite

1 Compare the preterite forms of regular **-ar**, **-er**, and **-ir** verbs and the irregular verb **ir**.

	invitar	comer	salir	ir
yo	invit**é**	com**í**	sal**í**	**fui**
tú	invist**aste**	com**iste**	sal**iste**	**fuiste**
usted, él, ella	invit**ó**	com**ió**	sal**ió**	**fue**
nosotros(as)	invit**amos**	com**imos**	sal**imos**	**fuimos**
vosotros(as)	invit**asteis**	com**isteis**	sal**isteis**	**fuisteis**
ustedes, ellos, ellas	invit**aron**	com**ieron**	sal**ieron**	**fueron**

—¿**Saliste** con tus amigos?
Did you go out with your friends?

—Sí, **fuimos** a una fiesta.
Yes, we went to a party.

—¿A quiénes **invitaron** a la fiesta?
Whom did they invite to the party?

—A todos. **Comimos** y **bailamos** mucho.
Everyone. We ate and danced a lot.

Vocabulario y gramática, pp. 100–102
Actividades, pp. 81–83

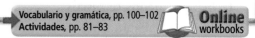 **Online** workbooks

¿Te acuerdas?

Stem-changing **-ar** and **-er** verbs have no stem changes in the preterite.

El regalo c**o**stó veinte dólares.

No v**o**lvimos hasta (*until*) las once.

12 **¿Cuándo?** FL.A.2.1.3

Escuchemos Escucha las oraciones y decide si la joven habla de **a)** lo que su familia siempre hace o de **b)** lo que hizo.

13 **¿Qué tal estuvo?** FL.A.2.1.2, FL.A.3.2.1

Escribamos Indica qué hicieron las siguientes personas en varias fiestas. Luego di qué tal estuvo cada fiesta—a todo dar o aburrida.

MODELO nosotros (no salir hasta muy tarde)
No salimos hasta muy tarde.
La fiesta estuvo a todo dar.

1. su tía (cantar ópera)
2. yo (bailar toda la noche)
3. nosotros (comer muy bien)
4. sólo (*only*) cuatro personas (ir a la fiesta)
5. Laura y José (jugar al ajedrez)
6. muchas personas interesantes (hablar conmigo)
7. nosotros (pasar una noche fenomenal)
8. todos (salir temprano de la fiesta)
9. yo (ver a muchos de mis amigos)
10. mis primos (contar chistes)

Gramática 1

14 Padres especiales ✎ FL.A.3.2.1

Escribamos Escribe tres oraciones para cada foto y di cómo festejó cada familia el Día del Padre y el Día de la Madre.

MODELO **Pasaron el Día de la Madre con la abuela.**

el Día de la Madre

el Día del Padre

15 La agenda de Arturo ✎ FL.A.2.1.2, FL.A.3.2.1

Leamos/Escribamos Con base en los apuntes de Arturo escribe por lo menos siete oraciones sobre lo que él hizo para cada día festivo. Después compara sus actividades con las tuyas.

MODELO **El 14 de febrero Arturo mandó tarjetas.**
No mandé tarjetas, pero sí comí chocolates.

14 de febrero	4 de julio	25 de diciembre	31 de diciembre
mandar tarjetas	ir a la playa	abrir regalos	ir a una fiesta
abrir regalos	ver fuegos artificiales	reunirse con la familia	bailar
comer chocolates	comer en el parque	ir a la iglesia	reunirse con amigos

Comunicación

16 ¿Y tú? ✎ FL.A.1.2.2

Hablemos Pregúntale a tu compañero(a) cómo celebró los días festivos de la Actividad 15.

MODELO —¿Recibiste muchas tarjetas para el Día de los Enamorados?
—Recibí muchas tarjetas y unos regalos también.

Pensar que and pensar with infinitives

TUTOR

1 The **e → ie** stem-changing verb **pensar** means *to think.* When it's followed by **que,** it means *to think that . . .*

yo **pie**nso	nosotros(as) pensamos
tu **pie**nsas	vosotros(as) pensáis
Ud., él, ella **pie**nsa	Uds., ellos(as) **pie**nsan

Pienso que los invitados van a hablar y bailar toda la noche. Va a ser una fiesta muy divertida.
I think that the guests are going to . . .

2 Pensar can also be followed by an **infinitive** to say what *someone plans* to do or *intends* to do.

—¿Qué **piensan hacer** para celebrar el Año Nuevo?
What do you plan to do to celebrate New Year's Eve?

—**Pensamos ir** a esquiar.
We plan to go skiing.

Vocabulario y gramática, pp. 100–102
Actividades, pp. 81–83
Online workbooks

Vocabulario y gramática, pp. 100–102
Actividades, pp. 81–83

Nota cultural

Celebrations call for special foods. In the Dominican Republic, a food served during the Christmas season is **pasteles en hoja.** This dish is prepared by boiling and mashing green plantains. The mashed plantains are then spread onto plantain leaves. Next, the leaves are stuffed with ground beef or chicken. Finally, the stuffed leaves are folded, tied with string, and placed in a pot of boiling water.

Which other cultures have dishes similar to this?
FL.B.1.1.3

Pasteles en hoja, plato típico de la República Dominicana

Benchmark Focus
FL.B.1.1.3 Recognize various familiar objects and norms of the target culture

---

17 **Este año pienso...** **FL.A.2.1.2**

Leamos/Escribamos Completa cada resolución de Año Nuevo *(New Year's resolution)* de manera lógica. Usa el verbo **pensar** en tus respuestas.

relajarse más	seguir una dieta más sana
gastar menos en regalos	tomar una clase de francés
volver a la universidad	hacer más ejercicio
ir a la casa de los abuelos	pasar más tiempo en casa

MODELO **Voy a comer más verduras.**
Pienso seguir una dieta más sana.

1. Mi madre va a estudiar mucho.
2. Mi hermano y yo vamos a mantenernos en mejor forma.
3. Mi padre va a tomar menos café y no va a trabajar hasta tarde.
4. Vamos a reunirnos con todos mis tíos para la Navidad.
5. Mi madre va a estudiar francés.
6. Mis padres van a ahorrar dinero este año.
7. No voy a salir con mis amigos todos los sábados.

18 El Día de la Independencia FL.A.2.1.2

Escribamos/Hablemos Mira los dibujos e indica cómo piensan pasar estas personas el 4 de julio. Luego usa **pienso que** para dar tu opinión sobre los planes.

MODELO Pienso ir a la playa con mis amigos.
Pienso que va a ser muy divertido.
(Pienso que me voy a divertir mucho.)

yo

1. mis amigos y yo

2. unos amigos

3. mis padres

4. mi hermana

5. por la noche, mis padres y yo

6. mis abuelos

Comunicación

HOLT **SoundBooth** ONLINE RECORDING

19 ¡Ven a mi fiesta! FL.A.1.2.2

Hablemos Con un(a) compañero(a), habla de una fiesta que piensas hacer. Menciona el motivo de la fiesta, dónde va a ser, los invitados, la música y la comida. Tu compañero(a) puede usar las frases del cuadro para hacerte preguntas y reaccionar a tus respuestas.

Pienso que...	(No) estoy de acuerdo.	Prefiero...
fenomenal	pésimo(a)	divertido(a)
(No) me gusta(n).	¡Buena idea!	delicioso(a)

Gramática 1

Comparaciones

FL.B.1.2.1, FL.D.2.2.1

Carnaval en la República Dominicana

¿Qué días festivos se celebran en tu país?

En los países hispanohablantes, los días festivos y los festivales son muy importantes. A veces los festivales son religiosos, y a veces son de sabor nacional o regional. De todos modos, toda la comunidad participa, y es común cerrar los colegios, tiendas y otros negocios para celebrar. Estas personas hablan de los días festivos en su país y de la manera en que se celebran. ¿Son días festivos que celebras también? ¿Los celebras igual que ellos? Si son festivales que no celebras, ¿te acuerdas de otros que sí celebras?

 ## Waldemar
Santo Domingo, la República Dominicana

¿Me puedes decir cuáles son dos o tres días festivos que se celebran en República Dominicana, y en qué fechas son?

Celebramos la Semana Santa, que es la segunda semana de abril. Celebramos el Día de la Madre, catorce de mayo. Y también celebramos las Navidades.

¿Cuál es tu día festivo favorito?

Me gusta mucho la Semana Santa.

¿Qué significa para ti la Semana Santa?

Es una semana muy espiritual.

¿Cómo pasaste la Semana Santa el año pasado?

Muy común. Como todo el mundo, fuimos a la iglesia mucho. Pasé mucho tiempo con mi familia.

Diana
El Paso, Texas

¿Me puedes decir dos o tres días festivos que se celebran aquí en El Paso?

Claro, aquí en El Paso festejamos el Día de la Independencia de Estados Unidos, que es el cuatro de julio. También festejamos la Navidad, que es el veinticinco de diciembre, y el Día de Gracias, que es el último jueves de noviembre.

¿Qué día festivo es tu favorito?

Mi día festivo favorito es la Navidad.

¿Cómo pasaste la Navidad el año pasado?

Toda mi familia nos sentamos en la casa de los abuelos, y comimos pavo.

Nuevo México · Oklahoma · El Paso · TEXAS · México · Golfo de México

Para comprender ⟍FL.A.3.2.3

1. ¿Cuáles son tres días festivos que se celebran en la República Dominicana?

2. ¿Quién pasó su día festivo favorito con su familia?

3. ¿En qué día se celebra el Día de Acción de Gracias en Estados Unidos?

4. ¿Adónde fue Waldemar durante la Semana Santa?

Para pensar y hablar ⟍FL.B.1.1.2

Waldemar and Diana say that their favorite holidays are *Semana Santa* and *la Navidad*. Why do you think they chose those holidays as their favorites? What similarity is there in the way they spent the holidays? What are your favorite holidays? Why are those days important to you?

Comunidad en la Florida

Celebraciones de la herencia hispana ⟍FL.B.1.2.1, FL.E.1.2.1

Every year there are festivals that celebrate the Hispanic roots of many Floridians. **The Cuban American Heritage Festival,** held each year in Key West, celebrates the Cuban influence on the culture and economy of that island. **Fiesta Days** in Ybor City, near Tampa, celebrates the city's multicultural roots with food from Spain and Latin America, arts and crafts, and entertainment. Miami hosts the **Hispanic Heritage Festival** each fall where Young Hispanic Leadership Awards are presented. Find information about other Hispanic festivals. Is there one near where you live? How are the various cultures represented?

Paella para todos en el festival Fiesta Days en Ybor City

La República Dominicana

Objetivos
- Talking about preparing for a party
- Greeting, introducing others, and saying goodbye

Vocabulario *en acción* 2

Video/DVD

ExpresaVisión

De fiesta en Santo Domingo

Ahora estamos haciendo preparativos para la fiesta sorpresa.

mandar invitaciones

colgar (ue) decoraciones, decorar

Entremeses

las galletas

las empanadas

las papitas

los dulces

los pasteles en hoja

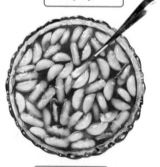

el ponche

▶ Vocabulario adicional — Regalos, p. R10

Los invitados van a...

Vocabulario 2

enseñar fotos | charlar | contar (ue) chistes

Más vocabulario...

Las fiestas

el aniversario	anniversary
la boda	wedding
el cumpleaños	birthday
el día de tu santo	your saint's day
la fiesta sorpresa	surprise party
la graduación	graduation
la quinceañera	girl's fifteenth birthday

También se puede decir...

In Florida, you may hear Hondurans and Mexicans say **platicar** instead of **charlar.** Most Latin Americans prefer **conversar** or **hablar.**

You will also hear a variety of names to refer to *finger foods,* such as **aperitivos** or **picaderas** among Dominicans or **saladitos** among Cubans. Many Colombians use **pasabocas,** while Hondurans might say **boquitas.** Some Venezuelans will use **pasapalos,** while Mexicans might prefer **botanas.**

¡Exprésate!

To ask about preparing for a party	To respond
¿Está todo listo para la fiesta? ¿Ya terminaste con los preparativos? *Is everything ready for the party? Did you already finish the preparations?*	**Sí. Anoche compré las flores y preparé el ponche.** *Yes. Last night I bought the flowers and made the punch.*
¿Qué están haciendo los jóvenes ahora? *What are the young people doing now?*	**Están colgando la piñata.** *They are hanging the piñata.*

Interactive TUTOR

Vocabulario y gramática, pp. 103–105

Online workbooks

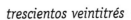

Nota cultural

In many Spanish-speaking countries, a girl's fifteenth birthday is recognized with a special celebration. In some countries, this party is called a **quinceañera**. However, in the Dominican Republic, the word refers to the girl herself and not just the party. While the idea behind the custom has changed over time, **quinceañera** parties are still common in the United States among Spanish-speaking families, as well as in other countries.

What coming-of-age parties or celebrations have you heard of? **FL.D.2.1.1**

Quinceañera y su corte

20 ¡Vamos a festejar! **FL.A.2.1.2**

Leamos/Hablemos Completa las oraciones con la(s) palabra(s) apropiada(s).

| decoraciones | ponche | está listo | invitados | fiesta sorpresa |
| empanadas | piñata | chistes | cumpleaños | pasteles en hoja |

1. Hoy es el ==== de mi primo Paco.
2. Esta noche hay una ====. Va a ser muy divertida.
3. Todo ==== para la fiesta.
4. Anteayer mi mamá, mis hermanos y yo preparamos los ====.
5. Esta mañana limpiamos la casa y luego colgamos las ====.
6. Ahora mi papá está colgando la ==== en el patio.
7. En unas horas, los ==== van a llegar a nuestra casa.
8. En la fiesta, vamos a beber ==== y comer muchas ====.
9. Voy a contar muchos ==== también.

21 La fiesta de Mila **FL.A.3.2.3**

Escribamos/Hablemos Contesta las siguientes preguntas con base en el dibujo.

1. ¿Qué ocasión especial festejaron?
2. ¿Qué preparativos hicieron (did they make) para la fiesta?
3. ¿Qué tal estuvo la fiesta?
4. ¿Qué pasó en la fiesta?

¡Exprésate!

Interactive
TUTOR

To greet, introduce others, and say goodbye

¡Qué gusto verte!	**¡Tanto tiempo sin verte!**
It's great to see you!	*Long time, no see!*
¿Qué hay de nuevo?	**Lo de siempre.**
What's new?	*Same as usual.*
Te presento a mis padres.	**Tanto gusto. ¡Feliz aniversario!**
I'd like you to meet my parents.	*So nice to meet you. Happy anniversary!*
Chao, te llamo más tarde.	**Vale. Que te vaya bien.**
Bye, I'll call you later.	*Okay. Hope things go well for you.*
	Cuídate.
	Take care.

Vocabulario y gramática,
pp. 103–105

Online
workbooks

22 Saludos, despedidas y presentaciones ⟋ FL.A.2.1.3

Escuchemos Indica si cada expresión es **a)** un saludo *(a greeting),* **b)** una despedida *(a farewell),* o **c)** una presentación *(an introduction).*

23 ¿Qué dices? ⟋ FL.A.2.1.2

Leamos/Hablemos Decide qué expresiones de **¡Exprésate!** puedes usar en estas situaciones.

1. Ves a un amigo después de tres años.
2. Acaban de presentarte a dos amigos.
3. Estás con tus padres y ves a un amigo que no los conoce.
4. Vas a hablar por teléfono con un amigo más tarde.
5. Un amigo va a la República Dominicana por dos años.
6. Estás muy contento(a) de ver a un amigo.
7. Un amigo quiere saber qué hiciste el fin de semana, pero no hiciste nada nuevo.

Desfile de los Tres Reyes en Miami

Nota cultural

Miami usually celebrates Three Kings Day with a parade on the Sunday following January 6. Marching bands and floats accompany the Three Wise Men, who often walk with camels down Calle Ocho. **El desfile de los Tres Reyes** has been a tradition in South Florida for more than 30 years, and is considered one of the top five Hispanic celebrations in the country. Is there a Three Kings Parade in your city?
⟋ FL.B.1.1.2

Comunicación

HOLT SoundBooth
ONLINE RECORDING

24 Una reunión ⟋ FL.A.1.1.2, FL.A.3.1.1

Escribamos/Hablemos En grupos de tres, dramaticen la siguiente situación. Diez años después de tu graduación del colegio regresas con tu esposo(a) *(spouse)* para una reunión de tu clase. Presenta a tu esposo(a). Luego habla con tus compañeros sobre sus familias, dónde viven y qué hicieron después de graduarse.

Benchmark Focus
FL.A.3.1.1 Provide simple information in spoken form (e.g., descriptions of family members or friends)

 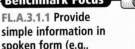

Objetivos
- Using direct object pronouns
- **Conocer** and personal **a**
- The present progressive

Gramática
en acción 2

Interactive TUTOR

Repaso Direct object pronouns

1 Direct objects are people or things that receive the action of a verb. To avoid repetition, the **direct object pronouns** can take their place.

Subject	Direct Object		Subject	Direct Object	
yo	**me**	*me*	nosotros(as)	**nos**	*us*
tú	**te**	*you (s.)*	vosotros(as)	**os**	*you (pl.)*
usted (m.)	**lo**	*you (s.)*	ustedes (m.)	**los**	*you (pl.)*
usted (f.)	**la**	*you (s.)*	ustedes (f.)	**las**	*you (pl.)*
él	**lo**	*him*	ellos	**los**	*them*
ella	**la**	*her*	ellas	**las**	*them*

la stands for Paula

—¿Invitaste a **Paula**?   —Sí, **la** invité. Ella viene.
Did you invite Paula?   *Yes, I invited her. She's coming.*

2 When answering a question, remember to change the **direct object pronoun**, if necessary.

object me changes to te

—¿**Me** vas a llamar?   —Sí, **te** llamo más tarde.
Are you going to call me?   *Yes, I'll call you later.*

> **Vocabulario y gramática,** pp. 106–108
> **Actividades,** pp. 85–87

Online workbooks

¿Te acuerdas?

The direct object pronouns **lo** *(him, it)*, **la** *(her, it)*, **los** *(them)* and **las** *(them)* can stand for things as well as people.

—¿Ya compraste **las flores**?

—Sí, ya **las** compré.

25 **Invitaciones** FL.A.2.1.2

Escribamos Indica a qué celebración invitaste a las siguientes personas. Sigue el modelo.

MODELO La invité a la quinceañera.

Ana

1. a mis abuelos   2. a mi profesora   3. a mis amigas   4. a mi primo

26 Una fiesta sorpresa ⟍FL.A.2.1.2

Escribamos/Hablemos Una amiga te ayuda con una fiesta para tu hermano José. Contesta las preguntas con un pronombre de complemento directo *(direct object pronoun)*.

♻ *¿Se te olvidó?* Pronoun placement, p. 212

MODELO **Vas a llevar *a tu hermano* a la fiesta, ¿verdad? (sí)**
Sí, voy a llevarlo. (Sí, lo voy a llevar.)

1. *¿Me* vas a llamar antes de la fiesta, ¿verdad? (sí)
2. José no debe ver *a los invitados* antes de entrar, ¿verdad? (no)
3. ¿Debo poner *los regalos* en la mesa del patio? (sí)
4. ¿Invitaste *a los estudiantes de su clase?* (sí)
5. ¿Él no vio *las decoraciones?* (no)
6. ¿Tus padres *te* ayudaron a preparar todo? (sí)
7. *¿Me* necesitas para mañana? (no)

27 ¡No nos fastidies! ⟍FL.A.2.2.1

Escribamos/Hablemos Usa mandatos *(commands)* y un pronombre de complemento directo para decirle a cada persona lo que debe o no debe hacer.

♻ *¿Se te olvidó?* Object pronouns and informal commands, p. 254

MODELO **Hablas con tus amigos y tu hermano los interrumpe.**
—¡No nos interrumpas!

1. Un amigo que habla español nunca te ayuda a estudiar.
2. Hablas en secreto con un amigo y tu hermano los escucha.
3. El hermano menor de un amigo es antipático y tu amigo siempre lo trae cuando ustedes salen.
4. Tu mejor amigo no te llama.
5. Quieres comprar un regalo de cumpleaños para tu hermana y tu amigo la invita a ir de compras con ustedes.

Nota cultural

In most Spanish-speaking countries, including the Dominican Republic, dancing is an important part of any party. All kinds of music are played, food is served, and parties often do not end until the early morning hours. Spanish-speaking and Latin American countries have given us some of the most popular dances, including **merengue, salsa, samba, cha-cha-chá, tango, rumba,** and **cumbia.**

Are these dances popular where you live?

⟍FL.B.1.1.2

Jóvenes bailando en la playa, República Dominicana

Comunicación

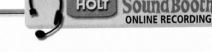
HOLT **SoundBooth**
ONLINE RECORDING

28 Planes para una fiesta ⟍FL.A.1.2.2

Hablemos En parejas, hablen de los planes para una fiesta. ¿Cuándo quieren hacerla? Di quiénes te van a ayudar con los preparativos. ¿Qué van a servir? ¿Qué van a necesitar y dónde van a poner todo?

MODELO **—¿Cuándo quieres hacer tu fiesta de cumpleaños?**
—Quiero hacerla en dos semanas.

Conocer and personal a

1 The verb **conocer** is used to say you know or meet people, or that you are familiar with a place or a thing. It is irregular in the **yo** form.

yo cono**zco**	nosotros(as) conocemos
tú conoces	vosotros(as) conocéis
Ud., él, ella conoce	Uds., ellos, ellas conocen

—Aquí viene mi prima Claudia. ¿Quieres conocerla?
—Ya la **conozco**.

—¿Conocen las obras de Calderón de la Barca?
—No, no las conocemos.

2 When a name or noun referring to a person is the **direct object** of **conocer** or other verbs, the word **a** comes before it. This **a** has no translation.

—¿**Conoces a mi hermano**?
—Sí, **conozco a toda tu familia**.

The preposition **a** combines with the definite article **el** to form the contraction **al**.

Vocabulario y gramática, pp. 106–108
Actividades, pp. 85–87

Online workbooks

---

29 **¿Conoces estas obras?** 🏴 FL.A.2.1.2

Escribamos Indica si conoces o no las obras *(works)* de estos hispanos famosos. Usa un pronombre de complemento directo.

MODELO Sí, la conozco.
(No, no la conozco.)

la música de Andrés Segovia

las películas de Antonio Banderas

los libros de Isabel Allende

las canciones de Shakira

el arte de Pablo Picasso

30 Presentaciones 🔲 FL.A.2.1.2

Leamos Completa la siguiente conversación con las formas correctas de **conocer,** los pronombres de complemento directo o la palabra **a.**

SONIA   Mario y Daniel, ¡qué gusto verlos! ¿ __1__ a mi hermano Carlos?

DANIEL   No, no lo __2__ .

SONIA   Carlos, te presento __3__ mis amigos Mario y Daniel. Mario y Daniel, les presento __4__ mi hermano Carlos.

CARLOS   Mario, ¿no eres el primo de Alberto Martínez?

MARIO   Sí, soy su primo. ¿ __5__ conoces?

CARLOS   Sí, lo __6__ muy bien. Está en mi clase de historia y a veces jugamos al tenis después de clases.

31 ¿Se conocen? 🔲 FL.A.2.1.2

Leamos/Escribamos Lee cada oración. Indica si estas personas conocen a las personas o las cosas entre paréntesis. Repite la respuesta usando un pronombre de complemento directo.

> **MODELO** **Mis padres siempre invitan a mi mejor amigo a nuestra casa. (mi mejor amigo)**
> **Mis padres conocen bien a mi mejor amigo.**
> **Mis padres lo conocen bien.**

1. Juan habla con Sara todos los días. (Sara)
2. Mi tía sabe dónde están las tiendas, los restaurantes, el colegio, el correo y el cine. (la ciudad)
3. Mis abuelos quieren venir a mi colegio pero no saben dónde está. (el pueblo)
4. Mi mejor amigo viene a mi casa los fines de semana. (mi casa)
5. Mi madre quiere hablar con mi profesor de español pero no sabe cómo se llama. (mi profesor de español)
6. Lola está en mi clase de inglés. Me parece muy simpática. (Lola)

32 Un encuentro 🔲 FL.A.1.1.2, FL.A.3.2.1

Hablemos Imaginen que están en una fiesta. En grupos de cuatro, túrnense para presentar a dos de sus compañeros a la otra persona. Luego hablen de sus pasatiempos. Pueden usar la Actividad 30 de modelo.

Celebración de dominicanos en el parque Juan Pablo Duarte, Miami

Benchmark Focus

FL.A.2.1.2 Restate and rephrase simple information from materials presented orally, visually, and graphically in class

HOLT **SoundBooth** ONLINE RECORDING

Present progressive

1 To say what is happening right now, use the **present progressive**. To form the **present progressive**, combine a present tense form of **estar** with the present participle. Form the present participle by replacing **-ar** with **-ando** and **-er** or **-ir** with **-iendo**.

cantar → cant**ando**

comer → com**iendo**

Rosa **está cantando**. *Rosa is singing.*

Estamos comiendo. *We are eating.*

2 When the stem of an **-er** or **-ir** verb ends in a vowel, form the present participle by changing the **i** of -iendo to **-y** (-yendo).

leer → le**y**endo

¿Estás leyendo? *Are you reading?*

3 The participles of stem-changing **-ir** verbs like **pedir, dormir,** and **servir** change **o** → **u** and **e** → **i**. There are no stem changes for **-ar** and **-er** verbs.

dormir → d**u**rmiendo   servir → s**i**rviendo

4 The verbs **ir** and **venir** are not usually used in the present progressive. Use the simple present tense instead.

—¿**Vienes** a la fiesta?   *Are you coming to the party?*

—No, **voy** a la biblioteca.   *No, I'm going to the library.*

5 **Direct object** and **reflexive pronouns** can go before the conjugated form of **estar** or can be attached to the end of the present participle. When you attach the direct object or reflexive pronoun to the end of the present participle, place an accent mark on the stressed vowel.

¿La tarea? **La estoy** haciendo. (Estoy haciéndo**la**.)

¿Mis hijos? **Se están** bañando. (Están bañándo**se**.)

Vocabulario y gramática, pp. 106–108
Actividades, pp. 85–87

Online workbooks

En inglés

In English, the present progressive is used for something happening right now, regularly, or in the future.

Everyone *is celebrating.*

We *are spending* a lot of time together.

I *am leaving* tomorrow.

In Spanish, the present progressive is used for something happening now or regularly. For events in the future, the simple present can be used.

Todos **están celebrando**.

Estamos pasando mucho tiempo juntos.

Salgo mañana.

In English you can also use the simple present for future events. Give two examples.

⬥ **FL.D.1.2.2**

---

33 **¿Qué están haciendo?** ⬥**FL.A.2.1.3**

 Escuchemos Escucha las oraciones sobre la fiesta de Patricia y Roberto. Escoge las preguntas que le correspondan según el contexto.

a. ¿Qué están haciendo ustedes?

b. ¿Qué están haciendo los invitados?

c. ¿Qué está haciendo tu madre?

34 **¿Dónde están?** FL.A.2.1.2, FL.A.3.2.1

Escribamos/Hablemos Indica qué están haciendo las siguientes personas según el contexto. Menciona varias posibilidades.

> **MODELO** Consuelo está en su cuarto.
> Está durmiendo. Está estudiando.

1. Lupe está en la clase.
2. Juan y Carlos están en el parque.
3. Laura y José están en una fiesta de cumpleaños.
4. Mi hermana y yo estamos en la cocina.
5. Estás en una tienda.
6. Tu primo y tú están en un restaurante.

Comunicación

35 **Pantomimas** FL.A.2.1.2

Hablemos Cada estudiante va a representar una de las siguientes acciones sin hablar y la clase va a adivinar *(guess)* qué está haciendo.

hablar por teléfono	abrir un regalo	escribir una tarjeta
lavarse los dientes	secarse el pelo	maquillarse
peinarse	servir comida	acostarse

36 **Una fiesta** FL.A.3.2.3

Hablemos Con un(a) compañero(a), describe la fiesta que hizo Paco con su familia. Usa el primer dibujo para hablar de lo que pasó antes de la fiesta, el segundo para hablar de lo que está pasando, y el tercero para decir lo que las personas piensan hacer después.

Benchmark Focus
FL.A.3.2.3 Give responses in spoken or written form to age-appropriate visual works

Gramática 2

¿Quién será?
Episodio 9

Benchmark Focus

FL.C.2.1.1 Use the target language to gain access to information that is only available through the target language or within the target culture

ESTRATEGIA

Predicting When you plan an event, many things can go wrong. Before you watch the video, write a list of things that need to be done before a party. Write them in a logical sequence, then think about one or two things on your list that could go wrong. Compare your list with things mentioned in this episode. Based on the photos, predict what you think might go wrong in this episode. Watch the video and see how close your prediction was.

FL.C.2.1.1

En Puerto Rico

Nicolás hace los preparativos para la fiesta de cumpleaños de Mateo. Le pide ayuda a su hermana, Irene.

1

Nicolás ¿Qué estás haciendo, Irene?

Irene Estoy decorando la terraza. ¿Qué crees?

Nicolás Yo hago eso. Si quieres ayudar, ve a la cocina. Abre la lata de atún y prepara el dip. ¿De acuerdo?

Irene Bien, Nicolás.

2

Mamá Oye Irene, me parece que Picasso tiene hambre. ¿Quieres ponerle comida?

Irene Está bien, mamá.

3

4

Julia Hola, Nicolás, ¿cómo te va? ¿Tú conoces a Mari?

Nicolás Claro que te conozco. ¿Qué tal, Mari? Esperen un momento. Voy a traer la comida.

5

Nicolás Bueno, por fin llegaste Mateo, el invitado de honor. Feliz cumpleaños. Este año va a ser una fiesta muy buena.

Mateo Mejor que la del año pasado.

Nicolás ¿Qué pasó el año pasado?

6

Mateo Julia mandó las invitaciones a todos, pero en la invitación no escribió en la casa de Nicolás. Escribió en la casa de Julia.

Nicolás Julia, Mateo y yo nos reunimos aquí, pero todos los invitados se reunieron en la casa de Julia.

COMIDA DE GATO

7

Mamá Nicolás, ¿cómo va todo?

Nicolás Muy bien, mamá. Todos están en la terraza. Están hablando. Acabo de poner la comida.

Mamá Muy bien. Voy a la casa de los abuelos por un rato. Te llamo más tarde, ¿eh?

Nicolás Gracias, mamá.

8

Nicolás No puede ser. Ya la están comiendo.

9

Mateo Nicolás, ¿qué estás haciendo?

Nicolás Nada. ¿Por qué me lo preguntas?

10

Nicolás ¡¡¿Le pusiste comida de gato al dip?!!

Irene ¿Qué dices? No, saqué una lata de atún del gabinete.

Nicolás Pensé que le pusiste comida de gato.

En España

La profesora considera a los candidatos.

11

Profesora Nueve candidatos. Sólo falta uno y luego puedo tomar mi decisión final.

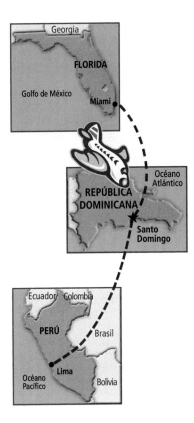

¿COMPRENDES?

1. ¿Qué tiene que hacer Irene para ayudar a Nicolás y a su mamá?

2. ¿Qué pasó el año pasado en la fiesta de Mateo?

3. ¿Cuándo pudiste *(were you able)* predecir el problema?

4. ¿Qué piensa Nicolás cuando ve la lata de comida de gato?

5. ¿Le puso Irene comida de gato al dip?

6. Según la profesora, ¿cuántos candidatos faltan? ¿Sabes para qué son candidatos? Trata de adivinar.

FL.A.2.2.5, FL.A.3.2.3

Próximo episodio:
¿Puedes adivinar qué va a pasar en el último episodio?
PÁGINAS 370–371

Leamos y escribamos

FCAT Reading Focus

LA.A.1.4.2
Use strategies to understand words and text

ESTRATEGIA

para leer You can guess the meaning of many words by looking for context and grammatical clues. Look for the words you understand around an unknown word to determine its meaning. Also try to guess the meaning of the word by determining what part of speech it is (noun, verb, adjective, etc.) and by looking at its root, prefix, and suffix.

A Antes de leer 🔖 FL.B.1.2.1, FL.C.2.1.1

Usa las pistas del contexto para determinar el significado de las palabras en negrilla *(bold)* en las siguientes dos canciones.

Las serenatas son parte de muchas celebraciones. Estas dos canciones, la primera de México y la segunda de la República Dominicana, se cantan para celebrar los cumpleaños.

Las mañanitas

Éstas son las mañanitas
que **cantaba** el Rey David;
a las muchachas bonitas
se las cantamos aquí.

Despierta mi bien despierta,
mira que ya **amaneció**.
Ya los pajaritos cantan,
la luna ya se metió[1].

Qué linda está la mañana
en que vengo a saludarte,
venimos todos con gusto
y placer[2] a **felicitarte**.

Canción de cumpleaños

Celebro tu cumpleaños
tan pronto veo **asomar** el sol
y en este día glorioso
pido tu dicha[3] al Señor,
porque lo he considerado[4]
como el regalo mejor.

Toma mi abrazo[5] que yo te doy,
y mucha felicidad.

1 already set   **2** pleasure   **3** happiness
4 I have regarded it   **5** hug

B Comprensión ⟍FL.A.3.2.3, FL.B.1.2.1

Contesta las siguientes preguntas con oraciones completas.

1. ¿Qué se celebra con estas dos canciones?

2. ¿Qué hace en este momento la persona a quién se le dedican *Las mañanitas*?

3. ¿Cómo se describe el día de la celebración en las dos canciones?

4. ¿Por qué vienen las personas a cantar la serenata?

5. En la segunda canción, ¿qué se considera el "regalo mejor"?

C Después de leer ⟍FL.B.1.2.1, FL.D.2.2.1

What other occasions might be celebrated with a serenade? How do these songs compare to others used to celebrate birthdays?

FCAT Writing Focus

LA.B.1.4.1
Use appropriate prewriting strategies, such as brainstorming

Taller del escritor

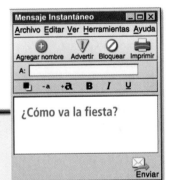

ESTRATEGIA ⟍FL.A.3.2.1

para escribir Descriptions with interesting details can improve your writing. Choose a topic, then brainstorm adjectives and adverbs that will liven up the description.

¡Huy, qué desastre!

Last year you and your brothers planned a surprise party for your parents' anniversary. This year you decided to do it again, but things aren't going well. Someone forgot the punch, so the guests are all thirsty, and the dog is eating food from people's plates. Your brother got sick and couldn't come, but he's just sent you an instant message asking for a report. Tell what's happening, comparing it to how things went last year.

1 Antes de escribir

What were the highlights of last year's party? Which disasters from this year's party are you going to mention? Brainstorm some details about each, and then organize them, using a cluster diagram.

2 Escribir un borrador

Use your cluster diagram to compare and contrast this year's party with last year's. Give your brother the details listed in the diagram, and organize the comparison so that it's clear which party you're talking about. Conclude by asking your brother for advice.

3 Revisar

Read your draft twice, comparing it with your diagrams. Check spelling, punctuation, and verb usage. Have you used past-tense verbs to describe last year's party? Are you using the present progressive to talk about what's going on now? Exchange papers with a classmate for a peer edit.

4 Publicar

Read the description of the party to the class. Have the other students pretend to be your brother and give you advice to save this year's party.

Prepárate para el examen

Interactive TUTOR

1 Vocabulario 1
• talking about plans
• talking about past holidays
pp. 310–313

1 Mira las fotos y decide qué día festivo representa cada foto. Luego di cómo se celebra el día donde vives y qué planes tienes.

FL.A.3.1.1

1.

2.

3.

4.

5.

6.

2 Gramática 1
• preterite of **-ar, -er,** and **-ir** verbs
• **pensar que** and **pensar** with infinitives
pp. 314–319

2 Completa las oraciones con el verbo correcto en el pretérito.

FL.A.2.1.2

—Hola, Vero. ¿Cómo estás? ¿Qué hiciste ayer?

—Bueno, como sabes ayer fue el Día de la Madre. Por la mañana, yo ___1___ (preparar/colgar) el desayuno para mi mamá. José y Beto ___2___ (empezar/limpiar) y ___3___ (decorar/comer) la sala. Por la tarde, nosotros ___4___ (volver/ir) al parque para tener un picnic. Y tú, ¿cómo ___5___ (pasar/mandar) el día?

—Yo ___6___ (ir/invitar) a la iglesia con mi familia. Cuando (nosotros) ___7___ (volver/merendar) a casa, mi mamá ___8___ (pensar/abrir) sus regalos.

3 Vocabulario 2
• talking about preparing for a party
• greetings, introductions, and goodbyes
pp. 322–325

3 Completa las oraciones con las palabras apropiadas. FL.A.2.1.2

1. Hoy es la ═══ de Pablo y Carla. Es en la iglesia San Juan.

2. Hay más de cien ═══ porque ═══ muchas invitaciones.

3. Después de la ceremonia hay una ═══.

4. Vamos a comer pastel y beber mucho ═══.

5. En un año, ellos van a festejar su primer ═══.

6. Ellos nos van a enseñar ═══ de la ceremonia.

4 Completa la siguiente conversación. ◥ FL.A.2.1.2

—¿Conoces ___1___ Juan Antonio Machado?

—No, no lo ___2___ . ¿Quién es?

—Es mi primo. Muchas veces él ___3___ ayuda con mi tarea de historia. ___4___ puede ayudar a ti también si quieres.

—Buena idea, gracias.

—¿Qué ___5___ estudiando ustedes ahora en historia?

— ___6___ estudiando la Guerra Civil.

—Pues, no te preocupes. Juan ___7___ va a ayudar (a nosotros).

Visit Holt Online

go.hrw.com
KEYWORD: EXP1 CH9

Chapter Self-test

4 Gramática 2
- direct object pronouns
- **conocer** and personal **a**
- present progressive
pp. 326–331

5 Answer the following questions. ◥ FL.B.1.1.2, FL.B.1.1.3

1. Name some celebrations in the Spanish-speaking world.

2. What are **pasteles en hoja**? When are they eaten?

3. What is a **quinceañera**? Is there a similar event in the United States?

5 Cultura
- **Comparaciones** pp. 320–321
- **Notas culturales** pp. 313, 318, 324, 327
- **Geocultura** pp. 304–307

6 Escucha mientras *(while)* Rita habla de una fiesta. Luego contesta las preguntas. ◥ FL.A.2.2.5

Benchmark Focus

FL.B.1.1.3 Recognize various familiar objects and norms of the target culture

7 Mira los dibujos. Escribe por los menos seis oraciones describiendo lo que le pasa a Paco. ◥ FL.A.3.2.3

Prepárate para el examen

Gramática 1
• preterite of -ar, -er, and -ir verbs
pp. 314–317
• **pensar que** and **pensar** with infinitives
pp. 318–319

Repaso de Gramática 1

invitar		comer		salir	
invité	invitamos	comí	comimos	salí	salimos
invitaste	invitasteis	comiste	comisteis	saliste	salisteis
invitó	invitaron	comió	comieron	salió	salieron

The verb **ver** has regular -er endings but without written accents.

The verb pensar followed by **que** means *to think*. When it's followed by an **infinitive,** it means *to plan* or *to intend*.

Pienso que debes comprar un regalo.

Pienso comprar un regalo.

Gramática 2
• direct object pronouns
pp. 326–327
• **conocer** and personal **a**
pp. 328–329
• present progressive
pp. 330–331

Repaso de Gramática 2

me	me	nos	us
te	you (familiar)	os	you (familiar)
lo	him, you (formal), it	los	them, you (formal)
la	her, you (formal), it	las	them, you (formal)

When the direct object of a verb like conocer (*to meet, to know, to be familiar with*) is a person, use the personal **a**.

No **conozco a** Juan.

The present progressive tense is formed by using a form of the verb **estar** and a **present participle** ending in either **-ando** for **-ar** verbs or **-iendo** for **-er** and **-ir** verbs.

Estamos celebrando el cumpleaños de mi hermano.

Raquel **está escribiendo** una carta.

Letra y sonido   a e i o u

Vocales fuertes (a, e, o) y débiles (i, u)

• Two **vocales fuertes** form two syllables:
Rafael, teatro, traer, video, toalla

• One **vocal fuerte** and one accented **vocal débil** also form two syllables:
día, tío, grúa, maíz

• One **vocal fuerte** and one unaccented **vocal débil** form one syllable called a *diphthong*, where i sounds like *y* and u sounds like *w*.
piano, salió, cuando, nuevo, bailar, auto, seis

Trabalenguas

Cómo quieres que te quiera
Si el que quiero que me quiera
No me quiere como quiero que me quiera.

Dictado FL.A.2.1.3

Escribe las oraciones.

Repaso de Vocabulario 1

To talk about plans

el **Año Nuevo**	*New Year's Day*
celebrar	*to celebrate*
como siempre	*as always*
decorar la casa	*to decorate the house*
el **Día de Acción de Gracias**	*Thanksgiving Day*
el **Día de la Independencia**	*Independence Day*
el **Día de la Madre**	*Mother's Day*
el **Día de los Enamorados**	*Valentine's Day*
el **Día del Padre**	*Father's Day*
hacer una fiesta	*to have a party*
Hanukah	*Hanukkah*
invitar	*to invite*
la **Navidad**	*Christmas*
la **Nochebuena**	*Christmas Eve*
la **Nochevieja**	*New Year's Eve*
Pensamos...	*We plan to . . .*
¿Qué planes tienen para...?	*What plans do you have for . . .?*
la **Semana Santa**	*Holy Week*
tener un picnic	*to have a picnic*

To talk about past holidays

abrir regalos	*to open gifts*
el **año pasado**	*last year*
los **días festivos**	*holidays*
Estuvo a todo dar.	*It was great.*
festejar	*to celebrate*
La pasamos en casa de...	*We spent it at . . .'s house.*
mandar tarjetas	*to send cards*
la **misa**	*Mass*
pasar	*to spend*
¿Qué tal estuvo?	*How was it?*
recibir regalos	*to receive gifts*
reunirse con (toda) la familia	*to get together with the (whole) family*
la **sinagoga**	*synagogue*
el **templo**	*temple*
ver fuegos artificiales	*to see fireworks*

Repaso de Vocabulario 2

To talk about preparing for a party

ahora	*now*
el **aniversario**	*anniversary*
anoche	*last night*
la **boda**	*wedding*
charlar	*to talk, to chat*
colgar (ue)	*to hang (up)*
contar (ue) chistes	*to tell jokes*
el **cumpleaños**	*birthday*
las **decoraciones**	*decorations*
el **día de tu santo**	*your saint's day*
los **dulces**	*candy, sweets*
las **empanadas**	*turnover-like pastries*
enseñar fotos	*to show photos*
los **entremeses**	*appetizers*
¿Está todo listo para...?	*Is everything ready for . . .?*
la **fiesta sorpresa**	*surprise party*
las **flores**	*flowers*
las **galletas**	*cookies*
la **graduación**	*graduation*
las **invitaciones**	*invitations*
los **invitados**	*guests*
los **jóvenes**	*young people*
mandar	*to send*
las **papitas**	*potato chips*
los **pasteles en hoja**	*Dominican tamales*
la **piñata**	*piñata*
el **ponche**	*punch*
los **preparativos**	*preparations*
¿Qué están haciendo?	*What are they doing?*
la **quinceañera**	*girl's fifteenth birthday*
terminar	*to finish*
ya	*already*

To greet, introduce others, and say goodbye

Chao, te llamo más tarde.	*Bye, I'll call you later.*
conocer	*to know, to meet, to be familiar with*
Cuídate.	*Take care.*
¡Feliz aniversario!	*Happy anniversary!*
Lo de siempre.	*Same as usual.*
¡Qué gusto verte!	*It's great to see you!*
¿Qué hay de nuevo?	*What's new?*
Tanto gusto.	*So nice to meet you.*
¡Tanto tiempo sin verte!	*Long time, no see!*
Te presento a...	*I'd like you to meet . . .*
Vale. Que te vaya bien.	*Okay. Hope things go well for you.*

1 Escucha las descripciones y escoge la foto correspondiente.

🏴 FL.A.2.1.3

A

B

C

D

2 Lee el anuncio y luego di si las oraciones son **ciertas** o **falsas**.
🏴 **FL.A.2.1.2, FL.C.2.1.1**

Benchmark Focus

FL.C.2.1.1 Use the target language to gain access to information that is only available through the target language or within the target culture

¿VAS A FESTEJAR?

¡Servicio rápido!

"Llámanos para organizar tus bodas, quinceañeras y cumpleaños."

Bizcochos

Tostones

Arroz con pollo

Dulces de leche

Especializados en comida dominicana

¡Siempre a tiempo!
Piensa en Fiesta Lala para tus celebraciones. Más de 25 años de experiencia. −Sra. Lala Quiñones

Fiesta Lala
Avenida Cruz 300
teléfono: 290-0623
servicio todos los días

1. La especialidad de Fiesta Lala es comida mexicana.
2. Fiesta Lala puede ayudar con tus celebraciones de lunes a domingo.
3. La señora Quiñones tiene poca experiencia.
4. Fiesta Lala puede organizar la boda de tu hermana.
5. Fiesta Lala sólo ayuda con las fiestas de cumpleaños.

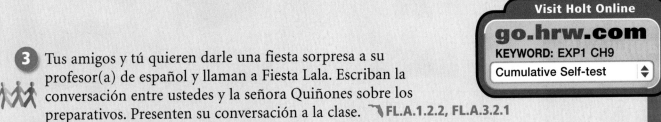

3 Tus amigos y tú quieren darle una fiesta sorpresa a su profesor(a) de español y llaman a Fiesta Lala. Escriban la conversación entre ustedes y la señora Quiñones sobre los preparativos. Presenten su conversación a la clase. **FL.A.1.2.2, FL.A.3.2.1**

4 Imagina que estás en esta fiesta. Escribe un diálogo entre dos personas de la pintura y preséntalo con un(a) compañero(a) en clase. Primero salúdense y hablen de la fiesta y lo que hicieron antes de llegar. Luego hablen de lo que están haciendo allí. **FL.A.1.1.2, FL.A.3.2.3**

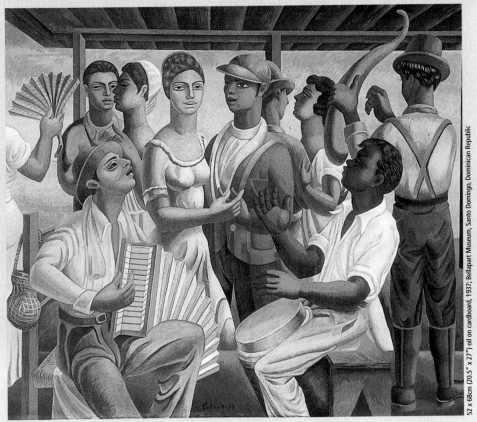

52 x 68cm (20.5" x 27") oil on cardboard, 1937; Bellapart Museum, Santo Domingo, Dominican Republic

Merengue, de Jaime Colson (1901–1975)

5 Escríbele un correo electrónico a tu amigo(a) en España y cuéntale cómo pasaste tu cumpleaños este año en comparación con la celebración del año pasado. **FL.A.3.2.1**

6

Situación

FL.A.1.2.2, FL.B.1.2.1

For your school's culture fair, the Spanish Club is making a booth (**puesto**) to recognize a holiday celebrated in a Spanish-speaking country. In small groups, discuss in Spanish what holiday you will present, and decide what food, decorations, music, and other customs associated with that holiday you will have at the booth.

Repaso cumulativo

341

Video/DVD

GeoVisión

Geocultura
Perú

▲ **El río Amazonas** empieza en los Andes peruanos, cruza la selva peruana y desemboca en el Océano Atlántico en Brasil.

Cerro Viejo (3934 m)

Chiclayo ●
Cajamarca ●

▼ **Lima,** la capital de Perú, fue fundada por Francisco Pizarro en 1535. Está en la costa, que es la región más árida del país. Aquí se ve Miraflores, el centro comercial de Lima.

Almanaque

Población
27.949.639

Capital
Lima

Gobierno
república constitucional

Idiomas
español, quechua, aymara

Moneda
nuevo sol

Código Internet
www.[ ].pe

¿Sabías que...?

El jaguar y el puma, dos de los grandes felinos del hemisferio occidental, habitan en Perú. El puma de Perú pertenece a la especie *Puma concolor,* al igual que la pantera de la Florida, la cual se halla en peligro de extinción.

▼ **Cuzco** Familias cuzqueñas celebran el Día de la Independencia vestidos con trajes tradicionales.

COLOMBIA

ECUADOR

Río Tigre

Río Napo

Río Amazonas

Iquitos

Río Marañón

BRASIL

Río Ucayali

Cordillera Oriental

Pucallpa

Los Andes

Trujillo

Nevado Huascarán
(6768 m)

Cordillera Occidental

PERÚ

Río Urubamba

Parque Nacional del Manu

LIMA

Huancayo

Machu Picchu

Cordillera Oriental

Pisac
Cuzco

Nevado Coropuna
(6613 m)

Líneas de Nazca

Cordillera Occidental

Nazca

BOLIVIA

Puno
Lago Titicaca

Altiplano Andino

OCÉANO PACÍFICO

Volcán Misti
(5822 m)

Arequipa

CHILE

◄ **La cordillera de los Andes** constituye una gran parte de Perú. Los picos alcanzan alturas de más de 6.000 metros.

► **Pisac** La vida en los Andes es muy diferente de la vida en Lima. El mercado de Pisac, a 30 km de Cuzco, refleja las tradiciones incaicas.

▼ **El Parque Nacional del Manu,** en la selva tropical del sureste de Perú, contiene cientos de especies de aves, monos, felinos, reptiles, peces y plantas.

◄ **El lago Titicaca** es el lago navegable más alto del mundo, a 3.810 metros sobre el nivel del mar. Las balsas de totora se hacen de una planta que crece en las orillas del lago.

¿Qué tanto sabes?
¿Dónde está la zona más árida de Perú? ¿Dónde empieza el río Amazonas? ↘**FL.C.1.2.2**

A conocer Perú
La arquitectura

▲ **Machu Picchu,** la «ciudad perdida» de los incas, fue redescubierta en 1911. Demuestra lo avanzado de la cultura precolombina.

▲ **Cuzco** La combinación de los estilos colonial e incaico es notable en la Iglesia de Santo Domingo, construida encima del antiguo Templo del Sol del Inca, que también se conoce como Qoricancha.

▲ **Lima** La Catedral en la Plaza Mayor, el centro colonial de la capital, refleja la herencia española de la ciudad.

El arte

◄ **Los tejidos** de la región de los Andes son muy conocidos. Las campesinas quechuas son expertas tejedoras. Fabrican textiles preciosos de lana de alpaca.

▼ **Las famosas líneas de Nazca** se encuentran en el desierto de la costa del sur. Las formas talladas en la tierra se pueden observar solamente desde el aire.

▲ *Danza* fue pintado por el artista peruano Julio Quispe Virhues (1945–). El pintor, conocido como Quispejo, ha realizado exposiciones en muchos países, inclusive en Estados Unidos.

Las celebraciones

▼ **Durante la Semana del Andinismo** en la Cordillera Blanca se practican deportes como el alpinismo, esquí y kayaking.

¿Sabías que...?

Las paredes de los edificios incaicos están hechas de piedras talladas con extra-ordinaria precisión. Se cuenta que ni un cuchillo cabe entre las piedras.

▲ **El Concurso Nacional de Marinera,** celebrado en Trujillo a finales de enero, se dedica al baile nacional de Perú, la marinera.

▶ **En el Concurso Nacional del Caballo Peruano de Paso** se celebra el caballo nacional de Perú. Es una gran fiesta con elegantes desfiles que dura una semana.

La comida

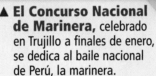

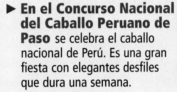

CEVICHERIA JOSSE

◀ **El ceviche** es un plato de pescado crudo preparado con jugo de limón, cebolla, ají y maíz o camote. Se sirve en cevicherías, restaurantes muy típicos de Perú.

▲ **El ají,** un pimiento picante, es un ingrediente típico de la cocina peruana.

Conexión Geografía

En Perú la comida típica varía según se viva en la costa, la selva o la sierra. **Investiga un plato típico de cada uno de estos lugares y compáralos con platos de la Florida. ¿Qué efecto tiene la geografía en la comida típica de tu región?** 🔖 FL.D.2.1.2

Benchmark Focus

FL.C.1.1.2 Participate in an activity in the target-language class that is based on a concept taught in a content class

6960 metros

3000 metros
La sierra

1800 metros
La selva

900 metros
La costa

El nivel del mar

Capítulo 10

¡A viajar!

OBJETIVOS

In this chapter you will learn to
- ask for and give information
- remind and reassure others
- talk about a trip
- express hopes and wishes

And you will use
- preterite of regular verbs
- preterite of **-car, -gar, -zar** verbs
- preterite of **hacer**
- informal commands of spelling-
  change and irregular verbs
- direct object pronouns
- verbs followed by infinitives

¿Qué ves en la foto?

- ¿Dónde están estas personas?

- ¿Qué están haciendo?

- ¿Adónde te gustaría ir de
  excursión?

 Look for the 🌴 next to each activity
and the **Benchmark Focus** to
help you achieve the goals of the
Florida Sunshine State Standards,
found on pages FL14–FL16.

De excursión en Machu Picchu, Perú

Objetivos
- Asking for and giving information
- Reminding and reassuring

Vocabulario
en acción 1

ExpresaVisión

En el aeropuerto de Lima, Perú

la agente

el mostrador

facturar el equipaje

hacer cola

el pasajero

el control de seguridad

Acabo de desembarcar. ¿Dónde puedo recoger las maletas?

la sala de espera

la puerta

esperar

el avión

Allí, en el reclamo de equipaje.

la aduana

el reclamo de equipaje

las maletas

▶ Vocabulario adicional — Vacaciones, p. R11

Voy a abordar el avión ahora. Tengo todo. No quiero perder nada.

la bolsa

la billetera

la tarjeta de embarque

el boleto de avión

el carnet de identidad

el pasaporte

Vocabulario 1

Más vocabulario...

cambiar dinero	to change money
comenzar (ie) un viaje	to begin a trip
encontrarse (ue) con (alguien)	to meet up with (someone)
hacer un viaje	to take a trip
irse	to leave
la llegada	arrival
la salida	departure
sentarse (ie)	to sit down
los servicios	restrooms

También se puede decir...

In Florida, you may hear Cubans say **revisar el equipaje** instead of **facturar el equipaje**. Ecuadoreans might use **chequear el equipaje**, while Puerto Ricans might say **entregar las maletas**.

Cubans and Ecuadoreans will often say **el pasaje** instead of **el boleto**, while Colombians may prefer **el tiquete**. You might also hear **el billete** among other Spanish speakers.

¡Exprésate!

Interactive
TUTOR

To ask for information	To give information
¿Me puede decir dónde está la oficina de cambio?	**Está a la vuelta.**
Can you tell me where the money exchange is?	*It's around the corner.*
¿Sabe Ud. a qué hora sale el vuelo 954? No quiero perderlo.	**Lo puede ver allí en esa pantalla.**
Do you know at what time Flight 954 leaves? I don't want to miss it.	*You can see it there on that monitor.*
	Sí, sale a las cuatro en punto.
	Yes, it leaves at four on the dot.
¿Dónde se puede conseguir un mapa?	**Lo siento, no sé.**
Where can I get a map?	*I'm sorry, (but) I don't know.*

Vocabulario y gramática, pp. 109–111

Online workbooks

¿Dónde están? FL.A.2.1.3

Escuchemos Mira las fotos y escucha las conversaciones. Decide qué foto corresponde a cada conversación.

A

B

C

D

Benchmark Focus

FL.A.2.1.2 Restate and rephrase simple information from materials presented orally, visually, and graphically in class

Nota cultural

The Uros Islands on Lake Titicaca are man-made and constructed of *totora*, a reed-like grass that grows on the lake's bed. Though walking on the surface is like walking on a water bed, there are reed houses, schools, churches, and even a post office. The Uros people also make reed boats to travel to the mainland.

What do you think life is like on these islands?

FL.B.1.1.3

Islas de los Uros en el lago Titicaca

Definiciones FL.A.2.1.2

Leamos/Escribamos Completa las oraciones.

reclamo	cambio	vuelo	desembarcar
cola	seguridad	aeropuerto	abordar
embarque	avión	salida	perder

1. Un ==== es el lugar adonde llegan y de donde salen los aviones.
2. Una ==== es una línea de personas que esperan.
3. Necesitas una tarjeta de ==== para abordar un ====.
4. En la pantalla está el número del ==== y la hora de la ====.
5. El agente abre el equipaje en el control de ====.
6. Puedes cambiar dólares por soles en la oficina de ====.
7. Puedes recoger tus maletas en el ==== de equipaje.
8. Cuando un avión llega al aeropuerto, los pasajeros tienen que ====.
9. Si llegas tarde, vas a ==== el vuelo.
10. Antes de ====, los pasajeros se sientan en la sala de espera.

Conversaciones FL.A.2.1.2

Leamos/Escribamos Completa las conversaciones con base en las fotos de la Actividad 1.

1. —¿Sabe Ud. dónde están ====?
   —Sí, cómo no. Están ====.
2. —¿Me puede decir a qué hora llega ==== 179?
   —Lo siento, ====. Pero lo puede ver allí en esa ====.
3. —¿Dónde puedo ==== el equipaje?
   —Tiene que ir a ese ==== y hacer ====.
4. —¿Sabe Ud. dónde ==== la aduana?
   —Lo ====, no sé.

¡Exprésate!

To remind and reassure	
¿Ya sacaste el dinero? *Did you already get the money?*	**Sí, ya lo saqué.** *Yes, I already got it.* **No, todavía no. Debo pasar por el cajero automático.** *No, not yet. I need to go by the automatic teller machine.*
¿Ya hiciste la maleta? *Did you already pack your suitcase?*	**No, todavía tengo que hacerla.** *No, I still have to pack it.*
¡Ay, dejé la cámara en casa! *Oh, I left the camera at home!*	**No te preocupes. Puedes comprar una cámara desechable en cualquier tienda.** *Don't worry. You can buy a disposable camera at any store.*

Vocabulario y gramática, pp. 109–111

Online workbooks

4 Preparativos para el viaje FL.A.2.1.2

Leamos/Escribamos Joaquín planeó muchas cosas *(planned many things)* esta semana. Indica si ya hizo *(did)* las cosas o si todavía tiene que hacerlas.

MODELO el lunes: Ya encontró el pasaporte.
Todavía tiene que conseguir un mapa.

lunes	martes	miércoles	jueves	viernes
6	**7**	**8**	**9**	**10**
conseguir un mapa encontrar el pasaporte X	lavar la ropa X sacar dinero	ir a la oficina de cambio X limpiar el cuarto	escribir cartas X hacer la maleta	comprar una cámara deshechable X llamar a tío Paco

Comunicación

5 ¿Ya lo hiciste? FL.A.1.2.2

Hablemos Habla con tu compañero(a) sobre un viaje. Contesta sus preguntas basándote en la lista.

MODELO —¿Ya sacaste la tarjeta de embarque?
—No, todavía no. Debo ir al mostrador.

Cosas por hacer:
sacar la tarjeta de embarque
√ encontrar el pasaporte
√ sacar dinero
√ comprar el boleto
facturar el equipaje
comprar revistas para el viaje

6 De viaje FL.A.1.2.2, FL.A.3.1.1

Hablemos Con un(a) compañero(a), dramaticen una conversación sobre un viaje a Perú y hablen de los preparativos que deben hacer antes de viajar.

Objetivos
- Review of the preterite
- Preterite of **-car**, **-gar**, and **-zar** verbs
- Preterite of **hacer**

Video/DVD
GramaVisión

Interactive TUTOR

Repaso The preterite

1 Use the preterite to talk about what happened at a specific point in the past and to narrate a sequence of events in the past.

Me levanté temprano, **me vestí** y **fui** al aeropuerto.

2 You know how to form the preterite of all regular verbs. Remember that **-ar** and **-er** verbs do not have stem changes in the preterite.

	esperar	perder	abrir
yo	esperé	perdí	abrí
tú	esperaste	perdiste	abriste
Ud., él, ella	esperó	perdió	abrió
nosotros(as)	esperamos	perdimos	abrimos
vosotros(as)	esperasteis	perdisteis	abristeis
Uds., ellos, ellas	esperaron	perdieron	abrieron

Esperamos una hora. *We waited an hour.*
Perdí mi boleto. *I lost my ticket.*

Vocabulario y gramática, pp. 112–114
Actividades, pp. 120–121

Online workbooks

¿Te acuerdas?

To say where someone *went,* use ir *(to go)* in the preterite.

fui	fuimos
fuiste	fuisteis
fue	fueron

7 **¡Qué viaje más difícil!** **FL.A.2.1.3**

Escuchemos Jesse acaba de regresar de un viaje difícil. Escucha lo que dice y completa las oraciones con la respuesta correcta.

1. A las 8:00, Jesse ═══.
   a. llegó al aeropuerto en taxi **b.** salió de la casa
2. Jesse regresó a casa porque ═══.
   a. dejó el boleto allí **b.** olvidó sus lentes
3. Al llegar al aeropuerto, Jesse ═══.
   a. compró un libro **b.** se encontró con sus amigos
4. En el control de seguridad, los agentes ═══.
   a. facturaron el equipaje **b.** abrieron las maletas
5. Juan regresó al mostrador porque ═══.
   a. recogió el equipaje **b.** perdió la tarjeta de embarque
6. Al fin, Carlos y Jesse ═══.
   a. abordaron el avión **b.** perdieron el vuelo

8 **¿Qué pasó?** FL.A.2.1.2

Escribamos/Hablemos Imagina que eres Daniela. Indica qué pasó el día en que ella y su familia comenzaron su viaje.

MODELO (yo) **Me levanté temprano.**

yo

1. nosotros

2. mi padre

3. mis padres

4. el agente

5. los agentes

6. yo

Gramática 1

Comunicación

HOLT **SoundBooth**
ONLINE RECORDING

9 **Un buen viaje** FL.A.1.2.2

Hablemos En grupos de tres, dramaticen esta situación. Un(a) estudiante de intercambio llama a sus padres para decirles que está en Lima. Sus padres hacen preguntas sobre el viaje y el (la) estudiante se las contesta.

Benchmark Focus

FL.A.1.2.2 Exchange information necessary to plan events or activities

MODELO —¿Esperaste mucho tiempo antes de abordar?
—No, no esperé mucho.

dejar	abordar	esperar	abrir
recoger	ir al mostrador	perder	encontrarse

Preterite of -car, -gar, -zar verbs

Interactive TUTOR

1 Verbs ending in **-car**, **-gar**, and **-zar** have spelling changes in the **yo** forms of the preterite.

In **-car** verbs, the **c** changes to **qu**.	In **-gar** verbs, the **g** changes to **gu**.	In **-zar** verbs, the **z** changes to **c**.
sa**qu**é	lle**gu**é	comen**c**é
sacaste	llegaste	comenzaste
sacó	llegó	comenzó
sacamos	llegamos	comenzamos
sacasteis	llegasteis	comenzasteis
sacaron	llegaron	comenzaron

Comencé mi viaje temprano. **Llegué** al aeropuerto y **saqué** dinero.
I started my trip early. I arrived at the airport and got money.

Vocabulario y gramática, pp. 112–114
Actividades, pp. 91–93

Online workbooks

 Nota cultural

People from all over the world come to Florida to board cruise ships to the Bahamas and the Caribbean. The ships usually depart from ports in Miami, Tampa, or Port Everglades in Broward County. Some of the ports of call on these cruises include Spanish-speaking cities such as San Juan, Puerto Rico, and Cozumel, Mexico.

Why do you think places in the Caribbean are such popular cruise destinations from Florida? **FL.B.1.1.2**

Vista aérea de cruceros en el puerto de Miami

10 **Cuando viajo...** **FL.A.2.1.3**

Escuchemos Indica si Carmen habla de **a)** lo que siempre hace cuando viaja (*travels*) o de **b)** lo que hizo (*did*) la última vez que viajó.

11 **La tarjeta postal** **FL.A.2.1.2**

Leamos/Escribamos Completa la tarjeta postal que recibió Liliana con la forma correcta del pretérito de los verbos.

encontrar	comenzar	buscar	llegar	almorzar
comprar	pagar	facturar	sacar	ir

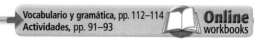

Hola Liliana,

Ya sabes que __1__ el día a las 7:00 y que __2__ al aeropuerto en taxi. Cuando __3__, fui directamente al mostrador donde __4__ el boleto y __5__ el equipaje. Después, __6__ un mapa en la librería y __7__ dinero del cajero automático. __8__ un sándwich y __9__ una tienda para comprarte un regalo, pero no __10__ nada. Voy a buscarte algo en Cuzco.

Con cariño,
Tía Juana

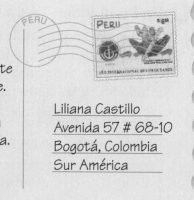

PERÚ
PERÚ

Liliana Castillo
Avenida 57 # 68-10
Bogotá, Colombia
Sur América

12 **¿Quién?** FL.A.2.1.2

Escribamos/Hablemos Escribe oraciones y di quién hizo las siguientes cosas.

Olivia

MODELO llegar al aeropuerto
Olivia llegó al aeropuerto a las siete.

| llegar al aeropuerto | levantarse | sacar dinero |
| pagar el boleto | buscar los servicios | almorzar en un restaurante |

1. Ana

2. Felipe

3. Maricela y yo

4. yo

5. Ricardo y Elena

6. yo

Comunicación

HOLT SoundBooth
ONLINE RECORDING

13 **La fiesta de despedida** FL.A.1.1.2, FL.A.3.1.1

Hablemos Anoche hubo *(there was)* una fiesta para un compañero que se va a Perú, pero no pudiste ir. Pregúntale a un(a) amigo(a) qué pasó, usando las palabras del cuadro.

| colgar decoraciones | comenzar la fiesta | llegar | jugar juegos de mesa |
| tocar instrumentos | contar chistes | bailar | preparar la comida |

Preterite of hacer

Interactive TUTOR

1 The verb **hacer** *(to make, to do)* is irregular in the preterite. A question asked with **hacer** will often be answered using another verb.

yo	**hice**	nosotros(as)	**hicimos**
tú	**hiciste**	vosotros(as)	**hicisteis**
Ud., él, ella	**hizo**	Uds., ellos, ellas	**hicieron**

—¿Qué **hiciste** ayer?   *What did you do yesterday?*
—**Fui** a la oficina de correo.   *I went to the post office.*

2 To form the preterite of weather expressions with **hace**, replace **hace** with **hizo**. Use the preterite to say what the weather was like over a specific period or when telling how long conditions lasted. Use **nevó** for *it snowed* and **llovió** for *it rained.*

—¿Qué tiempo **hizo** ayer?   —**Hizo** mal tiempo. **Llovió** todo el día.

El año pasado nunca **nevó**.

Vocabulario y gramática, pp. 112–114
Actividades, pp. 91–93

Online workbooks

Nota cultural

The Incas called *quinoa* the Mother Grain. Every year the emperor planted the first seeds and on solstice, priests made quinoa offerings to Inti, the Sun. The Incan armies, which frequently marched for days at a time, ate war balls, a mix of quinoa and fat. Quinoa is still eaten in Peru and is imported to the United States for its high nutritional value.

How do you think quinoa is used in recipes?

FL.B.1.1.3

Benchmark Focus

FL.B.1.1.3 Recognize various familiar objects and norms of the target culture (e.g., typical foods)

---

14 **Antes de comenzar el viaje** **FL.A.2.1.2**

Leamos Lee lo que dice Pablo e indica si **a)** habla de sí mismo *(himself),* **b)** de sus padres, **c)** de él y sus amigos o **d)** del tiempo.

1. Antes de comenzar el viaje hicimos una fiesta en el Club Naval.
2. Hice planes para encontrarme con ellos al volver.
3. No hicieron las maletas hasta muy tarde.
4. Hice las maletas anteayer.
5. Hizo fresco e hizo sol.
6. Al llegar al aeropuerto, hicieron cola delante del mostrador.

15 **¿Qué hicieron ustedes?** **FL.A.2.1.2**

Escribamos Indica si estas cosas pasaron o no la última vez que hiciste un viaje con tu familia en carro.

MODELO **mi madre/hacer las maletas**
        Mi madre (no) hizo las maletas.

1. (yo)/hacer la maleta
2. mi hermano/hacer las camas antes de irnos
3. mis amigos/hacer una fiesta antes del viaje
4. (yo)/hacer la tarea en el carro
5. mis padres/hacer sándwiches y nosotros/comer en el carro
6. hacer buen tiempo
7. hacer frío

Comunicación

16 De vacaciones FL.A.3.2.3

Hablemos Roberto y su amiga están mirando las fotos de sus vacaciones. Con un(a) compañero(a), túrnense para preguntar y contestar qué tiempo hizo y qué hicieron estas personas.

lunes/Alicia y yo

MODELO —¿Qué tiempo hizo el lunes?
—Hizo calor y mucho sol.
—¿Qué hicieron Alicia y tú?
—Jugamos al tenis.

1. lunes/yo

2. martes/mis hermanas

3. miércoles/mis padres

4. jueves/mi padre

5. viernes/María y Jorge

6. sábado/mis amigos y yo

7. sábado/mi hermano

8. domingo/mi madre

17 El fin de semana pasado FL.A.1.2.2, FL.A.3.1.1

Hablemos En grupos de tres, túrnense para preguntar quién hizo las cosas de la lista el fin de semana pasado. Presenten los resultados del grupo a la clase.

MODELO —¿Hiciste un viaje el fin de semana pasado?
—Sí, hice un viaje./No, no hice ningún viaje.

hacer un viaje	hacer cola en una tienda
hacer planes para salir con amigos	hacer la tarea de español
hacer el almuerzo para llevar al colegio	hacer la cama

Gramática 1

Cultura

Video/DVD

VideoCultura

Comparaciones

Interactive TUTOR

Terminal de autobuses, Lima, Perú

¿Adónde fuiste y qué hiciste la última vez que viajaste? FL.D.2.2.1

En Estados Unidos, la mayoría de la gente tiene carros, y es muy común viajar en coche. Si es un viaje de larga distancia, mucha gente va en avión. En Perú, es más común viajar en autobús, aunque *(although)* es posible ir en avión o en tren. Estas personas hablan de su último viaje y de lo que hicieron. ¿Cómo viajaron? ¿Qué hicieron al llegar a su destino *(destination)*? ¿Hacen las mismas cosas que tú haces cuando viajas? Compara sus viajes a tus propias experiencias.

Lisette
Lima, Perú

Cuando vas de vacaciones, ¿en qué medio de transporte viajas?

Bueno, cuando voy de vacaciones, a mí me encanta viajar en ómnibus porque en el camino veo los paisajes y los animales.

¿Qué haces cuando vas de vacaciones?

Cuando voy de vacaciones, voy [y] visito los lugares turísticos que me han recomendado.

¿Adónde fuiste de vacaciones la última vez?

Bueno, fui a Cajamarca.

¿Fuiste sola o fuiste con tu familia?

Fui con mi familia.

¿Qué hicieron allí?

Más que todo fuimos a visitar los lugares turísticos y a algunos familiares.

Paola
Lima, Perú

Cuando vas de vacaciones, ¿en qué medio de transporte viajas?

Voy en bus mirando los paisajes.

¿Qué haces cuando vas de vacaciones?

Cuando voy de vacaciones, visito a mi familia, a mis amigos y los lugares turísticos.

¿Adónde fuiste de vacaciones la última vez?

Fui al departamento de Ica.

¿Fuiste sola o fuiste con tu familia?

Fui con mi familia.

¿Qué hicieron allí?

Visitamos a mi abuelita, primos, amigos y los lugares turísticos.

Cultura

Para comprender ⟍FL.A.3.2.3

1. ¿Cómo le gusta viajar a Lisette?
2. ¿Qué hizo Lisette en su último viaje?
3. ¿Con quién viajó Paola a Ica?
4. ¿Qué hicieron Paola y su familia en su último viaje?
5. ¿Qué hacen Lisette y Paola cuando viajan en bus?

Para pensar y hablar ⟍FL.D.2.1.1

Both Lisette and Paola travel their country by bus. Do people in your community normally take the bus or other ground transportation when they travel somewhere? What other forms of transportation are common? What are two advantages of ground as opposed to air travel? What are two disadvantages?

Comunidad en la Florida

Topónimos (Place names) en español

When you look at a map of Florida, you'll see that many towns and places have Spanish names. For example, near Ft. Myers are the towns of **Boca Grande** (big mouth) and **Punta Gorda** (fat point). In the Keys you'll find **Bahía Honda** (deep bay) State Park and **Islamorada** (purple island). **Boca Ciega** (blind mouth) Bay in Pinellas County was probably so named because the entrance to it was difficult to see. Many streets in Florida cities also have Spanish names. Look in your local telephone directory to find five streets with Spanish names. Find out what the names mean and report to the class. ⟍FL.D.2.2.2, FL.E.1.2.1

Nombres de calles de varias ciudades de la Florida

Objetivos
• Talking about a trip
• Expressing hopes and wishes

Vocabulario *en acción* 2

Video/DVD
ExpresaVisión

De vacaciones

Durante las vacaciones paseamos en lancha en el lago.

¡Qué divertido!

acampar

pasear en canoa

esquiar en el agua

ir de excursión

ir de pesca

pasear en bote de vela en el lago

Lugares de interés en Perú

el museo

el centro

el zoológico

el parque de diversiones

▶ **Vocabulario adicional** — En las afueras y en la ciudad, p. R9

Medios de transporte

Recorrí la ciudad en autobús. Luego tomé el tren a las ruinas.

el metro

También se puede decir...

In Florida, you may hear many Caribbeans, including Cubans, Puerto Ricans, and Dominicans, call *a bus* **la guagua.** Others say **el bus** or **el colectivo,** and Venezuelans may say **el bus, la buseta,** or **el porpuesto.**

el tren

el taxi

el autobús

el barco

Más vocabulario...

Expresiones

¡Ah, tuviste suerte!	*You were lucky!*
¡Qué bien!	*How great!*
¡Qué fantástico!	*How fantastic!*
¡Qué lástima!	*What a shame!*
¡Qué mala suerte!	*What bad luck!*

Actividades

quedarse en un hotel	*to stay in a hotel*
recorrer la ciudad/ el país/la isla	*to tour the city/ the country/ the island*
tomar el sol	*to sunbathe*

¡Exprésate!

Interactive TUTOR

To talk about a trip	
¿Qué tal el viaje? *How was the trip?*	**¡Fue estupendo!/¡Fue horrible!** *It was great!/It was horrible!*
¿Adónde fueron? *Where did you go?*	**Fuimos al campo y subimos a la montaña El Misti.** *We went to the countryside and went up Misti mountain.*
¿Qué hicieron? *What did you do?*	**Conocimos las ruinas y sacamos muchas fotos.** *We visited the ruins (for the first time) and took lots of pictures.*
	Luego pasamos por la oficina de correos y por fin regresamos al hotel. *Afterwards we stopped at the post office and finally we came back to the hotel.*

Vocabulario y gramática, pp. 115–117

Online workbooks

Vocabulario 2

Starting in Cuzco, the train to Machu Picchu zigzags up the mountain to about 12,500 feet above sea level before starting its 7,000 feet descent into the Urubamba Valley. In Peru, passengers can request oxygen because trains may climb above 15,000 feet. Though meals are served on some trains, most travelers carry food with them and purchase a drink on board.

How does this compare to train travel where you live?
⊸ **FL.D.2.2.1**

Pasajeros con destino a Machu Picchu, listos para abordar el tren

18 **¿Qué dices?** ⊸ **FL.A.2.1.3**

Escuchemos Escucha los comentarios y escoge la mejor respuesta.

1. **a.** ¡Qué lástima! **b.** ¡Qué bien!
2. **a.** ¡Qué mala suerte! **b.** ¡Ah, tuviste suerte!
3. **a.** ¡Qué lástima! **b.** ¡Qué divertido!
4. **a.** ¡Qué bien! **b.** ¡Qué lástima!
5. **a.** ¡Qué horrible! **b.** ¡Qué fantástico!
6. **a.** ¡Qué mala suerte! **b.** ¡Ah, tuviste suerte!

19 **Analogías** ⊸ **FL.A.2.1.2**

Leamos Completa las analogías con las palabras del cuadro.

fotos	museo	montaña	estupendo
campo	autobús	oficina de cambio	

1. hacer : maleta :: sacar : =====
2. esquiar : lago :: acampar : =====
3. animales : zoológico :: arte : =====
4. mal : bien :: horrible : =====
5. pasear : barco :: subir : =====
6. ir de pesca : lancha :: recorrer la ciudad : =====
7. correo : mandar cartas :: cambiar dinero: =====

20 **El viaje de Carlos** ⊸ **FL.A.2.1.2**

Leamos/Escribamos Lee la tarjeta de Carlos. Después pon en orden los elementos. Usa las expresiones **primero, luego** y **por fin**.

Querida Carla,
Aquí estoy en Perú. Es un país estupendo. Ayer me levanté temprano y desayuné en el hotel. Salí del hotel y fui al centro en autobús. Fui a una tienda para comprar una cámara y después recorrí el centro. Luego, almorcé en un restaurante. Después del almuerzo, tomé otro autobús y fui a las ruinas. Subí a la montaña y saqué muchas fotos. Regresé al hotel, cené en el restaurante de al lado y me acosté temprano. ¡Qué día tan magnífico!

Abrazos,
Carlos

MODELO desayunar/salir/levantarse
Primero, se levantó, luego desayunó y por fin salió.

1. ir al centro/comprar una cámara/ir a una tienda
2. recorrer el centro/almorzar/llegar al centro
3. sacar fotos/visitar las ruinas/tomar el autobús a las ruinas
4. acostarse/cenar en un restaurante/regresar al hotel

¡Exprésate!

To express hopes and wishes

Algún día me gustaría viajar a Perú.	**Quiero conocer las ruinas de Machu Picchu.**
One day I would like to travel to Peru.	*I want to see the ruins at Machu Picchu.*
Si tengo suerte, voy a visitar México.	**Espero ver las pirámides.**
If I'm lucky, I'm going to visit Mexico.	*I hope to see the pyramids.*

Vocabulario y gramática, pp. 115–117 — **Online** workbooks

21 Espero... FL.A.2.1.2

Escribamos Reacciona a estas actividades con una expresión de **¡Exprésate!**

MODELO Me gustaría ir de excursión en las montañas. Espero ver algunos animales.

**omunicación**

 **HOLT SoundBooth** ONLINE RECORDING

22 ¿Qué te gustaría hacer para las vacaciones? FL.A.1.2.2

Hablemos Pregúntale a tu compañero(a) qué le gustaría hacer para las vacaciones. Tu compañero(a) debe decir por lo menos tres cosas.

MODELO —Dime tres cosas que te gustaría hacer en tus vacaciones.
—Me gustaría ir al parque de diversiones, ir de pesca y nadar todos los días.
—¡Qué divertido!

> **Benchmark Focus**
> FL.A.1.2.2 Exchange information necessary to plan events or activities

23 El viaje de tus sueños FL.A.1.2.2

Hablemos Entrevista a tu compañero(a). Pregúntale cuál es el viaje de sus sueños (*dream trip*), y qué quiere hacer. Túrnense para responder.

Vocabulario 2

Objetivos
- Using informal commands
- Direct object pronouns
- Verbs followed by infinitives

Gramática en acción 2

Informal commands of spelling-change and irregular verbs

Interactive
TUTOR

1 Verbs ending in **-ger, -gir, -guir, -car, -gar,** and **-zar** have spelling changes in some command forms.

	affirmative	**negative**
-ger, -gir	reco**g**e	*g changes to j* no reco**j**as
-guir	si**gu**e	*gu changes to g* no si**g**as
-car	bus**c**a	*c changes to qu* no bus**qu**es
-gar	lle**g**a	*g changes to gu* no lle**gu**es
-zar	empie**z**a	*z changes to c* no empie**c**es

Llega temprano al aeropuerto y **busca** a tus amigos. **No llegues** tarde.

2 Some verbs have irregular informal command forms.

	affirmative	**negative**
hacer	haz	no hagas
ir	ve	no vayas
poner	pon	no pongas
salir	sal	no salgas
ser	sé	no seas
tener	ten	no tengas
venir	ven	no vengas

Ve al aeropuerto en taxi.   **No dejes** nada en el taxi.

Vocabulario y gramática, pp. 118–120
Actividades, pp. 95–97
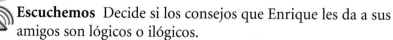
Online workbooks

¿Te acuerdas?

Do you remember how to form affirmative informal commands?

tú piensa**s** ⟶ piensa

tú come**s** ⟶ come

tú escribe**s** ⟶ escribe

Here's how to form negative informal commands.

yo piens**o** ⟶ no piens**es**

yo com**o** ⟶ no com**as**

yo escrib**o** ⟶ no escrib**as**

yo veng**o** ⟶ no veng**as**

---

24 **¿Es lógico?** FL.A.2.1.3

Escuchemos Decide si los consejos que Enrique les da a sus amigos son lógicos o ilógicos.

Gramática 2

25 Consejos para los compañeros de viaje FL.A.2.2.1

Escribamos Lee los comentarios de tus compañeros de viaje y dales recomendaciones, usando mandatos afirmativos y negativos.

MODELO —Salimos para Perú en tres horas y no estoy lista.
—¡Sal inmediatamente! No llegues tarde al aeropuerto.

desembarcar del avión sin nosotros	ir de excursión
ponerse el traje de baño	ser puntual *(punctual)*
buscar un café Internet	llegar tarde al aeropuerto
hacer cola en la aduana	salir inmediatamente
ir al centro	comenzar el viaje tarde
ir al zoológico	tener miedo

1. Por fin llegamos a Lima. ¿Qué hago ahora en el aeropuerto?
2. Quiero ver las ruinas mañana, pero el autobús sale muy temprano.
3. No quiero recorrer el centro. Hace calor y quiero tomar el sol.
4. Quiero fotos de los animales, pero me dan miedo *(they scare me)*.
5. Quiero leer mi correo electrónico, pero no hay un computador en mi cuarto.
6. No sé adónde ir para comprar los regalos de mi familia.

Las ruinas de Machu Picchu, Perú

Comunicación

HOLT SoundBooth
ONLINE RECORDING

26 ¡Ayúdame, por favor! FL.A.1.2.2

Hablemos Basándose en las fotos, dramaticen la siguiente situación. Tu compañero(a) va de vacaciones por primera vez y no sabe qué hacer. Escucha sus preguntas y dale los consejos más apropiados.

MODELO —¿Cuándo hago la maleta?
—Hazla un día antes de viajar.
No lleves mucha ropa.

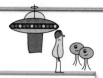

Interactive TUTOR

Repaso Direct object pronouns

1 Direct object pronouns can go before the conjugated verb or be attached to the end of an infinitive.

—¿Ya conoces **la ciudad**?	*Do you already know the city?*
—No, todavía no **la** conozco.	*No, I don't know it yet.*
—¿Quieres recorrer**la** conmigo?	*Do you want to tour it with me?*

2 In affirmative commands, attach the pronoun to the end of the verb. Don't forget to add an accent mark when needed. In negative commands, place the pronoun before the conjugated verb.

Lláma**me** después de tu viaje, pero no **me** llames muy tarde.
Call me after your trip, but don't call me very late.

Vocabulario y gramática, pp. 118–120
Actividades, pp. 95–97

Online workbooks

27 **Para el viaje** 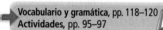 FL.A.2.1.3

Escuchemos Héctor habla de lo que va a hacer mientras está de vacaciones con su familia. Escucha las oraciones y decide de qué o de quién habla: **a)** su padre, **b)** su tarjeta de embarque, **c)** sus hermanas, **d)** sus libros de texto.

28 **¡Vamos al centro!** FL.A.2.1.2

Leamos/Escribamos Completa las oraciones de la conversación entre dos amigos que están viajando juntos.

| me | te | lo | la | los | las |

—Mañana voy a visitar la ciudad. Voy a recorrer ___1___ en autobús. Tengo ganas de visitar los museos del centro. ¿Quieres visitar ___2___ conmigo?

—Sí, pero necesito dinero para la visita.

—Sáca___3___ del cajero automático aquí en el hotel.

—También tengo que mandar estas tarjetas. Puedo mandar___4___ mañana de la oficina de correos del centro, ¿no?

—Pues, ¿por qué no ___5___ mandas desde el hotel? Oye, ¿tienes hambre? Me gustaría invitar ___6___ a cenar conmigo.

—¡Con mucho gusto! ¿Quieres comer en el restaurante del hotel? No ___7___ conozco.

—Es bueno, pero me gustaría probar la cocina regional. ¿Qué tal si ___8___ probamos en el restaurante al lado del hotel?

Benchmark Focus

FL.A.2.1.2 Restate and rephrase simple information from materials presented orally, visually, and graphically in class

29 **¿Conoces tu ciudad?** ⟍FL.A.2.1.2

Hablemos Haz oraciones diciendo si conoces estos lugares o no.

> **MODELO** el centro
>
> Lo conozco (muy) bien.

1. el zoológico
2. los museos
3. el centro comercial más cerca de tu casa
4. la piscina más cerca de tu colegio
5. el lago más cerca de tu ciudad
6. las tiendas del centro

30 **Manito, llévame contigo** ⟍FL.A.2.1.2

Hablemos Tu hermanito te hace muchas preguntas. Contesta las preguntas usando pronombres de complemento directo.

> **MODELO** —¿Piensas visitar las ruinas de Machu Picchu? (sí)
>
> —Sí, las voy a visitar. (Sí, voy a visitarlas.)

1. ¿Vas a visitar el Parque Nacional Manu? (sí)
2. ¿Me vas a llamar todos los días? (no)
3. ¿Vas a ver a los abuelos? (sí)
4. ¿Te puedo ayudar con las maletas? (sí)
5. ¿Vas a llevar tu cámara desechable? (sí)
6. Me vas a llevar contigo, ¿verdad? (no)

Nota cultural

Peru's Manu rainforest has more than 1,000 species of birds and 300 species of trees. Many indigenous tribes also live there. Today Manu is a Biosphere Reserve composed of three parts: the Manu National Park, protecting the natural flora and fauna; the Manu Reserve Zone, for research and tourism; and the Manu Cultural Zone, for human settlement.

Research animal or plant life in the forest and present your findings to the class.
⟍FL.C.1.1.2

**Comunicación**

HOLT **SoundBooth** ONLINE RECORDING

31 **Las vacaciones de Araceli** ⟍FL.A.1.2.2

Hablemos Pregúntale a tu compañero(a) sobre el viaje que va a hacer Araceli. Tu compañero(a) debe responder usando pronombres de complemento directo.

> **MODELO** —¿Cuándo va a hacer la maleta?
>
> —Ya la hizo anoche.

Repaso Verbs followed by infinitives

1 You can use certain verbs followed by **infinitives** to express what some-one *wants, hopes,* or *plans to do.*

me (te, le...) gustaría + infinitive	*. . . would like to . . .*
me (te, le...) gustaría más + infinitive	*. . . would prefer to . . .*
querer (ie) + infinitive	*to want to . . .*
esperar + infinitive	*to hope to . . .*
pensar (ie) + infinitive	*to plan (intend) to . . .*

Me gustaría ir al lago.	*I'd like to go to the lake.*
Quiero pasear en bote.	*I want to go boating.*
Espero salir con amigos.	*I hope to go out with friends.*
Pienso hacer un viaje este año.	*I plan to take a trip this year.*

2 Remember to use **tener que** to talk about what someone *has* to do.

tener que + infinitive   *to have to . . ., must . . .*

Me gustaría ir de vacaciones, pero **tengo que** trabajar.
I'd like to go on vacation, but I have to work.

Vocabulario y gramática, pp. 118–120
Actividades, pp. 95–97
Online workbooks

Nota cultural

The Castillo de San Marcos was built in St. Augustine between 1672 and 1695 by the Spanish crown in order to protect its territory in Florida. It is the oldest masonry fort in the United States. Tourists can enter the massive fortress and walk around its many chambers. From the gun deck visitors can enjoy panoramic views of the Old City of St. Augustine or Matanzas Bay.

Why do you think the Spaniards would need to build such forts in the colonies? **FL.C.1.1.2**

Castillo de San Marcos, San Agustín

32 Proyectos FL.A.2.1.2

Escribamos/Hablemos Escribe oraciones e indica las actividades que Roberto quiere hacer y las que tiene que hacer.

MODELO viajar a Perú/estudiar
Quiere viajar a Perú. Tiene que estudiar.

1. acampar/trabajar
2. esquiar/limpiar el baño
3. hacer la tarea/ir al lago
4. tomar el sol/hacer la maleta
5. escribir cartas/salir con amigos

33 Lo que pensamos hacer es... FL.A.2.1.2

Leamos/Escribamos Completa el párrafo con la forma correcta del verbo que corresponde según el contexto.

Mi hermana mayor y su esposo ___1___ (pensar/le gustaría) ir a Alaska para las vacaciones. ___2___ (Tener ganas/Esperar) de ir de pesca y acampar. A mi padre ___3___ (querer/le gustaría) acom-pañarlos pero mi madre ___4___ (le gustaría/querer) viajar a Chile. El problema es que ella ___5___ (tener que/tener ganas) trabajar y no tiene tiempo para el viaje. Este año no es posible, pero algún día (yo) ___6___ (tener que/esperar) hacer un viaje a España.

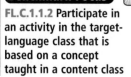

34 **Planes** ✎FL.A.2.1.2

Escribamos Rosalinda habla de sus planes. Combina palabras de cada cuadro para hacer seis oraciones.

| mis padres y yo
yo
mi hermana mayor
mis abuelos
¿Y tú? | querer
esperar
pensar
tener que | ver los animales
pasear en bote
ir de excursión
quedarse
llevar las tarjetas
visitar el museo | en el lago
en el zoológico
al correo
en las montañas
en el centro
en el hotel |

Comunicación

35 **Un día** ✎FL.A.1.2.1

Hablemos Con un(a) compañero(a), túrnense para contestar estas preguntas.

MODELO —Un día me gustaría visitar Lima. ¿Y a ti?
—A mí me gustaría más visitar Barcelona.

1. ¿Qué ciudad te gustaría visitar un día?
2. ¿Cómo quieres ir a esa ciudad?
3. ¿Con quién quieres hacer el viaje?
4. ¿Cuántos días quieres quedarte?
5. ¿Piensas acampar, quedarte en un hotel, o quedarte en la casa de un(a) amigo(a)?
6. ¿Qué piensas hacer en esa ciudad?

36 **¿Qué quieren hacer? ¿Qué deben hacer?** ✎FL.A.1.2.2

Hablemos Con un(a) compañero(a), mira los dibujos y dramatiza la conversación entre Ana y Luis.

¿Quién será?
Episodio 10

Benchmark Focus

**FL.C.2.1.1 Use the target language
to gain access to information that is
only available through the target
language or within the target culture
(listen to a story told in the target
language)**

ESTRATEGIA

Summarizing Before you watch the final episode of **¿Quién será?**, go back and summarize what has happened in the previous nine episodes. Pick only the most important moments that you think will help you understand the final episode. Write one or two sentences summarizing what happened in each episode. Do you see a pattern in your summary? Which characters appear the most often? Does summarizing in this way help you predict what might happen in the finale? **FL.C.2.1.1**

En España

*La profesora está lista para
tomar la decisión. ¿Quién será?*

1

Más tarde...
Sofía y Nicolás reciben un e-mail.

2

Profesora Castillo Ahora sí, ya
están los diez candidatos. Dos
deben recibir la beca para venir a
estudiar en Madrid. Voy a tener
que pensarlo muy bien.

Profesora Castillo Soy Aurelia Castillo Velasco. Soy la directora de la
fundación para cultivar las relaciones entre las culturas de habla hispana.
Mi asistente y yo identificamos a diez candidatos para las dos becas que
vamos a otorgar este año.

En México

3

Es mi placer informarte de que vas a
recibir una beca para estudiar en
Madrid por un año.

¡Enhorabuena! Me da mucho gusto
ver a alguien de tu inteligencia y
dedicación conseguir sus sueños.
Será un placer conocerte.

En Puerto Rico

4

En Puerto Rico

En México

Visit Holt Online
go.hrw.com
KEYWORD: EXP1 CH10
Online Edition

Novela en video

Nicolás ¿Lo pueden creer? Yo, ¿estudiando dibujo en Madrid?

Sra. Ortega ¡Hijo! ¡Qué bien! ¡Estoy muy orgullosa de ti!

Nicolás Gracias, mamá. Van a venir a visitarme, ¿verdad?

Sr. Ortega Claro que sí, hijo. Me encantaría conocer Madrid.

Sofía ¿Pueden creerlo? Yo, ¿estudiando danza en Madrid?

Sra. Corona ¡Hija! ¡Qué bien! ¡Estoy muy orgullosa de ti!

Sofía Gracias, mamá. Van a venir a visitarme, ¿verdad?

Sr. Corona Claro que sí, hija. Me encantaría conocer Madrid.

En España

En Perú

Profesora Castillo Marcos, ¡buen trabajo! Debes tomar unas vacaciones, viajar a una isla, tomar el sol, descansar... ¡Diviértete! Yo te llamo cuando estemos listos para empezar la investigación para el año próximo.

Después de investigar al candidato peruano, Marcos recibe el mensaje de la profesora. ¿Quiere trabajar en la investigación del año próximo?

¿COMPRENDES?

1. ¿Quién es la profesora?

2. ¿Qué va a recibir Sofía? ¿y Nicolás?

3. ¿Cómo reacciona Sofía a las noticias? ¿y Nicolás?

4. ¿Qué dicen los padres de Sofía y Nicolás sobre Madrid?

5. Según la profesora, ¿qué debe hacer Marcos?

6. Piensa en los 10 episodios. En algún momento, ¿pensaste que Sofía y Nicolás eran *(were)* los candidatos favoritos? ¿Por qué sí o por qué no?

FL.A.2.2.5, FL.A.3.2.3

Episodio final:
Now that you know what the ten candidates were for, and which two of them won, can you understand the title of the video? Did the title ever help you predict what was going to happen?

Leamos y escribamos

ESTRATEGIA

para leer When you read a brochure, it is important to read with a purpose. In other words, you need to decide beforehand what kind of information you want. If you want an overview, a quick, general reading may be all that is necessary. If you need specific information, however, a close reading will be required.

A **Antes de leer** FL.C.2.1.1

Lee el título y los subtítulos del siguiente folleto. ¿Qué clase de información contiene? ¿Qué datos específicos esperas encontrar debajo de cada subtítulo?

¡Bienvenidos a la ciudad de Lima!
Aeropuerto Internacional Chávez

Transporte El servicio de transporte del aeropuerto a la ciudad y viceversa, se realiza por medio del[1] transporte público. Las compañías de taxis estacionan[2] sus vehículos en un área limitada, frente a la salida de las terminales nacional e internacional. La mayoría de hoteles cuentan con su propio[3] servicio de transporte.

Bancos

La moneda nacional de Perú es el nuevo sol. En los pasillos encontrará cajeros automáticos, los cuales aceptan tarjetas de crédito en moneda nacional y extranjera[4]. Las casas de cambio se encuentran en el pasillo principal[5] y en la zona de vuelos internacionales.

Información turística

En diversos lugares del aeropuerto encontrará módulos[6] con información sobre el arrendamiento[7] de coches, restaurantes, sitios turísticos de interés y una guía telefónica a los hoteles principales.

Otros servicios

En los pasillos encontrará teléfonos públicos que funcionan con monedas y tarjetas, las cuales se pueden conseguir en los diferentes quioscos[8] situados por todo el aeropuerto. Si necesita guardar[9] su equipaje por horas o por días, puede hacer uso del servicio de guardianía de equipajes, localizado en el pasillo principal.

---

1 by means of   **2** park   **3** have their own   **4** foreign   **5** main corridor   **6** modules   **7** rental   **8** kiosk, stand   **9** store

B Comprensión ⬧ FL.A.3.2.3

Basándote en la lectura, decide si las oraciones son **ciertas** o **falsas.**
Corrige las oraciones falsas.

1. Los cajeros automáticos no aceptan tarjetas de crédito.
2. Todas las casas de cambio están en la zona internacional.
3. Los taxis se encuentran en frente de las terminales nacionales e internacionales.
4. Hay información sobre los hoteles, las atracciones turísticas y el transporte público en los módulos de información.
5. Puedes dejar tu equipaje por un fin de semana en la guardianía de equipajes.

C Después de leer ⬧ FL.D.2.1.1

Which services in the brochure might travelers arriving in Peru use? Do you think these same services are available in airports in the United States and other countries?

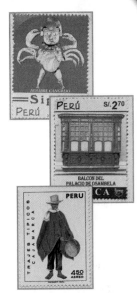

FCAT Writing Focus

LA.B.1.4.2
Draft and revise writing that has effective use of transitional devices

Interactive TUTOR

Taller del escritor

ESTRATEGIA ⬧ FL.A.3.2.1

para escribir When narrating a series of events, using transitional phrases makes it easier to combine sentences and lends coherence to the text. Some phrases are **primero, luego,** and **por fin.**

Cartas del extranjero

You are writing home to friends to tell them about your first few days traveling abroad. Tell where you went and include five or six events that made your trip interesting, narrating them in order. End by mentioning your plans for the next day.

1 Antes de escribir

Make a list of the events you will report. Then brainstorm some phrases that will link them together logically (**primero, luego, después**).

2 Escribir un borrador

Begin with a greeting, then tell about your trip, focusing mainly on actions and events. Work in the linking phrases, being careful not to lose any clarity.

3 Revisar

Exchange letters with a classmate. Read each other's letters checking for appropriate use of transitions and correct use of grammar, spelling, and punctuation.

4 Publicar

Write your letter on a large piece of paper or posterboard. On the other side illustrate one of the places you visited. Put your postcard up on the bulletin board. Which trip sounds most interesting to you?

Leamos y escribamos

Prepárate para el examen

Interactive TUTOR

1 Vocabulario 1
- asking for and giving information
- reminding and reassuring
  pp. 348–351

1 Según las cosas o lugares dados *(given)*, di lo que tienes que hacer.
FL.A.2.1.2

1.

2.

3.

4.

5.

6.

2 Gramática 1
- review of the preterite
- preterite of **-car, -gar, -zar** verbs
- preterite of **hacer**
  pp. 352–357

2 Luis le escribe una carta a su prima Ana. Complétala con el pretérito de los verbos correctos. FL.A.2.1.2

Querida Ana,

Por fin estoy en Lima. ¡El viaje fue horrible! __1__ (Pasar/Ir) en taxi hasta el aeropuerto y __2__ (salir/llegar) allí temprano, a las seis de la tarde. __3__ (Hacer/Ir) cola en el mostrador. __4__ (Ver/Comprar) el boleto y la agente __5__ (facturar/hacer) la maleta. También __6__ (sacar/salir) la tarjeta de embarque. __7__ (Ir/Pasear) a la sala de espera. Entonces __8__ (comenzar/comprar) a nevar. ¡Por eso no __9__ (abordar/salir) el avión hasta las once. ¡Qué viaje más largo!
Escribe pronto.

Tu primo, Luis

3 Vocabulario 2
- talking about a trip
- expressing hopes and wishes
  pp. 360–363

3 Escoge la respuesta que mejor completa cada oración. FL.A.2.1.2

1. Quiero ir de compras. Vamos al (correo/centro).

2. Fuimos a las ruinas, pero llovió. ¡Fue (estupendo/horrible)!

3. Quiero ir al lago. ¿Qué tal si (paseamos en lancha/vamos al centro)?

4. Perdí el autobús. ¡Qué (bien/mala suerte)!

5. Ana piensa ir a las islas Bermudas. Va en (barco/taxi).

Repaso de Vocabulario 1

Asking for information

abordar	to board
la aduana	customs
el aeropuerto	airport
el (la) agente	agent
allí	there
el avión	airplane
la billetera	wallet
el boleto de avión	plane ticket
la bolsa	travel bag, purse
cambiar dinero	to change money
el carnet de identidad	ID
comenzar (ie) un viaje	to begin a trip
conseguir (i)	to get
el control de seguridad	security checkpoint
desembarcar	to disembark, to deplane
¿Dónde se puede...?	Where can I . . . ?
encontrarse (ue) con	to meet up with
esperar	to wait
Está a la vuelta.	It's around the corner.
facturar el equipaje	to check luggage
hacer cola	to wait in line
hacer un viaje	to take a trip

irse	to leave
la llegada	arrival
Lo siento, no sé.	I'm sorry, (but) I don't know.
la maleta	suitcase
el mapa	map
¿Me puede decir...?	Can you tell me . . .?
el mostrador	counter
la oficina de cambio	money exchange
la pantalla	monitor, screen
el (la) pasajero(a)	passenger
el pasaporte	passport
perder (ie)	to miss, to lose
la puerta	gate
el reclamo de equipaje	baggage claim
recoger	to pick up
la sala de espera	waiting room
la salida	departure
sentarse (ie)	to sit down
los servicios	restrooms
la tarjeta de embarque	boarding pass
el vuelo	flight

Reminding and reassuring . . . . See p. 351

Repaso de Vocabulario 2

Talking about a trip

acampar	to camp
¡Ah, tuviste suerte!	You were lucky!
el autobús	bus
el barco	boat
la canoa	canoe
el centro	downtown
durante	during
esquiar en el agua	to water-ski
¡Fue estupendo!	It was great!
ir de excursión	to go hiking
ir de pesca	to go fishing
la isla	island
el lago	lake
la lancha	motorboat
los lugares de interés	places of interest
los medios de transporte	types of transportation
el metro	subway
el museo	museum
la oficina de correos	post office

el país	country
el parque de diversiones	amusement park
pasar por	to stop at/by
pasear en bote de vela	to go out in a sailboat
¡Qué bien!	How great!
¡Qué fantástico!	How fantastic!
¡Qué lástima!	What a shame!
¡Qué mala suerte!	What bad luck!
quedarse en...	to stay in . . .
recorrer	to tour
las ruinas	ruins
sacar fotos	to take pictures
subir a la montaña	to go up a mountain
el taxi	taxi
tomar el sol	to sunbathe
el tren	train
viajar	to travel
el viaje	trip
el zoológico	zoo

Expressing hopes and wishes . . . . See p. 363

Prepárate para el examen

Integración
capítulos 1-10

1 Escucha las oraciones y escoge las fotos correspondientes.

FL.A.2.1.3

A

B

C

D

2 Hay cinco personas que buscan información sobre vuelos. Con base en la información de la pantalla, contesta las preguntas.

FL.A.3.2.3, FL.C.2.1.1

LLEGADAS INTERNACIONALES

HORAS	AEROLÍNEA	VUELO	ORIGEN	DESTINO	PUERTA
9:00	IBERIA	350	DALLAS	CUZCO	7
18:00	MEXICANA	119	SAN ANTONIO	LIMA	9
15:00	DELTA	230	NUEVA YORK	LIMA	11

SALIDAS INTERNACIONALES

HORAS	AEROLÍNEA	VUELO	ORIGEN	DESTINO	PUERTA
12:00	IBERIA	112	LIMA	NUEVA YORK	2
13:00	MEXICANA	256	LIMA	CIUDAD DE MÉXICO	5
8:00	DELTA	987	CUZCO	MIAMI	10

1. Nora quiere saber el número del vuelo de su amiga que llega a las 3:00 de la tarde de Nueva York.
2. Riqui tiene que recoger a su mamá que llega de Dallas. ¿A qué puerta va?
3. Susana viaja a Cuzco. ¿En qué aerolínea y vuelo viaja?
4. Tomás quiere saber a qué hora sale el vuelo para Nueva York.
5. Rosa pregunta cuántos vuelos hay entre Lima y Estados Unidos.

3 Unos amigos regresaron de un viaje a Perú. En un diálogo, pregúntales sobre el viaje y lo qué hicieron. Usa el pretérito de cinco verbos diferentes. Después, presenten su diálogo en clase.
⟍ **FL.A.1.1.2, FL.A.3.2.1**

4 Describe esta pintura en un párrafo. Di cómo es el pueblo, qué están haciendo las personas y qué piensan hacer esta noche.
⟍ **FL.A.3.2.3**

La vendedora de anticuchos, de Juan de la Cruz Machicado

5 Un(a) amigo(a) que nunca ha viajado *(has never traveled)* fuera del país quiere acompañarte a Perú. Usando mandatos afirmativos y negativos, escríbele una lista de los preparativos que debe hacer para el viaje. Explícale lo que tiene que hacer en el aeropuerto y las cosas que no debe hacer al llegar a Perú. ⟍ **FL.A.2.2.1**

6

Situación Set up two tourist agencies in your classroom, with two travel agents in each one. Make signs and posters for different places to visit. Role-play tourists who want to travel to different destinations. Ask and answer questions about prices, necessary travel documents, transportation arrangements, schedules, baggage restrictions, etc. ⟍ **FL.A.1.2.2**

Literatura y variedades

Leyendas
indígenas
de
América

Poesía
del
Caribe

México
lindo

Fábulas
españolas

Cuentos
juveniles

CHILE
entre
montaña
y mar

Online Edition
Visit Holt Online
go.hrw.com
Las maravillas de la naturaleza
España a través de su arte

Espańa

El Museo del Prado

The Prado Museum, in downtown Madrid, Spain, is one of the largest and best-known art museums in the world. It houses over 9,000 works of art. The collection is so vast that only a tenth of it can be displayed at any one time. Although most of its paintings and sculptures are by European artists, it holds works by artists from around the world and reveals centuries of history through art. Read the following information in the visitor brochure and the descriptions of the paintings by three famous Spanish artists to learn more about the Prado and its collection.

ESTRATEGIA

Look for cognates (words with similar meanings and spellings in English and Spanish) to help you understand some of the words you do not know.

FL.D.1.2.1

MUSEO NACIONAL
DEL **PRADO**

ESPAÑOL

Plano del Museo
Localización de colecciones

MUSEO NACIONAL
DEL **PRADO**

Ruiz de Alarcón, 23, 28014 Madrid
http://museoprado.mcu.es
Teléfono: +34 913 30 28 00
Fax: +34 913 30 28 50

Información General:	**Horas:**	**Precio de Entrada:**[2]
Dirección: Ruiz de Alarcón, 23, 28014 Madrid	**martes a domingo:** 9.00-19.00 h	**Público general:** 3,01 Euros
Teléfono: 34 913 30 28 00	**24 y 31 de diciembre:** 9.00-14.00 h	**Menores**[3] **de 18 años:** gratuito[4]
Correo electrónico: museo.nacional@prado.mcu.es	**Cerrado**[1]**:** los lunes; 1 de enero; Viernes Santo, 1 de mayo y 25 de diciembre	
Internet: http://museoprado.mcu.es		

1 closed **2** admission **3** younger **4** free

Cesto Con Flores[1]

Juan de Arellano, famoso pintor español, se especializó en la pintura[2] de flores. Esta obra es una de muchas obras que pintó con ese tema[3]. Como puedes ver, es una composición magnífica. Las flores están iluminadas en el centro para acentuar[4] los colores y la belleza[5].

1 Basket with Flowers　**2** painting　**3** theme　**4** to highlight
5 beauty

La Familia de Carlos IV

Esta obra es de Francisco de Goya y Lucientes, uno de los artistas más famosos y el artista oficial de la Corte[1] de España. Es de la Familia Real y se llama *La Familia del Rey Carlos IV*. Los colores en esta pintura son extraordinarios. Hay muchas obras de Goya en el Prado.

1 court

El Caballero[1]

Esta pintura es de El Greco, uno de los más famosos pintores[2] españoles. En realidad, el verdadero nombre de El Greco es Doménikos Theotokópoulos. La mayoría de los temas de sus pinturas son religiosos y los colores en estas pinturas son vívidos y vibrantes. También son importantes sus retratos[3], como éste de un caballero.

1 knight　**2** painters　**3** portraits

Después de leer ⟍FL.C.1.1.1, FL.C.2.1.1

1. What time does the Prado generally close?
2. How much is admission to the museum?
3. What is the subject of many of Arellano's paintings?
4. Who are the people in Goya's painting?
5. What is El Greco's real name?
6. What are his paintings like?

Puerto Rico

El coquí

Puerto Rico's Yunque rainforest covers 28,000 acres and is one of the oldest reserves in the Western Hemisphere. It is the only rainforest in the U.S. National Forest System. The rainforest averages 240 inches of rain a year. The Yunque is home to 13 species of a tiny frog called the **coquí**. These frogs are considered a national symbol for the island. Read the following article to learn more about this unique amphibian.

Estruendo[1] musical

La voz[2] más famosa de Puerto Rico es la de una pequeña especie de rana que se llama coquí. Hay dieciséis especies de coquíes en Puerto Rico y trece de ellas viven en el Parque Nacional del Yunque. Se llama coquí porque por la noche miles de estas ranas salen y emiten un coro de cantos[3], "co-quí". El estruendo es muy fuerte porque una sola rana puede emitir hasta 100 decibeles, igual que una guitarra eléctrica. ¡Imagina un concierto de miles de guitarras eléctricas en tu vecindario[4] cada noche! El canto del coquí se oye por toda la isla de Puerto Rico.

1 racket   2 voice   3 calls, songs   4 neighborhood

No soy renacuajo[1]

El coquí es una especie de rana muy interesante porque nunca pasa por una etapa[2] de renacuajo. La madre, o hembra[3], pone aproximadamente 28 huevos[4]. El padre, o macho[5], cuida de[6] los huevos. Después salen los coquíes bebés, ¡ya en forma de rana!

De muchos colores

Algunas personas, aun los puertorriqueños, piensan que el coquí es solamente[7] verde. La verdad[8] es que hay coquíes de muchos colores: marrones, grises, amarillos, azules, verdes o anaranjados, como el coquí dorado en esta foto. El coquí es muy importante en Puerto Rico porque come gran cantidad de insectos como mosquitos. Es un símbolo nacional y su música resuena[9] por toda la isla.

---

1 tadpole   **2** stage   **3** female   **4** eggs   **5** male
6 takes care of   **7** only   **8** the truth   **9** resonates

Después de leer FL.B.1.1.3, FL.C.1.1.1

1. What is **El Yunque**?
2. How did the **coquí** get its name?
3. Given the tiny size of the **coquí,** what is surprising about its call?
4. In what way are **coquíes** different from other frogs?
5. What color is the **coquí**?
6. Why is the **coquí** important in Puerto Rico?

Texas

Obras de Carmen Lomas Garza

Carmen Lomas Garza is one of the best-known Mexican American painters. In 1990 she published her first children's book, **Cuadros de familia**, in which she combines her paintings with her own warm writing style. She uses the book to explain her work and describe her childhood in Kingsville, Texas, near the border with Mexico. In her second book, **En mi familia**, 1996, Lomas Garza once again shares her memories of growing up in a traditional Mexican American community and family.

Read the following excerpts from these two books to experience a slice of life on the Texas border.

ESTRATEGIA

Actively picture in your mind what you are reading—the setting, the way the characters look and are dressed, their actions and speech. Visualization helps you create a context for what you are reading.

Tamalada de *Cuadros de familia*

Ésta es una escena de la cocina de mis padres. Todos están haciendo tamales. Mi abuelo tiene puesto rancheros[1] azules y camisa azul. Yo estoy al lado de él, con mi hermana Margie. Estamos ayudando a remojar[2] las hojas secas[3] del maíz[4]. Mi mamá está esparciendo la masa[5] de maíz sobre las hojas, y mis tíos están esparciendo la carne[6] sobre la masa. Mi abuelita está ordenando los tamales que ya están enrollados, cubiertos y listos[7] para cocer[8]. En algunas familias sólo las mujeres preparan tamales, pero en mi familia todos ayudan.

▲ **Tamalada** (1990)

---

1 overalls   **2** soak   **3** dry leaves   **4** corn   **5** spreading the dough   **6** meat   **7** rolled, covered, and ready   **8** to cook

▲ *Baile en el Jardín* (1995)

Baile en el Jardín de *En mi familia*

Ésta es una noche de sábado en El Jardín, un restaurante familiar de mi pueblo natal[1]. Es verano y hace tanto calor que la gente baila afuera[2]. Un conjunto[3] toca con tambora[4], acordeón, guitarra y bajo[5]. Ésta es la música con la que crecí[6]. Todos bailan formando un gran círculo: las parejas[7] jóvenes, las parejas más grandes[8], y los viejitos bailan con adolescentes o criaturas[9]. Hasta los bebés se ponen a bailar.

Para mí, el baile representa fiesta, celebración. Aquí está la música, los hermosos vestidos, y todos los miembros de la familia bailan juntos. Es como el cielo. Es la gloria.

---

1 hometown
2 outside
3 band
4 drum
5 bass
6 I grew up with
7 couples
8 older
9 little ones

Después de leer
FL.A.3.2.3,
FL.B.1.1.2

1. Name the four steps to making tamales that the author mentions.

2. In Lomas Garza's family, who makes the tamales?

3. In *Baile en el Jardín*, what is the weather like?

4. What instruments are in the band?

5. Who is dancing in *El Jardín?*

6. Why does Lomas Garza like the dance?

Costa Rica

La artesanía chorotega

The small village of Guaitil is one of the centers of Costa Rican folk art. Nearly the entire town is dedicated to making pottery using the methods, tools, and designs that their ancestors, the Chorotegas, used hundreds of years ago. The craftsmen of Guaitil use natural paints and basic colors like red, black, white, and brown to decorate their pottery with traditional symbols of nature and daily life. Learn more about Chorotega artistry in the following interview with Gustavo, who is one of the youngest and most famous potters in the village.

ESTRATEGIA

Many words can be understood based on how they are used in the sentence or paragraph. When you come to an unknown word, try to guess its meaning based on context (the other words around it).

FCAT Reading Focus

LA.A.1.4.2
Use strategies to understand words and text, and to make and confirm inferences from what is read

Gustavo

¿Desde cuándo ayudas a tus padres en el taller[1] de cerámica?

Siempre me ha gustado ayudar a mi madre, Luz Marina; pero cuando era[2] pequeño lo que más me gustaba era modelar, hacer figuritas.

¿Y ahora?

Ahora pintar y decorar las piezas.

¿De dónde sacas estas ideas?

Bueno, los dibujos[3] que yo hago son aquellos que están en los libros antiguos[4] pero hay veces que invento otros dibujos para cambiar[5] y esos los saco de la mente[6], sólo de la mente.

¿Se te ocurren cuando estás pintándolas, o las pintas antes en un papel?

No, las pinto directamente sobre la tinaja[7].

---

1 workshop   **2** I was   **3** drawings   **4** old   **5** to change
6 mind   **7** ceramic jar

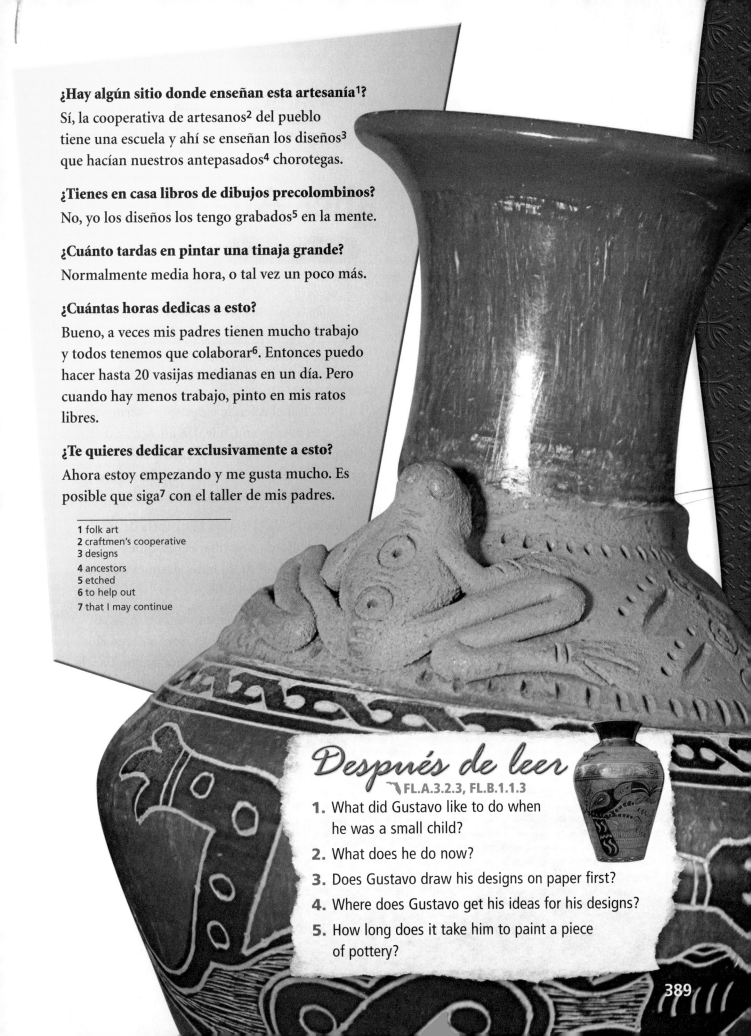

¿Hay algún sitio donde enseñan esta artesanía[1]?

Sí, la cooperativa de artesanos[2] del pueblo tiene una escuela y ahí se enseñan los diseños[3] que hacían nuestros antepasados[4] chorotegas.

¿Tienes en casa libros de dibujos precolombinos?

No, yo los diseños los tengo grabados[5] en la mente.

¿Cuánto tardas en pintar una tinaja grande?

Normalmente media hora, o tal vez un poco más.

¿Cuántas horas dedicas a esto?

Bueno, a veces mis padres tienen mucho trabajo y todos tenemos que colaborar[6]. Entonces puedo hacer hasta 20 vasijas medianas en un día. Pero cuando hay menos trabajo, pinto en mis ratos libres.

¿Te quieres dedicar exclusivamente a esto?

Ahora estoy empezando y me gusta mucho. Es posible que siga[7] con el taller de mis padres.

---

1 folk art
2 craftmen's cooperative
3 designs
4 ancestors
5 etched
6 to help out
7 that I may continue

Después de leer

FL.A.3.2.3, FL.B.1.1.3

1. What did Gustavo like to do when he was a small child?

2. What does he do now?

3. Does Gustavo draw his designs on paper first?

4. Where does Gustavo get his ideas for his designs?

5. How long does it take him to paint a piece of pottery?

Chile

Las novelas de Isabel Allende

Isabel Allende is from Peru, but she was raised in Chile. She is one of the most famous modern Latin American writers. Her novels and stories are read throughout the world. Her family is the theme of many of her stories and often her relatives are the inspiration for the characters in her novels. Today, Isabel Allende lives with her husband and family in California. Read the following commentary and the excerpt from one of her novels to learn more about her work and life in Chile.

ESTRATEGIA

Look at the title, the photos, and the important words in the text. Then read the first sentence of each paragraph. Skimming helps you understand the main ideas.

This selection is not available in electronic format because of copyright restrictions by the rights holder.

En 1981, Isabel Allende empezó[1] a escribir una carta a su abuelo en Chile. Un año más tarde esta carta de 500 páginas se convirtió[2] en su primera novela, *La casa de los espíritus (The House of the Spirits,* 1982).

Su novela *Paula* (1994) es la historia de su vida. Es dedicada a su hija, Paula, quien murió[3] a la edad[4] de 24 años, después de estar en el hospital por un año.

Vas a leer un fragmento de su libro *Mi país inventado,* en el que escribe sobre su familia y la historia de Chile. A través de[5] sus propios parientes[6] ilustra el carácter de los chilenos.

---

1 began   2 became   3 died   4 age
5 by means of   6 her own relatives

la casa de los espíritus

BESTSELLER INTERNACIONAL
"Magnífico... imaginativo e imponente...
Un mundo verdaderamente sorprendente,
donde la esperanza jamás se pierda."
—DETROIT NEWS

isabel allende

BESTSELLER INTERNACIONAL
Autora de La casa de los espíritus

isabel allende

Paula

"Brillante... la mejor obra de Allende hasta la fecha." —New York Times Book Review

EDICIÓN EN ESPAÑOL

or encima de[1] los clanes está la familia, inviolable y sagrada,[2] nadie escapa a sus deberes[3] con ella. Por ejemplo, el tío Ramón suele llamarme por teléfono a California, donde vivo, para comunicarme que murió un tío en tercer grado,[4] a quien no conocí,[5] y dejó[6] una hija en mala situación. La joven quiere estudiar enfermería,[7] pero no tiene medios[8] para hacerlo. Al tío Ramón, como el miembro de más edad del clan, le corresponde ponerse en contacto con cualquiera que tenga lazos de sangre con el difunto,[9] desde los parientes cercanos hasta los más remotos, para financiar los estudios de la futura enfermera. Negarse sería un acto vil,[10] que sería recordado[11] por varias generaciones.

---

1 at the top of   **2** sacred   **3** obligations   **4** distant   **5** hadn't met
6 left   **7** nursing   **8** means   **9** whomever is related to the deceased
10 would be despicable   **11** would be remembered

Después de leer

1. What is the theme of Isabel Allende's novels?

2. How did her first novel begin?

3. Who is Paula?

4. To whom do Chileans have obligations?

5. What does the daughter of Allende's uncle want to study?

6. Who helps her?

México

La comida de dos continentes

Much of the food that is consumed around the world today is made from ingredients that came originally from the Americas. Tomatoes, chocolate, corn, chile peppers, vanilla, pears, and potatoes are some of the foods that the Spanish conquistadors presented to the kings of Europe. Read the following article in order to learn more about the history of four of these foods.

El tomate

El tomate es originalmente de México. Cuentan[1] que cuando los exploradores llevan el tomate a Europa en el siglo XVI, ¡nadie lo quiere comer! Por su color rojo tan fuerte, todos piensan que es una fruta venenosa. Los exploradores aseguran que lo pueden comer sin problema y la gente poco a poco empieza a probarlo[2].

En la actualidad[3], el tomate es un ingrediente básico en la preparación de platos[4] alrededor del mundo.

El chocolate: ¿para beber o comerciar?

El chocolate es original de América Central. En México, los aztecas lo usaban (*used*) con varios propósitos[5]. Antes del trabajo, los hombres lo tomaban (*would drink it*) por la mañana, hervido[6] con miel, agua y vainilla, y otra vez, por la tarde, después de la comida. Para el Gran Moctezuma, líder de los aztecas, el chocolate era (*was*) su bebida diaria y además, un elemento importante en los ritos, en las ceremonias y para comerciar[7].

---

1 They say   **2** to taste it   **3** today   **4** dishes   **5** purposes   **6** boiled   **7** to trade

El maíz: sustancia del hombre

Se dice que el maíz empieza a cultivarse[1] en América desde hace 10,000 años. Todos los miembros de la cultura maya comen maíz, desde el esclavo[2] hasta el rey. El *Popol Vuh*, libro religioso de los mayas, cuenta que el hombre mismo[3] se hace de[4] maíz. Cuando los exploradores españoles vienen a México prueban el maíz por primera vez en forma de tortillas y tamales.

Hoy en día, el maíz constituye un 20% de las calorías consumidas mundialmente[5]. En Estados Unidos se produce el 45% del maíz del mundo (mucho de éste destinado al ganado[6]) y en el continente de África el maíz es el grano que más se cultiva.

Los chiles: el picante del mundo[7]

Los chiles, sin duda, son el ingrediente más representativo de la comida mexicana en el mundo. En México hay más de cien variedades de chiles con nombres y sabores[8] diferentes. Algunos de los chiles más típicos son el serrano, el chipotle, el guajillo y el habanero, nativo de Yucatán y ¡muy picante!

Los grupos indígenas usan el chile para añadir sabor a los frijoles, las salsas, los arroces[9] y los moles.[10] Aunque el uso del chile no es tan popular entre los europeos, la llegada de éste a Asia cambia la cocina de la región para siempre. Hoy día se consumen más chiles en Tailandia que en cualquier otro país del mundo.

---

1 to grow **2** slave **3** man himself **4** is made of **5** worldwide **6** livestock
7 world's hot spice **8** tastes **9** rice dishes **10** sauces

Después de leer

FL.A.3.2.3, FL.B.1.1.3

1. Al principio, ¿por qué creen los europeos que el tomate es venenoso?
2. ¿Qué usos tienen los aztecas para el chocolate?
3. ¿En qué comidas prueban los europeos el maíz?
4. ¿De qué está hecho el hombre según los mayas?
5. ¿En qué país del mundo se consume la mayor cantidad de chiles?

Juegos de palabras 🔊

In Argentina, as in many places, word games are one of the favorite types of entertainment among children and adults. Here, two Argentinian authors present four easy riddles about common, everyday things. The first one and the last one are from the book *Adivinanzas (Riddles)* by Carlos Silveyra, teacher and author. The other two are riddles from the book *Los rimaqué* by Ruth Kaufman, who is also a teacher. See if you can guess the riddles.

ESTRATEGIA

Read the riddles aloud and think about the images that occur to you. Creating visual images in your mind will help you understand the text.

FCAT Reading Focus
LA.A.1.4.2
Use strategies to understand words and text

1 Dos buenas piernas tenemos
y no podemos andar,
pero el hombre sin nosotros
no se puede presentar.

2 Poquitos rincones[1]
encuentro en los mapas
que no haya tocado[2]
mi cuerpo de plata[3].
Bajo con las lluvias
acaricio el suelo[4]
y en pocas semanas
¡de nuevo en el cielo[5]!
A un solo lugar
jamás he llegado[6]
por más que mil veces
lo haya intentado[7].
Le ruego[8] a las nubes

le suplico[9] al viento
¿por qué nadie quiere
llevarme al desierto?

---

1 corners
2 has not touched
3 silver
4 I touch the ground
5 sky
6 have never arrived
7 have tried
8 I beg
9 I implore

394

③ Se ponen las nubes
redondas y negras
de la tierra[1] sube
olor a tormenta[2].
Un fuerte estallido[3]
y volamos los dos:
hermanos mellizos[4]
relámpago[5] y yo.
Si juntos salimos
a andar por el mundo
¿por qué llego yo
siempre segundo?

1 earth **2** storm **3** crackling
4 twins **5** lightning

¡Yo primero,
yo primero!

④ Siempre quietas[6],
siempre inquietas[7],
dormidas de día,
de noche despiertas[8].

6 still **7** restless **8** awake

Después de leer
FL.A.3.2.3,
FL.B.1.1.1

1. En la primera adivinanza, ¿qué necesita el hombre?

2. ¿Adónde vuelven las lluvias que bajan a la tierra, según la segunda adivinanza?

3. La segunda adivinanza habla de poca agua en un lugar. ¿Cuál es ese lugar?

4. En la tercera, ¿cuál es el compañero del relámpago?

5. En la cuarta, ¿qué dice sobre el día y la noche?

La Florida

El amor a la poesía

Maricel Mayor Marsán was born in Cuba but has spent most of her life living in exile in the United States. She studied history and political science at the International University of Florida and discovered that she wanted to dedicate herself to writing. Even though she writes short stories and theatrical works, her true passion is poetry. She has published five books of poetry, including *Un corazón dividido* (1998), where she speaks of being bilingual and the difficulties of belonging to two cultures. Marsán lives in Miami.

Apuntes de un hogar posmoderno

Yo como a las siete,

tú comes a las ocho,

el niño come a las seis

y la niña come a las nueve.

5   Queremos ser felices a toda costa,

todos vemos televisión separados

en nuestras respectivas
     habitaciones

siempre a la misma hora,

siempre a las diez.

Title: Notes
       home
5 no matter what

Un corazón dividido

El mío es un corazón de dudas°,
esfuerzos° que luchan entre el aquí y el allá.
Es el grito° continuo de mi ser interior.
Es "estar aquí" en sustancia°
5 pero el "estar allá" siguiéndote° a todas
    partes.
Es como una canción sin ritmo definido
que se va contigo sin terminar la tonada°.

Es ser una y otra a la vez.
Es ser una queriendo ser la otra
10 y la otra deseando ser la primera.
Es saber muy poco acerca
de aquellas cosas en las cuales crees.
Es saber menos acerca

de otras cosas que quieres expresar
15 pero tienes miedo reclamar°.
Es la transpiración de mi olor° caribeño
encima de la superficie de mi gel°
    norteamericano.

Es solamente mi corazón que late°
rápido e incesante
20 como las corrientes constantes del
    Golfo de México.

Es mi corazón dividido
secando° los finales del tiempo
como el agua de esas corrientes
sobre el Estrecho de la Florida.

---

1 doubts
2 efforts
3 scream
4 physically
5 following you
7 tune

15 to remember
16 *fig.* my soul
17 *fig.* my shell
18 beats
22 drying

Después de leer · FL.A.3.2.3, FL.C.2.1.1

1. En el primer poema, ¿qué es lo que más quieren los miembros de la familia?

2. En el segundo poema, ¿dónde crees que está el "allá" referido en las líneas dos y cinco?

3. ¿Quién crees que es "la una" y "la otra"?

4. ¿Por qué crees que su corazón está dividido? Explica tu respuesta.

La República Dominicana

El regalo de cumpleaños

Diógenes Valdez is a Dominican author who has written many acclaimed novels and short stories. In this story, the mother of David, a young Dominican, has spent years working in New York. In a letter to his mother, David tells her that everyone thinks that he should have more fun, that it is not good to be so sad, and that he must learn to smile. Read his mother's response and discover what the best gift is that she can give him.

ESTRATEGIA

In order to better understand a story, think about the culture that it represents. What do you know about the Dominican culture that can help you?

FCAT Reading Focus
LA.A.2.4.2
Determine the author's purpose and point of view

Querida mamá:

La abuela me ha dicho[1] que vendrás[2] pronto. Sé que dice esto para verme feliz, porque me paso mucho rato mirando tu fotografía y a veces los ojos se me llenan de lágrimas[3]. Comprendo que te fuiste a Nueva York a trabajar porque aquí cuesta mucho conseguir[4] un empleo.

En casa todos estamos bien, únicamente me preocupa[5] la abuela. Se pasa todo el día diciéndome que me divierta, que salga con los amigos, pero yo no siento deseos de hacerlo. Ha llegado a decirme que hace tiempo que no me ve sonreír[6], que parezco un niño viejo.

Sé que Nueva York es una gran ciudad y que allá se consigue de todo. Quiero que me traigas una sonrisa[7]. Estoy cansado de que me digan que no parezco feliz, sólo porque no sé sonreír.

Te quiere, tu hijo

David

Querido hijo:
Creo que tengo buenas noticias para ti. Voy a regresar pronto y aunque me pides algo que es difícil de conseguir[8], voy a hacer todo lo posible para complacerte[9]. Sé que costará mucho el conseguir esa sonrisa, pero puedes estar tranquilo. Espero estar contigo el mismo día de tu cumpleaños.

Tu madre que no te olvida,
Rebeca

1 has told me	4 to get	7 a smile
2 you will come	5 I worry about	8 to get
3 tears	6 to smile	9 to make you happy

oy es sábado 15 de agosto. Es el día del cumpleaños de David. En el aeropuerto, el niño mira los aviones[1] que despegan o aterrizan[2]. No se siente nervioso, ni emocionado. Contempla a su madre y tiene la esperanza de que en la cartera[3], envuelta primorosamente[4], venga esa sonrisa. La ve salir y un nudo[5] se le forma en la garganta. Ella corre a abrazarlo[6] y por un momento David se olvida de todo.

¡Mamá!—exclama David.

¡Hijo mío! —responde la madre.

¿Has traído[7] mi sonrisa? —se atreve a preguntarle.

Ella abre la cartera y le entrega un paquetito primorosamente envuelto.

¡Aquí está!—le dice—¡Ábrelo!

David lo toma entre sus manos temblorosas[8] y con los ojos llenos de lágrimas, responde:

¡Tengo miedo de hacerlo!

David comienza a abrir el pequeño paquete. Las manos le tiemblan cuando le quita la envoltura[9]. Abre la cajita, pero dentro tan sólo hay un papelito cuidadosamente doblado. Lo abre y lee:

"Querido hijo:

Mamá ha venido a quedarse definitivamente. Ya nunca más volverá a marcharse[10]."

Entonces David abrió los ojos y abrazó a su madre nuevamente. Sin darse cuenta comenzó[11] a sonreír.

1 airplanes	**7** Have you brought
2 take off or land	**8** shaking
3 purse	**9** takes off the
4 carefully wrapped	wrapping
5 knot	**10** She'll never go
6 to hug him	away again
	11 he began

Después de leer
FL.A.3.2.3, FL.C.2.1.1

1. ¿Por qué se fue a Nueva York la madre de David?
2. Según la abuela, ¿por qué debe divertirse David más? ¿Qué parece David, en su opinión?
3. ¿Qué le pide David a su madre?
4. En su carta, ¿cuándo dice que va a venir la madre de David?
5. ¿Cuál es el regalo que la madre le trae? Explica.

Perú

Ollantaytambo

The Incan warrior Ollanta was made immortal thanks to the famous Peruvian writer Juan Espinoza Medrano, who wrote the drama *Ollantay* during the colonial period. Many years later, in 1780, the story was presented to the public with great success. Read about the Incan people and this famous warrior for whom the legend is named.

ESTRATEGIA

Making predictions helps prepare you to read a passage. Read the first four lines of the text and, thinking about other legends that you know, try to guess what is going to happen in this Inca legend.

FL.C.1.2.1

Ollantay es el mejor guerrero[1] del imperio inca. Conquista regiones de la selva y lleva riquezas[2] al Inca Pachacútec.

Su casco de oro[3] le distingue como el más valiente. Todos lo admiran pero su corazón es de la princesa Cusi Coyllur.

Cuando Pachacútec se entera del amor entre el guerrero y la princesa se pone rojo de ira[4]. Castiga[5] a Ollantay y encierra a la princesa en una cueva[6].

Un día Ollantay se escapa y se convierte en jefe de los pueblos de los Andes. Gana todos los combates contra Rumiñahui, el general de Pachacútec.

Rumiñahui busca venganza[7]. Durante una fiesta emborracha[8] a los hombres de Ollantay y los hace prisioneros. El guerrero está ahora en manos del malvado Rumiñahui.

Pero en Cuzco hay un nuevo Inca, Tupac Yupanqui. Tupac es bueno y justo. Cusi Coyllur y Ollantay se casan al fin y viven en Tambo, una magnífica ciudad de piedra[9], levantada[10] al pie de la selva.

---

1 warrior   **2** riches   **3** golden helmet   **4** hatred   **5** He punishes
6 cave   **7** revenge   **8** he intoxicates   **9** rock   **10** raised

Datos geográficos

Ollantaytambo es un pueblo de la provincia de Urubamba, muy cerca de las famosas ruinas de Machu Picchu, al sur de Perú. En este pueblo todo ha permanecido[1] intacto y en sus casas siguen viviendo[2] los descendientes de sus primeros ocupantes. Allí se encuentra una antigua fortaleza inca, uno de los mejores ejemplos de la asombrosa[3] arquitectura de esta civilización. Muchas de las piedras en su construcción, de más de 96 toneladas[4], fueron transportadas desde lugares lejanos, pero aún no se sabe cómo.

1 has remained   **2** continue to live   **3** astonishing   **4** tons

Después de leer

FL.A.3.2.3, FL.C.2.1.1

1. ¿De quién está enamorado Ollantay?

2. ¿Qué hace el Inca Pachacútec al saber de ese amor?

3. ¿Qué hace Ollantay cuando se escapa de Pachacútec?

4. ¿Cómo se salva Ollantay del malvado Rumiñahui?

5. ¿Por qué es famoso hoy en día el pueblo Ollantaytambo?

6. ¿Cuál es el misterio de su construcción?

La Península Ibérica

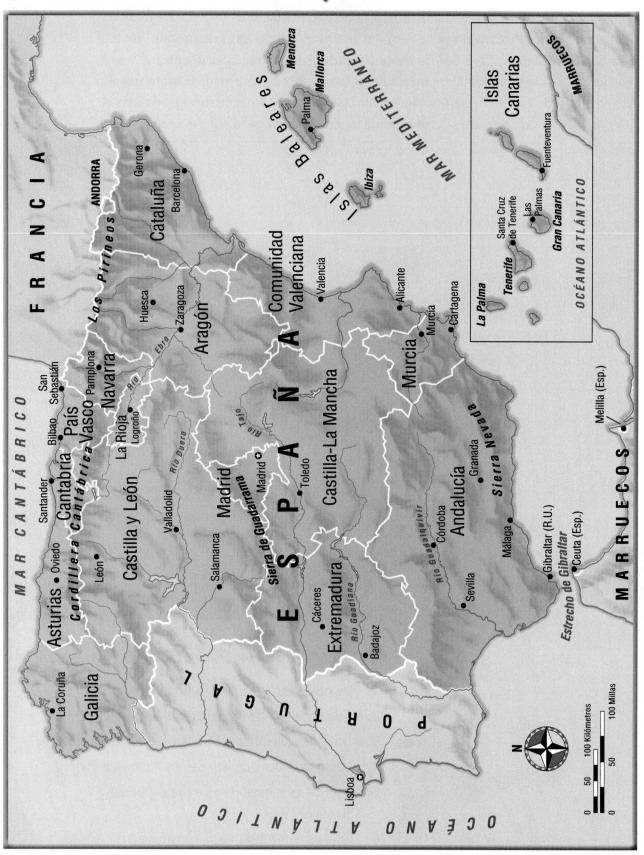

FRANCIA

ANDORRA

Cataluña
Gerona
Barcelona

Los Pirineos

Huesca
Zaragoza
Aragón

Río Ebro

San Sebastián
Bilbao
País Vasco
Pamplona
Navarra
La Rioja
Logroño

Santander
Cantabria
Cordillera Cantábrica

Oviedo
Asturias

León

Castilla y León
Valladolid

Salamanca

MAR CANTÁBRICO

La Coruña
Galicia

Madrid
Sierra de Guadarrama
Madrid

Río Duero

Río Tajo

Toledo

Castilla-La Mancha

E S P A Ñ A

Comunidad Valenciana
Valencia

Alicante

Murcia
Murcia
Cartagena

Islas Baleares

Menorca
Mallorca
Palma

Ibiza

MAR MEDITERRÁNEO

Extremadura
Cáceres
Badajoz

Río Guadiana

Andalucía
Córdoba
Sevilla

Río Guadalquivir

Granada
Sierra Nevada

Málaga

Gibraltar (R.U.)
Ceuta (Esp.)
Estrecho de Gibraltar

Melilla (Esp.)

P O R T U G A L

Lisboa

OCÉANO ATLÁNTICO

M A R R U E C O S

Islas Canarias

MARRUECOS

La Palma
Tenerife
Santa Cruz de Tenerife
Gran Canaria
Las Palmas
Fuenteventura

OCÉANO ATLÁNTICO

N

100 Kilómetros
100 Millas
50
50
50
0
0

México

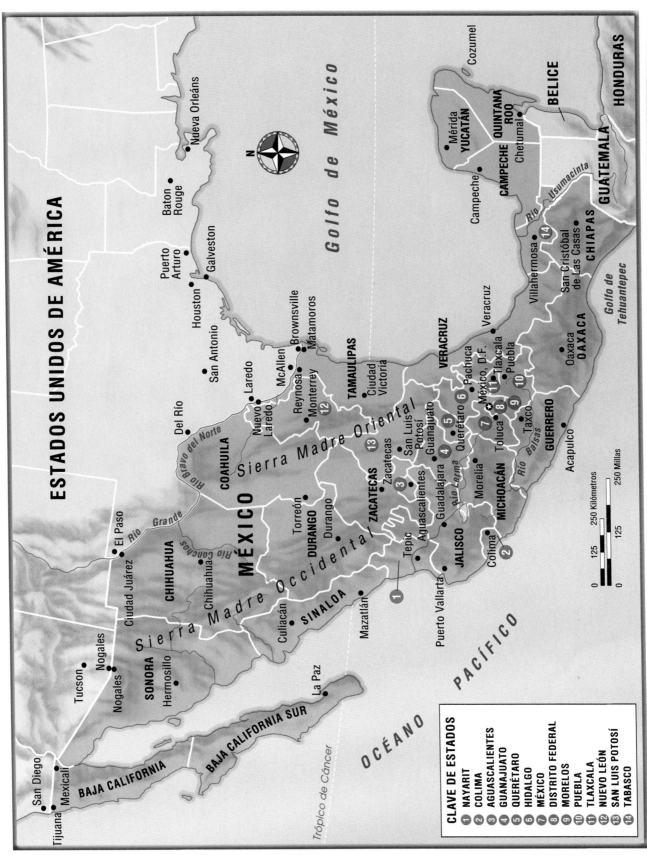

ESTADOS UNIDOS DE AMÉRICA

Golfo de México

Nueva Orleáns
Baton Rouge
Puerto Arturo
Galveston
Houston
San Antonio
Del Rio
El Paso
Ciudad Juárez
Tucson
Nogales
Nogales
Hermosillo
La Paz
San Diego
Tijuana
Mexicali

BAJA CALIFORNIA
BAJA CALIFORNIA SUR
SONORA
CHIHUAHUA
Chihuahua
COAHUILA
Torreón
DURANGO
Durango
SINALOA
Culiacán
Mazatlán
Tepic
Aguascalientes
Guadalajara
JALISCO
Colima
Puerto Vallarta

Rio Grande
Río Conchos
Río Bravo del Norte
Sierra Madre Occidental
Sierra Madre Oriental

MÉXICO

Laredo
Nuevo Laredo
McAllen
Reynosa
Brownsville
Matamoros
Monterrey
TAMAULIPAS
Ciudad Victoria
San Luis Potosí
ZACATECAS
Zacatecas
Guanajuato
Morelia
MICHOACÁN
Río Lerma
Río Balsas
Acapulco
GUERRERO
Taxco
Toluca

VERACRUZ
Veracruz
Pachuca
México, D.F.
Tlaxcala
Puebla
Oaxaca
OAXACA
Villahermosa
San Cristóbal de Las Casas
CHIAPAS
Golfo de Tehuantepec

YUCATÁN
Mérida
CAMPECHE
Campeche
QUINTANA ROO
Chetumal
Cozumel
Río Usumacinta
BELICE
GUATEMALA
HONDURAS

OCÉANO PACÍFICO

Trópico de Cáncer

250 Kilómetros
250 Millas
125
0
125
0

CLAVE DE ESTADOS
1 NAYARIT
2 COLIMA
3 AGUASCALIENTES
4 GUANAJUATO
5 QUERÉTARO
6 HIDALGO
7 MÉXICO
8 DISTRITO FEDERAL
9 MORELOS
10 PUEBLA
11 TLAXCALA
12 NUEVO LEÓN
13 SAN LUIS POTOSÍ
14 TABASCO

R3

Estados Unidos de América

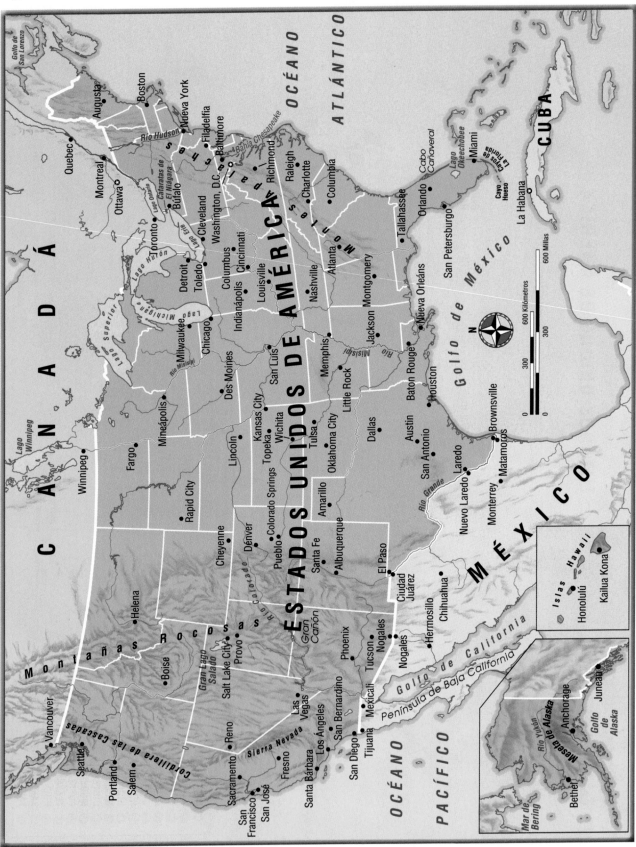

América Central y las Antillas

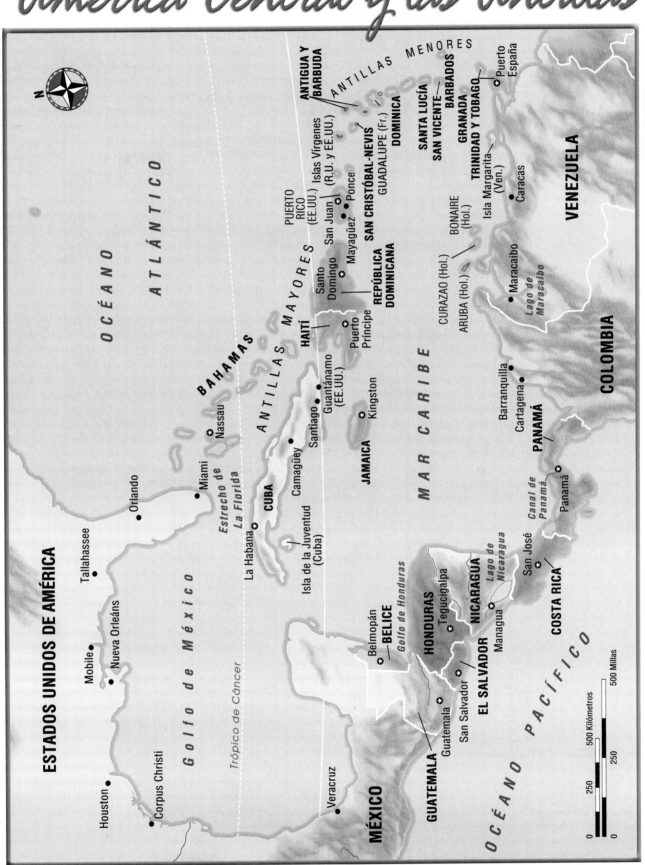

N

ESTADOS UNIDOS DE AMÉRICA

Houston

Corpus Christi

Mobile

Nueva Orleáns

Tallahassee

Orlando

Miami

Golfo de México

Trópico de Cáncer

Estrecho de La Florida

MÉXICO

Veracruz

GUATEMALA

Guatemala

San Salvador

EL SALVADOR

OCÉANO

PACÍFICO

500 Kilómetros

500 Millas

0   250   500

0   250   500

BELICE

Belmopán

Golfo de Honduras

HONDURAS

Tegucigalpa

NICARAGUA

Managua

Lago de Nicaragua

COSTA RICA

San José

PANAMÁ

Panamá

Canal de Panamá

OCÉANO

ATLÁNTICO

BAHAMAS

Nassau

La Habana

CUBA

Camagüey

Isla de la Juventud (Cuba)

Santiago

Guantánamo (EE.UU.)

ANTILLAS MAYORES

JAMAICA

Kingston

HAITÍ

Puerto Príncipe

Santo Domingo

REPÚBLICA DOMINICANA

PUERTO RICO (EE.UU.)

San Juan

Ponce

Mayagüez

Islas Vírgenes (R.U. y EE.UU.)

ANTILLAS MENORES

ANTIGUA Y BARBUDA

SAN CRISTÓBAL-NEVIS

GUADALUPE (Fr.)

DOMINICA

SANTA LUCÍA

SAN VICENTE

BARBADOS

GRANADA

TRINIDAD Y TOBAGO

Puerto España

CURAZAO (Hol.)

ARUBA (Hol.)

BONAIRE (Hol.)

Isla Margarita (Ven.)

Caracas

VENEZUELA

MAR CARIBE

Barranquilla

Cartagena

Lago de Maracaibo

Maracaibo

COLOMBIA

OCÉANO

R5

América del Sur

MAR DE LAS ANTILLAS

América Central

OCÉANO

ATLÁNTICO

Maracaibo • Caracas

Cartagena •

VENEZUELA Orinoco

Río

Medellín • Ciudad Bolívar

GUAYANA

SURINAM

Georgetown • Cayena

COLOMBIA Paramaribo •

• Bogotá

GUAYANA
FRANCESA

Islas
Galápagos
(Ecuador)

Quito ✪

Ecuador

Cordillera

Río Putumayo

Río

A m a z o n a s

Manaus •

Belén •

ECUADOR

Guayaquil • • Cuenca

de los

B R A S I L

PERÚ

Recife •

Andes

Lima ✪ • Cuzco

Salvador •

Lago
Titicaca La Paz ✪

Brasilia •

BOLIVIA

Sucre •

OCÉANO

Cordillera de los

PARAGUAY

Paraná

Río de Janeiro •

Asunción • San Pablo •

Trópico de Capricornio

CHILE Tucumán •

Río

PACÍFICO

ARGENTINA

Córdoba •

URUGUAY

Valparaíso • • Mendoza

• Montevideo

Santiago ✪

Buenos Aires

Río de la Plata

N

Bariloche •

OCÉANO

Cordillera de los Andes

ATLÁNTICO

0   500   1.000 Kilómetros

0   500   1.000 Millas

Estrecho de Magallanes

Islas
Malvinas
(R.U.)

Punta Arenas • Tierra del Fuego

Cabo de
Hornos

R6

Vocabulario adicional

This list includes additional vocabulary that you may want to use to personalize activities. If you can't find a word you need here, try the Spanish-English and English-Spanish vocabulary sections, beginning on page R24.

Materias *(School Subjects)*

el álgebra	*algebra*
el cálculo	*calculus*
la contabilidad	*accounting*
la física	*physics*
la geometría	*geometry*
el italiano	*Italian*
el japonés	*Japanese*
el latín	*Latin*
la literatura	*literature*
el ruso	*Russian*

Celebraciones *(Celebrations)*

el bautizo	*baptism*
la canción	*song*
El Día de los Reyes	*Three Kings Day*
la Pascua Florida	*Easter*
las Pascuas	*Christmas*
el Ramadán	*Ramadan*
Rosh Hashaná	*Rosh Hashanah*

Comida *(Food)*

el ají picante (el chile)	*hot pepper*
el aguacate	*avocado*
las arvejas	*peas*
el azúcar	*sugar*
la banana (el guineo)	*banana*
el batido	*milkshake*
la cereza	*cherry*
la coliflor	*cauliflower*
el champiñón (el hongo)	*mushroom*
los condimentos	*seasonings*
los fideos	*noodles*
el filete de pescado	*fish fillet*
la lechuga	*lettuce*
la mayonesa	*mayonnaise*
el melón	*cantaloupe*
la mostaza	*mustard*
la pimienta	*pepper*
la piña	*pineapple*
el plátano	*plantain*
la sal	*salt*
el yogur	*yogurt*

Computadoras *(Computers)*

arrastrar	*to drag*
la búsqueda	*search*
buscar	*to search*
comenzar la sesión	*to log on*
la contraseña, el código	*password*
el disco duro	*hard drive*
en línea	*online*
grabar	*to save*
hacer clic	*to click*
la impresora	*printer*
imprimir	*to print*
el marcapáginas, el separador	*bookmark*
el ordenador	*computer*
la página Web inicial	*homepage*
el ratón	*mouse*
la Red	*the Net*
la tecla de aceptación	*return key*
la tecla de borrar, la tecla correctora	*delete key*
el teclado	*keyboard*
terminar la sesión	*to log off*
la unidad de CD-ROM	*CD-ROM drive*
el Web, la Telaraña Mundial	*World Wide Web*

De compras *(Shopping)*

cobrar	*to charge*
el dinero en efectivo	*cash*
el descuento	*discount*
en venta	*for sale*
la rebaja	*sale, sale price*
regatear	*to bargain*
la tarjeta de crédito	*credit card*
el (la) vendedor, -ora	*salesperson*

Deportes y pasatiempos
(Sports and Hobbies)

el anuario	yearbook
las artes marciales	martial arts
la astronomía	astronomy
el ballet	ballet
el boxeo	boxing
coleccionar sellos (monedas, muñecas)	to collect stamps (coins, dolls)
coser	to sew
el drama	drama
la fotografía	photography
la gimnasia	gymnastics
jugar a las cartas	to play cards
jugar a las damas	to play checkers
la orquesta	orchestra
el patinaje en línea, (sobre hielo)	inline (ice) skating

En el consultorio (At the Clinic)

la alergia	allergy
el antibiótico	antibiotic
ponerle a alguien una inyección	to give someone a shot
el dolor	pain
los escalofríos	chills
estornudar	to sneeze
la gripe	flu
la medicina	medicine
las pastillas, las píldoras	pills, tablets
el síntoma	symptom
la tos	cough
toser	to cough

En el zoológico (At the Zoo)

el ave, las aves	bird, birds
el canguro	kangaroo
la cebra	zebra
el cocodrilo	crocodile
el delfín	dolphin
el elefante	elephant
el gorila	gorilla
el hipopótamo	hippopotamus
la jirafa	giraffe
el león	lion
la foca	seal
el mono, el chango	monkey
el oso	bear
el oso polar	polar bear
el pingüino	penguin
la serpiente	snake
el tigre	tiger

En el cine o el teatro
(At the Movies or Theater)

el actor	actor
actuar	to act
la actriz	actress
aplaudir	to applaud
la butaca	box seat
la escena	scene
el escenario	stage
el espectáculo	performance, show
la estrella	star
la pantalla	screen
el telón	curtain

En la casa (Around the House)

la alfombra	rug, carpet
el ático	attic
el balcón	balcony
las cortinas	curtains
el despertador	alarm clock
las escaleras	stairs
el espejo	mirror
el estante	bookcase
el fregadero	kitchen sink
la galería	porch
la lámpara	lamp
el lavamanos	bathroom sink
la lavadora	washing machine
la mesita de noche	nightstand
los muebles	furniture
la secadora	dryer

el sillón	easy chair
el sótano	basement
el timbre	doorbell
el tocador	dresser

En las afueras y en la ciudad
(Places around Town)

la autopista	highway
el banco	bank
la esquina	street corner
la estación de autobuses (trenes)	bus (train) station
la fábrica	factory
la ferretería	hardware store
la farmacia	drugstore
la gasolinera	gas station
el hospital	hospital
la mezquita	mosque
el mercado	market
la oficina	office
la parada de autobuses	bus stop
la peluquería	barbershop
el puente	bridge
el rascacielos	skyscraper
el salón de belleza	beauty salon
el semáforo	traffic light
el supermercado	supermarket

Instrumentos musicales
(Musical Instruments)

el acordeón	accordion
el arpa	harp
la armónica	harmonica
el bajo	bass
la batería	drum set
el clarinete	clarinet
la flauta dulce	recorder
la flauta	flute
la guitarra	guitar
la mandolina	mandolin
las maracas	maracas
el oboe	oboe
el saxofón	saxophone
el sintetizador	synthesizer
el tambor	drum
el trombón	trombone
la trompeta	trumpet
la tuba	tuba
la tumbadora	conga drum
la viola	viola
el violín	violin

La familia (Family)

el (la) ahijado(a)	godson, goddaughter
el (la) bisabuelo(a)	great-grandfather, great-grandmother
el (la) biznieto(a)	great-grandson, great-granddaughter
el (la) cuñado(a)	brother-in-law, sister-in-law
el (la) hijastro(a)	stepson, stepdaughter
la madrina	godmother
la madrastra	stepmother
la nuera	daughter-in-law
el padrino	godfather
el padrastro	stepfather
el (la) suegro(a)	father-in-law, mother-in-law
el yerno	son-in-law

Palabras descriptivas
(Descriptive Words)

amistoso(a)	*friendly*
la barba	*beard*
bien educado(a)	*well-mannered*
el bigote	*mustache*
calvo(a)	*bald*
la estatura	*height*
flaco(a)	*skinny*
lindo(a)	*pretty*
las pecas	*freckles*
las patillas	*sideburns*
el pelo lacio	*straight hair*
el pelo rizado	*curly hair*
pesar	*to weigh*
tranquilo(a)	*quiet*

Partes del cuerpo *(Parts of the Body)*

la barbilla	*chin*
las cejas	*eyebrows*
la cintura	*waist*
el codo	*elbow*
la frente	*forehead*
los labios	*lips*
la muñeca	*wrist*
el muslo	*thigh*
las pestañas	*eyelashes*
la rodilla	*knee*
la sien	*temple*
el tobillo	*ankle*
la uña	*nail*

Profesiones *(Professions)*

el (la) abogado(a)	*lawyer*
el (la) arquitecto(a)	*architect*
el (la) bombero(a)	*firefighter*
el (la) cartero(a)	*mail carrier*
el (la) cocinero(a)	*cook*
el (la) conductor, -ora	*driver*
el (la) constructor, -ora	*builder*
el (la) decorador, -ora	*interior decorator*
el (la) dentista	*dentist*
el (la) detective	*detective*
el (la) enfermero(a)	*nurse*
el (la) escritor, -ora	*writer*
el hombre (la mujer) de negocios	*businessman, businesswoman*
el (la) ingeniero(a)	*engineer*
el (la) médico(a)	*doctor*
el (la) piloto(a)	*pilot*
el (la) (mujer) policía	*police officer*
el (la) secretario(a)	*secretary*

Regalos *(Gifts)*

la agenda	*agenda, daily planner*
el álbum	*album*
el animal de peluche	*stuffed animal*
los bombones	*chocolates*
el calendario	*calendar*
los claveles	*carnations*
la colonia	*cologne*
las flores	*flowers*
el llavero	*key chain*
el perfume	*perfume*
el rompecabezas	*puzzle*
las rosas	*roses*

Ropa *(Clothes)*

la bata	*robe*
la bufanda	*scarf*
el chaleco	*vest*
las chancletas	*flip-flops*
la corbata	*tie*
los guantes	*gloves*
las medias	*socks, stockings, hose*
las pantuflas, las zapatillas	*slippers*
el pañuelo	*handkerchief*
el paraguas	*umbrella*
la ropa interior	*underwear*
los tacones, los zapatos de tacón	*high heels*

Temas de actualidad *(Current Issues)*

el bosque tropical	*rain forest*
la contaminación	*pollution*
el crimen	*crime*
los derechos humanos	*human rights*
la economía	*economy*
la educación	*education*
la guerra	*war*

el medio ambiente	environment
el mundo	world
las noticias	news
la paz	peace
la política	politics
la tecnología	technology
la violencia	violence

Vacaciones (Vacation)

la agencia de viajes	travel agency
el andén	train platform
el asiento	seat
los cheques de viajero	traveler's checks
hacer una reservación	to make a reservation
el horario	schedule, timetable
el mar	sea

la parada	stop
el pasillo	aisle
reservado(a)	reserved
la ventanilla	window
la visa	visa
visitar los lugares de interés	to sightsee
volar	to fly

Refranes (Proverbs)

Más vale pájaro en mano que cien volando.
A bird in the hand is worth two in the bush.

Hijo no tenemos y nombre le ponemos.
Don't count your chickens before they're hatched.

Quien primero viene, primero tiene.
The early bird catches the worm.

Más vale tarde que nunca.
Better late than never.

El hábito no hace al monje.
Clothes don't make the man.

Más ven cuatro ojos que dos.
Two heads are better than one.

Querer es poder.
Where there's a will, there's a way.

Ojos que no ven, corazón que no siente.
Out of sight, out of mind.

No todo lo que brilla es oro.
All that glitters is not gold.

Caras vemos, corazones no sabemos.
You can't judge a book by its cover.

Donde una puerta se cierra, otra se abre.
Every cloud has a silver lining.

En boca cerrada no entran moscas.
Silence is golden.

Dime con quién andas y te diré quién eres.
Birds of a feather flock together.

Al mal tiempo buena cara.
When life gives you lemons, make lemonade.

Antes que te cases mira lo que haces.
Look before you leap.

Expresiones de ¡Exprésate!

Functions are the ways in which you use a language for particular purposes. In specific situations, such as in a restaurant, in a grocery store, or at school, you will want to communicate with those around you. In order to do that, you have to "function" in Spanish: you place an order, make a purchase, or talk about your class schedule.

Here is a list of the functions presented in this book along with the Spanish expressions you'll need to communicate in a wide range of situations. Following each function is the chapter and page number from the book where it is introduced.

Socializing

Greetings
Ch. 1, p. 8
> Buenos días, señor.
> Buenas noches, señora.
> Buenas tardes, señorita.

Saying Goodbye
Ch. 1, p. 8
> Adiós.   Hasta mañana.
> Tengo que irme.   Nos vemos.
> Hasta luego.   Hasta pronto.
> Buenas noches.

Asking how someone is and saying how you are
Ch. 1, p. 8
> Hola, ¿cómo estás?   Estoy bien/regular/mal.
> ¿Cómo está usted?
> ¿Qué tal?   Más o menos. ¿Y tú?

Introducing people
Ch. 1, p. 10
> Éste(a) es... Es un(a)   Encantado(a).
>   compañero(a)   Mucho gusto.
>   de clase.   Igualmente.
> Ésta es... (Ella) es   Éste es... (Él) es
>   mi profesora de...   mi profesor de...

Inviting others to do something
Ch. 4, p. 134
> ¿Qué tal si vamos a...?
> No sé. ¿Sabes qué? No tengo ganas.
> Vienes conmigo a..., ¿no?
> ¡Claro que sí! Tengo mucha hambre.
> Hay un concierto...
>   Vas a ir, ¿verdad?
> No, no voy a ir. Tengo que...

Talking on the phone
Ch. 8, p. 287
> Aló/Bueno/Diga.
> Hola. ¿Está...?
> ¿De parte de quién?
> Habla...
> Espera un momento, ya te lo (la) paso.
> Lo siento, no está. ¿Quieres dejarle un recado?
> No, gracias. Llamo más tarde.
> Sí, por favor, que me llame después.

Greetings, introducing others, and saying goodbye
Ch. 9, p. 325
> ¡Qué gusto verte!   ¡Tanto tiempo sin verte!
> ¿Qué hay de nuevo?   Lo de siempre.
> Te presento a...   Tanto gusto.
> ¡Feliz...!   Chao, te llamo más tarde.
> Cuídate.   Vale. Que te vaya bien.

Exchanging Information

Asking and giving names
Ch. 1, p. 6
> ¿Cómo te llamas?
> ¿Cómo se llama usted?
> Me llamo...
> Soy...
> ¿Quién es...?
> Él (Ella) es...
> ¿Cómo se llama (él/ella)?
> (Él/Ella) se llama...

Saying where you and others are from
Ch. 1, p. 11
> ¿De dónde eres?   ¿De dónde es usted?
> Soy de...   ¿De dónde es...?
> Es de...

Asking and giving phone numbers
Ch. 1, p. 19
¿Cuál es tu teléfono?
Es tres-dos-cinco-uno-dos-tres-uno.
¿Cuál es el teléfono de...?
Es...

Saying what time it is
Ch. 1, p. 20
¿Qué hora es?
Son las... y cuarto de la mañana.
Es la una en punto.
Son las... y trece de la tarde.
Son las... y media de la tarde.
Son las... menos cuarto.
Son las... menos diez de la noche.
Es mediodía.
Es medianoche.

Asking and giving the date and the day
Ch. 1, p. 21
¿Qué fecha es hoy?
Es el primero (dos, tres...) de enero.
¿Qué día es hoy?
Hoy es...

Asking how words are spelled and giving e-mail addresses
Ch. 1, p. 23
¿Cómo se escribe...?
Se escribe...
¿Cuál es tu correo electrónico?
Es...
¿Cuál es el correo electrónico de...?
Es eme punto ge-o-ene-zeta-a-ele-o arroba
    ere-e-de punto hache-ere-uve doble punto
    a-ere.

Describing people
Ch. 2, p. 45
¿Cómo es...?
... es moreno(a). También es... y un poco...
¿Cómo eres? ¿Eres cómico(a)?
Sí, soy bastante cómico(a).

Asking and saying how old someone is
Ch. 2, p. 47
¿Cuántos años tienes?
Tengo ... años.
¿Cuántos años tiene...?
... tiene ... años.
¿Cuándo es tu cumpleaños?
Es el 6 de mayo.
¿Cuándo es el cumpleaños de...?
Es el...

Describing things
Ch. 2, p. 58
¿Cómo es...?   Es...
Es (muy)...   Es algo...
Es bastante...

Talking about what you and others want to do
Ch. 3, p. 85
¿Qué quieres hacer hoy?
Ni idea.
¿Quieres ir a... conmigo?
Está bien.
No, gracias. No quiero ir a... hoy.

Talking about everyday activities
Ch. 3, p. 95
¿Qué haces los fines de semana?
Los sábados, cuando hace buen tiempo, voy...
¿Qué hace... cuando hace mal tiempo?
Le gusta...
No va a ninguna parte.

Asking and saying how often
Ch. 3, p. 96
¿Con qué frecuencia vas a...?
Casi nunca. No me gusta...
¿Te gusta...?
Sí. Después de clases, casi siempre vamos a...
A veces vamos también a...

Talking about what you and others have or need
Ch. 4, p. 121
¿Necesitas algo para el colegio?
Sí, necesito muchas cosas.
No, no necesito nada.
¿Necesitas...?
Sí, necesito...
¿Tienes...?
Sí, tengo un montón.
No, no tengo.

Talking about classes
Ch. 4, p. 122
¿Qué clases tienes...?
Primero tengo... y después tengo...
¿Cuál es tu materia preferida?
Mi materia preferida es... Es fácil.
No me gusta la clase de... porque es difícil.

Talking about plans
Ch. 4, p. 133
¿Vas a ir a... el... por la...?
No. Tengo...
¿Qué vas a hacer el... próximo?
Voy a..., y después...
    Luego regreso a...

¿A qué hora vas a llegar a...?
Voy a llegar temprano (a tiempo).
  No me gusta llegar tarde.

Describing people and family relationships
Ch. 5, p. 159

¿Cuántas personas hay en tu familia?
En mi familia somos... personas.
¿Cómo es tu familia?
Somos... y tenemos... Todos usamos lentes.
  Mi... está en una silla de ruedas.
¿Cómo es tu...?
Es... Es una persona... (Él/Ella) y mi...
  tienen... hijos pero no tienen...

Describing where someone lives
Ch. 5, p. 171

¿Dónde viven ustedes?
Vivimos en un apartamento. Está en un
  edificio... de... pisos.
¿Cuál es tu dirección?
Es calle..., número...
¿Cómo es tu casa?
Es bastante... Tiene... habitaciones,...

Talking about your responsibilities
Ch. 5, p. 172

¿Qué te parece tener que ayudar en casa?
A veces tengo que..., pero me parece bien.
  No es gran cosa.
A mí siempre me toca... ¡Qué lata!
¿Qué te toca hacer a ti?
A menudo tengo que...
A... nunca le toca... Me parece injusto.

Commenting on food
Ch. 6, p. 197

¿Qué tal si pruebas...? Son muy buenos(as)
  aquí.
¡Ay, no! Nunca pido... No me gusta.
Aquí preparan muy bien (mal)...
  (No) estoy de acuerdo.
¡Qué ricos(as) están...!
Sí, me encantan.
¿Qué tal está(n)...?
Está(n) un poco...

Talking about meals
Ch. 6, p. 209

¿Qué desayunas?
Siempre desayuno...
¿Qué quieres hoy de almuerzo?
¿Qué tal si almorzamos...?
¿Qué hay de cena? Tengo mucha hambre.
Vamos a cenar...

Talking about your daily routine
Ch. 7, p. 235

¿Estás listo(a)? ¿Qué te falta hacer?
¡Ay, no! Acabo de levantarme. Tengo que... antes
  de...
¿Qué tienes que hacer para prepararte?
Tengo que..., pero no encuentro...

Talking about staying fit and healthy
Ch. 7, p. 237

¿Cómo te mantienes en forma?
... y... Entreno...
¿Qué haces para relajarte?
... También... o...

Offering and asking for help in a store
Ch. 8, p. 275

¿En qué le puedo servir?
Busco...
Nada más estoy mirando.
Quiero devolver... Lo/La necesito en otro(a)...
¿Qué número/talla usa?
Uso el/la...
¿Cómo le queda(n)...?
Me queda(n) bien/mal.
Necesito una talla más grande/pequeña.
¿A qué hora cierra la tienda?
Cierra a las...

Saying where you went and what you did
Ch. 8, p. 285

¿Adónde fuiste anoche/ayer/anteayer?
Fui a... a...
¿Qué hiciste el fin de semana pasado?
Pagué una fortuna.

Talking about your plans
Ch. 9, p. 311

¿Qué vas a hacer...?
Pienso... o...
¿Qué planes tienen para...?
Pensamos pasarlo(la) con..., como siempre.

Talking about past holidays
Ch. 9, p. 312

¿Dónde pasaron... el año pasado?
Lo (La) pasamos en casa de...
¿Qué tal estuvo?
Estuvo a todo dar. Nos reunimos a...

Preparing for a party
Ch. 9, p. 323

¿Está todo listo para la fiesta?
¿Ya terminaste con los preparativos?
Sí. Anoche compré... y preparé...
¿Qué están haciendo...?
Están colgando...

Asking for and giving information
Ch. 10, p. 349

¿Me puede decir dónde está(n)...?
Está(n) a la vuelta.
¿Sabe Ud. a qué hora sale el vuelo...? No quiero perderlo.
Lo puede ver allí en esa pantalla.
Sí, sale/llega a las...
¿Dónde se puede conseguir...?
Lo siento, no sé.

Reminding and reassuring
Ch. 10, p. 351

¿Ya sacaste el dinero?
Sí, ya lo saqué.
No, todavía no. Debo pasar por el cajero automático.
¿Ya hiciste la maleta?
No, todavía tengo que hacerla.
¡Ay, dejé... en casa!
No te preocupes. Puedes comprar... en cualquier tienda.

Talking about a trip
Ch. 10, p. 361

¿Qué tal el viaje?
¡Fue estupendo!
¡Fue horrible!
¿Adónde fueron?
Fuimos a...
¿Qué hicieron?
Conocimos... y sacamos muchas fotos.
Luego pasamos por... y por fin...

Expressing Attitudes and Opinions

Talking about what you and others like
Ch. 2, p. 57

¿Te gusta(n)...?	Sí, me gusta(n) mucho.
No, no me gusta(n).	¿Te gusta(n) más... o...?
Me gusta(n) más...	Me da igual.

Talking about what you and others like to do
Ch. 3, p. 83

¿Qué te gusta hacer?	A mí me gusta...
¿A... les gusta...?	Sí, porque les gusta...

Asking for and giving opinions
Ch. 8, p. 273

¿Qué te parece el (la)...?
Me parece... y cuesta mucho. ¡Es un robo!
¿Cómo me queda el (la)...?
Te queda muy bien. Y está a la (última) moda.
¿Y el (la)...? Cuesta... dólares.

¡Qué caro(a)! Además, está pasado(a) de moda.
El (La)... es una ganga, ¿verdad?
Tienes razón. Es muy barato(a).

Expressing hopes and wishes
Ch. 10, p. 363

Algún día me gustaría...
Si tengo suerte, voy a...
Quiero conocer...
Espero ver...

Expressing Feelings and Emotions

Talking about how you feel
Ch. 7, p. 247

Te veo mal.
Es que estoy enfermo(a). Tengo catarro.
¿Qué te pasa? ¿Te duele algo?
Me siento (un poco)... y me duele...
¿Qué tiene...? ¿Está...?
Le duele...

Persuading

Taking someone's order and requesting something
Ch. 6, p. 198

¿Qué desea (usted)?
Quisiera...
¿Y para tomar?
Para tomar, quiero...
¿Desea algo de postre?
Sí, ¿me trae...?
¿Algo más?
¿Nos trae..., por favor?

Offering help and giving instructions
Ch. 6, p. 211

¿Necesitas ayuda?
Sí, saca... y ponlo(a) en el horno (el microondas).
¿Puedo ayudar?
Saca... del refrigerador.
¿Por qué no preparas...?
¿Pongo la mesa?
Sí, ponla, por favor.

Giving advice
Ch. 7, p. 248

¿Sabes qué? Comes muy mal. No debes comer tanto dulce ni grasa.
Para cuidarte mejor, debes... ¿Por qué no... más temprano?
No debes...

Síntesis gramatical

NOUNS AND ARTICLES

Gender of Nouns

In Spanish, nouns (words that name a person, place, or thing) are grouped into two classes or genders: masculine and feminine. All nouns, both persons and objects, fall into one of these groups. Most nouns that end in **-o** are masculine, and most nouns that end in **-a, -ción, -tad,** and **-dad** are feminine. Some nouns, such as **estudiante** and **cliente,** can be either masculine or feminine.

Masculine Nouns	Feminine Nouns
libro	casa
chico	universidad
cuaderno	situación
bolígrafo	mesa
vestido	libertad

FORMATION OF PLURAL NOUNS

	Add **-s** to nouns that end in a vowel.		Add **-es** to nouns that end in a consonant.		With nouns that end in **-z,** the **-z** changes to a **-c.**	
SINGULAR	libro	casa	profesor	papel	vez	lápiz
PLURAL	libros	casas	profesores	papeles	veces	lápices

Definite Articles

There are words that signal the gender of the noun. One of these is the *definite article.* In English, there is one definite article: *the.* In Spanish, there are four: **el, la, los, las.**

SUMMARY OF DEFINITE ARTICLES

	Masculine	Feminine
SINGULAR	**el** chico	**la** chica
PLURAL	**los** chicos	**las** chicas

CONTRACTIONS

a + el → **al**
de + el → **del**

Indefinite Articles

Another group of words that are used with nouns are the *indefinite articles:* **un, una,** (*a* or *an*) and **unos, unas** (*some* or *a few*).

	Masculine	Feminine
SINGULAR	**un** chico	**una** chica
PLURAL	**unos** chicos	**unas** chicas

Pronouns

Subject Pronouns	Direct Object Pronouns	Indirect Object Pronouns	Objects of Prepositions	Reflexive Pronouns
yo	me	me	mí	me
tú	te	te	ti	te
él, ella, usted	lo, la	le	él, ella, usted	se
nosotros, nosotras	nos	nos	nosotros, nosotras	nos
vosotros, vosotras	os	os	vosotros, vosotras	os
ellos, ellas, ustedes	los, las	les	ellos, ellas, ustedes	se

ADJECTIVES

Adjectives are words that describe nouns. The adjective must agree in gender (masculine or feminine) and number (singular or plural) with the noun it modifies. Adjectives that end in **-e** or a consonant only agree in number.

		Masculine	Feminine
Adjectives that end in **-o** or **-a**	SINGULAR	chico alt**o**	chica alt**a**
	PLURAL	chicos alt**os**	chicas alt**as**
Adjectives that end in **-e**	SINGULAR	chico inteligent**e**	chica inteligent**e**
	PLURAL	chicos inteligent**es**	chicas inteligent**es**
Adjectives that end in a consonant	SINGULAR	examen difícil	clase difícil
	PLURAL	exámenes difícil**es**	clases difícil**es**

Demonstrative Adjectives

	Masculine	Feminine		Masculine	Feminine
SINGULAR	**este** chico	**esta** chica	SINGULAR	**ese** chico	**esa** chica
PLURAL	**estos** chicos	**estas** chicas	PLURAL	**esos** chicos	**esas** chicas

When demonstratives are used as pronouns, they match the gender and number of the noun they replace and are written with an accent mark: **éste, éstos, ésta, éstas, ése, ésos, ésa, ésas.**

Possessive Adjectives

These words also modify nouns and show ownership or relationships between people (*my* car, *his* book, *her* mother).

Singular		Plural	
Masculine	Feminine	Masculine	Feminine
mi libro	**mi** casa	**mis** libros	**mis** casas
tu libro	**tu** casa	**tus** libros	**tus** casas
su libro	**su** casa	**sus** libros	**sus** casas
nuestro libro	**nuestra** casa	**nuestros** libros	**nuestras** casas
vuestro libro	**vuestra** casa	**vuestros** libros	**vuestras** casas

Comparatives

Comparatives are used to compare people or things. With comparisons of inequality, the same structure is used with adjectives, adverbs, or nouns. With comparisons of equality, **tan** is used with adjectives and adverbs, and **tanto/a/os/as** with nouns.

COMPARISONS OF INEQUALITY

COMPARISONS OF EQUALITY

tan + adjective or adverb + **como**
tanto/a/os/as + noun + **como**

These adjectives have irregular comparative forms.

bueno(a) *good*	malo(a) *bad*	joven *young*	viejo(a) *old*
mejor(es) *better*	**peor(es)** *worse*	**menor(es)** *younger*	**mayor(es)** *older*

Ordinal Numbers

Ordinal numbers are used to express ordered sequences. They agree in number and gender with the noun they modify. The ordinal numbers **primero** and **tercero** drop the final **o** before a singular, masculine noun. Ordinal numbers are seldom used after 10. Cardinal numbers are used instead: **Alfonso XIII, Alfonso Trece.**

1st	primero/a	5th	quinto/a	9th	noveno/a
2nd	segundo/a	6th	sexto/a	10th	décimo/a
3rd	tercero/a	7th	séptimo/a		
4th	cuarto/a	8th	octavo/a		

Affirmative and Negative Expressions

Affirmative	Negative
algo	nada
alguien	nadie
alguno (algún), -a	ninguno (ningún), -a
o ... o	ni ... ni
siempre	nunca

Interrogative words

¿Adónde?	¿Cuándo?	¿De dónde?	¿Qué?
¿Cómo?	¿Cuánto(a)?	¿Dónde?	¿Quién(es)?
¿Cuál(es)?	¿Cuántos(as)?	¿Por qué?	

Adverbs

Adverbs make the meaning of a verb, an adjective, or another adverb more definite. These are some common adverbs of frequency.

siempre	*always*	**casi nunca**	*almost never*
nunca	*never*	**a veces**	*sometimes*
todos los días	*every day*		

Prepositions

Prepositions are words that show the relationship of a noun or pronoun to another word. These are common prepositions in Spanish.

a	*to*	**delante**	*before*	**hacia**	*toward*
al lado de	*next to*	**desde**	*from*	**hasta**	*until*
antes de	*before*	**detrás de**	*behind*	**para**	*for, in order to*
con	*with*	**en**	*in, on*	**por**	*for, by*
de	*of, from*	**encima de**	*over, on top of*	**sin**	*without*
debajo de	*under*				

VERBS

Present Tense of Regular Verbs

In Spanish, we use a formula to conjugate regular verbs. The endings change in each person, but the stem of the verb remains the same.

Infinitive	habl**ar**		com**er**		escrib**ir**	
Present	habl**o**	habl**amos**	com**o**	com**emos**	escrib**o**	escrib**imos**
	habl**as**	habl**áis**	com**es**	com**éis**	escrib**es**	escrib**ís**
	habl**a**	habl**an**	com**e**	com**en**	escrib**e**	escrib**en**

Verbs with Irregular *yo* Forms

hacer		poner		saber		salir		traer	
hago	hacemos	**pongo**	ponemos	**sé**	sabemos	**salgo**	salimos	**traigo**	traemos
haces	hacéis	pones	ponéis	sabes	sabéis	sales	salís	traes	traéis
hace	hacen	pone	ponen	sabe	saben	sale	salen	trae	traen

tener		venir		ver		conocer	
tengo	tenemos	**vengo**	venimos	**veo**	vemos	**conozco**	conocemos
tienes	tenéis	vienes	venís	ves	veis	conoces	conocéis
tiene	tienen	viene	vienen	ve	ven	conoce	conocen

Verbs with Irregular Forms

ser		estar		ir	
soy	somos	estoy	estamos	voy	vamos
eres	sois	estás	estáis	vas	vais
es	son	está	están	va	van

Present Progressive

The present progressive in English is formed by using the verb *to be* plus the *-ing* form of another verb. In Spanish, the present progressive is formed by using the verb **estar** plus the **-ndo** form of another verb.

-ar verbs	**-er** and **-ir** verbs
hablar → estoy habl**ando** trabajar → está trabaj**ando**	comer → estamos com**iendo** escribir → estás escrib**iendo**

> For **-er** and **-ir** verbs with a stem that ends in a vowel, the **-iendo** changes to **-yendo**:
>
> leer → están le**yendo**

Stem-Changing Verbs

In Spanish, some verbs have an irregular stem in the present tense. The final vowel of the stem changes from **e → ie, o → ue, u → ue,** and **e → i** in all forms except **nosotros** and **vosotros**.

e → ie		o → ue		u → ue		e → i	
preferir		**poder**		**jugar**		**pedir**	
pref**ie**ro	preferimos	p**ue**do	podemos	j**ue**go	jugamos	p**i**do	pedimos
pref**ie**res	preferís	p**ue**des	podéis	j**ue**gas	jugáis	p**i**des	pedís
pref**ie**re	pref**ie**ren	p**ue**de	p**ue**den	j**ue**ga	j**ue**gan	p**i**de	p**i**den

Some **e → ie** stem-changing verbs are:		Some **o → ue** stem-changing verbs are:		Some **e → i** stem-changing verbs are:
empezar	venir	almorzar	dormir	vestirse
pensar	merendar	llover	probar	servir
querer	calentar	encontrar	acostarse	
nevar	tener	volver	costar	

The Verbs *gustar* and *encantar*

The verb endings for **gustar** and **encantar** always agree with what is liked or loved. The indirect object pronouns always precede the verb forms.

gustar (to like)		encantar (to really like or love)	
one thing: **me** **te** **le** } **gusta** **nos** **os** **les**	more than one: **me** **te** **le** } **gustan** **nos** **os** **les**	one thing: **me** **te** **le** } **encanta** **nos** **os** **les**	more than one: **me** **te** **le** } **encantan** **nos** **os** **les**

Verbs with Reflexive Pronouns

If the subject and object of a verb are the same, include the reflexive pronoun with the verb.

lavarse		ponerse		vestirse	
me lavo	**nos** lavamos	**me** pongo	**nos** ponemos	**me** visto	**nos** vestimos
te lavas	**os** laváis	**te** pones	**os** ponéis	**te** vistes	**os** vestís
se lava	**se** lavan	**se** pone	**se** ponen	**se** viste	**se** visten

Here are other verbs with reflexive pronouns.

acostarse **afeitarse**	**bañarse** **levantarse**	**maquillarse** **peinarse**	**secarse** **sentirse**

Preterite of Regular and Irregular Verbs

The preterite is used to talk about what happened at a specific point in time.

Infinitive	Preterite of Regular Verbs	
habl**ar**	*I* habl**é** *speak*	habl**amos** *we*
	you habl**aste**	habl**asteis** *you guys*
	H/S habl**ó**	habl**aron** *they*
com**er**	com**í**	com**imos**
	com**iste**	com**isteis**
	com**ió**	com**ieron**
escrib**ir**	escrib**í**	escrib**imos**
	escrib**iste**	escrib**isteis**
	escrib**ió**	escrib**ieron**

hacer	ir	ser	ver
hice	fui	fui	vi
hiciste	fuiste	fuiste	viste
hizo	fue	fue	vio
hicimos	fuimos	fuimos	vimos
hicisteis	fuisteis	fuisteis	visteis
hicieron	fueron	fueron	vieron

sacar	llegar	comenzar
saqué	llegué	comencé
sacaste	llegaste	comenzaste
sacó	llegó	comenzó
sacamos	llegamos	comenzamos
sacasteis	llegasteis	comenzasteis
sacaron	llegaron	comenzaron

Imperative Mood

The imperative is used to tell people to do things. Its forms are sometimes referred to as *commands*. Regular affirmative commands are formed by dropping the **s** from the end of the **tú** form of the verb. For negative commands, switch the **-as** ending to **-es** and the **-es** ending to **-as.**

(tú) hablas → habla (no hables)	you speak → speak (don't speak)
(tú) escribes → escribe (no escribas)	you write → write (don't write)
(tú) pides → pide (no pidas)	you ask for → ask for (don't ask for)

Some verbs have irregular **tú** imperative forms.

tener → ten (no tengas)	ser → sé (no seas)
venir → ven (no vengas)	hacer → haz (no hagas)
poner → pon (no pongas)	salir → sal (no salgas)
ir → ve (no vayas)	decir → di (no digas)

The Verbs *ser* and *estar*

Both **ser** and **estar** mean *to be*, but they differ in their uses.

Use **ser:**
1. with nouns to identify and define the subject
   La mejor estudiante de la clase es Katia.
2. with **de** to indicate place of origin, ownership, or material
   Carmen es de Venezuela.
   Este libro es de mi abuela.
   La blusa es de algodón.
3. to describe identifying characteristics, such as physical and personality traits, nationality, religion, and profession
   Mi tío es profesor. Es simpático e inteligente.
4. to express the time, date, season, or where an event is taking place
   Hoy es sábado y la fiesta es a las ocho.

Use **estar:**
1. to indicate location or position of the subject (but not events)
   Lima está en Perú.
2. to describe a condition that is subject to change
   Maricarmen está triste.
3. with the present participle (**-ndo** form) to describe an action in progress
   Mario está escribiendo un poema.
4. to convey the idea of *to look, to feel, to seem, to taste*
   Tu hermano está muy guapo hoy.
   La sopa está deliciosa.

Common Expressions

EXPRESSIONS WITH *TENER*

tener ... años	to be . . . years old	**tener (mucha) prisa**	to be in a (big) hurry
tener mucho calor	to be very hot	**tener que**	to have to
tener ganas de...	to feel like . . .	**tener (la) razón**	to be right
tener mucho frío	to be very cold	**tener mucha sed**	to be very thirsty
tener mucha hambre	to be very hungry	**tener mucho sueño**	to be very sleepy
tener mucho miedo	to be very afraid	**tener mucha suerte**	to be very lucky

EXPRESSIONS OF TIME

To ask how long someone has been doing something, use:
¿Cuánto tiempo hace que + present tense?

To say how long someone has been doing something, use:
    Hace + quantity of time + **que** + present tense.
    Hace **seis meses** que **vivo en Los Ángeles.**
You can also use:
    present tense + **desde hace** + quantity of time
    Vivo en Los Ángeles desde hace **seis meses.**

WEATHER EXPRESSIONS

Hace muy buen tiempo.	The weather is very nice.
Hace mucho calor.	It's very hot.
Hace fresco.	It's cool.
Hace mucho frío.	It's very cold.
Hace muy mal tiempo.	The weather is very bad.
Hace mucho sol.	It's very sunny.
Hace mucho viento.	It's very windy.
But:	
Está lloviendo mucho.	It's raining a lot.
Hay mucha neblina.	It's very foggy.
Está nevando.	It's snowing.
Está nublado.	It's overcast.

Vocabulario español-inglés

This vocabulary includes almost all words in the textbook, both active (for production) and passive (for recognition only). An entry in **boldface** type indicates that the word or phrase is active. Active words and phrases are practiced in the chapter and are listed on the **Repaso de gramática** and **Repaso de vocabulario** pages at the end of each chapter. You are expected to know and be able to use active vocabulary.

All other words are for recognition only. These words are found in exercises, in optional and visual material, in **Instrucciones** on page xxii, in **Geocultura,** which is referenced by chapter (1G), **Comparaciones, Leamos y escribamos, También se puede decir,** and **Literatura y variedades.** You can usually understand the meaning of these words and phrases from the context or you can look them up in this vocabulary index. Many words have more than one definition; the definitions given here correspond to the way the words are used in *¡Exprésate!*.

Nouns are listed with definite articles and plural forms when the plural forms aren't formed according to general rules. The number after each entry refers to the chapter where the word or phrase first appears or where it becomes an active vocabulary word. This vocabulary index follows the rules of the **Real Academia,** with **ch** and **ll** in the same sequence as in the English alphabet.

Stem changes are indicated in parentheses after the verb: **poder (ue).**

a *to,* 3; *on,* 4; *at,* 8; a base de *based on,* 6; a continuación *that follows,* 7; a finales *at the end,* 10G; **a la (última) moda** *in the (latest) style,* 8; a la vez *at the same time,* 8; **a la vuelta** *around the corner,* 10; **A ...les gusta...** *They like to . . .,* 3; **a menudo** *often,* 5; **¿A qué hora vas a...?** *What time are you going to . . .?,* 4; **a tiempo** *on time,* 4; **a todo dar** *great,* 9; **Estuvo a todo dar.** *It was great.,* 9; a través de *through,* 5G; **a veces** *sometimes,* 3
abordar *to board,* 10
abrazar *to hug,* 9
el abrazo *hug,* 9
el abrigo *(over)coat,* 8
abril *April,* 1
abrir *to open,* 4; **abrir regalos** *to open gifts,* 9
la abuela *grandmother,* 5
el abuelo *grandfather,* 5
los abuelos *grandparents,* 5
aburrido(a) *boring,* 2; **estar aburrido(a)** *to be bored,* 7
acabar de *to just have done something,* 7
acampar *to camp,* 10
acariciar *to caress,* 7

la acción *action,* 2
el aceite de oliva *olive oil,* 1G
el acento *accent,* 1; el acento ortográfico *written accent,* 8
acerca de *about,* 8
acompañar *to go with,* 6; *to accompany,* 1G; estar acompañada *to be accompanied,* 3
acordarse (ue) *to remember,* 9
acostarse (ue) *to go to bed,* 7
la actividad *activity,* 3
activo(a) *active,* 2
la actualidad *present time,* 6
el acuerdo *agreement;* **Estoy de acuerdo.** *I agree.,* 6; **No estoy de acuerdo.** *I disagree.,* 6
adaptado(a) *adapted,* 5G
además *besides,* 8
Adiós. *Goodbye.,* 1
adivinar *to guess,* 2
el adjetivo *adjective,* 5
la admiración *admiration,* 1
admirar *to admire,* 10
el adolescente *adolescent,* 3
¿adónde? *where?,* 8; **Adónde fuiste?** *Where did you go?,* 8; **¿Adónde vas...?** *Where do you go . . .?,* 3
la aduana *customs,* 10
el adulto *adult,* 7
los aeróbicos *aerobics,* 7; hacer aeróbicos *to do aerobics,* 7
el aeropuerto *airport,* 10
afeitarse *to shave,* 7
afuera *outside,* 3

las afueras *suburbs,* 5
la agencia inmobiliaria *real estate agency,* 5
el agente, la agente *agent,* 10
agitar *to shake,* 3
agosto *August,* 1
el agua *water,* 6
el águila *eagle,* 7
ahí *there,* 4
ahora *now,* 9
ahorrar *to save money,* 8
el aire *air,* 3; el aire central *central air conditioning,* 5; el aire libre *open air,* 8
el ajedrez *chess,* 2
el ají *hot pepper,* 10G
el ajo *garlic,* 6
ajustado(a) *tight-fitting,* 8
al (a + el) *to, to the,* 3; *upon,* 6; al fin *finally,* 10; **al lado de** *next to,* 5
la alberca *swimming pool,* 3
alcanzar *to reach,* 7G
la alcoba *bedroom,* 5
alegre *happy,* 2
el alemán *German,* 4
el alfabeto *alphabet,* 1
algo *something, anything,* 4; **algo +** adjective *kind of +* adjective, 2
el algodón *cotton,* 8; **de algodón** *made of cotton,* 8
algún día *one day,* 10
algunas *some,* 2
el alimento *food,* 6
alistarse *to get ready,* 7

allá *there,* 8
allí *there,* 10
el almacén *department store,* 8
el almanaque *almanac,* 1G
almorzar (ue) *to have lunch,* 5
el almuerzo *lunch,* 4
Aló *Hello. (telephone greeting),* 8
el alpinismo *mountain climbing,* 7
alquilar *to rent,* 3; **alquilar videos** *to rent videos,* 3
alrededor *around,* 6
el altiplano *high plateau,* 10G
alto(a) *tall,* 2
la altura *height,* 6G
amanecer *to dawn,* 9
el amarillo *yellow,* 1G
amarillo(a) *yellow,* 8
el ambiente *atmosphere,* 5G
ambos *both,* 5G
amigable *friendly,* 2
el amigo(a) *friend,* 1; **mi mejor amigo(a)** *my best friend,* 1
el amor *love,* 8; **de amor** *romance,* 2
amueblado(a) *furnished,* 5
analítico(a) *analytical,* 2
anaranjado(a) *orange,* 8
ancho *width,* 5G; *wide,* 8
andar *to walk, to go,* 2; andar en bicicleta *to ride a bike,* 3; dime con quien andas y te diré quien eres *a person is known by the company he/she keeps,* 2
andino(a) *of the Andes,* 7G
el anfibio *amphibian,* 2G
la anguila *eel,* 7
el ángulo *angle,* 7
el anillo *ring,* 8
el animal *animal,* 2
el aniversario *anniversary,* 9
el año *year,* 2; **el Año Nuevo** *New Year,* 9; **el año pasado** *last year,* 9; **¿Cuántos años tiene...?** *How old is...?,* 2; **¿Cuántos años tienes?** *How old are you?,* 2
anoche *last night,* 8
anteayer *day before yesterday,* 8
anterior *previous,* 9
antes *before,* 1; **antes de** *before,* 7; de antes *from before,* 4
antiguo(a) *old,* 6G
antipático(a) *unfriendly,* 2
añadir *to add,* 6
aparecer *to appear,* 6
el apartamento *apartment,* 5
apasionado(a) *passionate,* 2
apellido *last name,* 2
apetecer *to appeal,* 6
aplicar *to apply,* 2
aportar *to contribute,* 8G
aprender *to learn,* 1
apropiado(a) *appropriate,* 7
aproximadamente *approximately,* 2
los apuntes *notes,* 8

aquella *that,* 6
aquello *that,* 4
aquí *here,* 6
árabe *Arab,* 5G
el árbol *tree,* 1; la copa del árbol *top of the tree,* 4G
los aretes *earrings,* 8
la argamasa *mortar,* 10G
argentino(a) *Argentine,* 7
árido(a) *dry,* 10G
la armonía *harmony,* 2
armonizar *to harmonize,* 7G
el arquitecto *architect,* 3G
arquitectónico(a) *architectural,* 10G
la arquitectura *architecture,* 2G
arreglar *to pick up,* 5; **arreglar el cuarto** *to pick up the room,* 5
el arrendamiento *rental,* 10
la arroba *@,* 1
el arroz *rice,* 6
el arte *art,* 4; las artes plásticas *sculpture,* 2
la artesanía *crafts,* 4
el artista, la artista *artist,* 1
artístico(a) *artistic,* 2
asegurar *to reassure,* 6
el asentamiento *colony, settlement,* 8G
el aseo *restroom,* 10
así *like this;* así que *so,* 8; Así es, *That's how it is.,* 2
asistente *assistant,* 10
asistir(a) *to attend,* 4
asomar *to peek out,* 9
el asterisco *asterisk,* 7
atlético(a) *athletic,* 2
el atole *Mexican drink made of cornmeal, milk or water, and flavoring,* 6
atraer *to attract,* 1G
atravesar *to cross,* 10G
atreverse *to dare,* 9
el atún *tuna,* 6
los audífonos *headphones,* 8
el auditorio *auditorium,* 4
aun *even,* 2
aún *still,* 10
aunque *even though,* 6
el autobús *bus,* 10
el autor *author,* 7
el autorretrato *self-portrait,* 6G
avanzado(a) *advanced,* 10G
el ave (pl. las aves) *bird,* 4G
la aventura *adventure,* 2
averiguar *to find out,* 10
el avión *airplane,* 10; por avión *by plane,* 10
¡Ay no! *Oh, no!,* 6
¡ay! *ouch!,* 8
ayer *yesterday,* 8
el aymara *indigenous language in Peru,* 10G
la ayuda *help,* 6
ayudar *to help,* 5; **ayudar en casa**

to help out at home, 5; estamos ayudando *we are helping,* 3
el azúcar *sugar,* 6
el azul *blue,* 1G
azul *blue,* 5

la bahía *bay,* 8G
bailar *to dance,* 3; bailando *dancing,* 1; ponerse a bailar *to start dancing,* 3
la bailarina *dancer (fem.),* 3
el baile *dance,* 3
bajar de peso *to lose weight,* 7
bajo(a) *short,* 2
balanceado(a) *balanced,* 6
el balcón *balcony,* 5
el ballet *ballet,* 1
el baloncesto *basketball,* 3
bañarse *to bathe,* 7
la bandeja *platter,* 7G
la bandera *banner,* 9
el baño *bathroom,* 5; *restroom,* 10
barato(a) *inexpensive,* 8
la barbacoa *barbecue,* 3G
el barco *boat,* 10; el barquito *little boat,* 5
la barranca *cliff,* 6G
el barrio *neighborhood,* 7G
básico(a) *basic,* 6
el básquetbol *basketball,* 3
basta *it's enough,* 5
bastante + adjective *quite, pretty* + adjective, 2
la basura *trash,* 5; **sacar la basura** *to take out the trash,* 5
la batalla *battle,* 3G
el batido *milkshake,* 8
el bebé, la bebé *baby,* 1
beber *to drink,* 4; **beber algo** *to drink something,* 4
la bebida *drink,* 6
la beca *scholarship,* 10
el béisbol *baseball,* 3
bello(a) *beautiful,* 2G
la biblioteca *library,* 4
la bicicleta *bike,* 3; **montar en bicicleta** *to ride a bike,* 3
bien *all right, fine,* 1; *really,* 2; bien dicho *well said,* 6; **está bien** *it's okay,* 3; **Estoy bien.** *I'm fine.,* 1; **me parece bien** *it's all right/seems fine to me,* 5; **quedar bien** *to fit well,* 8; **Que te vaya bien.** *Hope things go well for you.,* 9
bienvenido *welcome,* 10
el billete *ticket,* 10
la billetera *wallet,* 10

la **biología** *biology*, 4
blanco(a) *white*, 8; **en blanco** *blank*, 8
el **blanquillo** *egg*, 6
la **blusa** *blouse*, 8
la **boca** *mouth*, 7
el **bocadillo** *sandwich* (Spain), 6, *finger food* (Dom. Rep.), 9
el **bocadito** *small servings of food*, 7G
las **bocas** *finger food* (Costa Rica), 9
la **boda** *wedding*, 9
la **boleta** *ticket*, 10
el **boleto de avión** *plane ticket*, 10
el **bolígrafo** *pen*, 4
la **bolsa** *purse*, 8; *bag*, 8; *travel bag*, 10
la **bomba** *music and dance style*, 2G
la **bombilla** *straw used for sipping* **mate,** 7
bonito(a) *pretty*, 2
el **borde** *edge*, 7G
el **borrador** *rough draft*, 1
el **bosque** *forest*, 2G; el **bosque húmedo** *rain forest*, 4G
la **botana** *finger food* (Mex.), 9
botar *to throw out*, 5
las **botas** *boots*, 8
el **bote** *boat*, 9G; **el bote de vela** *sailboat*, 10; **pasear en bote de vela** *to go out in a sailboat*, 10
el **brazo** *arm*, 7
brillar *to shine*, 7
brindar *to offer*, 5
el **bróculi** *broccoli*, 6
bueno(a) *good*, 2; **Buenas noches.** *Good evening., Good night.*, 1; **Buenas tardes.** *Good afternoon.*, 1; **Buenos días.** *Good morning.*, 1; **Bueno.** *Hello. (telephone greeting)*, 8
burlarse de *to make fun of*, 8
el **burro** *donkey*, 1
buscar *to look for*, 7; **buscar un pasatiempo** *to find a hobby*, 7; **búsquenme** *look for me*, 3

el **caballo de paso** *horse with high-stepping gait*, 10G
caber *to fit*, 10G
la **cabeza** *head*, 7
el **cacao** *cocoa*, 6G
cada *each*, xxii; **cada uno(a)** *each one*, 6; **cada vez** *each time*, 8
el **café** *coffee*, 6; **el café (con leche)** *coffee (with milk)*, 6; *brown*, 1G; **de color café** *brown*, 5
la **cafetería** *cafeteria*, 4; *coffee shop*, 6
la **caída de agua** *waterfall*, 7G
el **caimán** *caiman (reptile)*, 7G

la **caja** *box*, 9
el **cajero automático** *automatic teller machine*, 10
la **calabaza** *squash, pumpkin*, 6G; la **calabacita** *gourd used for* **mate** *tea*, 7G
los **calcetines** *socks*, 8; **un par de calcetines** *a pair of socks*, 8
la **calculadora** *calculator*, 4
la **calefacción** *heating*, 5; la **calefacción central** *central heating*, 5
el **calendario** *calendar*, 1
calentar (ie) *to heat up*, 6
caliente *hot*, 6
callado(a) *quiet*, 5
la **calle** *street*, 5
el **calor** *heat*, 3; **Hace calor.** *It's hot.*, 3; **tener calor** *to be hot*, 7
la **caloría** *calorie*, 6
la **cama** *bed*, 5; **hacer la cama** *to make the bed*, 5
la **cámara** *camera*, 10; **la cámara desechable** *disposable camera*, 10
el **camarero** *waiter*, 6
cambiar *to change*, 4
cambiar dinero *to change money*, 10
el **cambio** *change*, 9
caminar *to walk*, 7
el **camino** *path*, 10G
el **camión** *bus (Mex.)*, 10
la **camisa** *shirt*, 8
la **camiseta** *T-shirt*, 8; la **camiseta deportiva** *sport shirt*, 8
el **camote** *sweet potato*, 4G
el **campo** *countryside*, 5
la **canción** *song*, 8
candidato(a) *candidate*, 4
la **canoa** *canoe*, 10
el **cañón** *canyon*, 6G
canoso(a) *gray-haired*, 5
cansado(a) *tired*, 7; **estar cansado(a)** *to be tired*, 7
cantar *to sing*, 3; **cantaba** *he sang*, 9
el **cantar** *singing*, 2
la **cantidad** *amount*, 2; *quantity*, 6; las **cantidades** *large numbers*, 6
el **canto** *song*, 1G
la **capilla** *chapel*, 3G
la **capital** *capital*, 1G
el **capítulo** *chapter*, 1
la **cara** *face*, 7; **cara de tortilla** *tortilla face*, 1
el **carácter** *character*, 5
la **característica** *characteristic*, 6
caracterizar *to characterize*, 5G
la **cárcel** *jail*, 8
caribeño(a) *Caribbean*, 4G
el **cariño** *affection; (addressing someone) dear*, 3; **con cariño** *affectionately*, 10
la **carne** *meat, beef*, 6; la **carne de res** *beef*, 6; la **carne molida** *ground*

beef, 6
el **carnet de identidad** *ID*, 10
caro(a) *expensive*, 8
la **carpeta** *folder*, 4
la **carreta** *cart*, 4G
el **carro** *car*, 2
la **carroza** *float*, 9G
la **carta** *letter*, 3
la **casa** *house*, 5; **ayudar en casa** *to help out at home*, 5; **la casa de...** *...'s house*, 3; **decorar la casa** *to decorate the house*, 9
el **casabe** *flat, dry bread made from manioc*, 9G
casarse *to get married*, 10
la **cascada** *waterfall*, 2G
la **cáscara** *shell*, 2G
casi *almost*, 3; **casi nunca** *almost never*, 3; **casi siempre** *almost always*, 3
el **caso** *case*, 2
castaño(a) *dark brown*, 5
las **castañuelas** *castanets*, 1G
el **castellano** *Spanish*, 1G
el **castillo** *castle*, 2G
el **catalán** *language from Catalonia, Spain*, 1G
el **catálogo** *catalog*, 8
la **catarata** *cataract, waterfall*, 7G
la **catedral** *cathedral*, 1G
catorce *fourteen*, 1
el **cayo** *key (island)*, 8G
el **cazador** *hunter*, 7G
la **cebolla** *onion*, 10G
celebérrimo(a) *most famous*, 8
la **celebración** *celebration*, 1
celebrar *to celebrate*, 9; **celebrará** *will celebrate*, 8; **se celebra** *is celebrated*, 2G
célebre *famous*, 8
celeridad *speed*, 8
celta *Celtic*, 1G
la **cena** *dinner*, 6
cenar *to eat dinner*, 6
el **centro** *downtown*, 10; *center*, 3G
el **centro comercial** *mall*, 3
el **cepillo de dientes** *toothbrush*, 7
la **cerámica** *pottery*, 4
cerca de *close to, near*, 5
cercano(a) *close*, 5
los **cereales** *cereal*, 6
el **cerebelo** *cerebellum*, 8
el **cerebro** *brain*, 8
la **ceremonia** *ceremony*, 6
cero *zero*, 1
cerrado(a) *closed*, 1
cerrar (ie) *to close*, 8
el **césped** *grass*, 5
la **cesta de paja** *straw basket*, 8G
el **ceviche** *dish made with seafood, lemon, and seasonings*, 10G
chao *Bye*, 9
la **chaqueta** *jacket*, 8

charlar *to talk, chat,* 9
el chayote *type of squash,* 4G
la chica *girl,* 8
chicano(a) *Mexican that has emigrated to the United States,* 3G
el chile *pepper,* chile en nogada *peppers in walnut and spice sauce,* 6
el chileno *Chilean,* 5
la chimenea *fireplace,* 5
el chiste *joke,* 9
el choclo *corn on the cob,* 5G
el chocolate *chocolate,* 6; *hot chocolate,* 6
el churro *sugar-coated fritter,* 6
el ciclismo *cycling,* 1
ciego(a) *blind,* 5
el cielo *heaven,* 3
cien *one hundred,* 2
la ciencia ficción *science fiction,* 2
las ciencias *science,* 4; ...de ciencias *science . . .,* 1
el científico *scientist,* 6
ciento un(o) *one hundred one,* 8
cierto(a) *true,* xxii
la cifra *number,* 8
la cima *mountain top,* 7G
cinco *five,* 1
cincuenta *fifty,* 2
el cine *movie theater,* 3
el cinturón *belt,* 8
el círculo *circle,* 3
el citrón *lemon,* 6
la ciudad *city,* 5
¡Claro que sí! *Of course!,* 4
claro(a) *clear,* 6G
la clase *class,* 3; **después de clases** *after class,* 3
clasificar *to classify,* 6
clavar *to nail,* 10
el clavo *nail,* 10
el cliente, la cliente *client,* 8
el club de... *the . . . club,* 4
el cobre *copper,* 6G
cocer *to cook,* 3
el coche *car,* 10
la cocina *kitchen,* 5; *cooking,* 3G
cocinar *to cook,* 5
el coco *coconut,* 2G
el cocodrilo *crocodile,* 8G
el código *code,* 2G
cohabitar *to live together,* 8G
la cola: **hacer cola** *to wait in line,* 10
el colectivo *bus* (Bol., Perú, Ecuador), 10
el colegio *school,* 3
colgar (ue) *to hang,* 9
la colina *hill,* 9G
la colonia *colony,* 7G
el colonizador *colonist,* 6G
el color *color,* 5
el colorido *coloring,* 7G
colorido(a) *colorful,* 4G
la columna *column,* xxii
los combates *battles,* 10

la combinación *combination,* 1
combinar *to combine,* 5G
el comedor *dining room,* 5
comenzar (ie) *to start,* 10; **comenzar un viaje** *to begin a trip,* 10; comiencen *begin,* 8
comer *to eat,* 3; se comen *are eaten,* 2G
el comercio *commerce,* 3G
el comestible *food,* 3
cómico(a) *funny,* 2
la comida *food,* 2, *lunch,* 6; **la comida china (italiana, mexicana)** *Chinese (Italian, Mexican) food,* 2; la comida típica *traditional food,* 6
como *like,* 2; *as,* 9; **como siempre** *as always,* 9
¿cómo? *how?, what?,* 1; **¿Cómo eres?** *What are you like?,* 2; **¿Cómo es...?** *What is . . . like?,* 2; **¿Cómo está(s)?** *How are you?,* 1; **¿Cómo me queda(n)...?** *How does . . . look?,* 8; **¿Cómo se escribe...?** *How do you spell . . .?,* 1; **¿Cómo se llama?** *What's his (her/your) name?,* 1; **¿Cómo te llamas?** *What's your name? (fam.),* 1
la compañera de clase *classmate (female),* 1; **una compañera de clase** *a (female) classmate,* 1
el compañero de clase *classmate (male),* 1; **un compañero de clase** *a (male) classmate,* 1
la comparación *comparison,* 1
comparar *to compare,* 8
compasivo(a) *compassionate,* 6
el complemento directo *direct object,* 6
completar *to complete,* xxii
completo *complete,* 6; **por completo** *completely,* 6
comprar *to buy,* 8; comprarías *you would buy,* 8
las compras *shopping,* 2; estar de compras *to be on a shopping trip,* 8; **ir de compras** *to go shopping,* 3
la comprensión *comprehension,* 10
comprender *to understand,* 2; nos comprendemos *we understand each other,* 2
la computación *computer science,* 4
la computadora *computer,* 4
común *common,* 9
comunicar *to communicate,* 5
la comunidad *community,* 1
con *with,* 3; con base en *based on,* xxii; **con mis amigos** *with my friends,* 3; **con mi familia** *with my family,* 3; con motivo de *on the occasion of,* 9; **¿Con qué frecuencia vas...?** *How often do you go . . .?,* 3; con relación a *in relation to,* 5

el concierto *concert,* 4
el concurso *competition,* 9G
el condominio *condominium,* 5
conectar *to connect,* 8G
confundido(a) *confused,* 4
confundir *to confuse,* 10
el conjunto *musical group,* 3G
conmemorar *commemorate,* 3G
conmigo *with me,* 3
conocer *to know, to meet, to be familiar with,* 9; **conocimos...** *we visited . . .,* 10; **quiero conocer...** *I want to see . . .,* 10; se conoce *is known,* 2G
conocido(a) *known,* 2G
el conocimiento *knowledge,* 7
conquistar *to conquer,* 10
conseguir (i, i) *to get,* 10
el consejo *advice,* 7
conservar *to preserve,* 2G
considerar *to consider,* 2; *to regard,* 9
constituir *to make up,* 6
construir *to build,* 3G; construye *construct,* 10; fue construido *was built,* 3G
el consultorio médico *doctor's office,* 7
consumir *to consume,* 6; se consumen *are consumed,* 6
el consumo *consumption,* 6
contar (ue) *to count,* 1; *to tell,* 4; contando *counting,* 1; **contar chistes** *to tell jokes,* 9; contar con *to count on,* 10; cuenta *tells,* 6; cuentan *it is told,* 6
contemplar *to contemplate,* 9
contemporáneo *contemporary,* 1G
contener (ie) *to contain,* 10G; que contengan *that contain,* 10
contento(a) *happy,* 7; **estar contento(a)** *to be happy,* 7
contestar *to answer,* xxii
contigo *with you,* 3
el continente *continent,* 6
continuo *continual,* 8
contra *against,* 10
al contrario *to the contrary,* 6
la contribución *contribution,* 2G
contribuir *to contribute,* 8G
el control de seguridad *security checkpoint,* 10
controlar *to control,* 3G
el convento *convent,* 3G
la conversación *conversation,* xxii
convertirse (ie) *to become,* 10
la copa *treetop,* 4G
el coquí *small tree frog,* 2G
el corazón *heart,* 7G
la cordillera *mountain range,* 2G
el coro *chorus,* 2
correcto(a) *right, correct,* xxii
corregir *to correct,* xxii
el correo electrónico *e-mail address,* 1; **¿Cuál es el correo electrónico**

de...? *What is . . .'s e-mail address?*, 1; **¿Cuál es tu correo electrónico?** *What's your e-mail address?*, 1

correr *to run*, 3

la **correspondencia** *correspondence*, 1

corresponder *to correspond*, xxii; **le corresponde** *it falls to him*, 5; **que le correspondan** *that correspond to it*, 9

correspondiente *corresponding*, 8

la **corriente** *current*, 8

cortar *to cut*, 5; **cortar el césped** *to cut the grass*, 5

la **Corte Suprema** *Supreme Court*, 6

corto(a) *short*, 5

la **cosa** *thing*, 4; **Necesito muchas cosas.** *I need lots of things.*, 4; **no es gran cosa** *it's not a big deal*, 5

coser *to sew*, 4

la **costa** *coast*, 3G

costar (ue) *to cost*, 8; **costará** *will cost*, 9

costeño(a) *coastal*, 10G

la **costumbre** *custom*, 5G

la **creación** *creation*, 3

crear *to create*, 7; **creado por** *created by*, 7G; **fue creado** *was created*, 3G

la **creatividad** *creativity*, 6G

creativo(a) *creative*, 2

crecer *to grow*, 9G; **crecí** *I grew up*, 3

creer *to believe*, 6; *to think*, 9

la **crema** *cream*, 6

la **criatura** *child*, 3

crudo(a) *raw*, 10G

el **cuaderno** *notebook*, 4

la **cuadra** *block*, 5

cual: los cuales *which*, 10

el **cuadro** *box, chart*, xxii; *painting*, 1

¿cuál? *what?, which?*, 4; **¿Cuál es el correo electrónico de...?** *What is . . .'s e-mail address?*, 1; **¿Cuál es el teléfono de...?** *What is . . .'s telephone number?*, 1; **¿Cuál es tu correo electrónico?** *What's your e-mail address?*, 1; **¿Cuál es tu materia preferida?** *What's your favorite subject?*, 4; **¿Cuál es tu teléfono?** *What's your telephone number?*, 1

cualquier *any*, 10

cualquiera *whichever*, 6G

cuando *when*, 3

¿cuándo? *when?*, 2; **¿Cuándo es el cumpleaños de...?** *When is . . .'s birthday?*, 2; **¿Cuándo es tu cumpleaños?** *When is your birthday?*, 2

¿cuánto(a)? *how much?*, 4

¡cuántos! *so many!*, 4

¿cuántos(as)? *How many . . .?*, 2; **¿Cuántos años tiene...?** *How old*

is . . .?, 2; **¿Cuántos años tienes?** *How old are you?*, 2

cuarenta *forty*, 2

cuarto *quarter*, 4; **menos cuarto** *a quarter to (the hour)*, 1; **y cuarto** *quarter past*, 1

el **cuarto** *room*, 5; **arreglar el cuarto** *to pick up the room*, 5

cuatro *four*, 1

cuatrocientos *four hundred*, 8

cubierto(a) *covered*, 3

la **cuchara** *spoon*, 6

el **cuchillo** *knife*, 6

el **cuello** *neck*, 7

la **cuenta** *bill*, 6

el **cuento** *story*, 4

el **cuerno** *horn*, 2G

el **cuerpo** *body*, 7

el **cuerpo de bomberos** *fire department*, 2G

cuesta(n)... *cost(s) . . .*, 8

la **cueva** *cave*, 1G

el **cuidado** *care*, 1; **ten cuidado** *take care*, 6

cuidadosamente *carefully*, 9

cuidar *to take care of*, 5; **cuidar a mis hermanos** *take care of my brothers and sisters*, 5

cuidarse *to take care of oneself*, 7; **cuidarse la salud** *to take care of one's health*, 7; **para cuidarte la salud debes...** *to take care of your health, you should . . .*, 7; **Para cuidarte mejor, debes...** *To take better care of yourself, you should . . .*, 7; **Cuídate.** *Take care.*, 9

culinario(a) *culinary*, 6

cultivar *to cultivate*, 6

el **cultivo** *crop*, 4G

la **cultura** *culture*, 1

el **cumpleaños** *birthday*, 9; **¿Cuándo es el cumpleaños de...?** *When is . . .'s birthday?*, 2; **¿Cuándo es tu cumpleaños?** *When is your birthday?*, 2; **el cumpleaños de...** *birthday of . . .*, 2; **la tarjeta de cumpleaños** *birthday card*, 8

curioso(a) *odd, unusual*, 1

la **curva** *curve*, 3G

dado(a) *given*, 7

la **danza** *dance*, 1G

dar *to give*, 7; **le dan** *they give*, 7; **no des** *don't give*, 7; **se da** *is held*, 8G

darse cuenta *to realize*, 8

el **dato** *fact*, 10

de *of, from, in, by*, 1; *made of*, 8;

...de ciencias *science . . .*, 1; **de color café** *brown*, 5; **¿De dónde eres?** *Where are you from? (fam.)*, 1; **¿De dónde es usted?** *Where are you from? (formal)*, 1; **¿De dónde es...?** *Where is . . . from?*, 1; **de...en...** *from . . . to . . .*, 8; **... de español** *Spanish . . .*, 1; **de la mañana** *in the morning*, A.M., 1; **de la noche** *at night*, P.M., 1; **de la tarde** *in the afternoon, evening*, P.M., 1; **de nuevo** *again*, 7; **de nada** *you're welcome*; **¿De parte de quién?** *Who's calling?*, 8; **¿de quién?** *about whom?*, 1; **de todo** *everything*, 8; **de todo tipo** *all kinds*, 8; **de todos modos** *in any event*, 8; **de veras** *really*, 8

debajo *underneath*, 8; **debajo de** *underneath*, 5

deber *should*, 6; **¿Debo...?** *Should I . . .?*, 8; **No debes...** *You shouldn't . . .*, 7; **se debe hacer** *should be done*, 6

los **deberes** *chores*, 5; *responsibilities*, 5

debido a *due to*, 7G

el **decibel** *decibel*, 2

decidir *to decide*, xxii

decir *to say*, 3; **bien dicho** *well said*, 6; **di** *say*, 4; **dice** *says*, 3; **diciéndome** *telling me*, 9; **me han dicho** *they have told me*, 6; **se dicen adiós** *they say goodbye*, 3; **si lo hubiera dicho** *if I had said it*, 6; **te diré** *I'll tell you*, 2; **yo he dicho** *I have said*, 6

declarar *to declare*, 6

la **decoración** *decoration*, 9

decorar *to decorate*, 9; **decorar la casa** *to decorate the house*, 9

dedicado(a) a *dedicated to*, 2G

dedicar *to dedicate*, 4; **es dedicada** *is dedicated*, 5; **dedicación** *dedication*, 10; **se dedica** *is dedicated*, 2G

el **dedo** *finger*, 7; **el dedo del pie** *toe*, 4G

deducir *to deduce*, 7

la **definición** *definition*, 10

definido(a) *defined*, 8

definitivamente *definitely*, 8; *permanently*, 9

dejar *to allow*, 3; *to leave*, 10; **dejar un recado** *to leave a message*, 8

dejar de + infinitive *to stop doing something*, 7; **dejar de fumar** *to stop smoking*, 7

del (de + el) *of the*, 2

delante de *in front of*, 5

delgado(a) *thin*, 5

delicioso(a) *delicious*, 2

demasiado(a) *too much*, 7

demostrar (ue) *to show*, 10G

dentro *inside*, 9

el departamento *apartment (Mexico)*, 5; *district (Peru)*, 10

el dependiente, la dependiente *salesclerk*, 8

los deportes *sports*, 2

deportivo(a) *(adj.) sports*, 8

la derecha *right*, 1

el desarrollo *development*, 7G

desarrollar *to develop*, 4

el desastre *disaster*, 9

desayunar *to eat breakfast*, 6

el desayuno *breakfast*, 6

descansar *to rest*, 3

el descendiente *descendant*, 10

describir *to describe*, 5

descubrir *to discover*, 8; fue descubierto *was discovered*, 7G

desde *since*, 4; *from*, 10; ¿desde cuándo? *since when?*, 4; desde hace *since*, 6; desde joven *since her youth*, 8; desde luego *of course*, 7

desear *to want, to wish for, to desire*, 6; deseando *wanting to*, 8

desembarcar *to disembark, to deplane*, 10

desembocar *to flow*, 10G

el deseo *desire*, 9

desesperado(a) *desperate*, 6

el desfile *parade, procession*, 4G

el desierto *desert*, 5G

la despedida *farewell*, 9; la fiesta de despedida *goodbye party*, 10

despertarse (ie) *to wake up*, 7

despierto(a) *awake*, 7

después *after*, 3; *afterwards*, 4; **después de** *after*, 7; **después de clases** *after class*, 3

destinado(a) *destined*, 6

el destino *destination*, 10

el detalle *detail*, 7

determinar *to determine*, 7

detrás de *behind*, 5

devolver (ue) *to return something*, 8

di *say*, 8

el día *day*, 1; **algún día** *someday*, 10; **el Día de Acción de Gracias** *Thanksgiving Day*, 9; **el Día de la Independencia** *Independence Day*, 9; **el Día de la Madre** *Mother's Day*, 9; **el día de la semana** *day of the week*, 1; **el Día de los Enamorados** *Valentine's Day*, 9; **el Día del Padre** *Father's Day*, 9; **el día de tu santo** *your saint's day*, 9; **el día festivo** *holiday*, 9; **¿Qué día es hoy?** *What day is today?*, 1

diablado(a) *devilish*, 5G

el diablo *devil*, 7G

el diálogo *dialog*, xxii

diario(a) *daily*, 3G

dibujar *to draw*, 3

el dibujo *drawing*, xxii

el diccionario *dictionary*, 4

dice (inf. decir) *(he/she) says*, 4

la dicha *happiness*, 9

diciembre *December*, 1

el dictado *dictation*, 1

diecinueve *nineteen*, 1

dieciocho *eighteen*, 1

dieciséis *sixteen*, 1

diecisiete *seventeen*, 1

los dientes *teeth*, 7

la dieta *diet*, 7; **seguir una dieta sana** *to eat a balanced diet*, 7

diez *ten*, 1

diferente *different*, 2

difícil *difficult*, 4; **Es difícil.** *It's difficult.*, 4

Diga. *Hello. (telephone greeting)*, 8

el dinero *money*, 8

el dinosaurio *dinosaur*, 1

el dios *god*, 6; gracias a Dios *thank goodness*, 6

la dirección *address*, 5; **Mi dirección es...** *My address is . . .*, 5

directamente *directly*, 4

director (-a) *director*, 10

el directorio de teléfono *phone book*, 1

disciplinado(a) *disciplined*, 2

el disco *record*, 8

el disco compacto (en blanco) *(blank) compact disc*, 8

diseñar *to design*, 3G; fue diseñado(a) *was designed*, 3G

el diseño *design*, 5G

el disfraz *costume*, 9G

disfrazar *to wear a costume*, 4G

disfrutar *to enjoy*, 2G

disponible *available*, 7

dispuesto(a) *willing*, 6G

la distancia *distance*, 10

distinguirse *to distinguish oneself*, 10

distinto(a) *different*, 6G

la diversión *fun*, 2

diverso(a) *diverse*, 6

divertido(a) *fun*, 2; **¡Qué divertido!** *What fun!*, 10

divertirse (ie) *to have fun*, 1; diviértanse *have a good time (pl.)*, 1; que me divierta *to have fun*, 9

doblado(a) *folded*, 9

doble *double*, 5

doce *twelve*, 1

el documento *document*, 1

el dólar *dollar*, 8

doler (ue) *to hurt*, 7; **Me duele(n)...** *My . . . hurt(s).*, 7; **¿Te duele algo?** *Does something hurt?*, 7

el domingo *Sunday*, 1; **los domingos** *on Sundays*, 3

dominicano(a) *Dominican*, 9

donde *where*, 8; *to the house of*, 9

¿dónde? *where?*, 5; **¿Dónde se puede...?** *Where can I . . .?*, 10

dorado(a) *golden*, 2

dormido(a) *asleep*, 7

dormir (ue) *to sleep*, 5; **dormir lo suficiente** *to get enough sleep*, 7

el dormitorio *bedroom*, 5

dos *two*, 1

dos mil *two thousand*, 8

dos millones (de) *two million*, 8

doscientos *two hundred*, 8

dramatizar *to dramatize, to role-play*, xxii

la duda *doubt*, 6; sin duda *without a doubt*, 6

dulce *sweet*, 7

el dulce *candy*, 9

la duración *duration*, 7

durante *during*, 10; *throughout*, 6G

durar *to last*, 10G

el durazno *peach*, 6

el DVD *DVD*, 8

e *and*, 5

la economía *economy*, 3G; la economía doméstica *home economics*, 6G

la edad *age*, 2G; de más edad *the oldest*, 5

el edificio *building*, 5; **el edificio de... pisos** *. . . story building*, 5

la educación física *physical education*, 4

eficaz *efficient*, 10G

eficiente *efficient*, 2

el ejemplo *example*, 3G

el ejercicio *exercise*, 3; **hacer ejercicio** *to exercise*, 3

el *the (masc.)*, 2

él *he*, 1; **Él es...** *He is . . .*, 1; **Él se llama...** *His name is . . .*, 1

el elefante *elephant*, 1

la elegancia *elegance*, 5G

elegante *elegant*, 2

el elemento *element*, 1

elevar *to raise*, 5G

la elite *elite*, 6

ella *she*, 1; **A ella le gusta + infinitive** *She likes to . . .*, 3; **Ella es...** *She is . . .*, 1; ella misma *herself*, 6; **Ella se llama...** *Her name is . . .*, 1

ellas *they (f.)*, 1

ellos *they (m.)*, 1

el elote *corn on the cob (Mexico)*, 6

emitir *to emit*, 2

emocionado(a) *excited*, 9

la empanada *turnover-like pastry*, 9

el emparedado *sandwich*, 6
empezar (ie) *to start*, 5
el empleado, la empleada *employee*, 7
el empleo *job*, 9
emplumado(a) *feathered*, 6
en *on, in, at*, 1; en frente *in front*, 3G; **en blanco** *blank*, 8; en las cuales *about which*, 8; en negrilla *bold*, 9; **en punto** *on the dot*, 1; en que *in which*, 8; **¿En qué le puedo servir?** *How can I help you?*, 8
enamorado(a) *in love*, 10
Encantado(a). *Pleased to meet you., Nice to meet you.*, 1
encantar (me encanta(n)) *to really like, to love*, 6
encerrar *to lock up*, 10
encima de *on top of, above*, 5
encontrar (ue) *to find*, 7; encontrará *will find*, 10; se encuentra *is/it's located* 1G; se encuentran *they can be found*, 6
encontrarse (ue) con alguien *to meet up with someone*, 10
energético(a) *energetic*, 2
la energía *energy*, 2
enero *January*, 1
la enfermera *nurse*, 5
enfermo(a) *sick*, 7
en frente *in front*, 10
enhorabuena *congratulations*, 10
enojado (a) *angry*, 7
enojarse *to get angry*, 7
enrollado(a) *rolled up*, 3
la ensalada *salad*, 6
el ensayo *rehearsal*, 3
enseñar *to show, to teach*, 4; **enseñar fotos** *to show photos*, 9
entender *to understand*, 5
enterarse *to find out*, 10
entonces *then*, 4
entrar *to enter*, 4
entre *between*, 2; *in, within*, 6; *among*, 7
entregar *to hand over*, 9
los entremeses *appetizers*, 9
la entrenadora *trainer*, 7
el entrenamiento *practice*, 3
entrenarse *to work out*, 7
la entrevista *interview*, 2
entrevistar *to interview*, 2
enviar *to send*, 1
la envoltura *wrapping*, 9
la época *era*, 6; la época colonial *Spanish colonial era*, 2G
el equipaje *luggage*, 10
el equipo *equipment*, 3G; *team*, 9G; el equipo de transporte *transportation equipment*, 3G
¿Eres...? *Are you ...?*, 2
la erupción *eruption*, 6G
Es... *He (She, It) is ...*, 2; **Es algo divertido.** *It's kind of fun.*, 2; **Es**

bastante bueno. *It's pretty good.*, 2; **Es de...** *He (She) is from ...*, 1; **Es delicioso.** *It's delicious.*, 2; **Es el... de...** *It's the ... of ...*, 2; **Es el primero (dos, tres) de...** *It's the first (second, third) of ...*, 1; **Es la una.** *It is one o'clock.*, 1; **Es pésimo.** *It's awful.*, 2; **Es que...** *It's because; It's just that ...*, 7; **¡Es un robo!** *It's a rip-off!*, 8
ese(a) *that*, 5
escapar *to escape*, 5
la escena *scene*, 3
escoger *to pick*, 9; *to choose*, 6
escolar *school (adj.)*, 4
esconder *to hide*, 4
escribir *to write*, 1; **¿Cómo se escribe...?** *How do you spell ...?*, 1; escribamos *let's write*, 1; **escribir cartas** *to write letters*, 3; **Se escribe...** *It's spelled ...*, 1
el escritor, la escritora *writer*, 1
el escritorio *desk*, 5
escuchar *to listen*, 3; **escuchar música** *to listen to music*, 3; escuchemos *let's listen*, 1; has escuchado *have you heard*, 2; he escuchado *I have heard*, 2
la escuela *school*, 2; la escuela primaria *elementary school*, 5; la escuela secundaria *high school*, 9
el escultor *sculptor*, 4G
la escultura *sculpture*, 2G
ese(a) *that*, 8
eso *that*, 2
esos(as) *those*, 8
espacial *space*, 8G
la espalda *back*, 7
el español *Spanish*, 1
el español *Spaniard*, 6
esparcir *to spread*, 3; está esparciendo *is spreading*, 3
la especia *spice*, 8G
la especialidad *specialty*, 6
la especie *species*, 2G
específico(a) *specific*, 10
los espejuelos *glasses*, 5
la esperanza *hope*, 9
esperar *to wait*, 8; *to hope*, 10; *to expect*, 10; **Espera un momento.** *Hold on a moment.*, 8; **espero ver...** *I hope to see ...*, 10
las **espinacas** *spinach*, 6
el espino *thorn*, 8
espiritual *spiritual*, 9
espontáneo(a) *spontaneous*, 2
la esposa *wife*, 9
el esposo *husband*, 5
esquiar *to ski*, 10; **esquiar en el agua** *to water-ski*, 10
Está a la vuelta. *It's around the corner.*, 10
ésta, éste *this* (pron.), 1; **Ésta es... la**

señora... *This is ... Mrs. ...*, 1; **Éste es... el señor...** *This is ... Mr. ...*, 1
establecer *to establish*, 8G, fue establecido *was established*, 8G
el establecimiento *colony*, 8G
estacionar *to park*, 10
el estadio *stadium*, 4
el estado *state*, 2G
los Estados Unidos *United States*, 1
estadounidense *pertaining to the United States*, 7
estar *to be*, 1; **¿Cómo está(s)?** *How are you?*, 1; **¿Está...?** *Is ... there?*, 8; **Está bien.** *All right.*, 3; **estar aburrido(a)** *to be bored*, 7; **estar bien** *to be (doing) fine*, 7; **estar cansado(a)** *to be tired*, 7; **estar contento(a)** *to be happy*, 7; **estar mal** *to be (doing) badly*, 7; **estar enfermo(a)** *to be sick*, 7; **estar enojado(a)** *to be angry*, 7; **estar en una silla de ruedas** *to be in a wheelchair*, 5; **estar listo(a)** *to be ready*, 7; **estar nervioso(a)** *to be nervous*, 7; **estar triste** *to be sad*, 7; **¿Está todo listo?** *Is everything ready?*, 9; **Estoy bien, gracias.** *I'm fine, thanks.*, 1; **Estoy de acuerdo.** *I agree.*, 6; **Estoy mal.** *I'm not so good.*, 1; **Estoy regular.** *I'm all right.*, 1; **No está.** *He/She is not here.*, 8; **Estuvo a todo dar.** *It was great.*, 9; **No estoy de acuerdo.** *I disagree.*, 6
estas, estos *these (adj.)*, 6
la estatua *statue*, 5G
éste *this (pron.)*, 6
este(a) *this*, 8
el estilo *style*, 3G
estirarse *to stretch*, 7
el estómago *stomach*, 7
el Estrecho de la Florida *Strait of Florida*, 8
la estrella *star*, 5
el estrés *stress*, 7
estricto(a) *strict*, 4
el estruendo *noise*, 10
el estudiante, la estudiante *student*, 1; el estudiante de intercambio *exchange student*, 10
estudiar *to study*, 3
los estudios *studies*, 5; los estudios sociales *social studies*, 4
estupendo(a) *great*, 10; **Fue estupendo.** *It was great.*, 10
la etapa *stage*, 2
el europeo *European*, 6G
el evento deportivo *sporting event*, 1
el examen *test*, 4; **presentar el examen de...** *to take a ... test*, 4
exclamar *to exclaim*, 9
exclusivamente *exclusively*, 4

la excursión: **ir de excursión** *to go on a hike*, 10
la excursión turística *to go on a trip*, 1
exigente *strict*, 5
existir *to exist*, 7
el éxito *success*, 10
la experiencia *experience*, 6
el explorador *explorer*, 5G
exponer *to display*, 4G
el exportador *exporter*, 8G
exportar *to export*, 1G
la exposición *exposition*, 5G; *exhibition*, 10G
expresar *to express*, 6G
la expresión *expression*, xxii; *saying*, 2
extender *to cover*, 3G; se extiende *it extends*, 5G
la extensión *length*, 10G
extranjero(a) *foreign*, 10
el extranjero *abroad*, 10
extraño(a) *strange*, 7G
extremo(a) *far*, 7G
extrovertido(a) *outgoing*, 2

fabuloso(a) *fabulous*, 6
fácil *easy*, 4; **Es fácil.** *It's easy.*, 4
facturar *to check*, 10; **facturar el equipaje** *to check luggage*, 10
la falda *skirt*, 8
falso(a) *false*, xxii
faltar *to be missing*, 1; nos faltan *we're missing*, 3
la fama *fame*, 5G
la familia *family*, 3; **En mi familia somos...** *There are . . . people in my family.*, 5; la Familia Real *Royal Family*, 1
familiar *pertaining to the family*, 7
famoso(a) *famous*, 2
fascinar *to love, to like very much*, 2
fastidiar *to annoy*, 9
favorito(a) *favorite*, 1
febrero *February*, 1
la fecha *date*, 1
la felicidad *happiness*, 9
felicitar *to congratulate*, 9
el felino *cat*, 10G
feliz (pl. felices) *happy*, 8; **¡Feliz...!** *Happy (Merry) . . .*, 9
fenomenal *awesome*, 2
feo(a) *ugly*, 8
festejar *to celebrate*, 9
festivo *holiday* (adj), 9
la fibra de vidrio *fiberglass*, 3G
la fiesta *party*, 2; la fiesta patria *national holiday*, 5G; la fiesta patronal *feast celebrating the*

patron saint, 4G; **la fiesta sorpresa** *surprise party*, 9; **hacer una fiesta** *to have a party*, 9
la figurita *shape, figurine*, 4
fijarse *to notice*, 7
el fin *end*, 9; al fin *finally*, 10
el fin de semana *weekend*, 3; **este fin de semana** *this weekend*, 4; **los fines de semana** *weekends*, 3
finales: a finales *at the end*, 10G
finalmente *finally*, 8
financiar *to finance*, 5
fino(a) *fine*, 2G
el flan *flan, custard*, 6
las flautas *rolled tortillas that are stuffed and fried*, 9
la flor *flower*, 1
las flores *flowers*, 9
las fogatas *campfires*, 3
el folleto *pamphlet*, 7
la forma *form*, xxii
formaba *formed*
la formación geológica *geological formation*, 7G
formar *to form*, 3
formidable *great*, 2
la fortaleza *fortress*, 10
la fortuna *fortune*, 8
la foto *photo*, xxii; **enseñar fotos** *to show photos*, 9; **sacar fotos** *to take photos*, 10
la fotografía *photograph*, 8
el fragmento *excerpt*, 5
el francés *French*, 4
la frase *phrase*, 8; *sentence*, 9
la frecuencia *frequency*, 8; con frecuencia *often*, 8; **¿Con qué frecuencia vas...?** *How often do you go?*, 3
frecuentado(a) *visited*, 1G
frente *front*; al frente *to the front*, xxii; en frente *in front*, 3G
fresco(a) *cool*, 3; **Hace fresco.** *It's cool.*, 3
el frijol *bean*, 2G
frío(a) *cold*, 6; **Hace frío.** *It's cold.*, 3; **tener frío** *to be cold*, 7
la frontera *border*, 7G
la fruta *fruit*, 2; la fruta cítrica *citrus fruit*, 8G
el fuego *fire*, 3
¡Fue estupendo! *It was great!*, 10
los **fuegos artificiales** *fireworks*, 9; **ver fuegos artificiales** *to see fireworks*, 9
fuera *outside*, 7G
fuera (inf. ser) *was*, 6G
fuerte *loud*, 2; *strong*, 3G
fumar *to smoke*, 7; **dejar de fumar** *to stop smoking*, 7
el funcionalismo *functional architectural style*, 6G
funcionar *to work*, 10

fundado(a) *founded*, 2G
el fútbol *soccer*, 3
el fútbol americano *football*, 3
el futuro *future*, 3
futuro(a) *future*, 5

el gabinete *cabinet*, 9
las gafas *glasses*, 5
el gallego *romance language from Galicia, Spain*, 1G
la galleta *cookie*, 9
la gana *desire*; **tener ganas de** + infinitive *to feel like doing something*, 4
la ganadería *cattle raising*, 7G
el ganado *cattle*, 3G
ganar *to win*, 5G
la ganga *bargain*, 8
el garaje *garage*, 5
la garganta *throat*, 7
la garita *sentry box*, 2G
gastar *to spend*, 8
el gato, la gata *cat*, 5
el gazpacho *cold tomato soup*
la generación *generation*, 5
generalmente *generally*, 8
el género *genre*, 8G
generoso(a) *generous*, 6
la gente *people*, 3
la geografía *geography*, 1
geográfico(a) *geographical*, 10
geometría *geometry*, 4
gigante *giant*, 6
el gimnasio *gym*, 3
el glaciar *glacier*, 5G
la gloria *heaven*, 3
glorioso *glorious*, 9
el gobierno *government*, 1G
el Golfo de México *Gulf of Mexico*, 8G
gordo(a) *fat*, 5
la gorra *cap*, 7
gótico(a) *gothic*, 3G
la grabación *recording*, 1
gracias *thank you*, 1, **Estoy bien, gracias.** *I'm fine, thanks.*, 1; **no, gracias** *no thank you*, 8
gracioso(a) *witty*, 2
la graduación *graduation*, 9
gran *big*, 5; *great*, 5; *large*, 3
la granada *pomegranate*, 6
grande *big, large*, 5
el grano *grain*, 6
la grasa *fat*, 7
gratuito *free*, 1
gris *gray*, 8
gritar *to yell*, 7
la grúa *tow truck*, 9
el grupo *group*, 6

la guagua   *bus (P.R., Dom. Rep.)*, 10
los guandules   *pigeon peas*, 6
  guapo(a)   *good-looking*, 2
  guardar   *to store*, 10
la guayabera   *man's short-sleeved shirt*, 8
la guerra   *war*, 7
la guía telefónica   *telephone directory*, 10
  guiar   *to guide*, 10; *to drive*, 10
la güira   *percussive instrument played by scratching with a stick across a rough surface*, 9G
el guiso   *stew*, 6
la guitarra: la guitarra eléctrica   *electric guitar*, 2
  gustar   *to like*, 2; **A ellos/ellas les gusta...**   *They like . . .*, 3; **A mis amigos y a mí nos gusta...**   *My friends and I like . . .*, 3; **le gusta...**   *he/she likes . . .*, 3; **Me gusta(n)...**   *I like . . .*, 2; **Me gusta(n)... mucho.**   *I like . . . a lot.*, 2; me gustaba   *I liked*, 4; **Me gusta(n) más...**   *I like . . . more.*, 2; **Me gustaría...**   *I would like . . .*, 8; **Me gustaría más...**   *I would prefer . . .*, 10; Me ha gustado...   *I have liked . . .*, 4; **No, no me gusta(n)...**   *No, I don't like . . .*, 2; **¿Te gusta(n)...?**   *Do you like . . .?*, 2; **¿Te gusta(n) más... o...?**   *Do you like . . . or . . . more?*, 2
el gusto   *pleasure*, 9
los gustos   *likes*, 2

H

  haber: hubo   *there was*, 10
las habichuelas   *beans*, 2G
  la habitación   *bedroom*, 5
  habitar   *to inhabit*, 7G
el habla   *speech*, 8
  hablar   *to talk, to speak*, 3; **Habla...**   *. . . speaking (on the telephone)*, 8; **hablar por teléfono**   *to talk on the phone*, 3; Hablemos.   *Let's talk.*, 1
  hacer (-go)   *to make, to do*, 4; **estamos haciendo**   *we are making/doing*, 9; están haciendo   *are making*, 3; **Hace buen (mal) tiempo.**   *The weather is good (bad).*, 3; **Hace calor.**   *It's hot.*, 3; **Hace fresco.**   *It's cool.*, 3; **Hace frío.**   *It's cold.*, 3; Hace más de... años   *It's more than . . . years ago*, 7G; **Hace sol.**   *It's sunny.*, 3; Hace tanto... que...   *It's so . . . that . . .*, 3; Hace tiempo.   *It's been a long time.*, 9; **Hace viento.**   *It's windy.*, 3; **hacer cola**   *to wait in line*, 10; **hacer ejercicio**   *to exercise*, 3; **hacer la cama**   *to make the bed*, 5;

hacer la maleta   *to pack your suitcase*, 10; **hacer la tarea**   *to do homework*, 3; **hacer los quehaceres**   *to do the chores*, 5; **hacer una fiesta**   *to have a party*, 9; **hacer un viaje**   *to take a trip*, 10; **hacer yoga**   *to do yoga*, 7; hacían   *they made*, 4; **haz**   *make, do*, 6; hizo   *he/she did*, 9; **no hagas**   *don't do*, 10; **¿Qué están haciendo?**   *What are they doing?*, 9; qué hicieron   *what they did*, 9; **¿Qué hiciste?**   *What did you do?*, 8; se hace   *is made*, 6
  hallar   *to find*, 7G
el **hambre**   *hunger*, 4; **tener hambre**   *to be hungry*, 4
la **hamburguesa**   *hamburger*, 2
el **Hanukah**   *Hanukkah*, 9
  hasta   *until*, 5; *up to*, 5; **Hasta luego.**   *See you later.*, 1; **Hasta mañana.**   *See you tomorrow.*, 1; **Hasta pronto.**   *See you soon.*, 1
  hay (inf. haber)   *there is, there are*, 4; **Hay un(a)...**   *There's a . . .*, 4
  haz   *make, do*, 6; Hazme caso.   *Pay attention to me.*, 8
  hecho(a)   *made*, 2G
la **heladería**   *ice cream shop*, 8
el **helado**   *ice cream*, 2
la hembra   *female*, 2
el hemisferio   *hemisphere*, 7G
la herencia   *inheritance*; la herencia alemana   *German cultural tradition*, 7G; la herencia española   *Spanish cultural tradition*, 10G
la **hermana**   *sister*, 5
el **hermano**   *brother*, 5
los **hermanos**   *brothers, brothers and sisters*, 5
el héroe   *hero*, 4G
la hierba   *grass*, 8G; la hierba fina   *herb*, 8G
la **hija**   *daughter*, 5
el **hijo**   *son*, 5
los **hijos**   *sons, children*, 5
el hipo   *hiccup*, 3; estar con hipo   *to have hiccups*, 3
el hipopótamo   *hippopotamus*, 1
  hispano(a)   *Hispanic*, 1
  hispanohablante   *Spanish-speaking*, 6
la **historia**   *history*, 4
el hogar   *home*, 3G
las hojas de maíz   *cornhusks*, 3
  hola   *hi, hello*, 1
el **hombre**   *man*, 8; el hombre de negocios   *businessman*, 5, los hombres   *men, humans*, 6; **para hombres**   *for men*, 8
el **hombro**   *shoulder*, 7
el homenaje   *tribute*, 1G
  hondo(a)   *deep*, 8G
el honor   *honor*, 3
la hora   *hour*, 1; **¿A qué hora vas a...?**

What time are you going to . . .?, 4; **¿Qué hora es?**   *What time is it?*, 1
el horario   *schedule*, 3
la horchata mexicana   *sweet rice drink*, 6
la hormiga   *ant*, 6
el **horno**   *oven*, 6; el horno microondas   *microwave oven*, 6
  horrible   *horrible*, 2; **¡Fue horrible!**   *It was horrible!*, 10
el **hotel**   *hotel*, 10; **quedarse en un hotel**   *to stay in a hotel*, 10
  hoy   *today*, 1; hoy en día   *nowadays*, 6G; **Hoy es...**   *Today is . . .*, 1; **¿Qué día es hoy?**   *What day is today?*, 1
el **huevo**   *egg*, 6
  húmedo(a)   *damp*; el bosque húmedo   *rainforest*, 4G
el huracán   *hurricane*, 3

I

la idea   *idea*, 6; la idea principal   *main idea*, 6
el idioma   *language*, 1G; idioma oficial   *official language*, 1G
  identificar   *to identify*, 10
la **iglesia**   *church*, 3
  igual que   *same as*, 2
  igualmente   *equally*, 8
  Igualmente.   *Likewise.*, 1
la iguana   *iguana*, 1
  ilustrar   *to illustrate*, 5
  imaginar   *to imagine*, 2
el imperativo   *imperative*, 9
el imperio   *empire*, 10G
  imponente   *imposing*, 6
  importado(a)   *imported*, 5G
la importancia   *importance*, 6
  impresionante   *impressive*, 7G
  incaico(a)   *Incan*, 10G
  incesante   *without stopping*, 8
  inclusive   *including*, 8
  incluso   *including*, 8G
  incomparable   *incomparable*, 5
la independencia   *independence*, 6G
  independiente   *independent*, 2
  indicar   *to indicate*, xxii
  indígena   *indigenous*, 6G
la Infanta   *princess*, 10
la influencia   *influence*, 1G
  Inglaterra   *England*, 7G
el **inglés**   *English*, 4
  injusto   *unfair*, 5; **Me parece injusto.**   *I don't think that's fair.; It seems unfair to me.*, 5
  inmediato(a)   *immediate*, 10G
  inmenso(a)   *immense*, 6
el inmigrante   *immigrant*, 7G
  inmigrar   *to immigrate*, 7G
el insecto   *insect*, 2

inseparable *inseparable*, 3
inspirar *to inspire*, 1G
el instrumento *instrument*, 8G
intacto(a) *intact*, 10
intelectual *intellectual*, 2
inteligente *intelligent*, 2
la intensidad *intensity*, 7
el interés *of interest*, 10
interesante *interesting*, 2
internacional *international*, 6
interrumpir *to interrupt*, 4
el invasor *invader*, 4G
inventar *to invent*, 4
el inventario *inventory*, 8
inventivo(a) *inventive*, 2
la investigación *research*, 4G
el invierno *winter*, 1
inviolable *inviolable*, 5
la invitación *invitation*, 9; **mandar invitaciones** *to send invitations*, 9
el invitado *guest*, 9; el invitado de honor *guest of honor*, 9
invitar *to invite*, 9
ir *to go*, 2; **¿Adónde fuiste?** *Where did you go?*, 8; **fue** *went*, 8; **fuimos** *we went*, 8; **ir a** + infinitive *to be going to (do something)*, 4; **ir de compras** *to go shopping*, 3; **ir de excursión** *to go hiking*, 10; **ir de pesca** *to go fishing*, 10; **no vayas** *don't go*, 7; **quiero ir...** *I want to go . . .*, 2; **se va** *leaves*, 6; **¿Vas a...?** *Are you going to . . .?*, 4; **Vas a ir, ¿verdad?** *You're going to go, aren't you?*, 4; **ve** *go*, 6
irse *to leave*, 10
la isla *island*, 10
italiano(a) *Italian*, 6
la izquierda *left*

el jabón *soap*, 7
el jabón *soap*, 7
el jamón *ham*, 6
el jardín *garden*, 5
el jefe *chief*, 10
el jersey *sweater*, 8
la jirafa *giraffe*, 1
joven *young*, 5
el joven, la joven *young person*, 9; **los jóvenes** *young people*, 9
la joyería *jewelry store*, 8
el juego *game*, 3; **el juego de mesa** *board game*, 3; el juego de palabras *word game*, 7
el jueves *Thursday*, 1; **los jueves** *on Thursdays*, 3
el jugador *player*, 2G
jugar (ue) *to play*, 3
el jugo *juice*, 6; **el jugo de...** *. . . juice*, 6

el juguete *toy*, 8
la juguetería *toy store*, 8
el juicio *judgment*, 6
julio *July*, 1
junio *June*, 1
juntos(as) *together*, 1
justo(a) *fair, just*, 10

el karate *karate*, 1
el kilómetro *kilometer*, 3
el kiosko *stand or stall*, 9G

la *the* (fem. article), 2
la *you, it*, (pronoun), 6; *you*, 9
las labores *chores*, 5
el lado: por todos lados *everywhere*, 8G
el lago *lake*, 10
la lágrima *tear*, 9
la lana *wool*, 8; **de lana** *made of wool*, 8
la lancha *motorboat*, 10; **pasear en lancha** *to go out in a motorboat*, 10
el lápiz (pl. los lápices) *pencil*, 4
largo(a) *long*, 5
las *the* (pl. fem. article), 2
las *you, them* (pronoun), 6
la lástima *pity*, 8; **¡Qué lástima!** *What a shame!*, 10
la lata *can*, 9; **¡Qué lata!** *What a pain!*, 5
latinoamericano(a) *Latin American*, 1
lavar *to wash*, 5; **lavar los platos** *to do the dishes*, 5
lavarse *to wash*, 7
le *to/for him, her, you*, 2
la leche *milk*, 6
leer *to read*, 3; **al leer** *upon reading*, 6; **antes de leer** *before reading*, 1; **leamos** *let's read*, 1; leer en voz alta *to read aloud*, 6; **se leen** *are read*, 5
el legado *legacy*, 8G
lejano(a) *distant*, 10
lejos *far*, 9; **lejos de** *far from*, 5
la lengua *language*, 9
los lentes *glasses*, 5; **usar lentes** *to wear glasses*, 5
lento(a) *slow*, 4G
el león *lion*, 1
les *to/for you* (pl.), *them*, 2
levantar *to lift*, 7; **levantar pesas**

to lift weights, 7
levantarse *to get up*, 7
la leyenda *legend*, 10
libre *free*, 6G
la librería *bookstore*, 8
el libro *book*, 2; **el libro de amor** *romance book*, 2; **el libro de aventuras** *adventure book*, 2
el líder, la líder *leader*, 2
el limón *lemon*, 6
limpiar *to clean*, 5; limpio(a) *clean*, 5
lindo(a) *beautiful, pretty*, 6
listo(a) *ready*, 7; **estar listo(a)** *to be ready*, 7; **¿Está todo listo?** *Is everything ready?*, 9
llamado(a) *called*, 9G
llamar *to call*, 9; **llamar por teléfono** *to make a phone call*, 8; **Llamo más tarde.** *I'll call back later.*, 8; **Te llamo más tarde.** *I'll call you later.*, 9
la llegada *arrival*, 10
llegar *to arrive, to get there*, 4; **al llegar** *upon arriving*, 6; **ha llegado** *she has come*, 9
llenar *to fill up*, 3
lleno(a) *full*, 9
llevar *to wear*, 8; *to take*, 6; **lo llevó** *took it*, 6G; lleva años trabajando *he has been working for years*, 9
llevarse *to get along*, 2
llover (ue) *to rain*, 3; **llueve (mucho)** *it rains (a lot)*, 3
la lluvia *rain*, 4G
lo *him, it*, 6; *you*, 9; **lo siento** *I'm sorry*, 8
lo: lo de siempre *same as usual*, 9; lo que *what*, 6; lo que pasa *what is happening*, xxii
loco *crazy*, 5
lógico(a) *logical*, 2
el lonche *lunch (Southwest U.S.)*, 6
los *the* (pl. masc.), 2
los *you, them* (pronoun), 6
luchar *to struggle*, 8; *to fight*, 4G
luego *then, later*, 4
el lugar *place*, 1G
los lugares de interés *places of interest*, 10
la luna *moon*, 9
lunes *Monday*, 1; **los lunes** *on Mondays*, 3
la luz *light*, 7G

el macho *male*, 2
la madera *wood*, 5G

la madre *mother,* 5
madrina *godmother,* 1
el maestro *master,* 7G
magnífico(a) *magnificent,* 4
el maíz *corn,* 6
majestuoso(a) *majestic,* 9G
mal *bad;* **Estoy mal.** *I'm not so good.,* 1; **Te veo mal.** *You don't look well.,* 7
la maleta *suitcase,* 10
malo(a) *bad,* 2
malvado(a) *evil,* 10
la mamá *mom,* 5
el mamífero *mammal,* 4G
la mañana *morning,* 4; **de la mañana** *in the morning,* A.M.,1; **por la mañana** *in the morning,* 4
mañana *tomorrow,* 4; **Hasta mañana.** *See you tomorrow.,* 1
mandar *to send,* 9; **mandar invitaciones** *to send invitations,* 9; **mandar tarjetas** *to send cards,* 9
el mandato *command,* 6
manejar *to manage,* 7
la manera *way,* 9
la mano *hand,* 7
el manojo *bunch,* 8
mantener (ie) *to preserve, to keep,* 6
mantenerse (ie) *to maintain,* 7; **mantenerse (ie) en forma** *to stay in shape,* 7
la manzana *apple,* 6
el mapa *map,* 10
el maquillaje *makeup,* 7
maquillarse *to put on makeup,* 7
marcado(a) *marked,* 7
marcar *to set, to dial,* 1
marcharse *to leave,* 9
el marisco *shellfish,* 5G
marítimo(a) *maritime,* 3G
marrón *brown,* 2; **los ojos marrones** *brown eyes,* 5
el martes *Tuesday,* 1; **los martes** *on Tuesdays,* 3
marzo *March,* 1
más *more,* 2; **Más o menos.** *So-so.,* 1; **más que** *more than,* 8; **más... que** *more . . . than,* 8
la masa *dough,* 3
la máscara *mask,* 2G
la mascarada *masquerade,* 4G
la mascota *pet,* 5
el mate *Argentine and Paraguayan tea,* 7
las matemáticas *mathematics,* 3
la materia *subject,* 4; **las materias obligatorias** *required subjects,* 4; **las materias opcionales** *electives,* 4
matutino(a) *(in the) morning,* 4
mayo *May,* 1
mayor(es) *older,* 5; *greater,* 3G
la mayoría *majority,* 4G
la mazorca *corn on the cob,* 6
me *to/for me,* 2; **Me da igual.** *It's all the same to me.,* 2; **Me duele(n)...** *My . . . hurt(s),* 7; **Me gusta(n)...** *I like . . .,* 2; **Me gusta(n) más...** *I like . . . more.,* 2; **Me gusta(n)... mucho.** *I like . . . a lot.,* 2; **Me llamo...** *My name is . . .,* 1; **No, no me gusta(n)...** *No, I don't like . . .,* 2; **Me parece bien.** *It seems fine to me.,* 5; **Me parece injusto.** *It's not fair.,* 5
me *me,* 9
mecánico *mechanic,* 5
la medalla *medal,* 5G
mediano(a) *medium,* 4
la medianoche *midnight,* 1
médico(a) *medical,* 7
medio(a) *half,* 4; **y media** *half past,* 1
los medios de transporte *means of transportation,* 10
el mediodía *midday, noon,* 1
medir (i) *to measure,* 5G
mejor(es) *better, best,* 7
el melocotón *peach,* 6
menor(es) *younger,* 5
menos *less,* 8; **menos cuarto** *a quarter to . . .,* 1; **menos que** *less than,* 8; **menos... que** *less . . . than,* 8
el mensaje *message,* 7G
la mente *mind,* 4
el mercado *market,* 6; **el mercado al aire libre** *open-air market,* 8
merendar (ie) *to have a snack,* 5
el merengue *music and dance style,* 9G
la merienda *snack,* 6
la mesa *table,* 5; **poner la mesa** *to set the table,* 6
los meses del año *months of the year,* 1
meter *to put in,* 8
meterse *to set,* 9
metódico(a) *methodical,* 2
el metro *meter,* 1G
el metro *subway,* 10
mezclar *to mix,* 6; **mezcla** *mixture,* 6
la mezquita *mosque,* 1G
mí *me,* 5; **A mí me gusta +** infinitive *I like to . . .,* 3; **a mí me toca...** *I have to . . .,* 5
mi(s) *my,* 1; **mi mejor amigo(a)** *my best friend,* 1; **mi profesor(-a)** *my teacher,* 1
la miel *honey,* 6
el miembro *member,* 3
mientras *while,* 6
el miércoles *Wednesday,* 1; **los miércoles** *on Wednesdays,* 3
mil *one thousand,* 8; **miles** *thousands,* 2
la milla cuadrada *square mile,* 3
un millón (de) *one million,* 8; **dos millones (de)** *two million,* 8
mío *mine,* 8
mirar *to look,* 9; **Nada más estoy mirando.** *I'm just looking.,* 8; **mirar las vitrinas** *to window-shop,* 8
la misa *Mass,* 9
la misión *mission,* 3G
mismo(a) *same,* 6
el misterio *mystery,* 2
misterioso(a) *mysterious,* 2
la mitad *half,* 6G
la mochila *backpack,* 4
la moda *style, fashion,* 8; **a la última moda** *in the latest fashion,* 8; muy de moda *very fashionable,* 8; **pasado(a) de moda** *out of style,* 8
modelar *to shape,* 4
moderno(a) *modern,* 7
el módulo *module,* 10
el mogote *knoll,* 9G
el mole *sauce made with chiles and flavored with chocolate,* 6
el molino *windmill,* 1G
el momento *moment,* 6; **Espera un momento.** *Hold on a moment.,* 8
la monarquía parlamentaria *constitutional monarchy,* 1G
la moneda *currency,* 2; *coin,* 8
el mono *monkey,* 4G
la montaña *mountain,* 10; **subir a la montaña** *to go up a mountain,* 10
montañoso(a) *mountainous,* 7G
montar *to ride,* montar a caballo *to ride a horse,* 3G; **montar en bicicleta** *to ride a bike,* 3
un montón *a ton,* 4
el monumento *monument,* 1G
el morado *purple,* 1G
morado(a) *purple,* 8
moreno(a) *dark-haired; dark-skinned,* 2
morir (ue) *to die,* 5; murió *died,* 5
el moro *rice and beans,* 9G
el mosaico *mosaic,* 6G
el mosquito *mosquito,* 2
el mostrador *counter,* 10
mostrar (ue) *to show,* 1G
el movimiento *movement,* 4G
la muchacha *girl,* 1
el muchacho *boy,* 1
mucho *a lot (of),* 2; *much,* 4; **Mucho gusto.** *Pleased/Nice to meet you.,* 1
muchos(as) *a lot of, many,* 4
mudarse *to move,* 8G
mudéjar *Moslem,* 5G
la muerte *death,* 4G
la mujer *woman,* 8; **para mujeres** *for women,* 8
mundialmente *worldwide,* 6
el mundo *world,* 1G; todo el mundo *everybody,* 9
el mural *mural painting,* 6G
la muralla *wall, rampart,* 1G

el museo *museum*, 10
la música *music*, 2; **la música de...** *music of/by . . .*, 2; la música clásica *classical music*, 2G
el músico *musician*, 2
muy *very*, 2

nacer *to be born*, 7G; había nacido *had been born*, 7G; nacido(a) *born*, 8G
nacional *national*, 1
nada *nothing*, 4; *not anything*, 4
Nada más estoy mirando. *I'm just looking.*, 8
nadar *to swim*, 3
nadie *nobody, not anybody*, 5
la naranja *orange*, 6
el naranjo *orange tree*, 8G
la nariz *nose*, 7
la natación *swimming*, 7
nativo(a) *native*, 6
la naturaleza *nature*, 2
la navaja *razor*, 7
navegar *to sail*, 5; *to navigate*, 10; **navegar por Internet** *to surf the Internet*, 3
la Navidad *Christmas*, 9
la necesidad *necessity*, 7
necesitar *to need*, 4; **¿Necesitas algo?** *Do you need anything?*, 4; **Necesito muchas cosas.** *I need a lot of things.*, 4; **No, no necesito nada.** *No, I don't need anything.*, 4
negarse *to refuse*, 5
negociable *negotiable*, 5
el negocio *business*, 9
negro(a) *black*, 5
nervioso(a) *nervous*, 7
nevar (ie) *to snow*, 3
ni *neither, nor*, 7; **Ni idea.** *I have no idea.*, 3
el nido *nest*, 1
la nieta *granddaughter*, 5
el nieto *grandson*, 5
los nietos *grandsons, grandchildren*, 5
nieva *it snows*, 3
la niña *girl*, 1
ninguno(a) *no, none*, 10G; **ninguna parte** *nowhere*, 3; **no va a ninguna parte** *he/she doesn't go anywhere*, 3
el niño *male child*, 8
los niños *children*, 8
el nivel del mar *sea level*, 9G
no *no*, 3; *not, do not*, 5; **No debes...** *You shouldn't . . .*, 7; **No es gran cosa.** *It's not a big deal.*, 5; **No está.** *He/She is not here.*, 8; **No estoy de acuerdo.** *I disagree.*, 6; **no, gracias** *no thank you*, 8;

nomás *just, only*, 8; **No sé.** *I don't know.*, 4; **No, no me gusta(n)...** *No, I don't like . . .*, 2; **No, no necesito nada.** *No, I do not need anything.*, 4; **No, no voy a ir.** *No, I'm not going to go.*, 4; **No seas...** *Don't be . . .*, 7; **no va a ninguna parte** *he/she doesn't go anywhere*, 3; **No vayas.** *Don't go.*, 7
¿no? *right?*, 4
la noche *night*, 1; **de la noche** *at night, P.M.*, 1; **por la noche** *at night*, 4
la Nochebuena *Christmas Eve*, 9
la Nochevieja *New Year's Eve*, 9
nocturno(a) *(in the) evening*, 4
nombrado(a) *named*, 9G
el nombre *name*, 10
el noreste *northeast*, 2G
normalmente *normally*, 4
el noroeste *northwest*, 7G
el norte *north*, 5G
norteamericano(a) *North American*, 8
norteño(a) *northern*, 5G
Noruega *Norway*, 7G
nos *(to/for) us*, 2; **Nos vemos.** *See you.*, 1
nosotros(as) *we*, 1
la nota *grade*, 6
la noticia *news*, 9
novecientos *nine hundred*, 8
la novela *novel*, 3
noventa *ninety*, 2
noviembre *November*, 1
la nube *cloud*, 7
nuestro(a) *our*, 5
nuestros(as) *our*, 5
nuevamente *again*, 9
nueve *nine*, 1
nuevo(a) *new*, 2
la nuez (pl. las nueces) *nut(s)*, 6
el número *number*, 1; *shoe size*, 8
numeroso(a) *numerous*, 2G
nunca *never*, 5; **casi nunca** *almost never*, 3; nunca más *never again*, 6
la nutricionista *nutritionist*, 7

o *or*, 2
oaxaqueño *from the Mexican state of Oaxaca*, 6
el objetivo *objective*, 1
el objeto *object*, 1
la obra *work*, 7G; la obra de teatro *play*, 6G; la obra maestra *masterpiece*, 6G
observar *to observe*, 1
la ocasión *occasion*, 9
occidental *western*, 7G

ochenta *eighty*, 2
ocho *eight*, 1
ochocientos *eight hundred*, 8
el ocio *leisure time*, 8
octubre *October*, 1
el ocupante *occupant*, 10
ocupar *to occupy*, 7G
ocurrir *to occur*; ¿Se te ocurren? *Do they occur to you?*, 4
la oficina *office*, 5
la oficina de cambio *money exchange*, 10
la oficina de correos *post office*, 10
ofrecer *to offer*, 6
el oído *ear*, 7
oír *to hear*, 2; oyes *(you) hear*, 2; se oye *is heard*, 2
los ojos *eyes*, 5; los ojos borrados *hazel eyes*, 5; los ojos cafés *brown eyes*, 5; **tener los ojos azules** *to have blue eyes*, 5
la ola *wave*, 2G
la olla *pot*, 4G
olor *smell*, 7
olvidar *to forget*, 9; No te olvides. *Don't forget.*, 8
once *eleven*, 1
la oportunidad *opportunity*, 5
la oración *sentence*, xxii
el orden *order*, 1; el orden cronológico *chronological order*, 8
ordenar *to organize*, 3; está ordenando *is organizing*, 3
organizado(a) *organized*, 2
organizar *to organize*, 10
orgulloso(a) *proud*, 6
oriental *eastern*, 10G
el origen *origin*, 6G
originalmente *originally*, 3G
os *(to/for) you* (pl.), 2
el oso *bear*, 1
el otoño *fall*, 1
otro(a) *other, another*, 8
otros(as) *other, others*, 8

el paciente *patient*, 7
el padre *father*, 5
los padres *parents*, 5; los padres peregrinos *pilgrims*, 8G
pagar *to pay*, 8; **pagar una fortuna** *to pay a fortune*, 8
la página *page*, xxii; la página Web *Web page*, 1
el país *country*, 6; el país de origen *native country*, 6
el paisaje *landscape*, 4G
el pájaro *bird*, 9
la palabra *word*, xxii; la palabra clave *key word*, 1
el palacio *palace*, 1

el pan *bread*, 6; **el pan dulce** *pastries*, 6; **el pan tostado** *toast*, 6

la pantalla *monitor, screen*, 10

los pantalones (vaqueros) *pants (jeans)*, 8

los pantalones cortos *shorts*, 8

la **pantomima** *pantomime*, 9

la **pantorrilla** *calf*, 7

el papá *dad*, 5

el **Papá Noel** *Santa Claus*, 9

la **papa** *potato*, 6; **las papas fritas** *French fries*, 6

el papel *paper*, 4

las **papitas** *potato chips*, 9

el **paquete** *package*, 9

el par *pair*, 8

para *for*, 4; *to, in order to*, 7

el **paraíso** *paradise*, 8G

parecer *to seem*, 5; *to think*, 8; **me parece** *It seems to me*, 9; **Me parece bien.** *It's all right. It seems fine to me.*, 5; **Me parece injusto.** *I don't think that's fair.; It seems unfair to me.*, 5; **no parezco** *I don't seem to be.*, 9; **¿Qué te parece...?** *What do you think of . . .?*, 8

parecido(a) *similar*, 2

la **pared** *wall*, 10G

la **pareja** *pair*; **en parejas** *in pairs*, xxii, *couple*, 3

el **paréntesis** *parenthesis*, 8

el **pareo** *matching*, 1

el **pariente** *relative*, 5

el parque *park*, 3; **el parque de diversiones** *amusement park*, 10

el **párrafo** *paragraph*, xxii

la **parrilla** *barbecue*, 7

la **parrillada** *Argentine barbecue*, 7G

la **parte** *part*, 6

participar *to participate*, 1

particular *particular*, 6

el partido de... *the . . . game*, 4

la **pasa** *raisin*, 6

el **pasado** *past*, 8

pasado mañana *day after tomorrow*, 4

pasado(a) *last*, 8; **el año pasado** *last year*, 9

pasado(a) de moda *out of style*, 8

el **pasaje** *ticket*, 10

el **pasajero, la pasajera** *passenger*, 10

el **pasapalo** *finger food (Ven.)*, 9

el pasaporte *passport*, 10

pasar *to spend (time, occasion)*, 9; **con quien tú te pasas** *who you spend time with*, 2; **la pasamos en casa de...** *we spent it at . . .'s house*, 9; **lo que pasa** *what is happening*, 9; **pasar el rato solo(a)** *to spend time alone*, 3; **pasar la aspiradora** *to vacuum*, 5; **pasar por** *to stop at/by*, 10; *to go through*,

2; **qué pasa** *what's happening*, 6

pasártelo(la) *to get someone (for a telephone call)*, 8

el **pasatiempo** *hobby*, 7; **buscar un pasatiempo** *to look for a hobby*, 7

pasear *to go for a walk*, 3; **pasear en bote de vela** *to go out in a sailboat*, 10; **pasear en lancha** *to go out in a motorboat*, 10

el **pasillo** *corridor*, 10

la pasta de dientes *toothpaste*, 7

el **pastel** *cake*, 6

el pastel en hoja *mashed plantain dough filled with meat and wrapped in plantain leaves*, 9

la **patata** *potato*, 1G; *sweet potato*, 6

el **patinaje en hielo** *ice skating*, 7

patinar *to skate*, 3

el patio *patio, yard*, 5

la **patrona** *patron*, 9G

la **pava** *kettle used to make **mate***, 7

el **pavo** *turkey*, 6G

el **payaso** *clown*, 4G

las **pecas** *freckles*, 5

el **pecho** *chest*, 7

pedir (i) *to order*, 6

peinarse *to comb your hair*, 7

el **peine** *comb*, 7

la película *film, movie*, 2; **(de ciencia ficción, de terror, de misterio)** *(science fiction, horror, mystery)*, 2

el **peligro de extinción** *danger of extinction*, 8G

pelirrojo(a) *red-headed*, 2

el pelo *hair*, 5

la **pelota** *ball*, 9G

pensar (ie) *to think*, 9; **pensar + inf.** *to plan*, 9; **Pensamos...** *We plan to . . .*, 9

peor(es) *worse*, 8

pequeño(a) *small*, 5

la **pera** *pear*, 1

perder (ie) *to lose*, 10; *to miss*, 10; **perder el vuelo** *miss the flight*, 10; **si me pierden** *if you lose me*, 3; **perdido(a)** *lost*, 10G

perdone *I'm sorry*, 1

el **perezoso** *sloth*, 4G

perezoso(a) *lazy*, 2

perfecto *perfect*, 8

el **periódico** *newspaper*, 8G

la **perla** *pearl*, 2G

permiso *excuse me*, 9

permitir *to allow*, 6

pero *but*, 5

el perro, la perra *dog*, 5

la persona *person*, 5

el **personaje** *character*, 1G; **el personaje ficticio** *fictional character*, 1G

la **personalidad** *personality*, 2

las **pesas** *weights*, 7; **levantar pesas** *to lift weights*, 7

la pesca *fishing*, 10; **ir de pesca** *to go

fishing*, 10; **la pesca comercial** *commercial fishing*, 8G

el pescado *fish*, 6

pescar *to fish*, 10

pésimo(a) *very bad*, 2

el peso *weight*, 7

el **pez** *fish*, 1

la **picadera** *finger food (Dom. Rep.)*, 9

el **picante** *spice*, 6

picante *spicy*, 6

el picnic *picnic*, 9; **tener un picnic** *to have a picnic*, 9

el **pico** *peak*, 1G

el **pico de gallo** *spicy relish made with tomatoes, hot peppers, and onions*, 3G

el pie *foot*, 7

la **piedra** *stone*, 5G

la pierna *leg*, 7

la **pieza** *bedroom*, 5; *piece*, 4

la **pileta** *swimming pool (Arg.)*, 3

la piñata *piñata*, 9

el **pingüino** *penguin*, 7G

pintado(a) *painted*, 2G

pintar *to paint*; **fue pintado** *was painted*, 1

el **pintor** *painter*, 2G

pintoresco(a) *picturesque*, 7G

la **pintura** *painting*, 1; **la pintura al óleo** *oil painting*, 3G

la pirámide *pyramid*, 10; **la pirámide alimenticia** *food pyramid*, 7

la piscina *swimming pool*, 3

el piso *floor*, 5; **de... pisos** *. . .-story*, 5

el piyama *pajamas*, 7

la pizza *pizza*, 2

el **placer** *pleasure*, 9

planes *plans*, 9; **¿Qué planes tienen para...?** *What plans do you have for . . .?*, 9

plano(a) *flat*, 7G

las plantas *plants*, 5

el **plátano** *plantain*, 8G

platicar *to chat*, 3

el plato *dish, plate*, 6; **lavar los platos** *to do the dishes*, 5; **el plato hondo** *bowl*, 6; **el plato típico** *traditional dish*, 2

la playa *beach*, 3

la **playera** *T-shirt*, 8

la plaza de comida *food court in a mall*, 8

la **plena** *music and dance style*, 2

la **población** *population*, 1G

poblado(a) *populated*, 4G

pobre *poor*, 8

poco(a) *few, little, not much*, 4; **poco a poco** *little by little*, 4; **un poco** *a little*, 2

pocos(as) *not many*, 4

poder (ue) *to be able to, can*, 6

el **poema** *poem*, 8

la **poesía** *poetry*, 8

el poeta, la poeta   *poet*, 5G
el pollo   *chicken*, 6; el pollo frito   *fried chicken*, 2G
el ponche   *punch*, 9
   poner (-go)   *to put*, 4; **no pongas**   *don't put*, 10; **pon**   *put*, 6; poner en orden   *to put in order*, xxii; poner huevos   *to lay eggs*, 2; poner la comida   *to set out the food*, 9; **poner la mesa**   *to set the table*, 6; tener puesto(a)   *to have on*, 8
   ponerse   *to put on*, 7, *to get*, 6; ponerse   *to start*, 7; ponerse a bailar   *to start dancing*, 3; ponerse en contacto   *to get in contact*, 5; ponerse rojo   *to flush, to turn red*, 10
   por   *in, by*, 4; por ejemplo   *for example*, 6G; por eso   *that's why*, 6; **por el estilo**   *of that sort*, 7; **por favor**   *please*, 6; por fin   *at last*, 8; **por la mañana**   *in the morning*, 4; por la noche   *at night*, 2; **por la tarde**   *in the afternoon*, 4; por lo general   *generally*, 8; por lo menos   *at least*, 9; por más que   *no matter how much*, 7; por medio de   *by means of*, 10
   ¿por qué?   *why?*, 2
la porción   *portion, serving*, 7
   porque   *because*, 2
   posible   *possible*, 4
el postre   *dessert*, 6
el pozole   *soup made with hominy, meat, and chile*, 6
   practicando   *practicing*, 7
   practicar deportes   *to play sports*, 3
el precio   *price*, 1; el precio de entrada   *entry fee*, 1
   precolombino(a)   *of the New World era before the arrival of Europeans*, 2G
   precoz   *precocious*, 4
la preferencia   *preference*, 3
   preferido(a)   *favorite*, 4
   preferir (ie)   *to prefer*, 6
la pregunta   *question*, xxii
   preguntar   *to ask*, xxii
   prehistórico(a)   *prehistoric*, 7G
   preocuparse   *to worry*, 10; **No te preocupes.**   *Don't worry.*, 10
   preparar   *to prepare*, 6
   prepararse   *to get ready*, 7
los preparativos   *preparations*, 9
la preposición   *preposition*, 2
la presentación   *introduction*, 9
   presentar   *to present*, 6; *to introduce*, 9; **presentar el examen**   *to take a test*, 4; se presentó   *was performed*, 10; **Te presento a...**   *I'd like you to meet . . .*, 9
   presentarse   *to present oneself*, 6
el presente   *present*, 9
   prestar: prestar atención   *to pay attention*, 7

el pretérito   *preterite*, 8
la primavera   *spring*, 1
el primero   *first*, 1
   primero(a)   *first*, 4
el primo, la prima   *cousin*, 5; el primo hermano, la prima hermana   *first cousin*, 5
los primos   *cousins*, 5
la princesa   *princess*, 10
   principal   *main*, 4G; *primary*, 9G
la prisa: tener prisa   *to be in a hurry*, 4
el prisionero   *prisoner*, 10
   probar (ue)   *to try, to taste*, 6
   producir   *to produce*, 1
el producto   *product*, 3G; los productos petroleros   *petroleum products*, 3G; los productos químicos   *chemicals*, 3G
el profesor   *teacher (male)*, 1; **mi profesor**   *my teacher*, 1
la profesora   *teacher (female)*, 1; **mi profesora**   *my teacher*, 1
   prometer   *to promise*, 8
el pronombre   *pronoun*, 6; el pronombre de complemento directo   *direct object pronoun*, 9; el pronombre reflexivo   *reflexive pronoun*, 7
   pronto   *soon*, 1; **Hasta pronto.**   *See you soon.*, 1; tan pronto   *as soon*, 9
la propiedad   *property*, 5
   propio(a)   *own*, 4
el propósito   *purpose*, 6
el provecho   *benefit*; Buen provecho.   *Enjoy your meal.*, 6
la provincia   *province*, 10
   próximo(a)   *next*, 4; **la próxima semana**   *next week*, 4; **el** *(day of the week)* **próximo**   *next (day of the week)*, 4
el proyecto   *project*, 1
   publicar   *to publish*, 1
el pueblo   *town, village*, 5; el pueblo natal   *hometown*, 3
   ¿Puedo...?   *Can I . . .?*, 6
el puente   *bridge*, 8G
la puerta   *door*, 5; *gate*, 10
el puerto   *port*, 3G
el puesto   *stall*, 9G
la pulsera   *bracelet*, 8
   punto: en punto   *on the dot*, 1
el punto de vista   *point of view*, 9
   puntual   *punctual, on time*, 2
el puré de papas   *mashed potatoes*, 6

que   *that*; que me llame después   *tell him/her to call me later*, 8; **Que**

te vaya bien.   *Hope things go well for you.*, 9
¡Qué...!   *How . . .!*, 6; **¡Qué bien!**   *How great!*, 10; **¡Qué fantástico!**   *How fantastic!*, 10; **¡Qué gusto verte!**   *It's great to see you!*, 9; **¡Qué lástima!**   *What a shame!*, 10; **¡Qué lata!**   *What a pain!*, 5; **¡Qué mala suerte!**   *What bad luck!*, 10
¿qué?   *what?*, 1; **¿Qué clases tienes ...?**   *What classes do you have . . .?*, 4; **¿Qué día es hoy?**   *What day is today?*, 1; **¿Qué están haciendo?**   *What are they doing?*, 9; **¿Qué fecha es hoy?**   *What's today's date?*, 1; **¿Qué hace...?**   *What does . . . do?*, 3; **¿Qué haces para ayudar en casa?**   *What do you do to help out at home?*, 5; **¿Qué haces...?**   *What do you do . . .?*, 3; **¿Qué haces para relajarte?**   *What do you do to relax?*, 7; **¿Qué hay de nuevo?**   *What's new?*, 9; **¿Qué hiciste?**   *What did you do?*, 8; **¿Qué hora es?**   *What time is it?*, 1; **¿Qué planes tienen para...?**   *What plans do you have for . . .?*, 9; **¿Qué quieres hacer?**   *What do you want to do?*, 3; **¿Qué tal?**   *How's it going?*, 1; **¿Qué tal...?**   *How is . . .?*, 6; **¿Qué tal estuvo?**   *How was it?*, 9; **¿Qué tal si...?**   *How about if . . .?*, 6; **¿Qué tal si vamos a...?**   *How about if we go to . . .?*, 4; **¿Qué te falta hacer?**   *What do you still have to do?*, 7; **¿Qué te gusta hacer?**   *What do you like to do?*, 3; **¿Qué te pasa?**   *What's wrong with you?*, 7; **¿Qué te toca hacer a ti?**   *What do you have to do?*, 5; **¿Qué tiempo hace?**   *What's the weather like?*, 3; **¿Qué tiene...?**   *What's the matter with . . .?*, 7; **¿Qué tienes que hacer?**   *What do you have to do?*, 7; **¿Qué vas a hacer?**   *What are you going to do?*, 4
el quechua   *indigenous language in Peru*, 10G
   quedar   *to fit, to look*, 8; *to remain*, 3G; **¿Cómo me queda...?**   *How does it fit?*, 8; **quedar bien/mal**   *to fit well/poorly*, 8
   quedarse   *to stay*, 9; **quedarse en...**   *to stay in . . .*, 10
los quehaceres   *household chores*, 5; **hacer los quehaceres**   *to do chores*, 5
   querer (ie)   *to want to*, 3; *to love*, 9; **quiero conocer...**   *I want to see . . .*, 10; **Quiero devolver...**   *I want to return...*, 8; queriendo   *wanting to*, 8; **Quiero ir...**   *I want to go . . .*, 3
   querido(a)   *dear*, 9
la quesadilla   *tortillas with melted*

cheese, 3G
el queso *cheese,* 6
¿quién? *who?,* 1; **¿De parte de quién?** *Who's calling?,* 8; **Quién es...?** *Who's. . .?,* 1; **¿de quién?** *about whom?,* 1
¿quiénes? *who? (pl.),* 2
la química *chemistry,* 4
quince *fifteen,* 1
la quinceañera *girl's fifteenth birthday,* 9
quinientos *five hundred,* 8
el quiosco *stand,* 10
Quisiera... *I would like . . .,* 6
quitarse *to take off,* 7

las raciones *servings,* 6
la raíz (pl. las raíces) *root,* 1G
rallado(a) *grated,* 6
la rana *frog,* 2
los rancheros *overalls,* 3
rápidamente *quickly,* 6
rápido(a) *fast,* 8
raro *odd, strange,* 3
rato: pasar el rato... *to spend time . . .,* 3; **el rato libre** *free time,* 4
reaccionar *to react,* 10
el realismo *realism,* 1
realizar *to carry out,* 10, **ha realizado** *has carried out,* 10G
el recado *message,* 8
la recámara *bedroom,* 5
recibir *to receive,* 9; **recibir regalos** *to receive gifts,* 9
reclamar *to reclaim,* 6G
el reclamo de equipaje *baggage claim,* 10
recoger *to pick up,* 10
la recomendación *recommendation,* 7
reconocido(a) *well-known,* 1G
recordar (ue) *to remember,* 6
recorrer *to tour,* 10
el recorrido *tour,* 4
el recreo *recreation time,* 4
la red *network,* 10G
redondo(a) *round,* 7
reducir *to reduce,* 7
referir *to refer,* 3; **se refiere** *refers,* 3G
reflejar *to reflect,* 1G
el refrán *proverb, saying,* 6
el refresco *soft drink,* 6
el refrigerador *refrigerator,* 6
el refugio de fauna *wildlife refuge,* 8G
el regalo *gift,* 9; **abrir regalos** *to open gifts,* 9; **recibir regalos** *to receive gifts,* 9
regatear *to bargain,* 8

la región *region,* 3
regional *regional,* 6
la regla *ruler,* 4
regresar *to return, to go back,* 4
regular *all right,* 1; **Estoy regular.** *I'm all right.,* 1
regularidad: con regularidad *regularly,* 6
reírse *to laugh,* 8; **ríe** *he/she laughs,* 9; **se ríen** *they laugh,* 8
relajarse *to relax,* 7
religioso(a) *religious,* 1
el reloj *clock, watch,* 4
remodelado(a) *remodeled,* 5
remojar *to soak,* 3
remoto(a) *distant,* 5
el renacuajo *tadpole,* 2
el repaso *review,* 1
representar *to represent,* 3
representativo(a) *representative,* 6
la república *republic,* 5G
el res *beast, livestock;* **la carne de res** *beef,* 6
la reservación *reservation,* 6
requerir (ie) *to require,* 7
la resolución de Año Nuevo *New Year's resolution,* 9
resolver (ue) *to solve,* 7
respectivo(a) *respective,* 8
responder *to answer,* 9
la respuesta *answer,* xxii, 3
el restaurante familiar *family restaurant,* 3
el restaurante *restaurant,* 6
el retrato *portrait,* 1G
la reunión *meeting,* 3; *reunion,* 9
reunir *to bring together,* 1G
reunirse *to get together,* 9; **reunirse con (toda) la familia** *to get together with the (whole) family,* 9
revisar *to check, to revise, to correct,* 1
la revista *magazine,* 3; **la revista de tiras cómicas** *comic book,* 8
el revolucionario *revolutionary,* 9G
el rey *king,* 1
rico(a) *magnificent,* 9
ridículo(a) *ridiculous,* 8
riguroso(a) *harsh,* 5G
el río *river,* 3G
las riquezas *riches,* 10
riquísimo(a) *delicious,* 6
el ritmo *rhythm,* 5G; **el ritmo del momento** *the latest rhythm,* 1
el rito *ritual,* 6
el robo: ¡Es un robo! *It's a rip-off!,* 8
rodeado(a) *surrounded,* 1G
rodear *to surround,* 7G
el rodeo *rodeo,* 3G
rojo(a) *red,* 8
romántico(a) *romantic,* 2
el rompecabezas *puzzle,* 4
la ropa *clothes,* 4
rubio(a) *blond,* 2

las ruinas *ruins,* 10
la rutina *routine,* 2

S

el sábado *Saturday,* 1; **los sábados** *on Saturdays,* 3
saber *to know information,* 4; **saber de** *to know about,* 4; **no sabe cómo** *doesn't know how,* 9; **No sé.** *I don't know.,* 4; **¿Sabes qué?** *You know what?,* 4; **Sé.** *I know.,* 9
el sabor *flavor,* 8G
sacar *to take out,* 5; **sacar el dinero** *to get money,* 10; **sacar fotos** *to take photos,* 10; **sacar la basura** *to take out the trash,* 5; **sacar una idea** *to get an idea,* 4
el saco *jacket,* 8
sal *go out, leave,* 6
la sal *salt,* 6
la sala *living room,* 5; **la sala de espera** *waiting room,* 10; **la sala de juegos** *game room,* 5
salado(a) *salty,* 6
la salida *departure,* 10; *exit,* 10
salir (-go) *to go out,* 3; *to leave,* 4; **No salgas** *Don't leave,* 10; **que salga** *go out,* 9; **sal** *go out, leave,* 6; **salir bien** *to work out well,* 7; **salir con amigos** *to go out with friends,* 3
el salón *room,* 1; **el salón de clase** *classroom,* 4
la salsa *sauce, gravy,* 6; **la salsa picante** *hot sauce,* 6
el salto *waterfall,* 2G
el salto en el tiempo *time warp,* 7
la salud *health,* 7
saludable *healthy,* 6
saludar *to greet,* 1
el saludo *greeting,* 9
salvarse *to save oneself,* 10
el salvavidas *lifeguard,* 1
el sancocho *stew made with meat, root vegetables, and plantains,* 9G
las sandalias *sandals,* 8
el sándwich de... *. . . sandwich,* 6
los sanitarios *restrooms,* 10
sano(a) *healthy,* 7; **seguir una dieta sana** *to eat a balanced diet,* 7
el santo, la santa *saint,* 2G
la sartén *frying pan,* 6
sé *be,* 6
la secadora de pelo *hair dryer,* 7
secarse *to dry,* 7
la sección rítmica *rhythm section,* 8G
seco(a) *dry,* 2G
secreto(a) *secret,* 1

la sed *thirst*, 4; **tener sed** *to be thirsty*, 4

la seda *silk*, 8; **de seda** *made of silk*, 8

seguir (i) *to follow*, 10; **seguir (i) una dieta sana** *to eat a balanced diet*, 7; **sigue el modelo** *follow the model*, xxii; **siguiéndote** *following you*, 8

según *according to*, 2

el segundo *second*, 4

segundo(a) *second*, 6

seis *six*, 1

seiscientos *six hundred*, 8

la selección *selection*, 6

la selva *jungle*, 10

la semana *week*, 4; **el día de la semana** *day of the week*, 1; **esta semana** *this week*, 4; **la próxima semana** *next week*, 4

la Semana Santa *Holy Week*, 9

el señor *sir, Mr.*, 1; *gentleman*, 8

el Señor *the Lord*, 9

la señora *ma'am; Mrs.*, 1

la señorita *Miss*, 1

la sensación *feeling*, 1

sentarse (ie) *to sit down*, 10

sentir (ie) *to feel*, 9

sentirse (ie) *to feel*, 7

separados *separately*, 8

separar *to separate*, 1G

septiembre *September*, 1

ser *to be*, 1; **¿Cómo eres?** *What are you like?*, 2; **¿Cómo es...?** *What is . . . like?*, 2; **No puede ser.** *It can't be true.*, 9; **no seas** *don't be*, 7; **sé** *be*, 6; **será** *will be*, 10; **Soy...** *I'm . . .*, 2; **Soy de...** *I'm from . . .*, 1

el ser *being*, 8

la serenata *serenade*, 9

la serenidad *serenity*, 1

la serie *series*, 6G

serio(a) *serious*, 2

la serpiente *serpent*, 6

el servicio *restroom*, 10

la servilleta *napkin*, 6

servir (i) *to serve*, 6; **¿En qué le puedo servir?** *How can I help you?*, 8

sesenta *sixty*, 2

el seso *brain*, 4

setecientos *seven hundred*, 8

setenta *seventy*, 2

si *if*, 3; **si no** *otherwise*, 3

sí *yes*, 4

siempre *always*, 5; **casi siempre** *almost always*, 3; **como siempre** *as always*, 9; **Lo de siempre.** *Same as usual.*, 9

la sierra *mountain range*, 10G

siete *seven*, 1

el siglo *century*, 3G

el significado *meaning*, 7

significar *to mean*, 2

siguiente *following*, 5; **lo siguiente** *the following*, 6

la sílaba *syllable*, 2

la silla *chair*, 5; **la silla de ruedas** *wheelchair*, 5

el símbolo *symbol*, 2

simpático(a) *friendly*, 2

simplemente *simply*, 6

sin *without*, 6; **sin embargo** *however*, 6

la sinagoga *synagogue*, 9

sincero(a) *sincere*, 2

sino *but also*, 6

los sirvientes *servants*, 8

el sistema *system*, 10G

el sitio *place*, 3; *site*, 7

la situación *situation*, 5

sobre *over*, 3; *on*, 4; *about*, 2

la sobrina *niece*, 5

el sobrino *nephew*, 5

los sobrinos *nephews, nieces and nephews*, 5

sociable *social*, 2

el sofá *couch*, 5

el sol *sun*, 3; **Hace sol.** *It's sunny.*, 3

solamente *only*, 3G

el soldado *soldier*, 6G

soler (ue) *to usually do*, 5; **suele** *usually*, 5

sólido(a) *solid*, 6

solo(a) *alone*, 3; **pasar el rato solo(a)** *to spend time alone*, 3

sólo *only*, 7

el sombrero *hat*, 8

somos (inf. ser) *we are*, 5; **Somos... personas...** *There are . . . people . . .*, 5

Son las... *It's . . . o'clock.*, 1

el sonido *sound*, 2G

la sopa *soup*, 6; **la sopa (de verduras)** *(vegetable) soup*, 6

sordo(a) *deaf*, 5

sorprendido(a) *surprised*, 8

Soy... (inf. ser) *I'm . . .*, 2; **Soy de...** *I'm from . . .*, 1

su(s) *his, her, its, their, your*, 5

suave *soft*, 7

subir *to rise*, 7

subir a la montaña *to go up a mountain*, 10; **subir de peso** *to gain weight*, 7

el subtítulo *subtitle*, 10

sucio(a) *dirty*, 6

el sudeste *southeast*, 10G

Suele + inf. *He (She) usually + verb*, 10

el sueño *dream*, 1G

la suerte *luck*, 10; **si tengo suerte...** *if I'm lucky . . .*, 10; **tuviste suerte** *you were lucky*, 10

el suéter *sweater*, 8

suficiente *enough*, 7; **dormir lo suficiente** *to get enough sleep*, 7

la sugerencia *suggestion*, 7

sugerir (ie) *to suggest*, 6

Suiza *Switzerland*, 7G

la superficie *surface*, 8

el sur *south*, 2G

sureño(a) *southern*, 7G

el surf a vela *windsurfing*, 9G

la sustancia *substance*, 6

suyo(a) *his*, 4G

Tailandia *Thailand*, 6

taíno(a) *belonging to the Tainos, Native Americans dominant in early Puerto Rico*, 2G

tal *such*, 7; **tal vez** *perhaps*, 4

la talla *(clothing) size*, 8

tallado(a) *carved, cut*, 10G

los tallarines *noodles*, 7

el taller *shop, workshop*, 4

la tamalada *gathering to make tamales*, 3G

los tamales *tamales*, 9

el tamaño *size*

también *also*, 2

la tambora *drum*, 9G

tampoco *neither, not either*, 5

tan *so*, 10G

tan sólo *only*, 9

tan... como *as . . . as*, 8

tanto *so much*, 7; *as much*, 1G; **tanto... como...** *both . . . and . . .*, 3G; **Tanto gusto.** *So nice to meet you.*, 9; **¡Tanto tiempo sin verte!** *Long time, no see.*, 9

la tapa *small servings of food*, 7G

tardar *to take*; **¿Cuánto tardas?** *How long do you take?*, 4

la tarde *afternoon, evening*, 1; **de la tarde** *in the afternoon, evening*, P.M., 1; **esta tarde** *this afternoon*, 4; **por la tarde** *in the afternoon*, 4

tarde *late*, 4; **más tarde** *later*, 8

la tarea *homework*, 1; **hacer la tarea** *to do homework*, 3

la tarjeta *greeting card*, 8; *card*, 9; **mandar tarjetas** *to send cards*, 9; **la tarjeta de cumpleaños** *birthday card*, 8; **la tarjeta de crédito** *credit card*, 10; **la tarjeta de embarque** *boarding pass*, 10; **la tarjeta postal** *postcard*, 10

el tataranieto *great-great-grandson*, 10

el taxi *taxi*, 10

la taza *cup*, 6

te *(to/for) you*, 2; **¿Te duele algo?** *Does something hurt?*, 7; **¿Te gusta(n)...?** *Do you like . . .?*, 2; **¿Te gusta(n) más... o...?** *Do you like . . . or . . . more?*, 2; **Te llamo más tarde.** *I'll call you later.*, 9;

Te presento a... *I'd like you to meet . . .*, 9; **Te veo mal.** *You don't look well.*, 7

el **teatro** *theater*, 8

el **techo de zinc** *sheet-metal roof*, 9G

la **tecnología** *technology*, 4

tejano(a) *Texan*, 3G

el **tejido** *weaving*, 10G

la **tele** *TV*, 4

el **teléfono** *telephone number*, 1; *telephone*, 8; **¿Cuál es el teléfono de...?** *What's . . .'s telephone number?*, 1; **¿Cuál es tu teléfono?** *What's your telephone number?*, 1; **hablar por teléfono** *to talk on the phone*, 3; llamar por teléfono *to make a phone call*, 8; el teléfono público *pay phone*, 10

la **televisión** *television (TV)*, 3; **ver televisión** *to watch TV*, 3

el **tema** *theme*, 6

temblar *to shake*, 9

tembloroso(a) *trembling*, 9

la **temperatura** *temperature*, 2G

templado(a) *temperate*, 2G

el **templo** *temple*, 9

temprano *early*, 4

ten *have*, 6

el **tenedor** *fork*, 6

tener (-go, ie) *to have*, 4; **¿Cuántos años tiene...?** *How old is . . .?*, 2; **¿Cuántos años tienes?** *How old are you?*, 2; **Él (Ella) tiene... años.** *He's (She's) . . . years old.*, 2; **no tengas** *don't have*, 10; **ten** *have*, 6; tendrán que separarse *will have to separate*, 3; **tener calor** *to be hot*, 7; **tener catarro** *to have a cold*, 7; **tener frío** *to be cold*, 7; **tener ganas** *to feel like (doing something)*, 4; **tener ganas de + infinitive** *to feel like doing something*, 4; **tener hambre** *to be hungry*, 4; **tener los ojos azules** *to have blue eyes*, 5; **tener miedo** *to be afraid*, 7; **tener prisa** *to be in a hurry*, 4; tener puesto *to have on*, 3; **tener que + infinitive** *to have to do something*, 4; **tener razón** *to be right*, 8; **tener sed** *to be thirsty*, 4; **tener sueño** *to be sleepy*, 7; **tener suerte** *to be lucky*, 10; **tener un picnic** *to have a picnic*, 9; **Tengo que irme.** *I've got to go.*, 1; **Tengo... años.** *I am . . . years old.*, 2; **Tiene... años.** *He (She) is . . . years old.*, 2; tuvo *had*, 7G

el **tenis** *tennis*, 3

el **tentempié** *snack*, 3G

el **tercero** *third*, 4

terminar *to finish*, 9

el **territorio** *territory*, 6G

el **terror** *horror*, 2

el **testimonio** *testimony*, 6G

el **texto** *text*, 6

ti *you (emphatic)*, 3; a ti *to you*, 6; **A ti te gusta** + infinitive *You like . . .*, 3; para ti *for you*, 2

la **tía** *aunt*, 5

el **tico** *nickname for Costa Rican*, 4G

el **tiempo** *weather*, 3; *time*, 1G; **a tiempo** *on time*, 4; **cuando hace buen/mal tiempo** *when the weather's good/bad*, 3

la **tienda de...** *. . . store*, 8

tiene *he/she/it has*, 2; **¿Cuántos años tiene… ?** *How old is . . .?*, 2; **Él (Ella) tiene... años.** *He's (She's) . . . years old.*, 2

tienes *you have*, 4; **¿Cuántos años tienes?** *How old are you?*, 2; **¿Tienes...?** *Do you have . . .?*, 4

la **tierra** *earth*, 6; *land*, 6G

el **tigre** *tiger*, 2

la **tilde** *wavy line above the ñ*, 1

tímido(a) *shy*, 2

la **tinta** *ink*, 10

el **tío** *uncle*, 5

los **tíos** *uncles, uncles and aunts*, 5

típico(a) *typical*, 2G

el **tipo** *type*; de todo tipo *all kinds*, 8; el **título** *title*, 5

la **toalla** *towel*, 7

tocar *to play*, 3; *to touch*, 8; **A mí siempre me toca...** *I always have to . . .*, 5; **A... nunca le toca...** *It's never . . .'s turn; . . . never has to . . .*, 5; Le toca a él. *It's his turn.*, 9; **¿Qué te toca hacer a ti?** *What do you have to do?*, 5; Te toca a ti. *It's your turn.*, 6; **tocar el piano** *to play the piano*, 3; tocar la puerta *to knock on the door*, 3

el **tocino** *bacon*, 6

todavía *yet*, 10; *still*, 1G; **todavía no** *not yet*, 10

todo(a) *all, every*, 2; *whole*, 9; todo el mundo *everybody*, 9; de todo *everything*, 8; de todo tipo *all kinds*, 8; **todos(as)** *everyone*, 5; **todos los días** *every day*, 3

tomar *to drink*, 6; *to eat*, 8; *to take*, 9; siguen tomándolo *keep drinking it*, 6; **tomar el sol** *to sunbathe*, 10; tomar las cosas con calma *to take things calmly*, 7; tomar una decisión *to make a decision*, 9; **tomar un batido** *to have a milkshake*, 8

el **tomate** *tomato*, 6

la **tonelada** *ton*, 10

tonto(a) *silly, foolish*, 2

el **tornado** *tornado*, 3

la **toronja** *grapefruit*, 3G

la **torre** *tower*, 9G

la **torta** *sandwich (Mexico)*, 6

la **tortilla** *Spanish omelet*, 1G; *pancake-like bread made from corn*, 6

la **tortuga** *turtle*, 1

el **tostón** *fried green plantain*, 2G

trabajador(a) *hard-working*, 2

trabajar *to work*, 3

el **trabajo** *job*, 3; *work*, 4

el **trabalenguas** *tongue twister*, 1

la **tradición** *tradition*, 2

tradicional *traditional*, 1G

traer (-igo) *to bring*, 4; me trajo *he/she brought me*, 4; quiero que me traigas *I want you to bring me*, 9

el **tráfico** *traffic*, 3G

tragar *to swallow*, 2

el **traje** *suit*, 3; *dress*, 1G

el **traje de baño** *swimsuit*, 8

tranquilo(a) *quiet*, 5; *calm*, 9

la **transpiración** *perspiration*, 8

transportar *to transport*, 10; fueron transportadas *were transported*, 10

el **transporte** *transportation*, 10

el **trasto** *utensil, piece of junk*, 2

tratar *to try*, 10

travieso(a) *mischievous*, 5

trece *thirteen*, 1

treinta *thirty*, 1

treinta y cinco *thirty-five*, 2

treinta y dos *thirty-two*, 2

treinta y uno *thirty-one*, 1

el **tren** *train*, 10

tres *three*, 1

trescientos *three hundred*, 8

el **trigal** *wheat field*, 2

el **trigo** *wheat*, 2

triste *sad*, 7; **estar triste** *to be sad*, 7

el **trozo** *piece*, 6

tú *you*, 1

tu(s) *your*, 5

el **turismo** *tourism*, 8G

el **turista** *tourist*, 1G

turnarse *to take turns*, xxii

el **turno** *shift*, 4

tutear *to speak to someone informally*, 10

los **tuyos, las tuyas** *yours*, 9

último(a) *latest*, 8; la última vez *last time*, 8

el **último, la última** *last one*, 3

un(a) *a, an*, 4; **un poco** *a little*, 2; **un montón** *a ton*, 4

únicamente *only*, 9

único(a) *only,* 4G
la unidad *unity,* 3G
la universidad *university,* 5
  uno *one,* 1
  unos(as) *some,* 4
  urgente *urgent,* 1
  usar *to use, to wear,* 8; **usar el/la...** *to wear size...,* 8; **usar lentes** *to wear glasses,* 5; **usando** *using,* xxii
el uso *use,* 6
  usted *you (formal),* 1
  ustedes *you (pl.),* 1
los útiles escolares *school supplies,* 4
  utilizar *to use,* 7
la uva *grape,* 1
  ¡Uy! *Oh!,* 1

  Vale. *Okay.,* 9
  valeroso(a) *brave,* 4G
  valiente *brave,* 5
la valija *suitcase,* 10
el valle *valley,* 3G
  vamos *let's go, we go,* 3
el vaquero *cowboy,* 3G
  vaquero(a) *referring to cowboys,* 3G
los vaqueros *jeans,* 8
  variado(a) *varied,* 7
  varias *various,* 6G
la variedad *variety,* 6
  vas *you are going,* 4; **¿Vas al (a la)...?** *Are you going to the...?,* 4; **Vas a ir, ¿verdad?** *You're going to go, aren't you?,* 4
el vasco *language from Basque Provinces, Spain,* 1G
la vasija *pot,* 4
el vaso *glass,* 6
  ve *go,* 6
  veces *times,* 7; **a veces** *sometimes,* 3; hay veces *there are times,* 4
  veinte *twenty,* 1
  veintiún *twenty-one,* 1
  ven *come,* 6
  vencido(a) *defeated,* 6; no se da por vencido *doesn't give up,* 6
el vendedor *vendor,* 8
  vender *to sell,* 8; se vende *for sale,* 5; se venden *are sold,* 8; **vender (de todo)** *to sell (everything),* 8
  venir *to come,* 4; ha venido *has come,* 9; **no vengas** *don't come,* 10; **ven** *come,* 6; venga *will come,* 9; **vienes conmigo a...** *you're coming with me...,* 4
la ventana *window,* 5
el ventanal *large window,* 6G

la ventura *happiness,* 5
  ver *to watch, to see,* 4; nunca ha visto *never has seen,* 6; **Te veo mal.** *You don't look well.,* 7; **ver televisión** *to watch television,* 3; vi *I saw,* 8
el verano *summer,* 1
el verbo *verb,* xxii
la verdad *truth,* 2
  ¿verdad? *right?,* 4
  verde *green,* 5; verde mar *sea green,* 5G
las verduras *vegetables,* 2
  vespertino(a) *(in the) afternoon,* 4
el vestido *dress,* 8
  vestirse (i) *to get dressed,* 7
  vete *go,* 7
  vez *time,* 4; cada vez *each time,* 8; hay veces *there are times,* 4; la última vez *last time,* 8
  viajar *to travel,* 10
el viaje *trip,* 10
el viajero *traveler,* 10
la vida *life,* 3G
el video *video,* 3; **alquilar videos** *to rent videos,* 3
los videojuegos *videogames,* 2
los viejitos *older folks,* 3
  viejo(a) *old,* 5
el viento *wind,* 3; **Hace viento.** *It's windy.,* 3
el viernes *Friday,* 1; **los viernes** *on Fridays,* 3
el Viernes Santo *Good Friday,* 1
el violín *violin,* 1
  visitar *to visit,* 6
la vista *view,* 5
la vitrina *shop window,* 8; **mirar las vitrinas** *to window-shop,* 8
  vivir *to live,* 5
  vivo(a) *bright,* 5G
el vocabulario *vocabulary,* xxii
  volar (ue) *to fly,* 7
el volcán *volcano,* 4G
el volibol *volleyball,* 3
  volver (ue) *to go or come back,* 5; nunca más volverá *never will do it again,* 9; se vuelve *it becomes,* 6
  vosotros(as) *you (plural; informal),* 1
el vuelo *flight,* 10
  vuestra(s) *your,* 5
  vuestro(s) *your,* 5

el wáter *restroom,* 10
el windsurf *windsurfing,* 7

  y *and,* 1; **y cuarto** *a quarter past,* 1; **y media** *half past,* 1
  ya *already,* 10
  Ya te lo (la) paso. *I'll get him (her).,* 8
la yerba mate *herb used to make* **mate,** 7
  yo *I,* 1
el yogur *yogurt,* 7
la yuca *yucca,* 8G

la zanahoria *carrot,* 6
la zapatería *shoe store,* 8
las zapatillas de tenis *tennis shoes,* 8
los zapatos *shoes,* 4; **los zapatos de tenis** *tennis shoes,* 8
la zona *area,* 4; la zona residencial *residential area,* 5
el zoológico *zoo,* 10
el zumo *juice (Spain),* 6

Vocabulario inglés-español

This vocabulary includes all of the words presented in the **Vocabulario** sections of the chapters. These words are considered active—you are expected to know them and be able to use them. Expressions are listed under the English word you would be most likely to look up.

Spanish nouns are listed with the definite article and plural forms, when applicable. If a Spanish verb is stem-changing, the change is indicated in parentheses after the verb: **dormir (ue)**. The number after each entry refers to the chapter in which the word or phrase is introduced.

To be sure you are using Spanish words and phrases in their correct context, refer to the chapters listed. You may also want to look up Spanish phrases in **Expresiones de ¡Exprésate!**, pp. R12–R15.

a little *un poco*, 2
a lot *mucho*, 2
a lot of, many *muchos(as)*, 4
a ton *un montón*, 4
a, an *un(a)*, 4
active *activo(a)*, 2
to **add** *añadir*, 6
address *la dirección*, 5; **My address is…** *Mi dirección es…*, 5; **e-mail address** *correo electrónico*, 1
adventure *la aventura*, 2; **adventure book** *el libro de aventuras*, 2
after *después*, 3; *después de*, 7; **after class** *después de clases*, 3
afternoon *la tarde*, 1; **this afternoon** *esta tarde*, 4; **in the afternoon** *de la tarde*, P.M., 1; *por la tarde*, 4
afterwards *después*, 4
agent *el agente, la agente*, 10
agree: I agree. *Estoy de acuerdo.*, 6
airplane *el avión*, 10; **by plane** *por avión*, 10
airport *el aeropuerto*, 10
all *todas*, 1; *todo(a)*, 2
all right *regular*, 1
to **allow** *dejar*, 3
almost *casi*, 3; **almost never** *casi nunca*, 3; **almost always** *casi siempre*, 3
alone *solo(a)*, 3
alphabet *el alfabeto*, 1
already *ya*, 10
also *también*, 2
always *siempre*, 5; **almost always** *casi siempre*, 3; **as always** *como siempre*, 9
amusement park *el parque de diversiones*, 10
an *un, una*, 4

and *y*, 1
animal *el animal*, 2
anniversary *el aniversario*, 9
another *otro(a)*, 8
any *cualquier*, 10
anything *algo*, 4
apartment *el apartamento*, 5
apple *la manzana*, 6
April *abril*, 1
Are you…? *¿Eres…?*, 2
arm *el brazo*, 7
around the corner *a la vuelta*, 10
arrival *la llegada*, 10
to **arrive** *llegar*, 4
art *el arte*, 4
as…as *tan…como*, 8
as always *como siempre*, 9
at *a(l)*, 8; **@** *la arroba*, 1; *en*, 3
athletic *atlético(a)*, 2
to **attend** *asistir(a)*, 4
auditorium *el auditorio*, 4
August *agosto*, 1
aunt *la tía*, 5
automatic teller machine *el cajero automático*, 10
awesome *fenomenal*, 2

back *la espalda*, 7, **I'll call back later** *Llamo más tarde.*, 8; **to go (come) back** *volver (ue)*, 5
backpack *la mochila*, 4
bacon *el tocino*, 6
bad *malo(a)*, 2
bag *bolsa*, 8
baggage *el equipaje*, 10; **baggage claim** *el reclamo de equipaje*, 10
bargain *la ganga*, 8
baseball *el béisbol*, 3
basketball *el básquetbol*, 3
to **bathe** *bañarse*, 7

bathroom *el baño*, 5
be *sé*, 6
to **be able to** *poder (ue)*, 6
to **be** *estar*, 1; **How are you?** *¿Cómo está(s)?*, 1; **to be all right** *estar regular*, 1; **to be angry** *estar enojado(a)*, 7; **to be bored** *estar aburrido(a)*, 7; **to be familiar with** *conocer*, 9; **to be fine** *estar bien*, 1; **to be hungry** *tener hambre*, 4; **to be tired** *estar cansado(a)*, 7; **to be happy** *estar contento(a)*, 7; **to be sick** *estar enfermo(a)*, 7; **to be in a hurry** *tener prisa*, 4; **to be in a wheelchair** *estar en una silla de ruedas*, 5; **to be ready** *estar listo(a)*, 7; **to be nervous** *estar nervioso(a)*, 7; **to be right** *tener razón*, 8; **to be sad** *estar triste*, 7; **to be scared** *tener miedo*, 7; **to be sleepy** *tener sueño*, 7; **to be lucky** *tener suerte*, 10; **to be thirsty** *tener sed*, 4
to **be** *ser*, 1; **don't be** *no seas*, 7
beach *la playa*, 3
because *porque*, 2
bed *la cama*, 5; **to make the bed** *hacer la cama*, 5; **to go to bed** *acostarse (ue)*, 7
bedroom *la habitación*, 5
beef *la carne*, 6
before *antes de*, 7
behind *detrás de*, 5
besides *además*, 8
best *el/la/los/las mejor(es)*, 1
better *mejor(es)*, 7
big *grande*, 5
bike *la bicicleta*, 3; **to ride a bike** *montar en bicicleta*, 3
bill *la cuenta*, 6
biology *la biología*, 4
birthday *el cumpleaños*, 9; **When is …'s birthday?** *¿Cuándo es el*

cumpleaños de...?, 2; **When is your birthday?** *¿Cuándo es tu cumpleaños?*, 2; **birthday card** *la tarjeta de cumpleaños*, 8; **girl's fifteenth birthday** *la quinceañera*, 9

black *negro(a)*, 5
blank *en blanco*, 8
blind *ciego(a)*, 5
blond *rubio(a)*, 2
blouse *la blusa*, 8
blue *azul*, 5; **to have blue eyes** *tener los ojos azules*, 5
board game *el juego de mesa*, 3
to board *abordar*, 10
boarding pass *la tarjeta de embarque*, 10
boat *el barco*, 10
book *el libro*, 2; **adventure book** *el libro de aventuras*, 2; **comic book** *la revista de tiras cómicas*, 8; **romance book** *el libro de amor*, 2
bookstore *la librería*, 8
boots *las botas*, 8
boring *aburrido(a)*, 2; **to be bored** *estar aburrido(a)*, 7
bowl *el plato hondo*, 6
boy *el muchacho*, 1
bracelet *la pulsera*, 8
bread *el pan*, 6
breakfast *el desayuno*, 6
to bring *traer (-igo)*, 4
broccoli *el brócoli*, 6
brother *el hermano*, 5
brothers, brothers and sisters *los hermanos*, 5
brown *castaño(a)*, 5; *de color café*, 5
building *el edificio*, 5; **...story building** *el edificio de... pisos*, 5
bus *el autobús*, 10
but *pero*, 2
to buy *comprar*, 8; **you would buy** *comprarías*, 8
Bye *chao*, 9

cafeteria *la cafetería*, 4
cake *el pastel*, 6
calculator *la calculadora*, 4
calf *la pantorrilla*, 7
to call *llamar*, 9; **I'll call back later.** *Llamo más tarde.*, 8
camera *la cámara*, 10; **disposable camera** *la cámara desechable*, 10
to camp *acampar*, 10
can *poder*, 6
Can I...? *¿Puedo...?*, 6; **How can I help you?** *¿En qué le puedo servir?*, 8

candy *el dulce*, 9
canoe *la canoa*, 10
car *el carro*, 2
card *la tarjeta*, 8
carrot *la zanahoria*, 5
cat *el gato, la gata*, 5
to celebrate *festejar*, 9; *celebrar*, 9
cereal *los cereales*, 6
chair *la silla*, 5; **wheelchair** *la silla de ruedas*, 5
to change money *cambiar dinero*, 10
to chat *charlar*, 9
to check *facturar*, 10; **to check luggage** *facturar el equipaje*, 10
checkpoint: security checkpoint *control de seguridad*, 10
cheese *el queso*, 6
chemistry *la química*, 4
chess *el ajedrez*, 2
chest *el pecho*, 7
chicken *el pollo*, 6
children *los hijos*, 5; *los ninos*, 8
chocolate *el chocolate*, 6
chores *los quehaceres*, 5
Christmas *la Navidad*, 9; **Christmas Eve** *la Nochebuena*, 9
church *la iglesia*, 3
city *la ciudad*, 5
class *la clase*, 3; **after class** *después de clases*, 3
classmate (female) *la (una) compañera de clase*, 1
classmate (male) *el (un) compañero de clase*, 1
to clean *limpiar*, 5
to clean the room *arreglar el cuarto*, 5
client *el cliente, la cliente*, 8
to climb *subir*, 10
clock *el reloj*, 4
close to *cerca de*, 5
to close *cerrar (ie)*, 8
clothes *la ropa*, 4
club *el club de...*, 4
coat *el abrigo*, 8
coffee *el café*, 6; **coffee with milk** *el café con leche*, 6, **coffee shop** *la cafetería*, 6
cold *frío(a)*, 6; **It's cold.** *Hace frío.*, 3; **to be cold** *tener frío*, 7; **to have a cold** *tener catarro*, 7
comb *el peine*, 7
to comb your hair *peinarse*, 7
to come *venir*, 4; **come** *ven*, 6; **don't come** *no vengas*, 10; **to come back** *volver*, 5; **you're coming with me to...** *vienes conmigo a...*, 4
comic book *la revista de tiras cómicas*, 8
compact disc *el disco compacto*, 8; **blank compact disc** *el disco compacto en blanco*, 8
computer *la computadora*, 4;

computer science *la computación*, 4
concert *el concierto*, 4
to cook *cocinar*, 5
cookie *la galleta*, 9
cool *fresco*, 3; **It's cool.** *Hace fresco.*, 3
corn *el maíz*, 6
to cost *costar (ue)*, 8; **costs...** *cuesta(n)...*, 8
cotton *el algodón*, 8; **made of cotton** *de algodón*, 8
counter *el mostrador*, 10
country *el país*, 10
countryside *el campo*, 5
court: food court in a mall *la plaza de comida*, 8
cousin *el primo, la prima*, 5
custard *el flan*, 6
customs *la aduana*, 10
to cut *cortar*, 5; **to cut the grass** *cortar el césped*, 5

dad *el papá*, 5
dance *el baile*, 3
to dance *bailar*, 3
dark: dark-skinned; dark-haired *moreno(a)*, 2
date *la fecha*, 1
daughter *la hija*, 5
day *el día*, 1; **day after tomorrow** *pasado mañana*, 4; **day before yesterday** *anteayer*, 8; **day of the week** *el día de la semana*, 1; **Father's Day** *el Día del Padre*, 9; **holiday** *el día festivo*, 9; **Independence Day** *el Día de la Independencia*, 9; **Mother's Day** *el Día de la Madre*, 9; **Thanksgiving Day** *el Día de Acción de Gracias*, 9; **someday** *algún día*, 10; **Valentine's Day** *el Día de los Enamorados*, 9; **What day is today?** *¿Qué día es hoy?*, 1; **your saint's day** *el día de tu santo*, 9
deaf *sordo(a)*, 5
December *diciembre*, 1
to decorate *decorar*, 9; **to decorate the house** *decorar la casa*, 9
decoration *la decoración*, 9
delicious *delicioso(a)*, 2; *riquísimo(a)*, 6
to delight *encantar*, 6
department store *el almacén*, 8
departure *la salida*, 10
to desire *desear*, 6
desk *el escritorio*, 5

dessert *el postre*, 6
dictionary *el diccionario*, 4
diet *la dieta*, 7; **to eat a balanced diet** *seguir una dieta sana*, 7
difficult *difícil*, 4; **It's difficult.** *Es difícil.*, 4
dining room *el comedor*, 5
dinner *la cena*, 6
disc: compact disc *el disco compacto*, 8
dish, *el plato*, 6
disposable *desechable*, 10; **disposable camera** *la cámara desechable*, 10
Do you like …? *¿Te gusta(n)…?*, 2
to do *hacer*, 4; **we are doing** *estamos haciendo*, 9; **to do homework** *hacer la tarea*, 3; **to do the chores** *hacer los quehaceres*, 5; **to do yoga** *hacer yoga*, 7; **do** *haz*, 6; **don't do** *no hagas*, 10; **What are they doing?** *¿Qué están haciendo?*, 9; **What did you do?** *¿Qué hiciste?* 8
dog *el perro, la perra*, 5
door *la puerta*, 5
dot: on the dot *en punto*, 1
downtown *el centro*, 10
to draw *dibujar*, 3
dress *el vestido*, 8
dressed: to get dressed, *vestirse (i)*, 7
to drink *beber*, 4; **to drink something** *beber algo*, 4; *tomar*, 6
to dry *secarse*, 7
during *durante*, 10
DVD *el DVD*, 8

ear *el oído*, 7
early *temprano*, 4
earphones *los audífonos*, 8
earrings *los aretes*, 8
easy *fácil*, 4; **It's easy.** *Es fácil.*, 4
to eat a balanced diet *seguir una dieta sana*, 7; **to eat breakfast** *desayunar*, 6; **to eat dinner** *cenar*, 6; **to eat lunch** *almorzar (ue)*, 5
to eat *comer*, 3; *tomar*, 8
egg *el huevo*, 6
eight *ocho*, 1
eight hundred *ochocientos*, 8
eighteen *dieciocho*, 1
eighty *ochenta*, 2
eleven *once*, 1
e-mail address *el correo electrónico*, 1; **What is …'s e-mail address?** *¿Cuál es el correo electrónico de…?* 1; **What's your e-mail address?** *¿Cuál es tu correo electrónico?*, 1
English *el inglés*, 4

enough *suficiente*, 7; **to get enough sleep** *dormir lo suficiente*, 7
evening *la tarde*, 1; **in the evening** *de la tarde*, P.M., 1
everybody *todos(as)*, 5
everyone *todos(as)*, 5
everything *todo*, 8
to exercise *hacer ejercicio*, 3
to expect *esperar*, 9
expensive *caro(a)*, 8
eyes *los ojos*, 5; **to have blue eyes** *tener los ojos azules*, 5

face *la cara*, 7
fall *el otoño*, 1
family *la familia*, 3; **There are … people in my family.** *En mi familia somos…*, 5
familiar: to be familiar *conocer*, 9
fantastic: How fantastic! *¡Qué fantástico!*, 10
fat (in food) *la grasa*, 7
fat (overweight) *gordo(a)*, 5
father *el padre*, 5; **Father's Day** *el Día del Padre*, 9
favorite *preferido(a)*, 4
flan *el flan*, 6
February *febrero*, 1
to feel *sentirse (ie)*, 7; **to feel like doing something** *tener ganas de + infinitive*, 4
few *pocos(as)*, 4
fifteen *quince*, 1
fifteenth: girl's fifteenth birthday *quinceañera*, 9
fifty *cincuenta*, 2
film *la película*, 2
to find *encontrar (ue)*, 7
fine *bien*, 1; **I'm fine.** *Estoy bien.*, 1
finger *el dedo*, 7
to finish *terminar*, 9
fireworks *los fuegos artificiales*, 9
first *el primero*, 1
first (adj) *primero(a)*, 4
fish *el pescado*, 6
to fish *pescar*, 10
fishing *la pesca*, 10; **to go fishing** *ir de pesca*, 10
to fit *quedar*, 8; **How does it fit?** *¿Cómo me queda?*, 8
five *cinco*, 1
five hundred *quinientos*, 8
flight *el vuelo*, 10
floor *el piso*, 5
folder *la carpeta*, 4
to follow *seguir (i)*, 10
food *la comida*, 2; **Chinese (Italian, Mexican) food** *la comida china*

(italiana, mexicana), 2, **food court in a mall** *la plaza de comida*, 8
foolish *tonto(a)*, 2
foot *el pie*, 7
football *el fútbol americano*, 3
for *para*, 4
fork *el tenedor*, 7
fortune *la fortuna*, 8
forty *cuarenta*, 2
four *cuatro*, 1
four hundred *cuatrocientos*, 8
fourteen *catorce*, 1
French *el francés*, 4
French fries *las papas fritas*, 6
Friday *el viernes*, 1; **on Fridays** *los viernes*, 3
friend *el amigo* (male), *la amiga* (female), 1
from *de*, 1
fruit *la fruta*, 2
fun *divertido(a)*, 2; **What fun!** *¡Qué divertido!*, 10

to gain weight *subir de peso*, 7
game: board game *el juego de mesa*, 3; **the … game** *el partido de…*, 4
garage *el garaje*, 5
garden *el jardín*, 5
German *el alemán*, 4
to get angry *enojarse*, 7
to get dressed *vestirse (i)*, 7
to get off a plane *desembarcar*, 10
to get someone (for a telephone call), *pasártelo(la)*, 8
to get together *reunirse*, 9
to get up *levantarse*, 7
to get *conseguir (i, i)*, 10
gift *el regalo*, 9
girl *la muchacha*, 1
girl's fifteenth birthday *la quinceañera*, 9
to give *dar*, 7; **don't give** *no des*, 7
glass *el vaso*, 6
glasses *los lentes*, 5; **to wear glasses** *usar lentes*, 5
go *ve*, 6
to go *ir*, 2; **Where did you go?** *¿Adónde fuiste?*, 8; **to go shopping** *ir de compras*, 2; **to go hiking** *ir de excursión*, 10; **don't go** *no vayas*, 7; **I want to go…** *Quiero ir…*, 2; **Are you going to the …?** *¿Vas a…?*, 4; **You're going to go, aren't you?** *Vas a ir, ¿verdad?*, 4; **to go back** *regresar*, 4; *volver (ue)*, 5
to go for a walk *pasear*, 3

go out *sal*, 6

to go out *salir*, 3; **to go out with friends** *salir con amigos*, 3; **to go out in a sailboat (motorboat)** *pasear en bote de vela (lancha)*, 10

to go to bed *acostarse (ue)*, 7

good *bueno(a)*, 2; **Good evening., Good night.** *Buenas noches.*, 1; **Good afternoon.** *Buenas tardes.*, 1; **Good morning.** *Buenos días.*, 1

good-looking *guapo(a)*, 2

Goodbye. *Adiós.*, 1

graduation *la graduación*, 9

grandchildren *los nietos*, 5

granddaughter *la nieta*, 5

grandfather *el abuelo*, 5

grandmother *la abuela*, 5

grandparents *los abuelos*, 5

grandson *el nieto*, 5

grandsons *los nietos*, 5

grass *el césped*, 5; **to cut the grass** *cortar el césped*, 5

gravy *salsa*, 6

gray *gris*, 8

gray-haired *canoso(a)*, 5

great *formidable*, 2; *estupendo(a)*, 10; *a todo dar*, 9; **it was great** *fue estupendo*, 10

green *verde*, 5

greeting card *la tarjeta*, 8

guest *el (la) invitado(a)*, 9

gym *el gimnasio*, 3

hair *el pelo*, 5; **to comb your hair** *peinarse*, 7; **hair dryer** *la secadora de pelo*, 7

half *medio*, 1; **half past** *y media*, 1

ham *el jamón*, 6

hamburger *la hamburguesa*, 2

hand *la mano*, 7

to hang *colgar (ue)*, 9

Hanukkah *el Hanukah*, 9

happy *contento(a)*, 7; **to be happy** *estar contento(a)*, 7

Happy (Merry) . . . *¡Feliz...!*, 9

hard *difícil*, 4

hard-working *trabajador(a)*, 2

hat *el sombrero*, 8

to have *tener (-go, ie)*, 4; **have** *ten*, 6; **don't have** *no tengas*, 10; **to have a cold** *tener catarro*, 7; **to have a milkshake** *tomar un batido*, 8; **to have a picnic** *tener un picnic*, 9; **to have blue eyes** *tener los ojos azules*, 5; **to have to do something** *tener que + infinitive*, 4; **I have to . . .** *A mí me toca...*, 5

to have a party *hacer una fiesta*, 9; **to have a snack** *merendar*, 5; **to**

have lunch *almorzar*, 5

he *él*, 1; **He is . . .** *Él es...*, 1

head *la cabeza*, 7

health *la salud*, 7

to heat *calentar (ie)*, 6

Hello. *Aló.;; Bueno.;; Diga.*, 8

help *la ayuda*, 6; **to help out at home** *ayudar en casa*, 5

here *aquí*, 6

hi, hello *hola*, 1

hike *la excursión*, 10; **to go on a hike** *ir de excursión*, 10

his *su(s)*, 5

history *la historia*, 4

hobby *el pasatiempo*, 7; **to look for a hobby** *buscar un pasatiempo*, 7

holiday *el día festivo*, 9

Holy Week *la Semana Santa*, 9

homework *la tarea*, 3

Hope things go well for you. *Que te vaya bien.*, 9

horrible *horrible*, 2; **It was horrible!** *¡Fue horrible!*, 10

horror *el terror*, 2

hot *caliente*, 6; **hot sauce** *la salsa picante*, 6

hot chocolate *el chocolate*, 6

hotel *el hotel*, 10; **to stay in a hotel** *quedarse en un hotel*, 10

hour *la hora*, 1

house *casa*, 5; **. . .'s house** *la casa de...*, 3; **to decorate the house** *decorar la casa*, 9

household chores *los quehaceres*, 5

how *¿cómo?*, 1; **How are you?** *¿Cómo está(s)?*, 1; **How do you spell . . .?** *¿Cómo se escribe...?*, 1; **How does it fit?** *¿Cómo me queda?*, 8; **How fantastic!** *¡Qué fantástico!*, 10; **How great!** *¡Qué bien!*, 10; **How many . . .?** *¿cuántos(as)?*, 2; **how much?** *¿cuánto(a)?*, 4; **How often do you go . . .?** *¿Con qué frecuencia vas...?*, 3; **How old are you?** *¿Cuántos años tienes?*, 2

hunger *el hambre*, 4; **to be hungry** *tener hambre*, 4

to hurt *doler (ue)*, 7; **My . . . hurt(s)** *Me duele(n)...*, 7; **Does something hurt?** *¿Te duele algo?*, 7

ID *carnet de identidad*, 10

I *yo*, 1

I agree. *Estoy de acuerdo*, 6; **I don't agree.** *No estoy de acuerdo.*, 6

I have no idea. *Ni idea.*, 3

I want to see . . . *Quiero conocer...*, 10

I would like . . . *Quisiera...*, 6

I'd like you to meet . . . *Te presento a...*, 9

I'll get him (her). *Ya te lo (la) paso.*, 8

I'm fine. *Estoy bien.*, 1

I'm sorry. *Lo siento.*, 8

I'm . . . *Soy...*, 2; **I'm from . . .** *Soy de...*, 1

I'm just looking. *Nada más estoy mirando.*, 8

I'm not so good. *Estoy mal.*, 1

ice cream *el helado*, 2

ice cream shop *la heladería*, 8

Independence Day *El Día de la Independencia*, 9

in front of *delante de*, 5

in the (latest) fashion *a la (última) moda*, 8

in, by *por*, 4

inexpensive *barato(a)*, 8

intellectual *intelectual*, 2

intelligent *inteligente*, 2

interest *el interés*, 10

interesting *interesante*, 2

to interrupt *interrumpir*, 4

to introduce *presentar*, 9

invitation *la invitación*, 9

to invite *invitar*, 9

island *la isla*, 10

It seems all right/fine to me. *Me parece bien.*, 5

it snows *nieva*, 3

It's a rip-off! *¡Es un robo!*, 8

It's all the same to me. *Me da igual.*, 2

It's awful. *Es pésimo.*, 2

It's cold. *Hace frío.*, 3

It's cool. *Hace fresco.*, 3

It's delicious. *Es delicioso.*, 2

It's hot. *Hace calor.*, 3

It's kind of fun. *Es algo divertido.*, 2

It's not a big deal. *No es gran cosa.*, 5

It's okay. *Está bien.*, 3

It's rather good. *Es bastante bueno.*, 2

It's sunny. *Hace sol.*, 3

It's windy. *Hace viento.*, 3

jacket *la chaqueta*, 8; *el saco*, 8

January *enero*, 1

jeans *los vaqueros*, 8

jewelry store *la joyería*, 8

job *el trabajo*, 3

joke *el chiste*, 9; **to tell jokes** *contar (ue) chistes*, 9

juice *el jugo*, 6

July *julio*, 1

June *junio*, 1

just: to just have done something *acabar de*, 7

kitchen   *la cocina,* 5
knife   *el cuchillo,* 6
to know (facts)   *saber,* 4;   **I don't know.**   *No sé.,* 4; **to know people** *conocer,* 9

lake   *el lago,* 10
large   *grande,* 6
last   *pasado(a),* 8; **last night** *anoche,* 8
late   *tarde,* 4; **later** *más tarde,* 8; **latest** *último(a),* 8
lazy   *perezoso(a),* 2
to leave   *irse,* 10; *dejar,* 10; **leave** *salir,* 3; *sal,* 6; **to leave a message** *dejar un recado,* 8; **don't leave** *no salgas,* 10
leg   *la pierna,* 7
letter   *la carta,* 3
library   *la biblioteca,* 4
to lift   *levantar,* 7; **to lift weights** *levantar pesas,* 7
to like: I(you, …) like   *me(te, …) gusta(n),* 2; **They like to …** *A ellos/ellas les gusta...,* 3; **My friends and I like …** *A mis amigos y a mí nos gusta...,* 3; **I would like …** *me gustaría,* 10
Likewise.   *Igualmente.,* 1
line: to wait in line   *hacer cola,* 10
to listen   *escuchar,* 3; **to listen to music** *escuchar música,* 3
little (adv.)   *poco,* 2; **a little** *un poco,* 2
to live   *vivir,* 5
living room   *la sala,* 5
long   *largo(a),* 5; **Long time no see.** *¡Tanto tiempo sin verte!,* 9
to look   *mirar,* 8
to look for   *buscar,* 7;
to lose weight   *bajar de peso,* 7
to lose   *perder (ie),* 10
luck   *la suerte,* 10
luggage   *el equipaje,* 10
lunch   *el almuerzo,* 4; *la comida,* 6; **to have lunch** *almorzar,* 5

ma'am; Mrs.   *la señora,* 1
magazine   *la revista,* 3
to maintain   *mantenerse (ie),* 7; **to stay in shape** *mantenerse en forma,* 7
to make   *hacer,* 4; **make** *haz,* 6; **to make the bed** *hacer la cama,* 5

makeup   *el maquillaje,* 7
mall   *el centro comercial,* 3
man   *el hombre,* 6; **for men** *para hombres,* 8
many   *muchos (as),* 4
map   *el mapa,* 10
March   *marzo,* 1
Mass   *la misa,* 9
mathematics   *las matemáticas,* 4
May   *mayo,* 1
me   *mí,* 5; *me,* 9
meat   *la carne,* 6
to meet   *encontrarse (ue),* 10
meeting   *la reunión,* 3
Merry …   *¡Feliz...!,* 9
message   *el recado,* 8
microwave   *el (horno) microondas,* 6
midday   *el mediodía,* 1
midnight   *la medianoche,* 1
milk   *la leche,* 6
milkshake   *el batido,* 8
million   *un millón de,* 8
mischievous   *travieso(a),* 5
Miss   *la señorita,* 1
to miss   *perder (ie),* 10
to mix   *mezclar,* 6
mom   *la mamá,* 5
moment   *un momento,* 8
Monday   *lunes,* 1; **on Mondays** *los lunes,* 3
money   *el dinero,* 8
money exchange   *la oficina de cambio,* 10
monitor, screen   *la pantalla,* 10
months of the year   *los meses del año,* 1
month   *mes,* 1
more   *más,* 2; **more than** *más que,* 8; **more …than** *más... que,* 8
morning   *la mañana,* 1; **in the morning** *de la mañana,* A.M., 1; *por la mañana,* 4
mother   *la madre,* 5; **Mother's Day** *El Día de la Madre,* 9
motorboat   *la lancha,* 10; **to go out in a motorboat** *pasear en lancha,* 10
mountain   *la montaña,* 10
mouth   *la boca,* 7
movie   *la película,* 2
movie theater   *el cine,* 3
museum   *el museo,* 10
music   *la música,* 2; **music by …** *la música de...,* 2
my   *mi(s),* 1
mystery   *el misterio,* 2

napkin   *la servilleta,* 6
neck   *el cuello,* 7
to need   *necesitar,* 4

neither, not either   *tampoco,* 5; *ni,* 7
nephew   *el sobrino,* 5
nervous   *nervioso(a),* 7; **to be nervous** *estar nervioso(a),* 7
never   *nunca,* 5; **almost never** *casi nunca,* 3
New Year's Eve   *la Nochevieja,* 9
next   *próximo(a),* 4; **next to** *al lado de,* 5
nice   *simpático(a),* 2; **Nice to meet you.** *Encantado(a),* 1; *Mucho gusto.,* 1
niece   *la sobrina,* 5
night   *la noche,* 1; **at night** *de la noche,* P.M., 1; *por la noche,* 4
nine   *nueve,* 1
nine hundred   *novecientos,* 8
nineteen   *diecinueve,* 1
ninety   *noventa,* 2
no   *no,* 3
nobody, not anybody   *nadie,* 5
noon   *el mediodía,* 1
nor   *ni,* 7
nose   *la nariz,* 7
not yet   *todavía no,* 10
notebook   *el cuaderno,* 4
nothing   *nada,* 4
novel   *la novela,* 2
November   *noviembre,* 1
now   *ahora,* 9
nowhere   *ninguna parte,* 3
number   *el número,* 1

October   *octubre,* 1
Of course!   *¡Claro que sí!,* 4
of the   *del, de la, de las, de los,* 2
of   *de,* 1
office: post office   *oficina de correos,* 10
often   *a menudo,* 5
Oh, no!   *¡Ay, no!,* 6
Okay.   *Vale.,* 9
old   *viejo(a),* 5
older   *mayor(es),* 5
on the dot   *en punto,* 1
on time   *a tiempo,* 4
on top of, above   *encima de,* 5
one   *uno,* 1
one hundred   *cien,* 2
one hundred one   *ciento uno,* 8
one million   *millón (de),* 8
one thousand   *mil,* 8
only   *sólo,* 7; *nomás,* 8
to open   *abrir,* 4; **to open gifts** *abrir regalos,* 9
or   *o,* 2
orange   *la naranja,* 6; *anaranjado(a),* 8
to order   *pedir (i),* 6
to organize   *organizar,* 10

sister *la hermana*, 5
to sit down *sentarse (ie)*, 10
six *seis*, 1
six hundred *seiscientos*, 8
sixteen *dieciséis*, 1
sixty *sesenta*, 2
size, *la talla*, 8; shoe size *el número*, 8
to skate *patinar*, 3
to ski *esquiar*, 10; to water-ski *esquiar en el agua*, 10
skirt *la falda*, 8
to sleep *dormir (ue)*, 5; to get enough sleep *dormir lo suficiente*, 7
small *pequeño(a)*, 5
to smoke *fumar*, 7; to stop smoking *dejar de fumar*, 7
to snack *merendar (ie)*, 5
to snow *nevar (ie)*, 3
so-so *más o menos*, 1
so much *tanto*, 7
soap *el jabón*, 7
soccer *el fútbol*, 3
socks *los calcetines*, 8; a pair of socks *un par de calcetines*, 8
sofa *el sofá*, 5
soft drink *el refresco*, 6
some *unos(as)*, 4
someday *algún día*, 10
something *algo*, 4
sometimes *a veces*, 3
son *el hijo*, 5
soup *la sopa*, 6; vegetable soup *la sopa de verduras*, 6
Spanish *el español*, 1
to speak *hablar*, 3
to spend time alone *pasar el rato solo(a)*, 3
to spend (money) *gastar*, 8; (time) *pasar*, 9
spicy *picante*, 6
spinach *las espinacas*, 6
spoon *la cuchara*, 6
sports *los deportes*, 2
spring *la primavera*, 1
stadium *el estadio*, 4
to start *empezar (ie)*, 5; *comenzar (ie)*, 10; to start a trip *comenzar un viaje*, 10
to stay *quedarse*, 10; to stay in shape *mantenerse (ie) en forma*, 7
stomach *el estómago*, 7
to stop doing something *dejar de + infinitive*, 7
store *la tienda de...*, 8
story *el piso*, 5; ...story building *el edificio de ...pisos*, 5
stretch *estirarse*, 7
...dent *el estudiante, la estudiante*, 1
... *estudiar*, 3
...*moda*, 8; in the latest style ...*moda*, 8; out of style ...*moda*, 8

subject *la materia*, 4
suburbs *las afueras*, 5
subway *el metro*, 10
suitcase *la maleta*, 10
summer *el verano*, 1
to sunbathe *tomar el sol*, 10
Sunday *el domingo*, 1; on Sundays *los domingos*, 3
supplies: school supplies *los útiles escolares*, 4
to surf the Internet *navegar por Internet*, 1
surprise party *la fiesta sorpresa*, 9
sweater *el suéter*, 8
sweet *dulce*, 7
to swim *nadar*, 3
swimsuit *el traje de baño*, 8
synagogue *la sinagoga*, 9

T

table *la mesa*, 5
to take care of *cuidar*, 5; to take care of oneself *cuidarse*, 7; Take care. *Cuídate.*, 9
to take off *quitarse*, 7
to take out *sacar*, 6; to take out the trash *sacar la basura*, 5
to take *tomar*, 9; to take photos *sacar fotos*, 10; to take a test *presentar el examen*, 4
to talk *hablar*, 3; *charlar*, 10
tall *alto(a)*, 2
to taste *probar (ue)*, 6
taxi *el taxi*, 10
teacher *la profesora (female), el profesor (male)*, 1
teeth *los dientes*, 7
telephone number *el teléfono*, 1
television *la televisión*, 3; to watch TV *mirar la televisión*, 3
to tell jokes *contar (ue) chistes*, 9
temple *el templo*, 9
ten *diez*, 1
tennis *el tenis*, 3; tennis shoes *los zapatos de tenis*, 8
test *el examen*, 4; to take a ... test *presentar el examen de...*, 4
Thanksgiving Day *el Día de Acción de Gracias*, 9
thank you *gracias*, 1
that *ese(a)*, 8
the *el, la, los, las*, 2
their *su(s)*, 5
them *los, las*, 6
then *luego*, 4
there *allí*, 10
there is, there are *hay*, 4
these *estos, estas*, 8
they *ellas, ellos*, 1
They like to ... *A ...les gusta...*, 3

thin *delgado(a)*, 5
thing *la cosa*, 4
to think *pensar (ie)*, 9
thirst *la sed*, 4
thirteen *trece*, 1
thirty *treinta*, 1
this *ésta, éste*, 1; this *este(a)*, 8
those *esos, esas*, 8
three *tres*, 1
three hundred *trescientos*, 8
throat *la garganta*, 7
Thursday *el jueves*, 1; on Thursdays *los jueves*, 3
ticket *el boleto*, 10; plane ticket *el boleto de avión*, 10
time *el rato*, 3
tired *cansado(a)*, 7; to be tired *estar cansado*, 7
to/for me *me*, 2; you *te*, 2; us *nos*, 2; him, her, you, them *le(s)*, 2
toast *el pan tostado*, 6
today *hoy*, 1
tomato *el tomate*, 6
tomorrow *mañana*, 4
ton: a ton of *un montón de*, 4
too much *demasiado(a)*, 7
toothbrush *el cepillo de dientes*, 7
toothpaste *la pasta de dientes*, 7
to tour *recorrer*, 10
towel *la toalla*, 7
toy *el juguete*, 8
toy store *la juguetería*, 8
train *el tren*, 10
trash *la basura*, 5
to travel *viajar*, 10
trip *el viaje*, 10
to try, taste *probar (ue)*, 6
T-shirt *la camiseta*, 8
Tuesday *el martes*, 1; on Tuesdays *los martes*, 3
tuna *el atún*, 6
turnover-like pastry *la empanada*, 9
twelve *doce*, 1
twenty *veinte*, 1
two *dos*, 1
two hundred *doscientos*, 8
two thousand *dos mil*, 8

U

ugly *feo(a)*, 8
uncle *el tío*, 5
under, underneath *debajo (de)*, 5
unfair *injusto*, 5
unfriendly *antipático(a)*, 2
until *hasta*, 5
up to *hasta*, 5
us *nos*, 2; *nosotros(as)*, 3
usual: the usual *lo de siempre*, 9

V

to **vacuum** *pasar la aspiradora,* 5
vacuum cleaner *aspiradora,* 5
Valentine's Day *el Día de los Enamorados,* 9
vegetables *las verduras,* 2
very *muy + adjective,* 2
very bad *pésimo(a),* 2
video *el video,* 3
video games *los videojuegos,* 2
volleyball *el volibol,* 3

W

to **wait** *esperar,* 8
waiting room *la sala de espera,* 10
to **wake up** *despertarse (ie),* 7
to **walk** *caminar,* 7; **to go for a walk** *pasear,* 3
wallet *la billetera,* 10
to **want** *querer (ie),* 3
to **wash** *lavar,* 5, *lavarse,* 7; **to wash the dishes** *lavar los platos,* 5
watch (clock) *el reloj,* 4
to **watch** *ver,* 4; **to watch television** *ver televisión,* 3
water *el agua (f.),* 6; **to water ski** *esquiar en el agua,* 10
we *nosotros(as),* 1
to **wear** *llevar,* 8; **to wear glasses** *usar lentes,* 5
weather *el tiempo,* 3; **The weather is nice (bad).** *Hace buen (mal) tiempo.,* 3
wedding *la boda,* 9
Wednesday *el miércoles,* 1; **on Wednesdays** *los miércoles,* 3
week *la semana,* 4
weekend *el fin de semana,* 3; **weekends** *los fines de semana,* 3
weight *el peso,* 7; **to gain weight** *subir de peso,* 7; **to lose weight** *bajar de peso,* 7
weights *las pesas,* 7; **to lift weights** *levantar pesas,* 7
What? *¿Cómo?, ¿Qué?,* 1; **What a pain!** *¡Qué lata!,* 5; **What a shame!** *¡Qué lástima!,* 10; **What bad luck!** *¡Qué mala suerte!,* 10; **What are you going to do?** *¿Qué vas a hacer?,* 7; **What fun!** *¡Qué divertido!,* 10; **What are you like?** *¿Cómo eres?,* 2; **What day is today?** *¿Qué día es hoy?,* 1; **What did you do?** *¿Qué hiciste?,* 8; **What do you do to help out at home?** *¿Qué haces para ayudar en casa?,* 5; **What do you do to relax?** *¿Qué haces para relajarte?,* 7; **What do you have to do?** *¿Qué tienes que hacer?,* 7; **What do you like to do?** *¿Qué te gusta hacer?,* 3; **What do you still have to do?** *¿Qué te falta hacer?,* 7; **What do you want to do?** *¿Qué quieres hacer?,* 3; **What does . . . do?** *¿Qué hace...?,* 3; **What is . . . like?** *¿Cómo es...?,* 2; **What plans do you have for . . .?** *¿Qué planes tienen para...?,* 9; **What time are you going to . . .?** *¿A qué hora vas a...?,* 4; **What time is it?** *¿Qué hora es?,* 3; **What is . . .'s e-mail address?** *¿Cuál es el correo electrónico de...?,* 1; **What is . . .'s telephone number?** *¿Cuál es el teléfono de...?,* 1; **what?, which?** *¿cuál?,* 4; **What's his (her, your) name?** *¿Cómo se llama?,* 1; **What's new?** *¿Qué hay de nuevo?,* 9; **What's the matter with . . .?** *¿Qué tiene...?,* 7; **What's the weather like?** *¿Qué tiempo hace?,* 3; **What's today's date?** *¿Qué fecha es hoy?,* 1; **What's wrong with you?** *¿Qué te pasa?,* 7; **What's your name?** *¿Cómo te llamas?,* 1
wheelchair *la silla de ruedas,* 5; **to be in a wheelchair** *estar en una silla de ruedas,* 5
when *cuando,* 3
when? *¿cuándo?,* 2
where? *¿dónde?,* 5; **Where can I . . .?** *¿Dónde se puede...?,* 10; **Where did you go?** *¿Adónde fuiste?,* 8; **from where** *de dónde,* 1
white *blanco(a),* 8
whole *todo(a),* 9
Who's calling? *¿De parte de quién?,* 8
Who's . . .? *¿Quién es...?,* 1
why? *¿por qué?,* 2
window *la ventana,* 5; **to window-shop** *mirar las vitrinas,* 8
winter *el invierno,* 1
to **wish for** *desear,* 6
with *con,* 3
with me *conmigo,* 3
with you *contigo,* 3
witty *gracioso(a),* 2
woman *la mujer,* 8
wool *la lana,* 8; **made of wool** *de lana,* 8
work *trabajar,* 3; *el trabajo,* 4
to **work out** *entrenarse,* 7
workshop *el taller,* 4
to **worry** *preocuparse,* 10; **Don't worry.** *No te preocupes.,* 10
worse *peor(es),* 8
to **write** *escribir,* 1; **How do you spell . . .?** *¿Cómo se escribe...?,* 1; **It's spelled . . .** *Se escribe...,* 1

Y

yard *el patio,* 5
year *el año,* 2; **New Year's Day** *el Año Nuevo,* 9; **last year** *el año pasado,* 9
yellow *amarillo(a),* 8
yes *sí,* 4
yesterday *ayer,* 8
yoga: to do yoga *hacer yoga,* 7
you *usted, ustedes,* (formal), 1; *tú, vosotros(as),* (informal), 1; **You were lucky!** *Ah, ¡tuviste suerte!,* 10
young *joven,* 5
young people *los jóvenes,* 9
younger *menor(es),* 5
your *tu(s), su(s), vuestro(a)(s),* 5

Z

zero *cero,* 1
zoo *el zoológico,* 10

Índice gramatical

Page numbers in boldface type refer to the first presentation of the topic. Other page numbers refer to grammar structures presented in the **¡Exprésate!** features, subsequent references to the topic, or reviewed in **Repaso de Gramática.** Page numbers beginning with R refer to the **Síntesis gramatical** in this Reference Section (pages R16–R23).

Agradecimientos

STAFF CREDITS

Editorial
Priscilla Blanton, Barbara Kristof, Amber P. Nichols, Douglas Ward

Editorial Development Team
Marion Bermondy, Konstanze Alex Brown, Lynda Cortez, Janet Welsh Crossley, Zahydée González, Jean Miller, Beatriz Malo Pojman, Paul Provence, Jaishree Venkatesan, J. Elisabeth Wright

Editorial Staff
Sara Anbari, Hubert W. Bays, Yamilé Dewailly, Milagros Escamilla, Rita Ricardo, Glenna Scott, Géraldine Touzeau-Patrick

Editorial Permissions
Ann B. Farrar, Yuri Muñoz

Design

Book Design
Kay Selke, Marta Kimball, Robin Bouvette, José Garza, Sally Bess, Bruce Albrecht, Liann Lech, Lana Kaupp

Image Acquisitions
Curtis Riker, Jeannie Taylor, Cindy Verheyden, Sam Dudgeon, Victoria Smith, Michelle Dike

Media Design
Richard Metzger, Chris Smith

Cover Design
Marc Cooper, Kay Selke

eMedia
Edwin Blake, Kimberly Cammerata, Grant Davidson, Nina Degollado, Lydia Doty, Cathy Kuhles, Jamie Lane, Sean McCormick, Robert Moorhead, Beth Sample, Annette Saunders, Dakota Smith, Kenneth Whiteside

Production Manufacturing, and Inventory
Marleis Roberts, Diana Rodriguez, Rose Degollado, Jeffrey Atkins, Jevara Jackson, Rhonda Fariss

ACKNOWLEDGMENTS

For permission to reprint copyrighted material, grateful acknowledgment is made to the following sources:

Agencia Literania Carmen Balcells: From "Una antigua casa encantada" from *Mi país inventado* by Isabel Allende. Copyright © 2003 by Isabel Allenda

Children's Book Press, San Francisco, CA: "Baile en el jardín" from *In My Family/En mi familia* by Carmen Lomas Garza, translated into Spanish by Francisco X. Alarcón. Text copyright © 1996 by Carmen Lomas Garza. "Tamalada" from *Family Pictures/Cuadros de familia* by Carmen Lomas Garza, translated into Spanish by Rosalma Zubizarreta. Text copyright © 1990 by Carmen Lomas Garza. "La Montaña del Alimento" from *The Legend of Food Mountain/La montaña del alimento,* adapted by Harriet Rohmer, translated into Spanish by Alma Flor Ada and Rosalma Zubizarreta. Copyright © 1982 by Children's Book Press.

Estate of Ángel Flores c/o The Permissions Company: From "El fracaso matemático de Pepito" from *First Spanish Reader: A Beginners Dual Language Book,* edited by Ángel Flores. Copyright © 1988 by Ángel Flores.

Ediciones de la Fundación Corripio, Inc.: From "Regalo de cumpleaños" by Diógenes Valdez from *Cuentos dominicanos para Niños,* vol. V. Copyright © 2000 by Ediciones de la Fundación Corripio, Inc.

Editorial Fundación Ross: "Dos buenas piernas tenemos..." and "Siempre quietas,..." from *Adivinanzas para mirar en el espejo* by Carlos Silveyra. Copyright © 1985 by Editorial Fundacion Ross.

Editorial Sudamericana S.A.: "2" and "16" from *Los rimaqué* by Ruth Kaufman. Copyright © 2002 by Editorial Sudamericana S.A.

Francisco J. Briz Hidalgo, www.elhuevodechocolate.com: "Una moneda de ¡Ay!" by Juan de Timoneda from *El huevo de chocolate* Web site, accessed on September 10, 2003 at http://www.elhuevodechocolate.com. Copyright © by Francisco J. Briz Hidalgo.

Maricel Mayor Marsán: From "Un corazón dividido" from *Un corazón dividido/ A Split Heart* by Maricel Mayor Marsán. Copyright © 1998 by Maricel Mayor Marsán. From "Apuntes de un hogar postmoderno" from *Imprenta de los Rincones* by Maricel Mayor Marsán. Copyright © by Maricel Mayor Marsán.

Museum of New Mexico Press: "Los cuatro elementos" from *Cuentos: Tales from the Hispanic Southwest,* selected and adapted in Spanish by José Griego y Maestas. Copyright © 1980 by Museum of New Mexico Press.

Scholastic Inc.: From "Ollantaytambo" from *Ahora,* vol. 3, no. 2, September/October 1996. Copyright © 1996 by Scholastic Inc. From "Gustavo" from *Ahora,* vol. 4, no. 2, November/December 1997. Copyright © 1997 by Scholastic Inc.

PHOTOGRAPHY CREDITS

COVER PHOTOGRAPHY CREDITS

FRONT COVER (from top left to bottom right): John Langford/HRW; ©Royalty-Free/CORBIS; ©Timothy O'Keefe/Index Stock Imagery, Inc.; ©Royalty Free/CORBIS; Don Couch/HRW; Gary Russ/HRW photo; ©Tom Brakefield/CORBIS; ©Mario Corvetto/Evergreen Photo Alliance; ©Wendell Metzen/Index Stock Imagery, Inc.

BACK COVER: Don Couch/HRW.

Abbreviations used: c-center, b-bottom, t-top, l-left, r-right, bkgrd-background.

AUTHORS: Page iii (Humbach) courtesy Nancy Humbach; (Madrigal Velasco) courtesy Sylvia Madrigal; (Chiquito) courtesy Ana B. Chiquito; (Smith) Courtney Baker, courtesy Stuart Smith; (McMinn) Courtney Baker, courtesy John McMinn.

TABLE OF CONTENTS: Page vi (cr) Don Couch/HRW; (tr) ©Guido Alberto Rossi/Getty Images/The Image Bank; vii (cr) John Langford/HRW; (tr) ©Dennis Degnan/CORBIS; viii (cr) Gary Russ/HRW; (tr) ©Photo Researchers, Inc.; ix (cr) Don Couch/HRW; (tr) ©Buddy Mays/CORBIS; x (cr, tr) Don Couch/HRW; xi (cr) Don Couch/HRW; (tr) ©Robert Frerck/Odyssey/Chicago; xii (cr) Don Couch/HRW; (tr) Michael Everett/D. Donne Bryant Photography; xiii (cr, tr) Sam Dudgeon/HRW; xiv (cr, tr) John Langford/HRW; xv (cr) Don Couch/HRW; (tr) Digital Image copyright ©2006 PhotoDisc.

WHY STUDY SPANISH: Page xvi (Costa Rica) ©Buddy Mays/CORBIS; (Argentina) ©Jeremy Woodhouse, digitalvision; xvi (Dominican Republic) John Langford/HRW; (Mexico) Corbis Images; (Peru, Chile) Don Couch/HRW; (Spain) Corbis Images; xvii (br, cl) Don Couch/HRW; (bl, t) Álvaro Ortiz/HRW; xvii (tl) John Langford/HRW; xviii (b) Sam Dudgeon/HRW; (cl) ©Royalty-Free/CORBIS; (cr) Edward M. Pío Roda. ® & ©2003 CNN. An AOL Time Warner Co. All Rights Reserved; xix (br) Don Couch/HRW; (t) Alvaro Ortiz/HRW.

IN SPANISH CLASS: Page xx (bl) HRW; (cr) Victoria Smith/HRW. COMMON NAMES: xxi (bkgrd) Álvaro Ortiz/HRW. DIRECTIONS: xxii (br) Sam Dudgeon/HRW.

CHAPTER 1 All photos by Don Couch/HRW except: Page xxxiv (bc)

©Steve Vidler/SuperStock; (cl) ©S. Bavister/Robert Harding Picture Library Ltd./Alamy Photos; (cr) ©Nik Wheeler/CORBIS; (t) ©Stockphotos (Latin Stock) 1 (t) ©Robert Frerck/Getty Images; (bl) ©Guido Alberto Rossi/Getty Images/The Image Bank; (c) ©Stephen Saks/Lonely Planet Images; (cr) ©Larry Lee Photography/CORBIS; 2 (bl) ©Brand X Pictures; (br) Álvaro Ortiz/HRW; (c) Digital Image copyright ©2006 PhotoDisc; (tl) ©Robert Frerck/Odyssey Productions; (tr) ©Isaac Hernández/Mercury Press International; 3 (bl) ©Christie's Images/CORBIS;` (cl) ©Robert Frerck/Getty Images/Stone; (cr) The Art Archive/Museo del Prado/Album/Joseph Martin; (tl) ©Chip & Rosa María de la Cueva Peterson; (tr) ©Guido Alberto Rossi/Getty Images/The Image Bank; (tc) Zefa Visual Media - Germany/Index Stock Imagery, Inc.; 4-5 (all) Álvaro Ortiz/HRW; 6 (bl, l) Álvaro Ortiz/HRW; 7-8 (all) Álvaro Ortiz/HRW; 9 (tr) Álvaro Ortiz/HRW; 10 (c) Álvaro Ortiz/HRW; 11 (c, cr, t) Marty Granger/Edge Video Productions/HRW; (cl) ©David H. Wells/CORBIS; (l) Christine Galida/HRW; (r) Peter Van Steen/HRW; 12 (bl) ©Pixtal; 13 (cl) ©Digital Vision; (cr) Marty Granger/Edge Video Productions/HRW; (l, r) Digital Image copyright ©2006 PhotoDisc; 15 (bc) ©BananaStock; (bl) ©Digital Vision; (br, tl) Victoria Smith/HRW; (tc) Peter Van Steen/HRW; (tr) ©COMSTOCK, Inc.; 17 (br) © Jeffery Allan Salter/CORBIS; 18 (all) Victoria Smith/HRW; 22 (a, b, e, h, m, p, q, z) Corbis Images; (c, ch, f, i, k, l, ll, n, o, r, rr, t, u) Digital Image copyright ©2006 PhotoDisc; (g, z, v) Sam Dudgeon/HRW; (j) ©Royalty Free/CORBIS; (w) Digital imagery® copyright 2003 PhotoDisc, Inc.; (x, y) Victoria Smith/HRW; 24 (l) John Langford/HRW; 25 (cl) Mark Antman/HRW; (cr, r) Marty Granger/Edge Video Productions/HRW; (l) ©Alison Wright/CORBIS; 30 (br) Corbis Images; (cl) Victoria Smith/HRW; (tr) Digital Image copyright ©2006 PhotoDisc; 32 (tc) ©A. Parada/Alamy Photos; (tl) ©Jimmy Dorantes/Latin Focus; (tr) Sam Dudgeon/HRW; 36 (A) Peter Van Steen/HRW; (B, C-girl) Dennis Fagan/HRW; (C-boy, D) Victoria Smith/HRW.

CHAPTER 2 All photos by John Langford/HRW except: Page 38 (b) Gregg Newton/© Reuters, 1998; (glove) Digital Image copyright ©2006 Artville; (c) ©Andrea Pistolesi/Getty Images/The Image Bank; (tr) ©Mark Bacon/Latin Focus; 39 (bl) ©Mark Bacon/Alamy Photos; (cr) ©Kevin Schafer/CORBIS; (tl) ©Steve Fitzpatrick/Latin Focus; (tr) ©Steve Bly/Getty Images/The Image Bank; 40 (bl) ©Christie's Images Inc., 1999; (cr) Victoria Smith/HRW; (tc) ©Townsend P. Dickinson/The Image Works; 41 (bl) ©Dennis Degnan/CORBIS; (br) Ricardo Alcaras/HRW; (cl) ©Michael Friang/Alamy Photos; (cr) ©Dave G. Houser/CORBIS; (t) Tony Arruza/HRW; (tc) ©Robert Fried/Robert Fried Photography; 45 (all) Victoria Smith/HRW; 46 (br, cl, l) Victoria Smith/HRW; (cr) Sam Dudgeon/HRW; (tl) Randal Alhadeff/HRW; 49 (cl) ©John Kelly/Getty Images/The Image Bank; (cr, l, r) Victoria Smith/HRW; 50 © Fred Fox/Tampa Tribune/Silver Image; 55 (br) © Mike Boom/Regata del Sol al Sol 2005; (tl) Don Couch/HRW; 56 (bc) Sam Dudgeon/HRW; (bl, br, cr) Victoria Smith/HRW; (tc, tr) Corbis Images; (tl) Digital Image copyright ©2006 PhotoDisc; 57 (bc, bl, c, cl, cr, tr) Victoria Smith/HRW; (kangaroo, lion, zebra) Digital Image copyright ©2006 PhotoDisc; 58 (br) Scott Vallance/VIP Photo/HRW; (cl, l) Sam Dudgeon/HRW; (r) Victoria Smith/HRW; (tl) ©Reuters NewMedia Inc./CORBIS; 61 (bc, tc, tl, tr, bl) Victoria Smith/HRW; (7, 8-cat, 8-dog) Digital Image copyright ©2006 PhotoDisc; (t) ©Brand X Pictures; 62 (bl) Mari Biasco Photography; 63 (bc, br) Corbis Images; (bl) Digital Image copyright ©2006 PhotoDisc; (sports, pizza, cake) Victoria Smith/HRW; (cr) Scott Vallance/VIP Photo/HRW; 64 (bc, c, tr) Victoria Smith/HRW; (bl) ©Lisa Anne Auerbach/CORBIS; (br) Sam Dudgeon/HRW; (t) Digital Image copyright ©2006 PhotoDisc; (tl) Corbis Images; 65 © Miami Herald/Silver Image; 68 (all) Victoria Smith/HRW; 70 (1, graciosa, romántica, tímida) Victoria Smith/HRW; (2) Digital Image copyright ©2006 PhotoDisc; (3) Corbis Images; (4) Sam Dudgeon/HRW; 74 (A, C) Victoria Smith/HRW.

CHAPTER 3 All photos by Gary Russ/HRW except: Page 76 (c) ©George H. H. Huey/CORBIS; (tr) Sam Dudgeon/HRW; 77 (bl) ©David Muench/CORBIS; (br) Courtesy of Houston Chamber of Commerce; (tl) Corbis Images; (tr) ©D. Donne Bryant Photography; 78 (bl) ©Carmen Lomas Garza, photo credit: Bob Hsiang; (cl) ©Carmen Lomas Garza, Collection of Paula Maciel-Benecke and Norbert Benecke Aptos, California, photo credit: M. Lee Fatherree; (tl) Courtesy of the San Antonio Public Library; Photographer: Clem Spalding; (tr) ©George H. H. Huey/CORBIS; 79 (c) ©Dave G.

Houser/CORBIS; (cl) ©Scott Teven/photohouston.com; (cr) ©Jimmy Dorantes/Latin Focus; (tc, tl) Victoria Smith/HRW; 82 (all) Dennis Fagan/HRW; 83 (bc, tc, tl, tr) Peter Van Steen/HRW; (bl) Victoria Smith/HRW; (br) ©Getty Images/Stone; 84 (6, 8) Dennis Fagan/HRW; (5) ©Corbis Images/PictureQuest; (tr) Peter Van Steen/HRW; (2) ©Digital Vision; (1, 3) Victoria Smith/HRW; 87 (cl) Digital Image copyright ©2006 PhotoDisc; (cr) ©Peter M. Fisher/CORBIS; (l) CORBIS Images; (r) Dennis Fagan/HRW; 88 (l) John Langford/HRW; 89 (3, 5, tr) Victoria Smith/HRW; (2-ball, 2-racquet, 4) Digital Image copyright ©2006 PhotoDisc; (1) Sam Dudgeon/HRW; 90 (l) Martha Granger/Edge Video Productions/HRW; 91 (c) Victoria Smith/HRW; (cl, l) Corbis Images; (c) Painet Inc.; (r) ©Nik Wheeler/CORBIS; 92 (tl) Scott Vallance/VIP Photographic Associates/HRW; 93 (br) © Andrew Itkoff/Silver Image; (tl) Don Couch/HRW; 94 (bc, bl-boy, br, cl, tc-boy, tl, tr) Dennis Fagan/HRW; (bl-piano) Corbis Images; (tc-glass) Victoria Smith/HRW; 95 (bc, tc) ©Jimmy Dorantes/Latin Focus; (br) ©Kevin Barry; (tl) Peter Van Steen/HRW; (tr) www.corbis.com/WilliamBoyce; 98 (bl) Bob Daemmrich/The Image Works; 100 (l) Don Couch/HRW; 101 (c, r, t) Digital Image copyright ©2006 PhotoDisc; (cl, cr) Victoria Smith/HRW; (l) Sam Dudgeon/HRW; 102 (bl) AP Photo/The Paris News, Bill Ridder; (tl) © John Moran/Silver Image; (cl) Harry Cabluck/AP/Wide World Photos; (cr) Donna McWilliam/AP/Wide World Photos; (l) Marty Granger/Edge Video Productions/HRW; 103 (tl) Henry Bargas/AP/Wide World Photos; (tr) Corbis Images; 108 (bc) Corbis Images; (bl, tc, tr) Dennis Fagan/HRW; (br, tl) Digital Image copyright ©2006 PhotoDisc; 112 (cr, l) Peter Van Steen/HRW; (r) Digital Image copyright ©2006 Artville; (tc) Victoria Smith/HRW.

CHAPTER 4 All photos by Don Couch/HRW except: Page 114 (c) ©Jimmy Dorantes/Latin Focus; (tr) Buddy Mays/CORBIS; 115 (bl, cr) Robin Karpan/D. Donne Bryant; (cl) ©Jimmy Dorantes/Latin Focus; (tr) Buddy Mays/CORBIS; 116 (bl) Víctor Hugo Fernández, Gráficos del Globo, S.A. Costa Rica; (tr) ©Dave G. Houser/CORBIS; 117 (bl, br) ©Kevin Schafer; (c) Robin Karpan/D. Donne Bryant; (cr) Alan Cave/D. Donne Bryant; 120 (all objects) Victoria Smith/HRW; 122 (tl, tr) Victoria Smith/HRW; 123 (r) Marty Granger/Edge Video Productions/HRW; 125 (c) Sam Dudgeon/HRW; 127 (c) ©Digital Vision; (cl) Victoria Smith/HRW; (cr) Peter Van Steen/HRW; (l) ©Stockbyte; (r) ©Royalty-Free/CORBIS; (tr) © Chuck Savage/CORBIS; 128 Don Couch Photography; 131 (br) Don Couch Photography; 135 (cl) ©Royalty-Free/CORBIS; (cr) ©Comstock; (l) ©Stockbyte; (r) Sam Dudgeon/HRW; (tr) ©Danny Lehman/CORBIS; 137 (br, cl, cr, tr) Peter Van Steen/HRW; (l) Digital Image copyright ©2006 PhotoDisc; 140 © Jeff Greenberg/Alamy Photos; 146 (bl) Reuters/CORBIS; (br) Victoria Smith/HRW; (tl) ©Chuck Savage/CORBIS; (tr) Corbis Images.

CHAPTER 5 All photos by Don Couch/HRW except: Page152 (cl) ©Fernando Paste/Latin Focus; (t) ©Daniel Rivadamar/Odyssey/Chicago; 153 (br, tr) D. Donne Bryant/D. Donne Bryant Photography; (parque) ©Wolfgang Kaehler/CORBIS; (altiplano) ©Graham Neden Ecoscene/CORBIS; 154 (bl) David Phillips / Words & Images; (cl) ©Hubert Stadler/CORBIS; (tl) D. Donne Bryant Photography; 155 (c) ©Bettmann/CORBIS; (cl) ©Conde Nast Archive/CORBIS; (cr) Fundacion de Santiago by Pedro Lira (tl) Roberto Candia/AP/Wide World Photos; (tr) ©Reuters NewMedia Inc./CORBIS; 158 (cat) John Langford/HRW; 159 (negro) ©Stockbyte; (corto) Sam Dudgeon/HRW; (largo) Peter Van Steen/HRW; (castaño) ©Rubberball Productions; (canoso) ©Image Source Ltd./Alamy Photos; (azules) Corbis Images; (verdes) ©CORBIS; (negros) ©RubberBall/Alamy Photos; (café) Digital Image copyright ©2006 PhotoDisc; 160 (t) Rodrigo Fernández; (cl) Mark Richards/PhotoEdit; (cr) ©Comstock; (l) ©John Foxx/Alamy Photos; (r) ©plainpicture/Alamy Photos; 163 (tl) Victoria Smith/HRW; (tr) Peter Van Steen/HRW; 165 (cr) ©Digital Vision; (l) ©Comstock; (r) Peter Van Steen/HRW; (t) Digital Image copyright ©2006 PhotoDisc; 166 (l) John Langford/HRW; 167 (11:45, 3:00, 7:00, 8:10, 8:30) Dennis Fagan/HRW; (6:30) Sam Dudgeon/HRW; 169 (br) The Granger Collection, New York; 174 (l) Chris Sharp/D. Donne Bryant Photography; 176 (all) Victoria Smith/HRW; 177 (r) David Phillips/HRW; 178 (cl) Dennis Fagan/HRW; (cr) Digital Image copyright ©2006 EyeWire; (l) ©Comstock, Inc.; (r) Peter Van Steen/HRW; 179 Don Couch Photography; 184 (bl) Dennis Fagan/HRW; (br) ©Corel; (tc) Victoria Smith/HRW; (tr) Digital Image copyright ©2006 PhotoDisc; 188 (all) Dennis Fagan/HRW.

CHAPTER 6 All photos by Don Couch/HRW except: Page 190 (c) ©Danny Lehman/CORBIS; (tr) ©Getty Images/The Image Bank; 191

(bc, cr, tl) ©Robert Frerck/Odyssey/Chicago; (tr) Mark Newman/Bruce Coleman, Inc.; 192 (b) ©Royalty-Free/CORBIS; (tr) ©Charles & Josette Lenars/CORBIS; 193 (16 de septiembre) George H. H. Huey; (b) Sam Dudgeon/HRW; (Guelaguetza) Charlene E. Friesen/D. Donne Bryant Photography; (t) ©Danny Lehman/CORBIS; 197 (refresco) Victoria Smith/HRW; 199 (3) Michelle Bridwell/HRW; (4) Victoria Smith/HRW; (5) Sam Dudgeon/HRW; 200 (bl) Victoria Smith/HRW; 201 (4, tr) Michelle Bridwell/HRW; 203 (all) Victoria Smith/HRW; 205 (br) Sam Dudgeon/HRW; (tr) ©Robert Frerck/Odyssey/Chicago; 206 (tl) Victoria Smith/HRW; 207 (b) Don Couch Photography; (tl) John Langford/HRW; 209 (cl) Corbis Images; 213 (1) Digital Image copyright ©2006 PhotoDisc; (2) Victoria Smith/HRW; (3) ©Royalty-Free/CORBIS; (4) Judd Pilossof/FoodPix; 216 © Morton Beebe/CORBIS; 222 (6) Victoria Smith/HRW; 226 (bl, C) Victoria Smith/HRW; (D) Digital Image copyright ©2006 PhotoDisc.

CHAPTER 7 All photos by Don Couch/HRW except: Page 228 (Bariloche) Jean Lee/AP/Wide World Photos; 228 (La Pampa) Peter Lang/D. Donne Bryant Photography; 228 (t) ©Tony West/ PICIMPACT/CORBIS; 229 (bl) Luis Martin/D. Donne Bryant Photography; 229 (br) ©Alissa Crandall/CORBIS; 229 (cr) ©Hubert Stadler/CORBIS; 229 (tr) Michael Everett/D. Donne Bryant Photography; 230 (bl) ©Hubert Stadler/CORBIS; 230 (br) Museo Xul Solar; 230 (tc) Peter Lang/D. Donne Bryant Photography; (tl) ©Robert Fried/Robert Fried Photography; 231 (tl) ©Russell Gordon/Odyssey/Chicago; (tr) Victoria Smith/HRW; 236 (1, 3, 4, 5, 6, 7) Sam Dudgeon/HRW; (2, tr) Digital Image copyright ©2006 PhotoDisc; (8) Victoria Smith/HRW; (tl) Jean Lee/AP/Wide World Photos; 238 © Tony Arruza/Getty Images; 239 (1) John Langford/HRW; (2) ©John Foxx/Alamy Photos; (3) Bob Daemmrich/The Image Works; (4) Image Source/elektraVision/ PictureQuest; (tr) Stockbyte/PictureQuest; 240 (bl) David Phillips/ HRW; 241 (1, 2) Peter Van Steen/HRW; (3) ©Jose Luis Pelaez, Inc./CORBIS; (4, yo) Dennis Fagan/HRW; 243 (r) Rob Tringali/ SportsChrome; 245 (br) Courtesy of Pedro J. Greer, Jr. M.D; 251 (1, 3) Peter Van Steen/HRW; (2) ©Image Source; (4) ©RubberBall Productions; 252 (bl) John Langford/HRW; 258 (l) Peter Van Steen/HRW; (r) U. S. Department of Agriculture; 260 (c) Dennis Fagan/HRW; (r) Peter Van Steen/HRW.

CHAPTER 8 All photos by Sam Dudgeon/HRW except: Page 266 (tr) ©Owaki - Kulla/CORBIS; 267 (bl) Werner Bertsch/Bruce Coleman, Inc.; (cr) ©Richard Bickel/CORBIS; (tc) Masa Ushioda/Bruce Coleman, Inc.; (tr) Kennedy Space Center/NASA; 268 (bc, br) ©Mildrey Guillot; (bl) Xavier Cortada; (tl) ©Tony Arruza/CORBIS; 269 (cl) Ife-Ile, Inc.; (cr) ©Latin Focus; (tc) ©Steven Ferry/Words & Images/HRW; (tl) ©Robert Frerck/Odyssey/Chicago; 279 (tr) Victoria Smith/HRW; 281 NOTIMEX/PHOTO/IVAN CANAS/FRE/ GEN/NewsCom;283 (b) Don Couch Photography; 284 (br, disco) Digital Image copyright ©2006 PhotoDisc; (icon) HRW; (tarjetas) Don Couch/HRW; (tr) Victoria Smith/HRW; 286 (tl) John Langford/HRW; (2) Corbis Images; (4) Digital Image copyright ©2006 PhotoDisc; (5) Don Couch/HRW; (1, 7, música) Victoria Smith/HRW; 287 (r) PhotoDisc/gettyimages; 289 (2, 3) Victoria Smith/HRW; (4) Image Source Ltd/Alamy; (5) Digital Image copyright ©2006 EyeWire; (6) Dennis Fagan/HRW; (Tomás) Bob Daemmrich/The Image Works; 290 (l) ©Latin Focus; 291 (1, 2, tr) Victoria Smith/HRW; (4) Digital Image copyright ©2006 PhotoDisc; 298 (2) Michael Newman/PhotoEdit; (3) David Young-Wolff/PhotoEdit; 302 (all) Victoria Smith/HRW.

CHAPTER 9 All photos by John Langford/HRW except: Page 304 (c) (c) Jeremy Horner/CORBIS; (tr) Martha Cooper/Viesti Collection, Inc.; 305 (bl) David Pou; (br) (c) Giraud Philippe/Corbis Sygma; (cr, tl) Suzanne Murphy-Larronde; (tr) Tom Bean; 306 (cl, cr, tc) David Pou; 307 (b, c, cl, t, tr) David Pou; (tl) age fotostock/Suzanne Murphy-Larronde, 2006; 310 (bkgrd) Victoria Smith/HRW; (bl, cl) Christine Galida/HRW; (br) Bob Daemmrich Photo, Inc.; (cr) Michael Matisse/Photodisc/PictureQuest; (hanukah) Pam Ostrow/Index Stock Imagery/PictureQuest; (tc) Andres Leighton/AP/Wide World Photos; 311 (abrir, recibir, tarjetas) Sam Dudgeon/HRW; (sobres) Victoria Smith/HRW; (tc) Corbis Images; 312 (cl) (c) ©Tom and Dee Ann McCarthy/Index Stock Imagery/PictureQuest; (cr) (c) Creatas/ PictureQuest; (l, r) Peter Van Steen/HRW; 315 (c, l) Peter Van Steen/HRW; (r) Victoria Smith/HRW; 317 (tl) Victoria Smith/HRW; (tr) Sam Dudgeon/HRW; 318 (l) David Pou; 320 (br) Sam Dudgeon/HRW; 321 (b) David Lee Thompson/Silver Image; (t) Gary Russ/HRW; 322 (background table) Corbis Images; (buzón) Marta

Kimball/HRW; (galletas, papitas, ponche) Victoria Smith/HRW; (icon) HRW; 324 (l) José Carrillo/PhotoEdit Inc.; 328 (tl) © C M Guerrero/Miami Herald/Silver Image; (cl) Eric Risberg/AP/Wide World Photos; (cr, l) The Kobal Collection; (r) (c) ©Bettmann/ CORBIS; (t) (c) ©Hulton-Deutsch Collection/CORBIS; 329 © Patrick Farrell/Miami Herald/Silver Image; 336 (1) (c) ©Brand X Pictures; (2, 5) Digital Image copyright (c) 006 PhotoDisc; (3-clock) ©Comstock; (3-hats, 4, 6) Corbis Images; 340 (A) Christine Galida/HRW; (arroz) (c) ©Corel; (B, C, D, dulces, tostones) Victoria Smith/HRW; (bizcochos) Don Couch/HRW.

CHAPTER 10 All photos by Don Couch/HRW except: Page 342 (tr) ©Jack Fields/CORBIS; 343 (bl) Todd Wolf; (br) Erwin and Peggy Bauer/Animals Animals/Earth Scenes; (tr) ©Wolfgang Kaehler/CORBIS; 344 (br) painting by Julio Quispe Virhues; (cl) ©Diego Lezama Orezzoli/CORBIS; (tl) Digital Image copyright ©2006 PhotoDisc; 345 (cr) Ricardo Choy Kifox/AP/Wide World Photos; (tc) ©William Albert Allard/National Geographic Image Collection; (tl) Hector Scagnetti; 349 (billetera) Victoria Smith/HRW; 350 (bl) Robert Frerck/Woodfin Camp & Associates; 354 © Zephyr Picture/Index Stock Imagery, Inc.; 355 (1) Peter Van Steen/HRW; (2) Digital Image copyright ©2006 PhotoDisc; (4) Dean Berry/Index Stock Imagery, Inc.; 359 (br) Don Couch Photography; (t) Sam Dudgeon/HRW; 360 (acampar) Corbis Images; (bote de vela, pesca) ©Corbis; (canoa) ©Tom Stewart/CORBIS; (esquiar) Ron Chapple/Thinkstock/ PictureQuest; (excursión) ©Ken Chernus/Getty Images/Taxi; 361 (barco) ©Travel Ink/Alamy Photos; (metro) Digital Image copyright ©2006 PhotoDisc; 363 (A) ©Rick Doyle/CORBIS; (B) ©Index Stock; (C) ©William Sallaz/CORBIS; (D) ©Index Stock; 365 (br) Digital Image copyright ©2006 PhotoDisc; 367 (r) ©Michael & Patricia Fogden/CORBIS; 368 Don Couch Photography; 374 (1) Digital Image copyright ©2006 PhotoDisc.

LITERATURA Y VARIEDADES: Page 382 (c, l) Museo del Prado, Madrid; (cr) Don Couch/HRW; 383 (bl, tr) Museo del Prado, Madrid, Spain ©Erich Lessing/Art Resource, NY; (tl) Noortman, Maastricht, Netherlands/Bridgeman Art Library; 384-385 (bkgrd) Digital Image copyright ©2006 PhotoDisc; 384 (bl) ©Wolfgang Kaehler/CORBIS; (l) ©Kevin Schafer/CORBIS; 385 (cr) Doug Wechsler; (t) ©Michael and Patricia Fogden/CORBIS; 386 (br) ©Carmen Lomas Garza, Collection of Paula Maciel-Benecke and Norbert Benecke Aptos, California, photo credit: M. Lee Fatherree; 387 (t) ©1995 Carmen Lomas Garza, photo credit: Adam Reich, Collection of Aaron & Marion Borenstein, Coral Gables, Florida; 388, 389 (all) Jorge Albán/HRW; 390-391 (bkgrd) ©Jeremy Woodhouse, digitalvision; 390 (cl) Book cover (Spanish edition) from La Casa de los Espíritus by Isabel Allende. Reprinted by permission of HarperCollins Publishers, Inc.; (cr) Book cover (Spanish edition) from Paula by Isabel Allende and trans. by Margaret Sayers Peden. ©1994 by Isabel Allende. Translation ©1995 by HarperCollins Publishers. Reprinted by permission of HarperCollins Publishers Inc.; 391 (tr) Marcia Lieberman Photography; 397 (tl) Courtesy of Maricel Mayor Marsán; 398 (tr) Victoria Smith/HRW; 399 (cr) Victoria Smith/HRW; (tr) ©William James Warren/CORBIS; 400-401 (all) ©Wolfgang Kaehler/CORBIS; 400 (r) ©Bettmann/CORBIS.

VOCABULARIO ADICIONAL: Page R7 (r) ©BananaStock; (bl) Digital Image copyright ©2006 PhotoDisc; (tl) Sam Dudgeon/HRW; R8 (cr) Don Couch/HRW; (t) Digital Image copyright ©2006 PhotoDisc; (cl) Álvaro Ortiz/HRW; R9 (tl) Sam Dudgeon/HRW; (bl) Don Couch/HRW; (tr,cr) Gary Russ/HRW; (br) Álvaro Ortiz/HRW; R10 (tl) ©Digital Vision; (cl) ©RubberBall/Alamy Photos; (bl) Corbis Images; (cr) Digital Image copyright ©2006 PhotoDisc; R11 (tl) ©Buddy Mays/CORBIS; (bl) Álvaro Ortiz/HRW; (br) ©Dennis Degnan/CORBIS.

NOVELA STILL PHOTOS: Spain - Don Couch/HRW; Puerto Rico - John Langford/HRW; Mexico, Costa Rica, Peru, Chile - Don Couch/HRW.

ICONS: (Cultura) Don Couch/HRW. Conexión Icons: (Arte, Geografía, Economía doméstica, Música) PhotoDisc/gettyimages; (Ciencias naturales, Historia) ©Royalty-Free/CORBIS; (Ciencias sociales) Wolfgang Kaehler Photography.